Research on China's
Rural Land Legal System

中国农村集体土地法律制度研究

杨永芳　牛　璞　王　利　岳红强◎著

中国经济出版社
CHINA ECONOMIC PUBLISHING HOUSE
北　京

图书在版编目（CIP）数据

中国农村集体土地法律制度研究 / 杨永芳等著 . --北京：中国经济出版社，2023. 8

ISBN 978-7-5136-7410-2

Ⅰ. ①中… Ⅱ. ①杨… Ⅲ. ①农村-土地法-研究-中国 Ⅳ. ①D922. 324

中国国家版本馆 CIP 数据核字（2023）第 147258 号

责任编辑 丁 楠
责任印制 马小宾
封面设计 久品轩

出版发行 中国经济出版社
印 刷 者 北京艾普海德印刷有限公司
经 销 者 各地新华书店
开 本 710mm×1000mm 1/16
印 张 21. 5
字 数 347 千字
版 次 2023 年 8 月第 1 版
印 次 2023 年 8 月第 1 次
定 价 98. 00 元
广告经营许可证 京西工商广字第 8179 号

中国经济出版社 网址 www. economyph. com 社址 北京市东城区安定门外大街 58 号 邮编 100011
本版图书如存在印装质量问题，请与本社销售中心联系调换（联系电话：010-57512564）

前言

土地是农民维系生存的基本生产和生活资料，农民平等地获得土地资源，享受其应有的土地权利，对于促进农村、农业发展，解决农民日益增长的美好生活需要和区域间不平衡、不充分的发展之间的矛盾具有重要的现实意义。新中国成立以来，农村土地制度在正式制度和非正式制度共同作用下，不断丰富和完善，两种制度协同规制，形成当今具有鲜明中国特色的农村土地制度。表现在两个方面：一是在正式制度设置方面，农村土地制度始终以法律法规、政策文件等为抓手，以土地产权制改革、耕地保护为基本遵循，在多个层面持续发力，在确保全体农民平等地享有土地承包经营权、宅基地使用权、集体经济组织收益分配权等各项权益的基础上，不断对农村土地制度进行深化改革和创新。在立法上，形成日臻完善的土地法律制度体系，且尤以农村土地产权制度和耕地保护制度为变革的根本，不断在土地承包、土地经营、土地收益、土地用途管制等方面做出日益明确的具体规定；在中共中央、国务院的政策文件方面，自 1982 年起，一直以中共中央“一号文件”的方式，把动态变化的“农业、农村、农民”问题作为政策工具，以乡村振兴、农业兴旺、农民富裕为基本目标，不断深化农村土地制度改革，适时解决现代化过程中不断出现的“新三农”问题，形成相对完善、数量更多、操作性更强的农村土地法规体系。二是在非正式制度方面，国家以乡村振兴为抓手，在乡村法治不断完善的基础上，依靠德治和自治的乡村传统文化、习俗和规则，创新农村集体经济组织实现形式，形成丰富多样的农村土地治理模式。正式制度和非正式制度在农村空间交融汇聚，形成中国农村区域特殊的、以土地为核心的空间治理关系和制度体系，这一制度体系在过去的 70 多年中始终围绕着中国农村社会经济的发展变化而不断改革、转型和变迁，不仅维护着动态变化的乡村生产、生活、生态空间的良性运行，还推动着国家粮食安全乃至整体经济社会的稳定和发展。

但是，一个不容忽视的客观事实是，当下的中国农村区域仍存在诸多风险，广大农村地区仍存在发展不完全、不充分的问题，尤其是如何保护脱贫攻坚成果、提高农村发展质量、缩小城乡收入差距，让农村真正成为中国经济运行的“蓄水池”、社会安定的“平衡器”和生态安全的“汇存区”。要实现此目标，还必须以农村土地法律制度为抓手，健全以农民为中心的农村土地治理体系和治理机制，并以此来激发农民振兴乡村的内生动力。不断完善农村土地产权制度，优化农村集体土地市场化改革路径，严格保护耕地，变革过去以耕地保护价值目标为导向的耕地保护制度，通过合理配置权责来完善耕地质量和生态保护制度，拓展耕地保护中的管制与市场的关系，协同耕地“非农化”“非粮化”的私法路径，正视由粮食安全向食物安全转型下的耕地用途规制和耕地生态补偿入法的可行性创新路径，用自上而下的正式制度和自下而上的农村自治非正式制度的协调统一，去破解农村经济社会发展过程中的风险与困境，走出真正的中国式农村现代化道路。

本书主要以中国农村集体所特有的产权制度和耕地保护制度为研究议题，深入探究农村集体土地所有权、使用权和承包经营权等权利制度，探讨以耕地保护为核心的土地用途管制制度等所构成的农村集体土地制度体系的发展趋势、变化特征及其演化逻辑，旨在破解农村区域日益趋紧的人地关系。为此，本书将以社会—生态系统理论为基础，从经济、社会、生态系统综合性视角，聚焦农村土地制度和法律演变内容，将土地制度放在经济社会发展的全局中，放在中国特有的集体土地国情下，放在国家宏观体制、制度不断优化改革的进程中去解读，尤其关注中国农村土地法律制度体系的不断完善和改革、关注中国集体土地产权制度的改革，以及由此所引起的在集体土地市场化改革进程中，政府、集体和农民的角色与利益，深入探讨大食物观下耕地保护与食物安全的关系；探讨中国最严厉的土地用途管制制度和乡村振兴战略的冲突与协调机制等热点问题。本书将按照制度现状—演化逻辑—核心问题—解决方案等思维导向进行分析。通过对农村土地制度效应、产生逻辑和作用机制的分析，理解中国农村集体土地制度变迁图景、知识基础和理论体系，进而理解中国农村集体土地制度对国家实现经济高质量增长、社会公平发展，以及资源环境可持续利用等方面的重要作用，并探究其后的理论逻辑，为国家土地政策、制度的制定与研究提供合理的分析框架和遵循。

本书是我在多年土地资源管理专业教学与研究的基础上，不断优化、完善而形成的粗浅成果，回顾近20年的土地资源管理专业教学过程，我感觉每年和学生讨论的话题相同，但话风和内容却在实时变化。不禁感慨，中国农村的土地制度改革永远在路上，只要农村农业在不断发展变化，承载农村农业的土地资源利用变化就无止境，而土地资源利用行为的规则和制度也会随之不断创新。正因如此，中国农村土地制度就像一棵大树，根基稳定，而枝叶则岁生年长，总有新姿。这也是吸引众多学者在农村土地制度领域不断深耕、不断创新的源泉，本书就引用了大量学者的新思想、新观点和新理论，在此深表感谢。本书承蒙河南大学法学院的鼎力支持，才得以顺利出版。在撰写过程中，感谢河南大学马克思主义学院的牛璞博士、法学院的王利副教授和岳红强副教授的积极参与，全书撰写分工如下：牛璞撰写第一、第二、第三章；杨永芳、岳红强撰写第四、第五章；杨永芳、王利撰写第六、第七、第八章；全书由杨永芳撰写大纲，负责统稿和定稿。感谢我的研究生李钰婧、夏雨田、马胜男和李哲帮我梳理文献、校对图表，感谢中国经济出版社丁楠编辑的辛勤付出。由于水平有限，书中仍有许多疏漏和不足，诚请专家和读者斧正！

杨永芳

2023 年 6 月 30 日

CONTENTS

目录

第一章

农村土地制度体系特征演变逻辑、挑战与趋向

一、农村集体土地概念和类型

（一）农村集体土地概念

1. 集体和集体土地

“集体”也称团体或群体，是许多人或物的有组织的整体，是一种组织形式。在这种组织形式中，其组织成员的结合对群体和个人都有意义，他们拥有一定的活动范围，共同的经济基础、共同价值、共同活动的目的和任务。从历史发展看，群体是从部落的一部分家庭产生的，但并非任何群体都是集体，只有高度团结，且具有高水平的整合能力和组织能力的群体才能称为集体。

集体土地是指农村集体所有的土地，也叫作劳动群众集体所有的土地。这里的集体，是专指乡（镇）、村、村民小组等类同性质的农业集体经济组织对土地的所有权，其他任何集体对土地没有所有权。集体土地是中国特色社会主义土地所有制的一种形式。中国实行社会主义公有制，土地的所有制包括国家所有（全民所有）和劳动群众集体所有两种形式。

2. 集体土地的法律释义

“集体土地”一词常常是在法律语境下使用的。

(1)《中华人民共和国宪法》（简称《宪法》）和《中华人民共和国土地管理法》（简称《土地管理法》）的规定。《宪法》第十条规定：农村和城市郊区的土地，除由法律规定属于国家所有的以外，属于集体所有；宅基地和自留地、自留山，也属于集体所有。《土地管理法》第二条规定：中华人民

共和国实行土地的社会主义公有制，即全民所有制和劳动群众集体所有制。《土地管理法》第九条规定：城市市区的土地属于国家所有，农村和城市郊区的土地，除由法律规定属于国家所有的以外，属于农民集体所有；宅基地和自留地、自留山，属于农民集体所有。

（2）集体土地所有权的确认。《土地管理法》第十一条规定：农民集体所有的土地，由县级人民政府登记造册，核发证书，确认所有权。

（3）集体土地的征收和征用。国家为了公共利益的需要，可以依照法律规定对土地实行征收或者征用并给予补偿。

（4）集体所有的土地可以由集体或者个人承包经营，从事农林牧渔生产。

3. 农村集体土地

《中华人民共和国农村土地承包法》（简称《农村土地承包法》）第二条规定：农村土地是指农民集体所有和国家所有依法由农民集体使用的耕地、林地、草地，以及其他依法用于农业的土地。

（二）农村集体土地的类型

1. 依据相关法规分类

《土地管理法》是我国土地政策的基本法律制度，所有土地相关政策法规均应依据该法而定。《土地管理法》把土地分为农用地、建设用地和未利用地。其中，农用地是指直接用于农业生产的土地，包括耕地、林地、草地、农田水利用地、养殖水面等；建设用地是指建造建筑物、构筑物的土地，包括城乡住宅和公共设施用地、工矿用地、交通水利设施用地、旅游用地、军事设施用地等；未利用地是指农用地和建设用地以外的土地。

农村承包经营的土地包括农用地、自留地、自留山。自留地是指农业集体化以后，集体经济组织从集体所有的土地中划配给社员个人长期使用的少量土地；自留山也是农业集体化以后，集体经济组织从集体所有的山地中划配给社员个人长期使用的栽种树木或摘取柴草的少量土地或者山地。

农村集体建设用地。按照现行《土地管理法》，农村集体建设用地包括三种类型：宅基地、公益性公共设施用地、集体经营性建设用地。其中，宅基地主要用于农民住房；公益性公共设施用地主要用于建设村委、教育、医疗、文化、体育、公园绿地、市政等村镇公共服务设施；集体经营性建设用地主要用于村镇内发展商业、工业、物流、旅游等产业。农村集体所有的建设用地是指建筑物、构筑物占用的所有权属于农村集体经济组织或农民集体的土地，包括乡（镇）农民集体、村农民集体及村内两个以上的农村集体经济组织的农民集体所有的建设用地部分。具体为：一是乡（镇）村公共设施和公益事业建设使用集体所有的土地，即乡镇或村在集体所有的土地上修建并管理的道路、水利设施用地，分别属于乡镇或村农民集体所有。二是乡镇企业使用本乡镇、村集体所有的土地，依照有关规定进行补偿和安置的，土地所有权转为乡镇农民集体所有。经依法批准的乡镇、村公共设施、公益事业使用的农民集体土地，分别属于乡镇、村农民集体所有。三是农业集体经济组织依法批准以土地使用权作为联营条件，与其他单位或个人举办联营企业的，或者农业集体经济组织依法批准以集体所有的土地使用权作价入股，举办外商投资企业和内联乡镇企业的集体土地。四是宅基地，即农村村民自建住宅使用农村集体所有的土地，包括农村中有建筑物和没有建筑但是用于修建农房的空白地。

2. 按照土地利用分类

《土地利用现状分类》国家标准采用一级、二级两个层次的分类体系，共分 12 个一级类、57 个二级类。其中一级类包括：耕地、园地、林地、草地、商服用地、工矿仓储用地、住宅用地、公共管理与公共服务用地、特殊用地、交通运输用地、水域及水利设施用地、其他土地。土地利用分类变化的基本方法是以土地利用详查图中分出的土地利用类型为基础，通过对各种土地利用类型不断归并，最终形成基于同一数据源的不同的土地利用分类系统。

（1）耕地。耕地是指种植农作物的土地。主要以从事农业生产为主，保障粮食生产安全的土地。一般将其分为旱地和水田，也可将其细分为以下五种：①灌溉水田，指有水源保证和灌溉设施，在一般年景能正常灌溉，用于种植水生作物的耕地，包括灌溉的水旱轮作地；②望天田，指无灌溉设施，主要依靠天然降雨，用于种植水生作物的耕地，包括无灌溉设施的水旱轮作地；③水浇地，指水田、菜地以外，有水源保证和灌溉设施，在一般年景能正常灌溉的耕地；④旱地，指无灌溉设施，靠天然降水种植旱作物的耕地，包括没有灌溉设施，仅靠引洪淤灌的耕地；⑤菜地，指常年种植蔬菜的耕地，包括大棚用地。

（2）林地。林地是森林的载体，包括有林地、灌木林地和其他林地。

（3）草地。草地是以生长草本和灌木植物为主并适宜发展畜牧业生产的土地。

（4）集体建设用地。建设用地是指建造建筑物、构筑物的土地，包括商业、工矿、仓储、公用设施、公共建筑、住宅、交通、水利设施、特殊用地等。农村集体建设用地可分为乡村集体公共设施建设用地、经营性建设用地和村民宅基地。

（5）宅基地。宅基地是农村村民用于建造住宅及其附属设施的集体建设用地，包括住房、附属用房和庭院等用地，在地类管理上属于集体建设用地。

（6）集体未利用地。未利用地是指农用地和建设用地以外的土地，主要包括荒草地、盐碱地、沼泽地、沙地、裸土地、裸岩等。集体未利用地主要指我国农村存在的荒山、荒沟、荒丘、荒滩等"四荒地"。

综上所述，本书中的农村集体土地，主要是依据《土地管理法》与《土地利用现状分类》中类别的对照关系，把"农村集体土地"定义为"除由法律规定属于国家所有的以外，其他土地都属于农村集体所有"，其中以农村"三块地"——农村承包地、集体经营性建设用地、宅基地为重点研究对象，围绕"三块地"制度改革进行深入研究。具体包括：耕地保护的相关制度、集体建设用地市场化改革制度和农村宅基地管理制度。

二、规则、制度和土地制度的内涵辨析

（一）规则与制度

1. 关于规则

规则是指有什么行动是必须的、禁止的或允许的，以及不遵守规则时会受到什么制裁的规定[1]，所有规则都是人类试图通过创造等级（或位置）以实现秩序和可预见性的结果，而不同等级（或位置）上的人，其必须、可以和禁止采取的行动与其必须、可以或禁止存在的状态有关[2]。规则是情境性的、规定性的并且是可被遵守的[3]。规则是用于提供行动情境结构的基本规定，是社会运行需要遵循的法则。规则让人明白，"为了不受制裁，行为人必须承担义务，绝对不违反禁令，在允许的范围内采取行动"，"熟知规则的人知道，如果自己违反规则，就要对违规行为负责"，所以规则具有可遵守性。正式规则是权力机构以强制力为手段强加于领土范围内的多数行动情境，并对人的行为具有约束力、符合宪政体系的"法律条文"；而非正式规则是人们日常生活中所使用的规矩，是各种自组织关系模式的自治，是行为者在现实场景中所使用的和法律不相冲突的规则。它通过群体共同遵守可能会变成"社会习惯"，并指导群体的行为选择。

社会秩序是由各种规则维持的，没有规则社会行为就没有遵循。规则是动态变化的，因为人类是有限理性的，有限理性的人在制定规则的过程中所

采用的规则并不一定是能取得最优结果的规则。采取某种规则的决定，有可能从一开始就减少了完全实现最优结果的可能性。因此，出于人的自觉选择，或者是随着时间的推移，人们就具体情境下可做、必做、禁做的行为或结果达成共识而形成新的统一，新规则就会改善或取代旧规则。然而，一项规则发生变化必然会影响其他规则的运行，甚至影响整个规则体系的运行。所以，规则又是系统性的，规则及其组成的体系是一个复杂系统，该系统具有一致性、实践性、开放性和不确定性，它们之间相互联系，一致性是实践性的前提，实践性导致了开放性，由于开放性而导致了系统的不确定性。对于复杂系统来说，人们不能对未来的不确定性期待既定的概率，但人类可以获得期望的知识，并对此制定出规则。

2. 制度与规则

制度就是某种情境下的社会行为规则，是人类在一定的政治、经济和社会情境下所设计的行为规制。制度是由一系列给定的规则组成的，既然是规则，那么，制度也可以用来决定在什么情境下人的行为是必须、可以或禁止存在的状态，也就是说，制度决定了何种行为是允许的、何种行为是受限制的。规则是动态变化的，那么，由规则组成的规范和制度也必然是动态的、变化的，因为制度受情境的影响和制约，且随情境的变化而变化，因为随着技术、社会规范与环境的变化，规则所适用的事件也可能发生根本性的改变，对人们原已达成的共识或选择标准构成威胁，由大量具体规则构建而形成的情境结构也发生深刻的改变，那么用于规范社会情境的规则、制度也会发展变化。所以，从这种视角来看，制度也是由人类社会所建构的，并伴随着人类自身发展而存在的规则，它包括价值信念、伦理规范、道德观念、风俗习惯及意识形态等内容[4]。

当然，关于制度，自古至今还有很多学说，如杰普森认为制度是“社会建构的、自我复制的惯例”。马奇和奥尔森则认为制度是“相互关联的规则和惯例的集合体，它们从个体角色与周围环境的关系角度界定适当的行动”。并且特别强调，其中“最重要的是惯例”。亨廷顿等将制度解释为行为模式或活动形式，认为“制度就是稳定的受珍重的和周期性发生的行为模式”。迪韦尔热认为“制度是作为一个实体活动的结构严密、协调一致的社会互动作用整体，它理所当然地主要是在这个范围内设立的模式”。米德的说法：“制度是有组织的社会活动形式或群体活动形式。”这些观点实质上是从不同的角度去阐释制度，也进一步说明，制度也是一个复杂系统，具有内在的结构和功能，制度体系中任何一个构件发生变化，一定会引起系统整体性的适应和变化；制度在人类社会变迁过程中一直发挥着举足轻重的作用，它是人类社会关系形成过程中用来维护秩序和减少摩擦或不确定性因素的工具，制度可以协调人的具体行为，可以约束或限制人们在社会行为过程中的欺诈、卸责或所有违反规则的行为。

（二）土地制度

土地制度是农村社会经济制度的核心和基础。农民的任何生产活动都与土地制度的运行高度相关。如何准确把握土地制度的定义，直接关系到现实生活中土地制度的改革和创新问题。迄今为止，我国理论界对“土地制度”的定义尚未达成共识，争议颇多。具有代表性的看法有以下几种。

陈道认为土地制度等同于土地所有制，在其主编的《经济大辞典·农业经济卷》中，土地制度被定义为：“土地制度亦称‘土地所有制’，是人类社会一定发展阶段中土地所有关系的总称，是生产资料所有制的一个重要组成部分，包括土地的所有、占有、支配和使用诸方面的关系。”

陈宪认为，土地制度是由土地所有制、土地使用制、土地流转制和土地管理制度及其构成的一项有关土地的社会经济制度。

土地制度是与土地有关的社会经济制度。周诚认为：“土地制度有广义与狭义之分。广义的土地制度包括有关土地问题的一切制度，诸如土地利用方面的土地开发制度、土地规划制度……；土地所有和使用方面的土地分配制度、土地承包制度……；土地价值方面的地租制度、地价制度……；此外，还包括国家的地籍管理制度、土地征用制度等。狭义的土地制度则只涉及土地所有制、土地使用制和土地的国家管理三大方面。”周诚定义的土地制度是与土地有关的一切社会经济制度。马克伟也认同这一观点，把土地制度等同于土地关系，认为土地制度是“人们在一定社会条件下，因利用土地而产生对土地的所有、占有、使用、处分等诸方面关系的总称，土地所有制及土地使用制是土地关系中的最重要的两大方面”。

土地制度是由土地所有制度和土地产权制度两个部分组成的。张朝尊认为土地制度是人们在占有、支配和使用土地的过程中所结成的各种关系的总和，主要包括土地所有权关系和土地使用权关系两个方面。高尚全认为土地制度是由土地所有制度和土地产权制度两个基本部分组成。土地所有制度主要解决土地归属问题，它要明确土地所有权主体；土地产权制度涉及土地如何利用和有效使用问题，主要包括土地使用、土地流转和转让制度。土地所有制度决定了生产过程中形成的人们之间的生产关系，土地产权制度决定了土地使用过程中各种利益主体之间的权责利关系。张月蓉认为，土地制度是在经济运行中所发生的土地经济关系和土地法权关系制度化的总和。土地经济关系表现在人们对土地的所有权、使用权、占有权和处分权等方面，而土地法权关系则是指土地经济关系在法律上的反映、确定和规范。

土地制度是一种行为规范。刘书楷认为土地制度就是法权制度。“土地制度是一定的国家制定的关于人地关系及其中人与人关系的法制规范，它具有强制约束性。”冯玉华认为土地制度是人们占有和使用土地的行为规范，它是人类在一定社会发展阶段建立的理想的土地关系。“人们的全部土地关系可以概括地分为人们对土地的使用关系和所有关系，土地制度也分为土地使用制度和土地所有制两部分，前者主要针对怎样对土地加以利用的问题，后者主要针对怎样分配土地即地权问题。土地制度就是规定土地利用的方式和明确地权的归属。”用土地关系定义土地制度显得过于宽泛，用法权制度定义土地制度又有些狭窄，土地所有制度也只是土地制度的部分内容。

虽然上述诸多关于土地制度的“定义”或多或少地存在一些欠缺，但是，这些定义可以给我们提供以下几个方面的启示：一是土地制度是以土地为中介的人与人之间关系的选择。由于制度是人类在特定条件下选择的、与人类行为有关的并借以影响人们相互关系的正式规则和非正式规则的总称，它只涉及人们选择与其行为有关的正式规则和非正式规则，而非全部的人类行为和所有的人与人之间的关系。因此，土地制度也只涉及需要用正式规则和非正式规则安排的那部分土地关系而非全部的土地关系，有的可以上升为国家意志，形成有关土地的法律和政策。二是土地关系与土地制度。制度是由人类在特定条件下选择的、与人类行为有关的并借以影响人们相互关系的正式规则和非正式规则的总称。显然，制度只涉及正式规则和非正式规则安排的人们之间的相互关系，而非全部的人类行为和所有的人与人之间的关系。同理，土地制度只涉及需要用正式规则和非正式规则安排的那一部分土地关系而非全部的土地关系。因此，用土地关系来定义土地制度显得过于宽泛。三是土地制度有广义和狭义之分。广义的土地制度包括一切有关土地的制度，狭义的土地制度包括土地所有制、土地使用制和土地的国家管理制度。本书认为，土地制度是土地在生产、分配、交换、消费（使用）等环节所形成的土地关系规范的总和，是狭义的土地制度，而且主要是研究农村土地制度。四是法律与制度。不难理解，法律是正式规则，且是正式规则的重要组成部分，具有极强的强制力，但法律仅仅是正式规则的一部分，而非制度的全部。

同理，尽管土地关系的法律规范是现代经济生活中不可或缺的组成部分，但它毕竟仅仅是土地制度的一个组成部分，而非土地制度的全部。在“农村土地制度”中冠以“集体”二字，是代表“农村土地制度”的法权属性。虽然以农村土地法权制度定义“农村土地制度”显得过于狭窄，但也准确说明了本书所关注的农村土地制度内容。

土地法律制度是指为实现国家土地立法的目的，遵循国家土地基本政策和土地法基本原则而制定的具有重大、普遍意义和起主要管理作用的法律规则、程序，是调整因土地开发、利用、管理、保护等所发生的和土地有关的各种社会关系的法律规范的总称。

三、农村集体土地制度体系和特征

农村集体土地制度主要是指国家根据一定时期内的政治和经济任务，针对农村集体土地的开发、利用、保护和治理过程所规定的行动准则，是农村集体土地再利用过程中所建立起来的一系列法律、法规、习俗、秩序和规则的总称。程漱兰等认为中国农村集体土地制度是“在中国农村一定地域范围内（通常是一个自然村落），全体依赖土地尤其是依赖农业土地生存的住民，对该地域范围内包括农业土地在内的全部土地，按生存人口均等分配，但不可分割地共同所有的土地制度”[5]。

（一）农村土地制度体系及分类

农村集体土地制度体系是农村集体成员在从事农业生产经营活动时共同遵守的规定和准则，按照一定的秩序和内部联系组合而成的整体系统，是一定范围内的农村集体成员赖以生存的体制基础和行为规范，是农村农业经营活动的保障系统。农村集体土地制度体系建设是农村治理的基础，它以一定的标准和规范来调整农村内部的生产要素，调动农村居民的积极性和创造性，提高乡村经济效益。

1. 中国特色的农村土地制度体系框架

2019年10月31日，党的十九届四中全会审议通过了《中共中央关于坚持和完善中国特色社会主义制度推进国家治理体系和治理能力现代化若干重大问题的决定》（以下简称《决定》），首次以党的正式文件形式勾画了中国特色社会主义制度体系的基本框架，规定了由根本制度、基本制度和重要制度构成的中国特色社会主义制度的层级体系，《决定》强调指出，要突出坚持和完善支撑中国特色社会主义制度的“根本制度、基本制度、重要制度”，构建系统完备、科学规范、运行有效的制度体系。在这一制度体系中，“根本制度”和“基本制度”明确了公有制为主体、多种所有制经济共同发展，按劳分配为主体、多种分配方式并存，社会主义市场经济体制等社会主义基本经济制度。“重要制度”是体现在国家治理和社会生产生活各方面的具体的制度、体制的总和，是体现根本制度、基本制度并由它们共同决定的派生性制度[6]。重要制度主要涵括中国特色社会主义行政体制、法治体系、统筹城乡的民生保障制度、生态文明制度体系，以及我国各方面、各环节具体的经济制度、文化制度、社会制度、生态文明制度等[7]。

中国农村制度体系是中国特色社会主义制度体系中的部分或分支，是在农村土地管理长期实践探索中形成的一套独特的科学制度体系，是中国农村土地制度长期建设和“制度化”的必然结果，是由作用于农村土地管理的诸多方面和诸多层次的制度要素构成的一个制度体系，而不只是一个个毫无联系的制度“孤岛”。这一体系是由一个环境、两条脉络构成的基本架构，一个环境是指中国农村制度体系所处的国际国内社会政治经济环境，两条脉络是指构成中国农村土地制度体系的两个分支，即农村土地权利制度体系和治理制度体系，如图 1-1 所示。

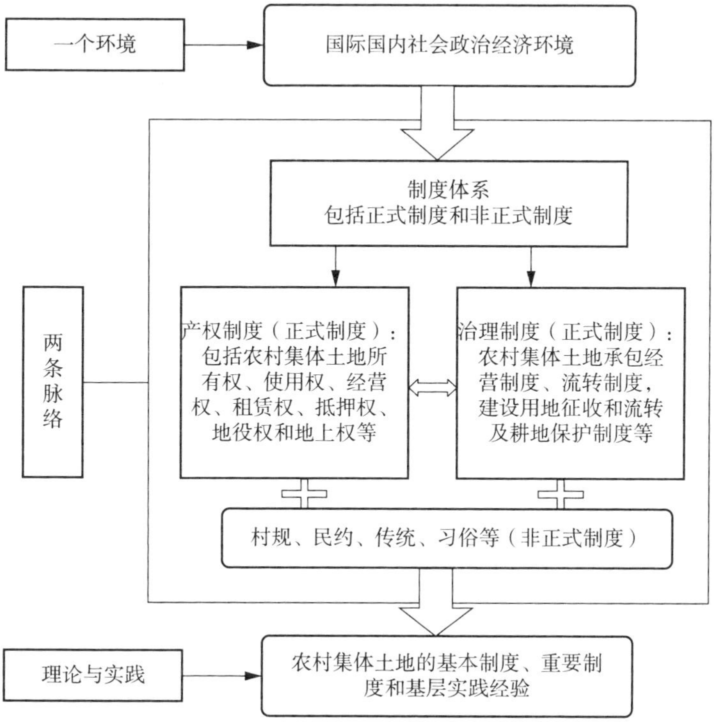

图 1-1　中国农村土地制度框架

中国农村土地制度要素是相互联系的有机整体，不同的制度之间存在共同发挥制度作用的“合力”，制度化的结果必然会产生体系意义上的创新，整体地推进中国农村土地关系的改革，形成具有中国特色的农村土地制度体系。这一制度体系包括正式制度和非正式制度，农村土地权利体系和治理体系中的制度要素是由基本制度和重要制度构成的。基本制度和重要制度为中国农村集体土地制度体系的设置奠定了基础，也规定了明确的方向。中国农村集体土地制度是按照国家治理体系、治理能力现代化的要求，着力解决中国农村集体土地制度运行过程中所出现的影响国家经济社会发展、生态建设的“基本制度”和“重要制度”。主要包括：农村土地产权制度、农村土地利用制度、农村土地利用规划和资源配置制度、农村集体土地市场化制度、用途管制和耕地保护制度等。其中，农村集体土地所有制涉及国家所有制形式，依据《宪法》和《土地管理法》规定，应属于“根本制度”或“基本制度”。在我国，土地所有权制度是社会制度的一个重要组成部分，如《宪法》第十条第二款规定：农村和城市郊区的土地，除由法律规定属于国家所有的以外，属于集体所有；宅基地和自留地、自留山，也属于集体所有。《中华人民共和国民法典》（简称《民法典》）也明确我国的土地所有制度不仅以保护民事主体的合法利益为目的，而且以维护符合社会利益的土地归属秩序、利用秩序和流转秩序为直接目的。农村土地利用规划和资源配置制度、用途管制和耕地保护制度等，涉及国家权力，也是坚持社会主义市场经济体制和社会主义基本经济制度的遵循，理应成为“基本制度”；农村土地使用制度、土地承包经营制度、农村集体土地市场化制度等形成农村土地制度体系中的重要支撑。构建系统完备、科学规范、运行有效的农村集体土地制度体系，始终是国家治理体系、治理能力现代化的根本目标和遵循[8]。

2. 土地制度的渊源体系

（1）元制度（也称根本制度），即程序性制度，是规范与引导制度制定行为本身的准则与指南。元制度决定着哪些组织和个人按照怎样的程序、原则和方法制定制度，涉及整个制度制定过程和制度系统。实质上也是土地制度的渊源体系，指土地制度创立的方式，以及制度外在的表现形式，即制度是由何种国家机关、通过何种方式创立的，表现为何种文件形式。

（2）基本制度，是指制定制度的基本指导方针，它规范了在一定时期内制定具体制度所应遵循的基本态度、基本假设和指导原则。涵盖了一个国家和地区的基本法律法规体系，在中国主要表现为：①《宪法》；②基本法，如

《民法典》；③法律，如《土地管理法》《农村土地承包法》，以及其他涉及土地问题的法律，如《中华人民共和国城市房地产管理法》《中华人民共和国城乡规划法》等；④国务院制定的行政法规、国务院所属部委发布的行政规章，如《中华人民共和国土地管理法实施条例》（简称《土地管理法实施条例》）和《中华人民共和国基本农田保护条例》（简称《基本农田保护条例》）；⑤地方法规和地方行政规章；⑥最高人民法院的司法解释；⑦其他法的渊源。

（3）具体制度，是指针对具体土地问题所制定的解决办法和行为准则。主要包括：土地所有权、使用权及其他权利，土地利用规划和计划，土地征收或征用，土地使用权交易，土地法律责任和其他内容。

3. 农村土地制度具体类型

（1）农村土地产权制度。即社会对土地资源内含的种种权利的设置以及关于这些权利的分配、收益和转让的规则。

（2）农村集体建设用地制度。农村的集体建设用地分为三大类：宅基地、公益性公共设施用地和集体经营性建设用地，所以农村的集体建设用地制度也相应分为三大类。农村集体经营性建设用地制度，是指在符合规划和用途管制的前提下，可以以出让、租赁、入股等方式进入建设用地市场，实行与国有土地同等入市、同权、同价权利的相关制度。

（3）农村集体土地征收制度。农村集体土地征收是指国家为公共利益的需要，通过法定程序，将原属于农民集体所有的土地征为国有的行为。2019年修订的《土地管理法》第四十五条采用列举的方式规定了集体土地征收的公共利益情形，即为了公共利益的需要，有下列情形之一，确需征收农民集体所有的土地的，可以依法实施征收：军事和外交需要用地的；由政府组织实施的能源、交通、水利、通信、邮政等基础设施建设需要用地的；由政府组织实施的科技、教育、文化、卫生、体育、生态环境和资源保护、防灾减灾、文物保护、社区综合服务、社会福利、市政公用、优抚安置、英烈保护等公共事业需要用地的；由政府组织实施的扶贫搬迁、保障性安居工程建设需要用地的；在土地利用总体规划确定的城镇建设用地范围内，经省级以上人民政府批准由县级以上地方人民政府组织实施的成片开发建设需要用地的；法律规定为公共利益需要可以征收农民集体所有的土地的其他情形。《土地管理法》第四十六条规定了各级政府对征收除“永久基本农田；永久基本农田以外的耕地超过三十五公顷的；其他土地超过七十公顷的”农用地的审批条件。《土地管理法》第四十七条规定了集体土地征收的程序。《土地管理法》

规划确定的用途使用土地。②农用地转用审批。即对农用地转为建设用地的，必须进行严格的审批程序。这是实行土地用途管制制度的一个重要环节。《土地管理法》第四十四条规定：建设占用土地，涉及农用地转为建设用地的，应当办理农用地转用审批手续。③征地审批。这是实行土地用途管制制度的又一个重要环节，与农用地转用审批有一定的联系，但范围要大于而且层次又要低于农用地审批。涉及农用地转用的，必须先办理农用地审批手续再进行征地审批。④土地登记。土地登记是土地权属管理的手段，也是实行土地用途管制制度的最后一个环节。在完成征地审批、农用地转用审批，取得批准文件后，必须进行土地登记，才能取得土地所有权或土地使用权，其权利才依法得到保护。

二是耕地总量动态平衡制度。耕地总量动态平衡，是指采取一系列行政、经济、法律措施，保证我国现有耕地总面积在一定时间内“只能增加、不能减少”并逐步提高耕地的质量的过程。《土地管理法》第三十二条规定：省、自治区、直辖市人民政府应当严格执行土地利用总体规划和土地利用年度计划，采取措施，确保本行政区域内耕地总量不减少、质量不降低；耕地总量减少的，由国务院责令在规定期限内组织开垦与所减少耕地的数量与质量相当的耕地；耕地质量降低的，由国务院责令在规定期限内组织整治；新开垦和整治的耕地由国务院自然资源主管部门会同农业农村主管部门验收；个别省、直辖市确因土地后备资源匮乏，新增建设用地后，新开垦耕地的数量不足以补偿所占用耕地的数量的，必须报经国务院批准减免本行政区域内开垦耕地的数量，易地开垦数量和质量相当的耕地。实现耕地总量不减少是党中央、国务院根据我国耕地的基本国情和社会经济可持续发展战略提出的，其具体措施如下：①在全国和省级土地利用总体规划中必须保证耕地总量不减少；②实行耕地总量不减少的省级政府负责制；③加强土地开发、复垦和整理，增加有效耕地面积；④加强土地利用动态监测。

三是耕地占补平衡制度。《土地管理法》第三十条第二款规定：国家实行占用耕地补偿制度，非农业建设经批准占用耕地的，按照“占多少、垦多少”的原则，由占用耕地的单位负责开垦与所占用耕地的数量和质量相当的耕地；没有条件开垦或者开垦的耕地不符合要求的，应当按照省、自治区、直辖市的规定缴纳耕地开垦费，专款用于开垦新的耕地。1998 年 8 月 29 日第九届全国人民代表大会常务委员会第四次会议修订的《土地管理法》实施后，开始实行耕地占补平衡政策。20 多年来，我国连续实现了耕地占补平衡，坚守住了耕地红线，但是耕地占补平衡在耕地后备资源尤其是优质后备资源越来越缺乏的情况下，存在着补充质量不到位等问题。2016 年 7 月 25 日，国土资源部下发了《关于补足耕地数量与提升耕地质量相结合落实占补平衡的指导意见》（国土资规〔2016〕8 号）。该意见明确了在补足耕地数量的前提下，通过对现有耕地“提质改造”，以“补充耕地与改造耕地”相结合的方式实现耕地占补平衡。这里有两重含义：其一，“提质改造”，即针对现有劣质、等级低的耕地，通过改善土壤、排灌等农业生产条件，提高耕地质量，或者通过改造农田水利等设施，将旱地改为水田的土地整治行为；其二，“补改结合”，就是在新开垦了耕地、落实了补充耕地数量的基础上，补充耕地质量和水田没有达到规定要求的，通过对现有耕地提质改造的途径，即补充一块、改造一块相结合，总体实现耕地占一补一、占优补优、占水田补水田。

四是基本农田保护制度。基本农田，是指按照一定时期人口和社会经济发展对农产品的需求，依据土地利用总体规划确定的不得占用的耕地。《基本农田保护条例》第二条规定：“国家实行基本农田保护制度。”《土地管理法》第三十三条规定：国家实行永久基本农田保护制度，下列耕地应当根据土地利用总体规划划为永久基本农田，实行严格保护：经国务院农业农村主管部门或者县级以上地方人民政府批准确定的粮、棉、油、糖等重要农产品生产基地内的耕地；有良好的水利与水土保持设施的耕地，正在实施改造计划以及可以改造的中、低产田和已建成的高标准农田；蔬菜生产基地；农业科研、教学试验田；国务院规定应当划为永久基本农田的其他耕地。《基本农田保护条例》第十六条规定：经国务院批准占用基本农田的，当地人民政府应当按照国务院的批准文件修改土地利用总体规划，并补充划入数量和质量相当的基本农田；占用单位应当按照占多少、垦多少的原则，负责开垦与所占基本农田的数量与质量相当的耕地；没有条件开垦或者开垦的耕地不符合要求的，应当按照省、自治区、直辖市的规定缴纳耕地开垦费，专款用于开垦新的耕地。根据国家有关法律规定，基本农田保护制度包括基本农田保护区制度、基本农田保护责任制度、基本农田保护区用途管制制度、占用基本农田严格审批与占补平衡制度、基本农田保护监督检查制度等。2004 年 3 月 20 日，国务院发布了《关于坚决制止占用基本农田进行植树等行为的紧急通知》（国发明电〔2004〕1 号），明确保护基本农田“五个不准”，即不准占用基本农田进行植树造林、发展林果业和搞林粮间作以及超标准建设农田林网；不准以农业结构调整为名，在基本农田内挖塘养鱼、建设用于畜禽养殖的建筑物等严重破坏耕作层的生产经营活动；不准违法占用基本农田进行绿色通道和城市绿化隔离带建设；不准以退耕还林为名违反土地利用总体规划，将基本农田纳入退耕范围；除法律规定的国家重点建设项目外，不准非农建设项目占用基本农田。

五是耕地保护目标责任制度。《基本农田保护条例》第四条规定：县级以上地方各级人民政府应当将基本农田保护工作纳入国民经济和社会发展计划，作为政府领导任期目标责任制的一项内容，并由上一级人民政府监督实施。各级政府应当建立以基本农田保护和耕地总量动态平衡为主要内容的耕地保护目标责任制，每年进行考核。2005 年 10 月 28 日，国务院办公厅印发了《省级政府耕地保护责任目标考核办法》（国办发〔2005〕52 号），由国土资源部会同农业部、国家统计局等有关部门，对各省、自治区、直辖市行政区域内的耕地保有量、基本农田保护面积和耕地占用与补充情况开展考核。考核工作开展以来，地方各级党委政府积极采取措施，严格落实占补平衡制度，严守耕地红线，耕地保护工作取得明显成效，为守住耕地红线、保障国家粮食安全发挥了重要作用。2018 年 1 月 25 日，国土资源部、农业部、国家统计局在京召开发布会，联合发布新修订的《省级政府耕地保护责任目标考核办法》（国办发〔2018〕2 号），修订后的考核办法通过完善考核主要内容，提出了年度自查、期中检查和期末考核，定性与定量相结合的综合评价方法，改进了奖惩措施，进一步健全管控、建设、激励耕地保护新机制。具体内容有五个方面：①完善了对永久基本农田划定与保护的考核内容，强化永久基本农田实行特殊保护的具体措施，有利于发挥永久基本农田控制线的空间管控作用，控制城市用地规模盲目扩张；②实行省域内耕地保护总量、耕地质量变化等的全面考核，以算大账方式考核耕地保护责任的落实，进一步明确了地方政府耕地保护责任；③将高标准农田建设情况作为重要考核内容，有利于督促地方抓紧、抓实高标准农田建设，拓展资金渠道，多种模式实施，努力实现 2020 年建成 8 亿~10 亿亩高标准农田的目标；④强调了耕地质量的评价与监测，更加注重对耕地质量的提升与保护，有利于优质耕地不被占用、中低等耕地质量提高；⑤明确了对节约集约用地、耕地休养生息等方面的考核内容，鼓励地方不断拓宽途径、完善方式方法，科学合理开展耕地保护等工作。

六是土地整理复垦开发（土地整治）制度。《土地管理法》第三十九条规定：国家鼓励单位和个人按照土地利用总体规划，在保护和改善生态环境、防止水土流失和土地荒漠化的前提下，开发未利用的土地；适宜开发为农用地的，应当优先开发成农用地。《土地管理法》第四十二条规定：国家鼓励土地整理，县、乡（镇）人民政府应当组织农村集体经济组织，按照土地利用总体规划，对田、水、路、林、村综合整治，提高耕地质量，增加有效耕地面积，改善农业生产条件和生态环境。《土地管理法》第四十三条规定：因挖损、塌陷、压占等造成土地破坏，用地单位和个人应当按照国家有关规定负责复垦；没有条件复垦或者复垦不符合要求的，应当缴纳土地复垦费，专项用于土地复垦。复垦的土地应当优先用于农业。

七是土地税费制度。根据《土地管理法》第三十条的规定，建设占用耕地，如没有条件开垦或者开垦的耕地不符合要求，应缴纳耕地开垦费，用于开垦新耕地；根据《土地管理法》第三十八条的规定，对于闲置、荒芜耕地要缴纳闲置费；根据《土地管理法》第五十五条的规定，对以出让方式取得国有土地使用权的建设单位，要缴纳新增建设用地土地有偿使用费。根据《耕地占用税暂行条例》第三条的规定，非农业建设占用耕地，要缴纳耕地占用税。法律规定的税费制度，是以经济手段保护耕地的重要措施。

八是耕地保护法律责任制度。《中华人民共和国刑法》第三百四十二条规定：违反土地管理法规，非法占用耕地、林地等农用地，改变被占用土地用途，数量较大，造成耕地、林地等农用地大量毁坏的，处五年以下有期徒刑或者拘役，并处或者单处罚金。《中华人民共和国刑法》第四百一十条规定：国家机关工作人员徇私舞弊，违反土地管理法规，滥用职权，非法批准征收、征用、占用土地，或者非法低价出让国有土地使用权，情节严重的，处三年以下有期徒刑或者拘役；致使国家或者集体利益遭受特别重大损失的，处三年以上七年以下有期徒刑。《土地管理法》《土地管理法实施条例》及《基本农田保护条例》等法律、法规，对耕地保护违法行为规定了相应的行政法律责任。

（二）农村集体土地制度体系特征

1. 整体性特征

整体性是中国农村集体土地制度“制度体系”的一个重要特征。一个“体系化”的制度，是由诸多方面和诸多层次的制度要素构成的一个既相对独立又和外界相互联系的有机整体，农村集体土地制度是中国土地制度体系中的一个“子系统”，是相对于城市国有土地制度体系而言在空间上相互独立，而在功能价值上又紧密相连的子系统。农村土地制度不只是一个毫无联系的制度“孤岛”，而是某一时期相互支撑、相互依赖、相互协调的多个制度共同作用形成的农村社会运行秩序。中国农村集体土地制度中的各种制度要素是相互联系的有机整体，不同的制度之间存在共同发挥制度作用的“合力”，制度体系化、系统化的结果必然会产生整体意义上的作为和效果，这种整体的制度效果不是单独各个制度因素作用效果的总和，而是大于加总之和的整体效益。

2. 体系化特征

农村集体土地制度体系是中国特色社会主义制度中的一部分，从部分符合整体来看，农村土地制度体系隐含于国家制度体系之中，是中国特色社会主义制度体系的重要组成部分，因此，农村集体土地制度体系也具有明显的体系化特征。从制度调控的对象上看，农村土地制度的调控对象是“农村集体土地”，而“农村土地”或“集体土地”都是一个自然社会生态系统，系统中既包含有自然属性的土地，也包含凝结在土地之上的人的劳动和智慧，因此，“农村集体土地制度体系”是生态文明制度体系中的一部分，也同样具有生态文明制度的体系化特征。

3. 法制化特征

“法治化”是制度体系和制度功能的重要特征和升华。在“制度化”和“法律化”之间建立了制度上的紧密逻辑联系。也就是说，先有制度，后有法律，国家治理和社会治理的各个领域、各个方面，在总结实践经验的基础上，先建章立制，然后上升到法律层次加以规范。因此，从逻辑上来看，法律化、法制化和法治化是制度化的“高级阶段”，是制度化的“成熟”“定型”阶段。中国农村集体土地制度在长期的历史发展过程中，也形成了独具特色的法制化体系逻辑，对规范中国农村社会经济发展起到了前所未有的积极作用。

四、农村集体土地制度演变逻辑与研究进展

近年来，众多学者对土地制度变迁历程开展研究，关注的时间线多为改革开放以后[8-11]或新中国成立以来[12-17]；关注的内容主要为城乡土地制度[18-19]或涵盖“三块地”——农村承包地、宅基地、集体经营性建设用地的各类农村土地制度[20]，且聚焦农村土地的产权制度变迁[21]和农村土地的管理与规制。事实上，新中国成立 70 多年的历史进程中，中国农村集体土地制度的变迁始终与国家整体发展目标紧密相关，始终和中央、地方与农民的土地权益分配交织推进。特别是自家庭联产承包责任制实施以来，中国农村土地始终关注农村家庭承包关系的稳定，并且不断明确农村土地产权，强化土地权能，推动农地要素市场化交易，为农户土地权益的实现奠定基础。同时，在国家治理体系、治理能力现代化提升过程中，中国农村的土地管理制度、资源配置制度和涉及粮食安全与耕地保护的相关制度建设也呈现体系化、法律化的演进趋势，农村土地制度通过不断调整产权结构的过程[22-24]，实际上

对土地权益分配进行动态的调整[25]。以此解决凝结在“三块地”上的关键——“三农”问题。近年来为实现乡村振兴的迫切需要，农村土地制度创新被推到了农村经济体制改革的前沿。因此，有必要对新中国成立以来农村土地制度的演变、政策调整以及学术界的有关理论脉络进行概括性梳理[26]。科学总结农村土地制度演变进程所蕴含的内在逻辑，对于中国未来农村土地制度的改革创新无疑具有重要的指导意义和趋向性的启发与帮助。

中国农村土地制度改革具有很强的阶段性和空间性特征，一是各时期不同空间类型土地（即城市土地、承包地、宅基地、集体经营性建设用地）的制度改革要解决的土地问题各不相同，制度改革内容和进程也存在差异，若笼统分析各类土地制度，将难以细致考察农村土地制度演变轨迹；二是农村土地制度改革基本上是沿着两条主线，即农村土地产权制度和农村土地管理（治理）制度交织而进行的众多制度改革和制度创新，若仅关注其中之一，将难以全面呈现农村土地制度改革历程。因而，只有厘清中国农村土地制度改革的历史经验和逻辑进路，才能准确把握未来农村土地制度改革的趋势和方向。

（一）不同时期农村土地制度的演变特征

对中国农村土地制度变迁的阶段特征的研究，因历史事件节点不同或时间长短差异而呈现不同的划分特征，现有研究主要集中在三个时段：一是对改革开放以来农地制度的历史变迁研究[27-28]，着重探讨家庭联产承包责任制探索阶段、确立与深化阶段、立法规范和系统化阶段，以及“三权分置”阶段的农村土地制度特征。二是对新中国成立 70 多年来农村土地制度的历史变迁研究[27,29-30]，分别从单一产权阶段、两权分离阶段，以及“三权分置”阶段，探讨国家与农户之间的关系，认为农村土地制度变迁具有明显的强制性与诱致性制度变迁特征，且农村土地制度变迁呈现“与时俱进、稳步推行”和“坚守底线、市场引领”的基本特点，农地制度变迁的本质是产权管制逐步放松和产权主体回归农户[31]，同时也体现了农地制度变迁的方向是朝农地权利结构复杂化演进[32]。三是对中国共产党成立百年来农地制度的历史变迁研究[26,33]，可以分为三个时期，分别是“站起来”时期（1921—1979 年）、“富起来”时期（1979—2013 年）和“强起来”时期（2013 年至今）。将土地制度的历史变迁放置于我国经济体制转型的背景下思考，可以发现土地制度的变迁与国家整体发展目标紧密相关，并始终和中央、地方与农民的土地权益分配交织推进[25]。

（二）农村土地产权制度的演变脉络与逻辑

新中国成立以来，中国农村土地制度的演变始终是在“一个环境、两条脉络”的框架下演进，其逻辑进路是按照两个脉络交互演替、相互作用、互为推动而进行的，其中产权制度脉络呈现“分散—集中”特征，而治理制度则是从“政府—市场”主导向现代化“管制制度”转型，交互叠加的系统性特征趋向[34]。

1. 农村土地产权制度创新呈现“分散—集中”的趋向

中国社会生产力的发展促进土地由分散到集中的转变，是中国农村土地制度创新不变的主旋律，这一特征既是中国土地制度创新的趋势，也是土地制度创新的客观要求。新中国成立 70 多年来，中国农村土地制度的创新从两个层面体现了“分散—集中”的特征趋向：一是土地所有权初次的“分散—集中”。新中国成立初期的土地改革运动确立农民土地私人所有制，到之后高度集权的人民公社制度所确立的农村土地集体所有制，是土地所有权由分散到集中的初次嬗变。新中国成立初期，整个国家处于百废待兴、百业待举之际。生产力和生产关系的变化驱动了农村社会经济的发展，变封建土地地主所有制为农民所有制的土地改革运动满足了农民对土地的需求，提高了农民的生产积极性，推动了农村经济的发展。1952 年相较于 1949 年全国粮食产量增长 46.1%，农业总产值增长 48.47%；全国 70%以上的农户生产条件和生活水平明显改善。但小农经济的弊端也逐渐暴露，成为乡村社会发展的桎梏，逐步将土地等生产资料过渡为集体所有，完成了农村土地产权的变更，适应了社会发展的需要。农村土地制度在较短时间内经历了“农民所有、个人经营—农民所有、集体经营—集体所有、集体经营”的历史性变迁。很快实现向集体所有制的转变。确立了农村集体土地所有权制度，体现国家意志对农村集体成员生活、生产的全面管理，改变了农村原有的人际关系、社会结构和政治体制[35]，农村土地制度的改革彻底推翻了中国传统乡村旧秩序，重新塑造了基层组织和权力结构，为在农村贯彻中央经济计划奠定了政治和经济基础[36]。国民经济的快速恢复和发展得到了广大人民的支持，为向社会主义过渡创造了经济条件和政治条件。

二是农村集体土地使用制度的“集中—分散”变革。20 世纪 70 年代末中国改革开放就是从农村对土地生产经营制度的“集中—分散”改革开始的。家庭联产承包责任制把原来农村集体所有、集体使用的土地分散承包给农户，20 世纪 80 年代中期，全国 569 万个生产队有 99%都实行了包产、包干到户。

土地使用权由“集中”到“分散”后，农民的生产积极性发生了重大变化，粮食产量更是逐年增加，1984 年粮食总产量达到了 40731 万吨，创造了新中国成立以来粮食产量历史最高纪录，全国各地基本解决了长期困扰人民的温饱问题。家庭联产承包责任制作为一种非常适宜农业生产的制度安排，对中国农村生产力发展而言，是极大的推动。

土地经营权的“分散—集中”。家庭联产承包责任制的施行确立了以“包产到户、包干到户”为标志的家庭经营体制，使得农户成为从事商品生产经营活动的主体。家庭联产承包责任制对中国农村经济的发展产生了巨大的推动效应，但正如其他历史变革一样，承包制在一定发展阶段所确定的农村土地关系，随着农村经济的发展，愈来愈暴露出许多其自身难以克服的困难[37]。这种分散的规模较小的农业经营模式与现代农业的发展要求并不相符。随着生产力的发展，我国土地的小规模分散化经营将逐步转变为适度规模的专业化经营；全部农村劳动力经营土地也将逐步转变为部分劳动力经营土地。农业现代化对规模化、机械化和专业化的要求，推动了土地使用经营权由分散到集中的转变，即土地的经营权集中到种田大户和家庭农场等新型农业经营主体手中。

2. 农村土地产权制度改革的逻辑是确权赋能

农村土地制度的变迁归根结底是农地产权制度的变动。中国 70 多年的土地制度改革使得农民拥有完整的农地产权，明晰农村土地权能，强化土地赋权，才能发挥土地多重功能。集体所有制是国家主流意识形态主导的强制性制度变迁，其存在诸多问题。21 世纪，农村土地制度必须在法律上赋予农民统一的土地所有权与财产权，建立复合型土地产权制度或多层次的土地所有制，才符合目前中国国情[38]。赋予农民长期而有保障的土地承包经营权，推动土地承包经营权规范有序流转，维护农民的合法土地权益，促进农业、农村经济发展和农村社会稳定，在法律赋权和登记颁证的基础上，进一步规范土地承包经营权流转交易。2003 年 3 月施行的《农村土地承包法》从法律层面规定了家庭承包中发包方和承包方的权利和义务，并强调国家保护承包方的土地承包经营权及其依法、自愿、有偿流转的权利。2008 年 10 月，党的十七届三中全会提出要“稳定土地承包关系长久不变，赋予农民更加充分而有保障的土地经营权”。2012 年《农村土地承包经营权流转规范化管理和服务试点工作方案》颁布，同时推动农村承包地确权颁证制度，保护农民权益。至 2013 年，农村土地制度改革的重点均放在土地确权赋能上。“土地确权”

是为适应农村土地资源要素的规范化流动需求，由国家层面开展的以农地产权清晰化处置为主要目的的实质性改革措施，成为当时解决农村人地矛盾和发展问题的重要手段[8]。土地确权后，农地流转中的许多现实问题得到解决，对提高农户流转意愿、提升农村要素活力等起到了积极作用。“三权分置”让农民拥有承包地的使用权、收益权和进一步扩展的承包地转让权。2014 年 1 月颁布的中央“一号文件”指出，允许承包土地的经营权向金融机构抵押融资。上述一系列确权赋能颁证及规范流转的法律法规和政策文件，保障了农民对土地承包经营的各项权利，促进了土地承包经营权的规范有序流转。

（三）农村土地治理制度的演变脉络与逻辑

1. 农村土地治理制度创新呈现“政府—市场”的趋向

政府规制是引导农村土地制度改革的主导力量，对制度变迁发挥着重要作用。农村土地制度变迁的核心问题，实质是围绕土地在政府、市场、农民三者之间进行利益博弈，任何一次农村土地制度的变迁都离不开政府职能的发挥和行政力量的推动。在我国，个人或组织拥有的土地权属都来自政府授权[39-40]。政府对土地的管制既包括对土地产权权属的界定，也包括对资源配置方式和土地用途等的规制。从内容来看，土地产权管制必然涉及政府与市场的关系、土地增值收益分配等问题，对国家财政、经济波动和社会治理具有重要影响。

依照中国的土地制度设计，地方政府对土地出让拥有绝对掌控力。在经济分权与晋升锦标赛的“双重激励”下，地方政府倾向于以土地为抓手进行干预。地方政府通过压低地价、过量供应、降低环境规制门槛等方式干预土地出让，政府的土地出让干预会出现两种结果：一是以争取工业企业的落地，促进政府招商引资、维持财政收支平衡，进而推动地方经济增长；二是这种干预会导致城市无序扩展、农民权益受损、寻租程度加深、生态环境恶化[41-42]，地方政府土地出让干预对企业生产率可能还存在负向传导影响。土地要素价格的扭曲，在微观层面将会改变企业面临的要素价格信号，扭曲企业决策行为，造成企业生产要素投入错配，进而影响经济市场运行[43]。

土地流转的市场化倾向是中国农村土地制度创新的另一个典型特征。农业生产方式从小农经济时期自给自足型的封闭式生产转向面对市场的产业化生产，需要土地自由流动的推动。新中国成立 70 年来，中国土地制度的调整标准逐渐由依据人口变动的调整标准转变为依据市场需求的调整标准，土地资源的配置方式也转变为由市场调控替代集体计划配置。在 20 世纪 50 年代的合作社、人民公社时期，政府以行政手段在短期内快速地集中了土地所有权，尝试土地的规模化经营，实践证明，这种政策的实施效果并不是很好。家庭联产承包责任制的实施，尤其是“三权分置”制度的落实，则充分体现了中国农村土地制度创新的市场化特征趋向，土地资源的优化配置和高效率利用依赖于市场化的调节。

市场机制完善的一个重要障碍是农地产权不清晰所带来的大量交易成本问题[44]。只有在不断完善的市场机制下理性的经济决策才是有效的，“三权分置”制度改革是提高农民的财产性收入和扩展农民收入流、缩小城乡差距的有效途径，而赋予农民最为宝贵农地资源的财产性权利是扩展农民收入流的必要手段。赋予农民土地的财产性权利对土地制度提出新的要求。同时，由于农业是一个高风险、高投入、周期长的产业，在客观上对新型农业经营主体的资金链产生要求。在“二权分离”安排下，农村土地不能进行抵押贷款，这不仅限制新型农业经营主体投资的积极性，还限制投资能力。所以，需要赋予并强化新型农业经营主体独立的土地权利，提高其农业投资的动力和能力。

地方政府土地对农村土地市场的干预不仅涉及农村土地制度自身，还与行政体制、财税制度、区域政策等制度政策相互交织。2020 年出台的《中共中央、国务院关于构建更加完善的要素市场化配置体制机制的意见》提出：推进土地要素市场化配置改革，深化土地出让制度改革，健全工业用地市场供应体系。同时，2019 年新修改的《土地管理法》为促进集体建设用地参与市场交易，形成多主体供地的格局，逐步打破地方政府垄断土地一级市场的状况提供了法律制度保障[43]。

2. *农村土地治理制度的演变逻辑*

一是农村土地治理制度始终与社会经济发展相适应，土地治理制度改革是我国过去几十年经济改革与转型中最重要的内容之一，农村土地治理制度是乡村社会生产和发展的前提和基础。作为社会主义经济制度的重要支撑，农村土地治理制度直接影响农业发展、乡村繁荣和农民幸福，不同历史时期的农村土地制度对农村社会经济发展都会产生深远的影响，并不断地适应和推动社会经济的发展。

农村土地治理制度改革，属于生产关系的调整，最终目的在于释放和推动农村生产力的持续发展，从而夯实农村持续繁荣和农民幸福生活的坚实基础，其内在逻辑都是对相应时期生产力发展水平的适应。其变动是由社会生产力水平决定的，当社会生产力水平发生变化，处于相对稳定状态的农村土地制度与生产力之间便会发生矛盾。作为农业生产关系的基本安排，中国特色农村土地制度并不是一成不变的，而是根据农业生产力与生产关系的矛盾运动进行动态调整的，以使农业生产关系更好地促进农业生产力发展水平的整体跃升。为了推动乡村社会发展，就必须调整生产关系，变革农村土地制度。

随着工业化、城镇化和农业现代化的快速发展，农村土地治理制度必须与乡村社会生产力发展相一致；20 世纪六七十年代，我国实行土地国有或集体所有，除了要和社会主义公有制相符合外，更重要的是希望通过掌握土地资源，将用地计划和经济建设计划统一起来，顺利开展各项经济建设。土地公有制的建立，以及计划配置土地资源模式为当时的经济发展作出了重要贡献，为改革开放后的工业化进程积累了经验，打下了较好的基础[45]。20 世纪 80 年代后，随着计划经济向社会主义市场经济转型，工作重心转向经济建设，国家开始致力于追求效率和整体经济增长速度最大化[46]。政府逐渐缩小对经济社会的直接干预和控制，并允许社会中部分要素自由流动。通过分权和放权，赋予社会诸领域一定程度的自主权，激发地方政府、基层人民活力来塑造新型社会主义政治经济体制[47]。

从 20 世纪 90 年代中后期开始，中国逐步建立起日益体系化的城市土地征收、土地出让制度，为我国以工业化为基础拉动服务业、房地产业发展的城市化、城乡基础设施的超常规建设创造了相当有利的条件。政府干预，尤其是土地出让已成为中国地方政府干预最为强烈的领域之一[48]。助推了 30 多年的高速工业化与城市化，特别是为大批工业开发区、经济技术开发区、高新技术园区以及新城区的基础设施建设提供了主要的融资来源。伴随 20 世纪 90 年代中期以后从沿海到内地的工业化和城市化建设浪潮，不仅东中西部的各级城市在空间范围上完成了大幅度的扩张，从农村向城市迁移的人口数量也实现了快速增长，为中国市场经济转型、经济保持中高速增长作出了重要的贡献。

二是农民主体性是农村土地制度改革的价值逻辑。

农村土地制度的改革创新与农民的切身利益密切相关。任何一次农村土地制度的变革都要以尊重农民主体地位、满足农民利益为依归。土地制度变迁始终以满足不同时期人民根本诉求为改革的出发点和落脚点。如新中国成立初期，国家建立了农民土地所有制，实现广大人民群众“耕者有其田”的理想，满足了劳动人民拥有自己土地的根本诉求。在社会主义革命和建设时期，为尽快改变农村农民贫困落后面貌，在农村发展“互助合作”，推动土地公有制变革，实现了劳动人民迫切改善农业基本生产条件的根本诉求。在改革开放经济建设时期，由农民自下而上地推进了家庭联产承包责任制改革，充分释放了农民的生产积极性，满足了人民渴望物质生活水平提高的根本诉求。为保证农民长期利益不受损，1998 年修订的《土地管理法》和 2002 年修订的《农村土地承包法》等都明确指出，农村土地承包期延长到 30 年。中国人均资源少，地区差异大。在人地矛盾尖锐的地方，不断按人口变动而平均地权是农民的一种自发要求。农户长期使用土地的需求与集体成员平均占有承包地的要求，是农村土地制度改革必须要考虑的主要问题。也就是说，在制定农村土地制度或政策时，既要满足农民长期而稳定的使用土地的需求，也要兼顾农民对土地平等权利的要求。

随着中国经济的快速发展，城市化和工业化进程的加快，部分农户开始出现兼业化和非农化行为，农村劳动力向城镇转移加快，农地利用率开始下降。同时，部分农户逐渐建立起规模经营意识，专业户、家庭农场等新型农业经营主体逐渐涌现，由此催生了土地流转需求。为提升农村土地利用效率，国家开始了对农村土地承包经营权流转的探索，并陆续出台了一系列政策文件，不断完善农村土地流转制度。如 2003 年《农村土地承包法》为土地流转提供了法律依据。2021 年《民法典》进一步明确了土地承包经营权流转和规模化经营的法律地位，极大地激发了农民的创造力和干劲，对维护农村稳定、提升农村土地利用效率以及统筹城乡发展等产生了积极作用。新时期生态文明和乡村振兴的诉求日益成为人民的现实需要，土地制度改革也逐步转型为以新发展理念为指引、以生态文明和乡村振兴为目标，全面满足人民最深层次的根本诉求[19]。

（四）新时代以来农村土地制度的研究热点与进展

党的十八大以来，针对乡村新业态转变、农村劳动力要素转移、土地要素市场化配置诉求增加、土地产权权能不尽清晰完整、增值收益分配争议较多等新形势、新问题和新挑战，特别是自 2014 年中央“一号文件”《关于全面深化农村改革加快推进农业现代化的若干意见》的发布和 2014 年中共中央办公厅、国务院办公厅印发《关于农村土地征收、集体经营性建设用地入市、宅基地制度改革试点工作的意见》推动的 2015—2018 年试点工作，有效地促进了我国在农村土地承包经营制度、土地征收制度、集体经营性建设用地入市制度、宅基地制度等方面进行的新一轮土地制度改革。

1. 新时代农村土地制度改革的研究热点

进入新时代，国内外形势发生了深刻变化，客观上对农村土地制度改革提出了新的要求。从 2018 年修改的《农村土地承包法》，到 2019 年修改的《土地管理法》，再到2020 年《民法典》的颁布，国家希望通过不断完善法律制度以更好地保护农民的土地权益。诸多学者已然在“点”“线”“面”等层面对土地制度变迁展开了研究。尤其对中国农村土地制度的变化发展和制度动因开展了探讨[18,49-52]。多“点”聚焦于农村集体土地制度中的“农地制度”“征地制度”“宅基地制度”“耕地保护制度”等单个制度，探讨了其演变过程、变迁机理和制度绩效等问题[8,16,53-61]。

众多研究紧跟国家政策，研究热点聚焦在农村土地“三权分置”制度、多种形式适度规模经营、农村土地征收、集体经营性建设用地入市、宅基地制度改革、农村土地产权流转交易制度等方面。刘俊杰等基于全国农村产权制度改革先行试验区山东省枣庄市农户调查数据，发现农村土地产权制度改革主要通过交易和分工效应影响农户收入水平和结构[62]。魏后凯、刘同山认为要解决城乡建设用地不合理的“双增长”和农村日益严重的空心化问题，必须完善相关法律规范，加快综合配套改革，依靠政府引导和市场化途径，实施分类、分层、多样化的策略，建立和完善长效机制，推动进城落户农民自愿有偿退出宅基地[63]。杜伟、黄敏主张乡村振兴战略背景下农村土地制度改革的主要领域在农村承包地、集体建设用地、宅基地三大方面，必须进一步巩固农村土地“三权分置”制度、激发农村集体建设用地入市改革内生动力、拓展农村宅基地制度改革[64]。贺雪峰则分别从征地制度、宅基地制度和农村建设用地制度三个方面讨论土地资源与土地价值及两者之间的关系，为全国开展的土地制度改革试点提供理论支撑[65]。陈锡文针对党的十八届三中全会通过的《中共中央关于全面深化改革若干重大问题的决定》中深化农村土地制度改革的内容，认为土地的产权权利与土地的用途管制必须平衡[66]。

诸多学者指出，农村集体土地制度变迁与“经济发展”“社会稳定”“城市治理”“乡村振兴”等息息相关，是国家治理体系中最为复杂、最为独特、最为敏感的核心要素[67-71]。

2. 农村农业高质量发展下的制度需求

新时代以来，国际化市场化加快推进，实现农业高质量发展迫切要求进一步优化土地资源配置。今天的中国农业，已经深度融入世界农业产业体系当中。我国农产品进出口总额自 2014 年起稳居世界第二，2017 年农产品进出口总额超过2000亿美元，同比增长9.1%。日益加深的国际化市场化，对深化农村土地制度改革带来了深刻影响。一方面，土地资源高效利用的要求更加迫切。我国有2亿多农业经营户，户均耕地面积只有7亩多，仅相当于欧盟的1/40、美国的1/400，缺乏国际竞争力，部分进口农产品到岸税后价格低于国内价格，有的品质还优于国内农产品。这就需要通过深化农村土地制度改革，引导土地经营权有序流转，发展多种形式适度规模经营，实现小农户与现代农业发展有机衔接，推进标准化生产，降低生产成本，提高农业发展质量效益和竞争力。另一方面，土地资源的配置空间得到拓展。2017年我国进口的大豆、棉花、食糖等农产品，按目前国内单产水平计算，相当于8亿多亩的播种面积。这既满足了国内日益增长的农产品需求，也在一定程度上利用了国际耕地资源，减轻了国内土地资源压力，可以使有限的土地资源更多地配置到具有比较优势的农业产业上，增加了上地制度改革的空间和余地[72]。

在农地要素市场化配置方面，农村土地制度改革促进了农地要素自主有序流转，保障了不同市场主体平等地获取农地要素，提高了农地要素市场化配置效率，充分激发了农地要素的市场活力[73]。要素流转总体规模不断扩大，2014—2020年，全国耕地流转面积从4.03亿亩增加到5.32亿亩，流转率从30.32%上升到34.06%。另外，由农户之间自发流转逐渐发展为农户、家庭农场、专业合作社、企业和其他经营主体等多元化主体流转，并且各类主体流转的农地要素规模逐步扩大。2014—2020年，全国流入农户的耕地面积从23544.18万亩增长到24882.76万亩，流入专业合作社的耕地面积从8838.77万亩增长到11453.01万亩，流入企业的耕地面积从3882.48万亩增长到5558.54万亩，流入其他主体的耕地面积从4074.03万亩增长到4200.35万亩。流转交易形式逐渐多样化，市场服务机构逐渐增加。2020年，全国耕地以出租（转包）、入股和其他形式流转的土地占比分别为89.25%、5.50%和5.25%，乡镇土地流转服务中心有22308个，并进一步建立了土地流转市场，其中省级13个、地级市102个、县级1474个[73]。

3. 强化农村土地制度改革，构建新型工农城乡关系

在城乡融合发展新格局下，土地制度改革的核心是盘活农村土地资产，实现农民土地资产的更多权能，将农村土地由“死资产”变成“活资本”，并依托农村土地制度的供给侧结构性改革来加强城乡功能连接，构建工农互促、城乡互补、全面融合的新型工农城乡关系。随着工业化、城镇化加快推

进，促进农村劳动力分工分业和农业转移人口市民化，迫切要求进一步加大对农民的土地权益保护。近年来，农村劳动力大量转移进城。2017 年，进城务工的农村人口达 2. 87 亿，我国常住人口城镇化率达到 58. 52%，户籍人口城镇化率也达到了 42. 35%。预计 2035 年我国常住人口城镇化率将达到 70%。大量农民离土离乡、进城就业，农村土地流转、人地分离的现象将十分普遍，这对保护农民的土地权益提出了更高要求。一方面，要保护进城务工者的土地权益。进城务工农民在城镇稳定就业定居，是一个长期过程，他们对事关切身利益的承包经营权、宅基地使用权等土地权益更加关注。农村土地流转在改善土地利用方式、提升土地生产效率的同时，促进了农户家庭劳动力合理分流，增加了贫困户的财产性收入。这就要求在深化农村土地制度改革过程中，要维护好进城农民的合法土地权益，不得以退出土地承包经营权、宅基地使用权、集体收益分配权作为农民进城落户的条件，使他们能安心在城镇工作生活，提高城镇化发展质量，促进社会和谐稳定。另一方面，要保护在乡务农者的土地权益。我国国情农情决定了小农户和新型农业经营主体将在一定时期内长期共存。小农户大多是自己经营承包地，新型农业经营主体大多是租赁农户承包地经营。既要保护好农户的承包权，也要平等保护好新型农业经营主体的经营权，才能为解决“谁来种地”的问题奠定制度基础。具体而言，从事农业生产的家庭劳动力通过流入更多的农地要素，开展农业规模化生产，增加家庭农业收入，而家庭富余劳动力转向非农部门，提高家庭工资性收入，实现多元就业。

4. 实施乡村振兴战略，强化土地制度供给

实施乡村振兴战略，实现城乡融合发展，迫切要求进一步强化土地制度供给。党的十九大做出实施乡村振兴战略的重大决策部署，要求建立健全城乡融合发展体制机制和政策体系，加快推进农业农村现代化。土地是农村最大的财富，土地制度改革与农民生产生活、乡村产业发展、乡村治理等紧密相连，是推进乡村振兴的关键环节。在土地制度改革过程中，一要加快盘活农村土地资源要素，“产业兴旺，生态宜居”是乡村振兴的首要之义，产业用地是乡村振兴的重要场域。无论是加强农村人居环境整治、建设美丽家园、改善农民生活条件，还是发展乡土产业、庭院经济、休闲农业、民宿和乡村旅游，都需要通过推进承包地和宅基地“三权分置”等土地制度改革，更为有效地利用宅基地管理，实现生活空间布局协调、功能齐全，激活土地要素活力。通过集体经营性建设用地入市、利用闲置宅基地和闲置住宅等方式，

统筹使用农村建设用地要素，满足乡村农产品加工、休闲旅游、民俗文化等第二、第三产业的发展需要。同时又要守住底线，不能搞“大棚房”，不能变相搞耕地非农化。通过对村域土地的整理和复垦，不仅能够改善居住环境，而且能将相关收益用于乡村基础设施和公共设施建设，修复和改善乡村生态环境。二要推进城乡土地要素平等交换，在土地征收、集体经营性建设用地入市等改革过程中，要保障农民公平分享土地增值收益；农村土地制度改革始终坚持把农民分享更多的增值收益作为生活富裕的基本出发点，激活农村土地要素，完善增值利益分享机制，创新收益分享模式。要改革完善土地出让收入使用制度，调整完善土地出让收入使用范围，改变长期以来农村土地出让收益“取之于农、用之于城”的状况，提高农业农村投入比例，更多地用于农业农村发展。通过农村土地制度改革，不仅以责任落实更好地实现了耕地保护，而且通过明确权利和利益，充分调动了农民参与集体土地资产管理的积极性，增强了农村基层组织和农民集体的凝聚力，促进了乡村治理体系和治理能力现代化水平的提升。

5. 探索农村土地集体所有制新的实现形式问题

党的十八大以来，以习近平总书记为核心的党中央，立足调整理顺工农城乡关系，树立农业农村优先发展政策导向，全面深化农村各项改革，持续完善农村土地制度。目前我国农村集体所有制经济有两种基本类型：一是农村人民公社“三级所有”沿袭下来，土地等资源和其他共有资产分别属于乡（镇）、村、组三级农民集体所有的社区性集体经济；二是专业性集体经济，《宪法》规定：农村中的生产、供销、信用、消费等各种形式的合作经济，是社会主义劳动群众集体所有制经济。农村集体所有制有效实现形式，是指能够有效提升集体经济综合实力、增加集体成员收入和保护其合法利益的一组经济关系和制度安排。从当前我国集体所有制实践角度概括：中国特色社会主义农村集体经济，是土地等资源和其他共有资产分别归乡（镇）、村、组三级农民集体所有，采用成员优先、市场调节等多种手段配置资源，实行统分结合的双层经营体制和“多元化、多层次、多形式”的经营管理方式，按集体经济规则和生产要素相结合的方式分配收入的公有制经济[74]。农村土地集体所有制是保障“耕者有其田”的有效实现形式，农村土地归劳动人民集体所有，保障了农民占有、使用和利用土地的公平公正，避免农村产生大量“三无农民”（无地、无业、无保障）。农村土地集体所有制吸收了土地国有制和土地私有制的优点，利用土地集中控制权、差异化用地指标配置和土地低价供应，为工业化现代化提供了大量的内部积累；中国特色的农村集体经济，充分调动农民群众参与改革，改革成果由全体农民群众共享，避免了农村土地陷入封建社会“土地周期律”的怪圈。

中国农村发展的实践证明，农村土地集体所有制符合马克思“公有制”理论及社会主义经济发展要求，保障了全体农民共同享有土地权益，是团结和组织农民的重要形式，对稳定国家整体大局有着至关重要的意义。习近平总书记强调：“农村土地集体所有制是农村经济的‘魂’，不管怎么改，不能把集体所有制改垮了。”但不可否认的是，随着时间的推移和形势转变，当前实践中集体所有制面临一些新问题，国家积极采取系列措施：一是完善土地承包经营制度。国家先后开展了农村土地承包经营权确权登记颁证、实行农村承包地“三权分置”、保持土地承包关系稳定并长久不变等改革，进一步巩固了农村基本经营制度。二是积极推进集体经营性建设用地入市改革。盘活存量建设用地和低效用地，取消了多年来集体建设用地不能直接入市流转的二元体制，允许集体经营性建设用地与国有建设用地同等入市、同权同价，为城乡一体化发展扫除了制度性障碍。三是稳步开展宅基地制度改革。宅基地制度改革致力于探索宅基地所有权、资格权和使用权“三权分置”有效实现形式，构建开放、共享、公平的宅基地使用权流转交易制度，释放农村宅基地和农房的资源价值，吸引人才、资本回流农村。四是全面推开农村土地征收制度改革。进一步缩小征地范围，突出征收土地必须符合公共利益，强化征地程序公开民主，健全被征地农民合理、规范、多元的补偿保障机制。目前，中国经济转入新常态，土地作为经济增长的发动机角色也在发生改变，推进土地要素市场化配置有利于摆脱土地依赖，实现发展动能转换，建设创新型国家[74]。

2022 年 10 月 16 日，中国共产党第二十次全国代表大会工作报告进一步强调，全面推进乡村振兴，坚持农业农村优先发展，巩固拓展脱贫攻坚成果，加快建设农业强国，扎实推动乡村产业、人才、文化、生态、组织振兴，全方位夯实粮食安全根基，牢牢守住十八亿亩耕地红线，确保中国人的饭碗牢牢端在自己手中。迈入第二个百年奋斗目标新征程，国际国内形势发生深刻变化，土地资源的分配、保护、利用工作更加复杂，客观上对中国共产党深化农村土地制度改革提出了更高要求。未来在推进土地制度改革实践和理论研究时，必须强化问题导向，着力解决土地领域存在的深层次矛盾和现实问题，科学界定中国特色社会主义土地制度，探索农村土地集体所有制新的实现形式，以构建更科学、更精细、更综合的土地制度体系。

五、农村土地制度改革的瓶颈与挑战

新中国成立70多年来，农村经济取得较大成就。2019年农林牧渔业总产值达到12.40万亿元，2020年粮食产量达6.69亿吨，连续五年人均粮食产量在470公斤以上；农村居民人均可支配收入和人均消费支出分别达到1.71万元和1.37万元。但是，中国农村发展相对于城市而言仍然滞后，需要全面补齐农业现代化短板；同时，中国最大的发展潜力和后劲在乡村，乡村经济的发展能够带动整个经济社会的持续健康发展。农村土地制度作为农村各项制度中的基础性制度，是推进农业农村现代化发展的基石。农村土地对农民的重要性不言而喻，是农民的生产资料和生存保障，农村土地制度涉及农民的切实利益。在当前农民增收传统动能减弱、农产品有效供给不足、国际贸易环境恶化的背景下，“三农”工作重心全面转向实施乡村振兴战略，亟待通过制度创新实现在满足国家意识形态情景下发挥农地的社会保障功能与生产效率功能，促进农业农村现代化发展和国民经济高质量发展[33]。虽然中国土地制度与相关配套制度改革已取得了一些进展，但迄今为止仍然没有完全实现整体制度上的导向性重塑，城市土地制度相对完善，而农村土地制度仍然没有在关键领域取得政策改革的有效突破，仍然难以为落实城乡高质量战略提供坚实的体制性支撑。因此，农村土地制度改革已经成为中国当前经济发展与社会转型，加快形成国内大循环为主体、国内国际双循环相互促进的新发展格局所面临的重大挑战之一。

（一）土地制度与户籍制度难以匹配

近年来，为了应对现有农村土地制度运行中出现的一系列重大挑战，中国政府着力推行“以人为本”的新型城市化建设，先后出台多份重要政策文件与一系列改革措施，包括《国家新型城镇化规划（2014—2020年）》、国务院颁布的《关于进一步推进户籍制度改革的意见》等。这些文件都提出，未来将进一步调整户口迁移政策，“全面放开建制镇和小城市落户限制，有序放开中等城市落户限制，合理确定大城市落户条件，严格控制特大城市人口规模，有效解决户口迁移中的重点问题”；提出了“三个一亿人”计划，即“2020年，通过实施户籍制度改革方案，使大约一亿具备条件且有意愿的农业转移人口落户各类城市和城镇；通过加大棚户区、城中村的改造力度，使大约一亿生活在棚户区和城中村的常住人口改善居住条件；通过加快中西部地区发展和城市化进程，引导约一亿人在中西部地区实现就近城镇化”[75]。

2018年中央“一号文件”《关于实施乡村振兴战略的意见》对此做出了全面部署，提出了“产业兴旺、生态宜居、乡村文明、治理有效、生活富裕”的总要求。乡村振兴是一项复杂而艰巨的系统工程，涉及面广，推进难度大，需要综合施策，而许多措施都离不开人口与土地，最终都要回归到人口和土地关系的重塑上，因为土地是乡村最重要的生产要素，自然也是助力乡村振兴的重要资源，而人才是乡村振兴的核心力量。

虽然中国城乡土地制度改革与相关户籍体制改革已取得了一定的进展，但各级政府所构建的整体框架与具体管理政策仍然远远不足以解决当前城市化与城乡发展所面临的挑战。整体而言，现有城乡土地制度与相关户籍、规划、地方财政体制的改革措施仍然缺乏整体性与前瞻性，更多是对现有土地、户籍、财政体制中的矛盾的被动反应，仍然不足以改变地方政府在既有利益格局中的扭曲性激励方式，也就难以全面打破城乡土地制度对我国经济社会环境可持续发展所施加的制度性约束。已推动和正在推动的改革措施仍然难以有效地打破既有城乡土地制度对土地资源“配置效率”和“投资效率”的限制，仍然不足以有力地推动城市产业升级与土地集约节约利用，仍然无法改变目前主要人口流入地城市房价过高，而人口流出地城市住房供应严重过剩的局面，也仍然无法实现从目前“离乡不放土”的半截子城市化向“人口完全城市化”的正确方向的全面转型。

具体而言，一是与城乡土地制度改革紧密相关的户籍改革目前仍停留在主要依靠地方政府自行推动的阶段，“农民工市民化”与“人口完全城市化”的进展明显不足。大量农村流动人口虽然长期在城市中务工经商，却并未真正完全退出农村。虽然中西部的一些城市尤其是中小城市（镇）的户籍改革进展较快，但因就业机会有限而难以得到较大响应；各类大城市，尤其是人口流入地主要城市，尽管户籍改革与流动人口落户政策有更多更强烈的政策宣示，但与城市户籍挂钩的公共服务配套在具体落地上常是难以匹配。二是土地资源和劳动力数量不匹配。土地在家庭联产承包制的初期，是按照平均的方式进行分配的，农民家庭的人口数量和土地承包量基本是匹配的状态，但是随着农村劳动力就业情况和家庭人口数量的不断变化，劳动力和土地的比例逐渐出现了不匹配的现象，并且国家还提出继续延长承包期，采取“增人不增地，减人不减地”的政策措施。因此，需要对承包制的分配方式进行调整，否则农村劳动力的流动及农民家庭结构的改变将会导致农户之间的生产力产生较大差异，土地和劳动力的资源配置会出现低效率。三是土地退出制度不完备。随着国家相关制度的完善，农村人口进入城市的路径逐渐畅通。

但是农村人口退出依然受阻，农村人口“退而不出”问题的症结在于中国农村土地制度，由于现行法律制度下农村土地相关产权的残缺，影响了农村土地流转市场的形成与发育。农村土地流转市场不健全也无法使农村人口退出时获得相关权益保障。现有的农地制度阻碍了农村人口退出，进而阻碍了城镇化的发展步伐，而目前我们尚未建立有效地推动农村人口退出的相关制度安排与供给。

迄今为止，针对跨区，尤其是跨省中低收入农民工的户籍改革进展非常有限。大批流动人口在就业所在地城市实现永久性家庭迁移必须解决两个关键问题，即可支付的体面购买住房或租住家庭住房问题和流动人口子女在迁入城市公立学校的平等就学与升学问题仍然没有得到很好的解决。结果是大批跨区跨省流动的农民工，大部分仍然难以获得就业城市的户籍并享受相关的公共服务，特别是与城市户籍最紧密相关的外来人口子女在本地公立学校的平等就学与升学权利也经常因流入地城市政府所提供的学位不足而难以保障。户籍改革滞后，主要人口流入地城市房价上涨过快，以及城市政府缺乏为外来人口提供保障性住房的激励，使大批农村外出人口难以实现向就业城市的举家永久性迁移，中央政府制定的“农民工市民化”与“人口完全城市化”的目标难以实现。

（二）农地产权稳定与宅基地利用仍然面临巨大的挑战

1. 承包地的稳定与权利细分对现代化农业的影响

在农村土地制度改革上，农地产权稳定与宅基地利用仍然面临巨大的挑战。中央不仅以《土地承包法》赋予了长久土地承包权，更进一步推动了农村土地的“三权分置”改革，包括“坚持农民集体的农地所有权，严格保护农地承包权，放活土地经营权”“有效平衡和配置宅基地的所有权、资格权和使用权”。

党的十九大报告提出要“保持土地承包关系稳定并长久不变，第二轮土地承包到期后再延长三十年”。2018 年中央“一号文件”强调，要落实农村土地承包关系稳定并长久不变政策，衔接落实好土地承包期再延长 30 年的政策。2018 年修正的《农村土地承包法》和 2019 年修正的《土地管理法》都对第二轮承包期到期后再延长 30 年做出了法律规定。2019 年中共中央、国务院发布了《关于保持土地承包关系稳定并长久不变的意见》，提出要准确把握“长久不变”的政策内涵，即保持土地集体所有和家庭承包经营的基本制度长久不变、保持农户依法承包集体土地的基本权利长久不变、保持农户承包地稳定。但是，近年完成的最新一轮土地确权仍然是在农地相对破碎化、农地产权不完整并难以实现抵押的情况下进行的确权，不仅给未来的农业连片开发带来困难，而且也难以避免农地低效利用乃至抛荒。

2. 宅基地问题

农村宅基地制度是我国现行农村土地制度的重要基础，也是我国土地社会主义公有制的重要体现。新中国成立以来，我国农村宅基地制度建立了从农民私有到集体所有、农民使用的历史性变化，逐步演变形成一整套具有中国特色社会主义的制度体系。随着经济社会的快速发展，农村建设用地资源逐渐紧张，城市化进程加快，大量农村人口涌入城市，存量宅基地及其房屋资源无法充分利用，宅基地流转范围受限，宅基地退出缺少相应的制度规范，现行的宅基地管理制度亟须改革。

2018 年中央“一号文件”首次提出“探索宅基地所有权、资格权、使用权‘三权分置’，落实宅基地集体所有权，保障宅基地农户资格权和农民房屋财产权，适度放活宅基地和农民房屋使用权”，并明确“不得违规违法买卖宅基地，严格实行土地用途管制，严格禁止下乡利用农村宅基地建设别墅大院和私人会馆”。中共中央、国务院于 2019 年 5 月发布的《关于建立健全城乡融合发展体制机制和政策体系的意见》、2020 年 6 月中央全面深化改革委员会第十四次会议通过的《深化农村宅基地制度改革试点方案》和 2019—2022 年中央“一号文件”都提出进一步深化农村宅基地制度改革试点，旨在赋予农民更多的土地使用权能，增加农民的财产性收入。由于农村宅基地使用权只能在农村社区的小范围内流转，市场太小、太薄就自然会压低交易价格和抵押价值。

正是因为户籍改革滞后带来“农民工市民化”进展缓慢，才会引发传统农区外流人口的“离乡不放土”，而传统农区的人口不能有效减少又会加剧农地的破碎化、产权不稳定以及宅基地低效利用并不断占用更多的耕地。推进农村宅基地制度改革，需与城镇化发展方向、农民需求、土地制度基本属性等相衔接。应积极探索落实宅基地集体所有权、保障宅基地农户资格权和农民房屋财产权、适度放活宅基地和农民房屋使用权的具体路径和办法，按照尊重历史、承认现实、确权登记、锁死总量、盘活存量、鼓励复垦、民主决策的思路推进宅基地制度改革。

（三）土地流转不畅是农业农村现代化的羁绊

农业作为第一产业，在国民经济中扮演着重要角色。农业的发展不仅能够解决全国人民的吃饭问题，还能缓解第二、第三产业的原材料供给问题，推进农业农村现代化，全面促进农业发展、农村兴盛、农民富裕，使城乡居民共同迈入小康社会和实现全体人民共同富裕的目标。

党的二十大报告提出中国式现代化，是人口规模巨大的现代化、是全体人民共同富裕的现代化、是物质文明和精神文明相协调的现代化、是人与自然和谐共生的现代化、是走和平发展道路的现代化。

农村土地问题是我国经济和社会发展的重大问题，也是解决“三农”问题的关键所在。近年来，国家大力推进农村土地制度改革，我国是农业大国，农村面积大，农民人口多。在这样的条件下，要想全面建成小康社会，实现振兴乡村，建设社会主义现代化强国，就必须加快实现农业现代化。然而，目前我国农村发展薄弱且不平衡、不充分，尚不能完全满足全面建成小康社会的任务要求，尚不能完全支撑起建设社会主义现代化强国的目标和任务。

土地问题是“三农”问题的核心问题。现阶段，要推进农业农村现代化，农村土地流转经营仍是主要问题。一是部分农民主体意愿不强。受到传统思想观念的影响，一部分农民将土地看成维持生计的重要资源，放弃土地的承包经营权后，易产生日常生计难以维持的心理，这对土地的流转工作造成了一定影响。二是土地流转市场运行不畅。土地流转是解决农村土地问题、推动农村发展的有效手段。但是目前依然表现出土地流转过程不顺畅、流转机制不完善、流转信息滞后和缺乏实效性、损害农民权利等问题，阻碍了土地正常流转。三是农民的法制观念淡薄。由于目前的立法、执法工作不完善，使得现有农村法律体系尚存缺漏，农民守法意识有待加强。“三农”领域出现的问题没有相应的法律法规来规范和制约。农民的土地权利缺乏有效保障，法制观念无法深入农民心中。此外，农村民主管理、民主监督的各项制度亟待规范化、制度化。

中国式农村农业现代化的本质是：坚持中国共产党领导，坚持中国特色社会主义，实现农村农业高质量发展，丰富农村农民的精神世界，实现全体人民共同富裕，促进人与自然和谐共生，推动构建人类命运共同体，创造人类文明新形态。

（四）征地制度的结构缺失影响农民土地权益

土地征收关乎农民切身利益，也事关经济社会发展大局，其合法合规程度是我国治理体系和治理能力现代化的体现。多年来，征地引发的社会纠纷逐渐成为基层政府面临的主要矛盾。究其原因，发现征地“制度—结构”的不合理是纠纷产生的制度根源，必须通过深化制度改革加以解决。征地制度改革的重点是缩小征地范围、规范征地程序、坚持公平合理补偿，维护农民土地权益。但随着城镇化和工业化的推进，越来越多农村集体用地被征收为城市建设用地，因征地而引发各种矛盾纠纷的现象较为普遍，影响了农村社会的稳定。探究土地征收中的农民诉求，发现他们更关注结果正义，诉求集中于货币性补偿及社会保障与安置。但现行征地制度存在的补偿标准普遍偏低问题，侵害了农民的土地权益。因此，要确定只有公共利益项目才可以动用征地权，正常补偿、评议商定补偿款并签订征地协议，设计好征地的论证、争议、裁决程序，允许集体土地按规划进入市场等解决方案，这样既可以有效维护被征地农民的合法权益，更能充分实现国家征地制度的效能[76]。

征地制度改革提高了地方政府征地的公益性要求，但过高的公益用地比例门槛可能带来多方都不乐见的结果。虽然2020年开始实施的新《土地管理法》更明确地界定了土地征收的“公共利益”范围，要求动态调整征地货币补偿的“区片综合地价”标准，放松了原有土地征收补偿的上限，以“征地批前公告”等完善土地征收程序的措施进一步确保了被征地的集体经济组织与农民在整个征地过程中的知情权、参与权和监督权，但也留下了对“成片开发”实施征收的操作空间。

恰恰是为防止地方政府过度使用征地权，中央在“成片开发”实施征收中又增加了一系列的程序性约束，如必须达到公益用地面积不低于征地面积40%的要求。虽然该要求本意是规范地方政府过度使用征地权，但在实际操作中可能造成如下局面：或因为发现难以达到这个要求，地方政府只有放弃征地，或地方政府不得不规划超出实际需求的公益用地再对“成片开发”的土地实施征收，结果是开发地块容积率过高，经济平衡也难以实现，甚至还可能出现“上有政策、下有对策”，即地方政府采取各种方法“绕道”避开上述40%公益用地面积比例要求的情况。

（五）集体经营性建设用地的市场化改革仍需落实

集体经营性建设用地入市面临地方政府以城市规划和土地用途管制方式施加的约束，前景并不乐观。考虑到传统征地方式所带来的各种社会矛盾，加上集体经营性建设用地入市一度给村民与村集体带来可观的土地增值收益，2020年实施的新《土地管理法》对集体经营性建设用地制度也做了相当重大的调整，删除了原法第四十三条关于“任何单位和个人进行建设，需要使用土地，必须使用国有土地”的规定，允许集体经营性建设用地在符合规划、依法登记，并经本集体经济组织三分之二以上成员或者村民代表同意的条件下，通过出让、出租等方式交由集体经济组织以外的单位或者个人直接使用。同时，使用者取得集体经营性建设用地使用权后还可以转让、互换或者抵押。

显然，这部法律规定旨在扫除集体经营性建设用地入市的法律障碍，提高其市场流动性，有效盘活原本闲置或低效的大批集体经营性建设用地，结束多年来集体建设用地不能与国有建设用地“同权同价、同等入市”的二元体制。但在现有“土地财政”背景下，尤其是财政压力加大时，地方政府仍然可以而且一定会毫不犹豫地通过城市规划与土地用途管制的方式去严格限制集体经营性建设用地入市的区位、用途及开发强度，减少集体经营性建设用地入市对国有工业、商住用地出让以及地方财政利益的冲击。换句话说，地方政府掌握了各种规划与政策手段，完全能有效限制农民从集体经营性建设用地入市所获的土地增值收益。在这种情况下，中央所希望的集体经营性建设用地入市带给农民的更高土地增值收益很可能无法实现。

2022 年 10 月，中央全面深化改革委员会第二十七次会议审议通过了《关于深化农村集体经营性建设用地入市试点工作的指导意见》。会议强调，推进农村集体经营性建设用地入市改革，事关农民切身利益，涉及各方面利益重大调整，必须审慎稳妥推进。这为农村集体经营性建设用地入市改革指明了方向，让改革更有章可循。审慎推进农村集体经营性建设用地入市，不仅要严守土地公有制性质不改变、耕地红线不突破、农民利益不受损这三条底线，还要落实永久基本农田、生态保护红线、城镇开发边界等三条红线。在审慎稳妥推进的前提下，要进一步健全配套制度，提升改革的系统性规范性。要强化此项改革与产权改革、宅基地改革、乡村产业发展、农村社会治理等改革的协同配套。要建立健全市场交易规则，完善规划、投资、金融、税收、审计等相关服务和监管制度。要合理确定入市土地的规模、时序和节奏，引导合理布局产业、优化乡村建设，避免无序扩张和重复建设。

六、以系统性改革应对农村土地制度的整体性挑战

一段时期以来，城乡土地制度助推了中国经济的高速发展，但在具体运行中也产生了一些问题，相应的改革与创新探索难以全面破除其对我国经济、社会与环境可持续发展所施加的制度性约束。在国内大循环主体战略下，推动经济社会持续健康发展，就必须在城乡土地制度的进一步改革上取得渐进而又坚决的突破，让市场机制在城乡土地要素配置上真正发挥“决定性作

用”。综合现实问题及未来发展方向，特提出若干思路，以供改革实践者及学界研究参考；需要说明的是，它们作为不成熟的理论思考，相互之间并非以严格的逻辑关系列出。

（一）以系统思维进行顶层设计

要基于多维度的整体性分析来做改革的顶层设计，确保正确的改革方向并找准城乡土地制度及相关体制改革的突破口。要对现有城乡土地制度及其背后的整体经济增长，工业化、城市化模式及其运作机制有系统性的理解。以系统思维推动学术与政策研究，将不仅有助于更好地理解我国特有的经济增长，工业化、城市化模式下城乡土地管理领域所出现的各种矛盾，也有助于把握城乡土地制度与相关户籍、规划与地方财政体制之间的紧密联系。只有在系统考察并深入了解现有模式运作机制的基础上，才有可能进行更合理的城乡土地制度顶层设计，找准改革的突破口以及具有前瞻性与可操作性的渐进式改革政策组合。正是因为我国的城乡土地制度构成了最关键的障碍，从中央层面推动整体性改革才能逐步改变既有发展模式下各方博弈所引发的扭曲性格局。从中央层面推动整体性改革必须进行良好的顶层设计，但要实现良好的顶层设计并顺利完成从传统城镇化向新型城镇化的转型却绝非易事。既要确保改革方向的正确，又要选准改革的突破口，更要精确把握改革政策的力度：改革的方向错了就会满盘皆输；突破口选不准将难以实现前后改革措施的配合以及不同领域政策的相互协力；改革政策力度不足难以扭转局面，但力度过大却可能反受其害。

（二）农村土地制度变革要符合中国农村社会经济发展现实

农村土地制度变革要与当代中国社会、经济正在全面转型这一客观历史发展背景相一致、相协调。因为农村土地制度在社会制度结构中处于基础的地位，对整个社会经济发展具有重要影响，因此，农村土地制度安排不能单骑独进；另外，农村土地制度是社会经济发展的现实状况和未来目标的约束，土地制度是一定历史时代社会问题的主要反映，比如中国当代农村土地制度就要受制于当代中国从传统社会向现代社会转型和从计划经济体制向市场经济转型的双重影响。因此，当代中国农村土地制度改革的目标、方针、措施和进程，一定要与中国社会、经济、体制转型和现代化建设的速率相匹配，当代农村土地制度改革和研究只有置于中国社会、经济、体制转型的历史进程纬度，提出来的主张和建议才能包含当代中国社会的特定内涵，才能顺应和促进社会转型和历史发展。在农村土地制度改革的具体研究中至少要将意识形态、经济体制、人地关系、市场经济机制、农业现代化、农民城市化等外在变量纳入考察视野，只有这样，当代中国农村土地制度才符合历史发展逻辑。

已有的关于农村土地制度宏观上的研究，忽略了土地管理制度和土地管理体系的区别，而是把制度和体系交织在一起，这样在进行农村土地制度改革研究时，主要关注土地制度改革研究，较少研究体系改革。实际上，当代中国土地管理体系不仅存在严重的政企不分，而且也存在突出的产权不分现象。正是这种土地管理体系才致使地方政府借用国家的名义大肆征地，不仅导致耕地大量减少，还致使国有土地资产大量流失，衍生出不同形式的腐败。不仅如此，地方政府在征地的过程中还表现出“要地不要人”，即政府仅仅将土地圈入开发区或纳入新城区，而并没有将该宗地上的农民也一同吸收为城市市民。据调查，自 20 世纪 90 年代以来，所有被征用的农村土地都没有将经营该宗地的农民吸纳为城市市民。地方政府的这种不要农民进城的所谓的城市化建设，实质上阻碍了国家的现代化建设尤其是城市化的历史发展进程，并积累了很多社会问题和突出矛盾。这些问题和矛盾也应是农村土地制度构建及研究关注的重点。因此，新时代以来，农村土地制度改革及其研究需要在体制和制度上给予足够的关注，才能达到预期目的。

（三）以完善市场机制优化土地资源配置效率

从改革方向看，既然中央政府已经明确了我国城乡土地制度改革的方向是市场化配置土地资源，那么就应该努力推进各类实体土地和土地指标市场的发育，以更完善的市场机制来优化土地资源“配置效率”与“投资效率”，而不是破坏市场运行的机制。

过去的农村土地制度研究过于强调意识形态上社会主义土地公有制和集体所有制，忽视现代社会中土地权属结构复杂化的客观事实，忽略所有权观念变迁的时代规律和市场化取向的经济体制改革，不利于建设适宜市场经济体制要求的农村土地制度和中国特色的社会主义市场经济体制。中国农村土地实行“以家庭承包经营为基础、统分结合的双层经营体制”，那么就要在农村土地制度改革设计时同时兼顾“统”“分”两个层面。对于中国这样一个土地资源极度稀缺的社会主义大国来说，实行“统分结合的双层经营体制”是非常必要的，“统”即宏观土地经营体制建设，“分”即微观土地经营体制建设。土地属于稀缺性资源或资产，拥有时即拥有垄断利润，社会主义国家要保证所有农民公平、公正、自主地进行耕种，必须建立完善的国家统一经营体制，没有国家统一经营体制，就不会有公平、公正的土地家庭承包经营体制。农村土地家庭承包经营是“分”，是农村土地制度的基础，对这一基础性制度的完善及研究，是中国农村土地制度完善及研究的重要组成部分，但必须将其纳入国家“统一”土地经营体制，才是真正的“统分结合”。另外，由于中国疆域广泛，管理层级比较多，农村土地制度完善及其研究也需要宏观和微观的有机结合，仅仅凸显任何一方面都很难说是有效益的农村土地制度创新。

（四）推进配套改革，提升农村土地制度研究的系统性和战略性

通过巧妙的政策设计来合理安排不同改革措施的前后次序，推动不同领域之间改革的协同。长期以来，中国土地制度改革一直是实践先行，理论界跟踪实践、服务实践、注解实践的敏锐性和时代性有余，而理论创新不足。即理论研究从属于主流意识形态，并对其政策进行注解，并没有根据生产力发展规律和社会历史发展规律进行系统性的可持续研究，致使理论界对中国农村土地所有制度的认识分歧无法化解，不利于推动认识提升以及实践深入。很难真正发掘农村土地制度变迁的内在规律性；更因农村土地制度改革的理论总结和理论准备都不充分，使农地制度的构建缺乏战略性和系统性。

先通过城乡土地制度改革与土地、户籍、财政体制改革联动来推动“农民工市民化”，再促进“城市人才与资本下乡”与“农村能人留乡”的系统改革。显然，为推动“农民工市民化”，关键是要推动现有的大批农村外迁人口逐步实现在流入地城市的永久性家庭迁移，充分发挥市场机制在配置土地与住房资源上的作用，创造条件加快人口流入地主要城市城中村、城边村的更新改造，同时在这些城市的征地过程中推广“留地留物业安置”的方法，大幅度增加城市的租赁住房。

（五）完善农村土地制度改革与立法

把“农村土地制度改革”与“农村土地制度立法”进行有机结合。中国改革是以市场化为价值取向的，所建立的是社会主义市场经济体制，从一定意义上讲，市场经济就是法制经济。这一经济性质表明，中国的任何改革或新制度安排，只有借助于法律语言和法律逻辑，在法律制度层面进行，才有理论意义和实践意义。因此，当代农村土地制度改革也必须以市场化改革为取向、以法律制度为改革立论依据，这是当代农村土地制度改革中至关重要的。与中国农村土地相关的主要法律有《宪法》《土地管理法》《土地管理法实施条例》《农村土地承包法》《农村土地承包经营权流转管理办法》等。

1982 年《宪法》对农民集体享有农村土地所有权进行了规定，随后 1993 年、1999 年分别将农村家庭联产承包责任制，以家庭承包经营为基础、统分结合的双层经营体制写入《宪法》，赋予其法律保障。相比于改革开放初期，针对农村土地相关的法律法规有所增加，且更具有针对性，相关法律体系也逐渐完善；相关法律法规的修订、修正工作在近 20 年相对频繁。这在一定程度上表明了随着社会经济发展和农村土地制度改革的深化，农村土地管理的法治化也在增强，迎合了农村土地要素市场发展的需求。

健全土地流转和承包制度，盘活农业农村发展活力。为提高农村土地资源利用率，应当健全土地流转和承包制度，增强农业农村发展活力。一是要加强对农民的教育引导。扩大对土地流转和土地承包“三权分置”的意义以及对土地政策所带来的经济效益的宣传，让农民对土地流转和承包有更深入的了解，挣脱传统观念束缚。二是要建立健全土地流转和承包管理机制。培养农民的法律思维，强化农民的守法意识。有关部门要严格对待土地流转和承包的审查、监督、交易、管理，对整个过程进行规范化管理，并对土地流转和承包过程提供后续保障服务。打击土地流转和承包过程中的违法犯罪行为，规范有序使用土地，建立健全土地流转和承包制度，从而盘活农业农村发展活力。

（六）拓展农村土地权能，实现共同富裕

2020 年，党的十九届五中全会将“全体人民共同富裕取得更为明显的实质性进展”作为 2035 年基本实现社会主义现代化远景目标之一，意味着共同富裕正式转变为一种国家发展阶段的目标。共同富裕包括物质富裕和精神富裕，且物质富裕决定精神富裕。解决共同富裕问题，要自觉主动解决地区差距、城乡差距、收入差距等问题，更加注重向农村、基层、欠发达地区倾斜，向困难群众倾斜。这意味着，促进农民收入增长、缩小城乡收入差距是实现共同富裕的基本保障。缩小城乡居民收入差距，有效并可持续地促进农民增收是实现共同富裕目标下亟待解决的问题。扎实推进农村土地制度改革，明确农民土地产权，并通过产权细分拓展土地功能，促进农民土地权益的实现，通过农村土地制度改革实现农民财产性收入持续增长进而达到共同富裕才是土地制度赋权增效的根本目的。

农村土地权能拓展归根结底还是在于为农民谋幸福。土地不仅是一种生产性要素，更是一种财产性要素。农村土地权能拓展是在原有的土地社会福利保障的功能上，进一步强化其财产性功能，从而以土地要素激活市场，强

化农业农村资源的市场价值。这不仅可以为村级集体经济的发展壮大引入市场力量，还能激活新型农业经营主体和服务主体，激发农民的内生发展动力。农村土地的权能拓展最大的贡献在于为村级集体经济的发展拓宽了路径。农村集体经营性建设用地入市不仅改变了国有土地一级市场完全垄断的局面，提高了农民的议价权，还可以充分调动集体积极性，促进地区经济的平衡发展。集体经营性建设用地的流转和股份合作制改革，推动了政府与市场的有机结合，撬动金融和社会资本更多地投向农业农村，能够为农村三产融合发展带来必要的物质支持。一是可以通过“政府—企业—农户”协同开发农村经营性建设用地，集中发展特色产业，延伸产业链，创造更多的价值，也为农民创造就业岗位。二是直接将集体经营性建设用地的使用权承包给新型农业经营主体，特别是闲置的村集体建设用地的承包租赁也能够为村集体带来租金或承包费收益，增加村集体经济收入。三是在农地经营权流转以及土地股份制的情境下，村集体可以更好地集中统筹分散化的农地资源，发展集约化的现代农业产业，实现规模效益，并通过利益联结机制有效带动小农户参与，推动集体共同富裕。最终，在村集体集中资源、统一规划发展的情境下，乡村的生产、生活、生态环境都可能得到改善，且村级集体经济的物质支持也提升了乡村公共服务供给能力，改善了农民社会福利，促进了农民精神富裕[77]。

农村土地的权能拓展破解了农民增收困境。现阶段的农民增收面临着三大现实挑战：一是区域间、群体间的收入差距不平衡问题。二是从收入结构来看，在农民收入的四大来源——工资性收入、经营性收入、财产性收入和转移性收入中，工资性收入、经营性收入所占比重较大，而财产性收入要薄弱得多。三是从增长潜力来看，农民工资性收入、经营性收入增长面临较多困难。工资性收入增长难的根源在于粗放的工业经济模式在吸纳廉价劳动力的同时存在压低工资的倾向，而产业结构升级则有排挤低端劳动力就业的趋势，导致农民工资性收入增长“腹背受敌”。经营性收入增长难，一方面是由于农产品多为低价值产品，农业现代化水平不高使得单产提升空间有限，且农产品的流通成本较高导致农产品销售的获益空间也很有限。另一方面是由于我国乡村产业融合发展还不够深入，农业产业链延伸不足，农业附加值还有待开发。转移性收入这一外部补偿机制的可持续性相对更弱，那就唯有财产性收入还存在努力的空间。承包地经营权的资本化，有利于农地的流转与集中，关键是实现了经营层面“小农”（经营能力弱）的退出与“大农”（经营能力强）的进入。而且，经营权的盘活不仅是流转的概念，关键是经营权的产权细分并诱导农业的纵向分工。由此，有助于将现代科技、先进的经营理念、生产方式等引入农业发展，推动农业供给侧结构性改革与农村经济高质量发展。农村宅基地的资格权为农户的住房保障提供了社会兜底功能，而使用权的可流转则可能为实业资本和金融资本进入乡村提供了条件，给城市的人员、技术和资金进入乡村提供渠道、载体和利益保障。此外，承包地经营权和农民住房财产权抵押、担保等融资功能的实现，均为农民生产经营、创新创业等提供资金支持。

要扎实推进共同富裕的新发展阶段，充分利用土地制度改革红利，发挥农村土地要素的财产性功能，对于促进农民农村共同富裕具有重要意义。现实中的不少实践也表明，农村土地资本化已成为农民增收、农业增效的重要途径，是农村经济发展的驱动力。

参考文献

[1] Ostrome. Rules, games, and common-pool resources/Elinor Ostrom, Roy Gardner, and James Walker [M]. 1994.

[2] Ostrome. An agenda for the study of institutions [J]. Public Choice, 1986, 48 (1).

[3] Shimanoff S B. The portrayal of conversation "cathy" cartoons: A heuristic tool for rules research [J]. Annals of the International Communication Association, 1987, 10 (1).

[4] 谭荣．价值、利益和产权：百年土地产权制度变迁的治理逻辑［J］．中国土地科学，2021，35（12）：1-10.

[5] 程漱兰，李爽．新中国农村集体土地制度形成和演进的历史逻辑以及若干热点问题探究［J］．中国农村观察，2022（3）：19-31.

[6] 莫纪宏．从制度、制度化到制度体系构建——制度发展的内在逻辑［J］．西北大学学报（哲学社会科学版），2020，50（3）：96-105.

[7] 习近平．《中共中央关于坚持和完善中国特色社会主义制度、推进国家治理体系和治理能力现代化若干重大问题的决定》辅导读本［M］．北京：人民出版社，2019.

[8] 毕国华，杨庆媛，张晶渝，等．改革开放40年：中国农村土地制度改革变迁与未来重点方向思考［J］．中国土地科学，2018，32（10）：1-7.

[9] 韩长赋：把握好新时代农村土地制度改革方向，以深化改革为乡村振兴提供强大动力［J］．农民致富之友，2018（24）：1.

[10] 冀县卿，钱忠好．中国农地产权制度改革40年——变迁分析及其启示［J］．农业技术经济，2019（1）：17-24.

[11] 钱文荣，朱嘉晔，钱龙，等．中国农村土地要素市场化改革探源［J］．农业经济

问题，2021（2）：4-14.

［12］许庆，杨青，钱有飞．合久必分，分久必合——新中国农地制度的一个分析框架［J］．农业经济问题，2019（1）：46-60.

［13］胡新艳，罗明忠．深化农村土地制度改革　助推农村集体经济发展［J］．国家治理，2019（38）：25-30.

［14］罗玉辉．新中国成立70年农村土地制度改革的历史经验与未来思考［J］．经济学家，2020（2）：109-116.

［15］李江涛，熊柴，蔡继明．开启城乡土地产权同权化和资源配置市场化改革新里程［J］．管理世界，2020，36（6）：93-105.

［16］张清勇，杜辉，仲济香．农村宅基地制度：变迁、绩效与改革——基于权利开放与封闭的视角［J］．农业经济问题，2021（4）：46-58.

［17］朱晓哲，刘瑞峰，马恒运．中国农村土地制度的历史演变、动因及效果：一个文献综述视角［J］．农业经济问题，2021（8）：90-103.

［18］俞明轩，谷雨佳，李睿哲．党的以人民为中心的土地政策：百年沿革与发展［J］．管理世界，2021，37（4）：24-35.

［19］严金明，郭栋林，夏方舟．中国共产党百年土地制度变迁的“历史逻辑、理论逻辑和实践逻辑”［J］．管理世界，2021，37（7）：19-31.

［20］胡怀国．中国现代化进程中的土地制度：百年变革的理论逻辑［J］．当代经济研究，2021（6）：15-23.

［21］郑品芳，李佑新．中国共产党百年农村土地政策制度改革研究［J］．湖南大学学报（社会科学版），2021，35（2）：9-16.

［22］林毅夫，等．中国的奇迹［M］．香港：中文大学出版社，1995.

［23］林毅夫．制度、技术与中国农业发展［M］．上海：上海人民出版社，上海三联书店，1994.

［24］厉以宁．中国经济双重转型之路［M］．北京：中国人民大学出版社，2013.

［25］蔡继明，李蒙蒙．当代中国土地制度变迁的历史与逻辑［J］．经济学动态，2021（12）：40-51.

［26］张兰，冯淑怡．建党百年农村土地制度改革的基本历程与历史经验［J］．农业经济问题，2021（12）：4-15.

［27］许明月，段浩．农业转移人口市民化的法律激励机制构建［J］．比较法研究，2017（6）：75-85.

［28］蒋远胜．改革开放四十年中国农地制度变迁的成就、逻辑与方向［J］．农村经济，2018（12）：8-11.

［29］缪德刚．从单一产权到“三权分置”：新中国农村土地产权制度70年沿革［J］．西南民族大学学报（人文社科版），2019，40（12）：103-112.

［30］丰雷，胡依洁，蒋妍，等．中国农村土地转让权改革的深化与突破——基于

2018年“千人百村”调查的分析和建议［J］. 中国农村经济，2020（12）：2-21.

［31］罗必良. 从产权界定到产权实施——中国农地经营制度变革的过去与未来［J］. 农业经济问题，2019（1）：17-31.

［32］刘守英，熊雪锋. 产权与管制——中国宅基地制度演进与改革［J］. 中国经济问题，2019（6）：17-27.

［33］徐亚东. 建党百年中国农地制度变迁：动态演进与逻辑［J］. 农业经济问题，2021（12）：16-36.

［34］曹涌. 70年来中国农村土地制度创新的“内卷化”研究［J］. 区域经济评论，2019（4）：40-44.

［35］张乐天，陆洋. 新中国农村基层干部的文化解读——兼谈乡村社会变迁与国家政权建设［J］. 南京社会科学，2012（6）：47-55.

［36］杜润生. 邓子恢：中国农村变革的先驱［J］. 党史研究与教学，2005（3）：40-43.

［37］赵源，张岩松. 契约承租：农村土地制度改革的深化［J］. 福建论坛（经济社会版），1989（8）：22-25.

［38］张新光. 中国农地产权制度改革实践中的几个理论问题［J］. 山西师大学报（社会科学版），2004（4）：10-16.

［39］周其仁. 中国农村改革：国家和所有权关系的变化（上）——一个经济制度变迁史的回顾［J］. 管理世界，1995（3）：178-189.

［40］曹正汉，史晋川. 中国地方政府应对市场化改革的策略：抓住经济发展的主动权——理论假说与案例研究［J］. 社会学研究，2009，24（4）：1-27.

［41］YanSui L，JinTao L，YuanYuan Y. Strategic adjustment of land use policy under the economic transformation［J］. Land Use Policy，2018（74）.

［42］陈前利，马贤磊，石晓平，等. 工业用地供应行为影响工业能源碳排放吗？——基于供应规模、方式与价格三维度分析［J］. 中国人口·资源与环境，2019，29（12）：57-67.

［43］王博，张耀宇，冯淑怡. 地方政府干预、土地价格扭曲与工业企业生产率［J］. 经济理论与经济管理，2021，41（7）：51-63.

［44］蔡继明. 论中国农地制度改革［J］. 山东农业大学学报（社会科学版），2005（3）：7-14.

［45］黄群慧. “双循环”新发展格局：深刻内涵、时代背景与形成建议［J］. 北京工业大学学报（社会科学版），2021，21（1）：9-16.

［46］王绍光. 大转型：1980年代以来中国的双向运动［J］. 中国社会科学，2008（1）：129-148.

［47］渠敬东，周飞舟，应星. 从总体支配到技术治理——基于中国30年改革经验的社会学分析［J］. 中国社会科学，2009（6）：104-127.

[48] 施建刚，徐奇升．中国地方政府土地出让结构策略互动的实证分析［J］．统计与决策，2017（15）：97-101.

[49] 丰雷，郑文博，张明辉．中国农地制度变迁 70 年：中央—地方—个体的互动与共演［J］．管理世界，2019，35（9）：30-48.

[50] 高国力，王继源．新中国 70 年来我国农业用地制度改革：回顾与展望［J］．经济问题，2019（11）：1-8.

[51] 郭贯成，李学增，王茜月．新中国成立 70 年宅基地制度变迁、困境与展望：一个分析框架［J］．中国土地科学，2019，33（12）：1-9.

[52] 刘守英．土地制度与中国发展［M］．北京：中国人民大学出版社，2018.

[53] JinLong G，YanSui L，JiangLong C. China's initiatives towards rural land system reform［J］. Land Use Policy，2020，94（C）.

[54] Yang Z，LiYing G，YanSui L. Land consolidation boosting poverty alleviation in China：Theory and practice［J］. Land Use Policy，2019（82）.

[55] Wu Q，Xie H. A review and implication of land fallow system research［J］. Journal of Resources and Ecology，2017，8（3）.

[56] 仇叶．乡村工业化模式与农村土地制度变迁——一项对沿海地区集体经营性建设用地制度的研究［J］．中国农村经济，2020（4）：101-123.

[57] 刘守英．集体地权制度变迁与农业绩效——中国改革 40 年农地制度研究综述性评论［J］．农业技术经济，2019（1）：4-16.

[58] 罗浩轩．农业要素禀赋结构、农业制度安排与农业工业化进程的理论逻辑探析［J］．农业经济问题，2021（3）：4-16.

[59] 田传浩．宅基地是如何被集体化的［J］．中国农村经济，2020（11）：29-46.

[60] 王敬尧，魏来．当代中国农地制度的存续与变迁［J］．中国社会科学，2016（2）：73-92.

[61] 谢保鹏，朱道林．基于制度运行路径视角的我国征地制度效率分析［J］．农村经济，2015（1）：24-27.

[62] 刘俊杰，张龙耀，王梦珺，等．农村土地产权制度改革对农民收入的影响——来自山东枣庄的初步证据［J］．农业经济问题，2015，36（6）：51-58.

[63] 魏后凯，刘同山．农村宅基地退出的政策演变、模式比较及制度安排［J］．东岳论丛，2016，37（9）：15-23.

[64] 杜伟，黄敏．关于乡村振兴战略背景下农村土地制度改革的思考［J］．四川师范大学学报（社会科学版），2018，45（1）：12-16.

[65] 贺雪峰．论土地资源与土地价值——当前土地制度改革的几个重大问题［J］．国家行政学院学报，2015（3）：31-38.

[66] 陈锡文．深化经济体制改革，推动市场配置资源作用——学习贯彻十八届三中全会精神笔谈［J］．经济研究，2014，49（1）：4.

［67］Shuang H Shuang T，HuaLou L. Rural restructuring in China：Theory，approaches and research prospect［J］. Journal of Geographical Sciences，2017，27（10）.

［68］Zhou L，Yang S，Wang S，et al. Ownership reform and the changing manufacturing landscape in Chinese cities：The case of Wuxi［J］. PloS one，2017，12（3）.

［69］陈坤秋，龙花楼，马历，等．农村土地制度改革与乡村振兴［J］. 地理科学进展，2019，38（9）：1424-1434.

［70］何艳玲，赵俊源．依地而治：土地制度变迁如何影响中国城市治理［J］. 社会科学，2020（5）：13-24.

［71］郑子青．土地制度变迁对农村人口流动的影响研究——以湖南省平江县某村民小组为例［J］. 中国人民大学学报，2014，28（2）：73-82.

［72］韩长赋．中国农村土地制度改革［J］. 农业经济问题，2019（1）：4-16.

［73］严金明，蔡大伟，夏方舟．党的十八大以来农村土地制度改革的进展、成效与展望［J］. 改革，2022（8）：1-15.

［74］刘守英，颜嘉楠．体制秩序与地权结构——百年土地制度变迁的政治经济学解释［J］. 中国土地科学，2021，35（8）：1-14.

［75］刘彦随，严镔，王艳飞．新时期中国城乡发展的主要问题与转型对策［J］. 经济地理，2016，36（7）：1-8.

［76］袁莉．中国农村土地制度改革研究现状及热点问题——基于 CiteSpace 软件可视化分析［J］. 西南民族大学学报（人文社会科学版），2022，43（6）：231-240.

［77］邹宝玲，彭素．中国农村土地制度变迁、权能拓展与共同富裕［J］. 贵州师范大学学报（社会科学版），2022（4）：79-89.

第二章

农村土地产权制度形式、绩效与改革路径

一、产权和土地产权制度概述

（一）产权概念

产权是一个社会所强制实施的选择一种经济品的使用权利[1]。就是说，产权是附着在或内含于一种资产或物品实体中的一组权利。现代西方产权理论根植于古典经济学和新古典经济学，秉承了传统经济学的自由竞争理论和“经济人”的假定，也接受了它们的“局部均衡理论”和边际分析方法的影响，将“市场”和“交易费用”称为产权理论的基础，奠定了制度经济学或制度学派的产权思想逻辑。Alchian 从强制性行为规范观点出发认为：“产权不是人与物之间的关系，而是指由于物的存在和使用引起人们之间一些被认可的行为性关系，产权分配格局具体规定了人们那些与物相关的行为规范，每个人在与他人相互交往变化中都必须遵循这些规范，或者必须承担不遵守这些规范的成本[1]。”“产权是一个社会所强制实施的选择一种经济品使用的权利，产权界定了每个人在稀缺资源利用方面的地位。”配杰威齐（S Pejovich）呼应了 Alchian 的观点，认为“产权是因为存在着稀缺物品和特定用途，而使所有的人都必须遵守的与物相对应的行为准则[2]”。费雪（L Fisher）和菲吕博腾（E Furubotm）则进一步把产权所界定的“稀缺物品及其用途和人们之间关系”上升为“人与人之间的社会关系”，认为“产权不是物质财产或物质活动，而是抽象的社会关系”，“产权的本质不是人对物的关系，而是人与人之间的关系，是由于物的存在及关于它们的使用所引起的人们之间相互认可的行为关系”，把产权关系直接上升为法律关系[3]。在此基础上，众多学者则从产权作用和功能出发定义产权，完成了“产权”从经济制

度到法律规范制度的本质转型[4]。

自 20 世纪 80 年代西方产权理论引入我国以来，迅速在我国经济学、管理学、法学等领域中广泛应用并开展具有创新性的研究，各学科从自己的视角解读这一理论，我国理论界对产权的论述亦有不少，对国外产权经济学的介绍和传播也颇为迅速和广泛，但由于各自理解不同，对产权的概念和理论也是“仁者见仁、智者见智”，难趋一致。国内关于产权的定义，代表性的观点主要有如下几类：①产权就是财产权。国内很多学者从产权的起源和产权的关键功能视角来定义产权，认为产权是有关财产的各项权利的总称，产权和财产权（property-rights）等同，它具有物质财富的内容，是直接和经济利益相联系的民事权利。产权或财产权所包含的所有权、使用权、收益权、转让权和处置权等是由法律加以维护和强化的最高权利，“产权”反映了开放性财产权利的分解和组合，反映了已发展的财产关系，产权是财产关系的法律体现。②产权既是权利又是规则。产权可以理解为资源稀缺条件下人们使用资源的权利，或者说人们使用资源时的适当规则[5]。产权是一组权利，是除所有权以外的各项权利之和。当这组权利未被分解、全部集中于一个主体时，产权成为完整状态，即所有权形态，包括使用权、收益权、转让权等，因此产权又称权益。传统经济学侧重于研究“收益”的配置机制，而现代经济学侧重于研究“权力”的配置机制。③产权和所有权的关系。产权包括所有权，所有权是产权的基础和核心，没有所有权就不存在产权问题；产权是所有权派生的经济权利，没有产权则所有权的权益无法实现[6]。所有权是一种财产权利，所有权制度明确归属问题，产权制度明确资源利用和使用问题[7]。产权理论研究各个具体的产权主体、产权关系、产权边界及其相应的权力和责任。因此所有制和产权二者虽然涉及所有权概念，都是以财产关系为对象，而且有着密切联系，但却存在着很大的差别。④产权是两种平等的所有权之间的权、责、利关系。段毅才认为，产权是两种平等的所有权之间的权、责、利关系[8]。产权问题不断产生又不断解决（界定）的过程，就是所有者不断保卫自己权益的过程。⑤产权和物权的关系。产权和物权都是有关特定财物的归属权，二者的区别在于：物权系指直接支配有体财物（包括动产和不动产）的权利，不包括无体财物如发明或著作等知识产权。产权包括有体产权和无体产权，因此产权概念的外延要比物权宽泛。物权是法学范畴，意义在于界定特定财物归属权的法律地位。

事实上，要准确把握产权的定义，就必须准确把握西方产权经济学的研究思想和研究进路，结合中国的产权实践，不断发展和创新产权理论，以适应国家体制和社会经济发展的需求。所以，产权是人们为满足权利义务要求而进行选择的结果，一旦制度安排得以确定，产权安排也就得到了相应的确定。产权也可以说是“正式规则和非正式规则界定的结果，是由法律、习俗、道德等界定和表达的，得到人们相互间认可的关于财产的权利，是一个人或其他人受益受损的权利”。

产权是经济所有制关系的法律表现形式。产权可以从不同的角度进行分类，一般有六种形式。一是按产权历史发展形态的不同分类：物权、债权、股权。二是按产权归属和占有主体的不同分类：原始产权、政府产权和法人产权。三是按产权占有主体性质的不同分类：私有产权、政府产权和法人产权。四是按产权客体流动方式的不同分类：固定资产产权和流动资产产权。五是按客体形态的不同分类：有形资产产权和无形资产产权。六是按产权具体实现形态的不同分类：所有权、占有权和处置权。产权的法律表现形式包括财产的所有权、占有权、支配权、使用权、收益权和处置权。

（二）产权制度的内涵

无论一个社会选择什么样的政治制度，产权制度都是一项基础性制度安排[9]。产权制度就是制度化的产权关系或对产权的制度化，是划分、确定、界定、保护和行使产权的一系列规则。Alchian 认为：产权是授予特别个人某种权威的办法，利用这种权威，可以从不被禁止的使用方式中选择任意一种对特定物品的使用方式。这里不仅把产权作为一种权利，而且更强调产权作为一种制度规则，是形成并确认人们对资产权利的方式。

现代产权制度是权责利高度统一的制度，其基本特征是归属清晰、权责明确、保护严格、流转顺畅。产权主体归属明确和产权收益归属明确是现代产权制度的基础；权责明确、保护严格是现代产权制度的基本要求；流转顺畅、财产权利和利益对称是现代产权制度健全的重要标志。

产权明晰是产权制度的重要表现。“产权包括一个人或其他人受益或受损的权利。”任何产权，如果其所有者是确定的且是唯一的，那么这个产权就是明晰的。但是有些产权，如社团产权，所有者尽管是确定的，但不是唯一的，容易产生产权的模糊性。明晰产权是为了建立所有权、激励与经济行为的内在联系，同时，也是为了降低交易费用。科斯的产权理论就是基于“产权清晰是交易的前提”的假定，事实上，产权的清晰程度是具有相对性的，产权不可能完整地被界定，因为完全界定产权的成本太高。科斯的初始产权界定清晰仅仅为产权交易或产权制度运作提供了一个起点，而产权的进一步界定则是通过产权运作过程即交易过程来实现的，即交易过程是进一步界定产权的方式，且产权在被清晰界定的过程中，只有与收入最大化相一致的权利被转让才能实现收入最大化。

产权界定过程是一个演进过程，财产的交换价值是它能产生的总收入和测度、控制它的交易成本的函数。如果交易成本太高，人们就不会花费成本去界定这些资源的权利，这些资源的权利就会滞留在公共领域里，待处理。随着资源新价值被发现，当界定产权成本的收益大于成本的投入时，人们就会去运用权利，界定产权边界。产权界定的方式是多样化的，既可以由正式制度安排即政府和法律的规定来界定产权，也可以由非正式制度安排即当事人的经济行为来界定产权。当一部分财产的权利落入公共领域时，利用这些产权能够获利的个人便会设法攫取这些价值，从而实际占有相应的财产。人们攫取这些价值的方式的多样化构成了界定产权方式的多样化。

制度经济方法对产权安排的特征以及产权对人的行为、资源配置、经济绩效的重要性给予了深入分析，也注意到国家在产权保护与实施中的作用[9]。产权保护是产权制度的另一重要内容。2016 年 11 月，《中共中央、国务院关于完善产权保护制度依法保护产权的意见》明确要坚持平等保护，健全以公平为核心原则的产权保护制度，公有制经济财产权不可侵犯，非公有制经济财产权同样不可侵犯。妥善处理历史形成的产权案件，严格规范涉案财产处置的法律程序，审慎把握处理产权和经济纠纷的司法政策，完善政府守信践诺机制，完善财产征收征用制度。坚持全面保护，保护产权不仅包括保护物权、债权、股权，也包括保护知识产权及其他各种无形财产权，加大知识产权保护力度，健全增加城乡居民财产性收入的各项制度。坚持依法保护，不断完善社会主义市场经济法律制度，强化法律实施，确保有法可依、有法必依，营造全社会重视和支持产权保护的良好环境。

（三）土地产权与权利

1. 土地产权

土地产权是指有关土地财产的一切权利的总和。一般用“权利束”加以描述，土地产权包括一系列各具特色的权利，它们可以分散拥有，当聚合在一起时代表一个“权利束”。包括土地所有权、使用权、租赁权、抵押权、继承权、地役权等多项权利。土地产权也指权利人在其权利存在的土地上，为实现其利用土地的目标，分别依法行使其对土地的用益、流转、管理权。土地产权也是存在于土地之中的排他性权利，或称为支配权，就是直接对土地实施取得利益的各种行为。土地归属决定土地制度的基本社会性质。

2. 土地权利的概念和特征

土地权利是土地法律制度的核心内容，一般属不动产物权范畴，是指权利人按照法律的规定直接支配土地的权利。土地产权是指存在于土地之中的排他性权利，或称为支配权，就是直接对土地实施取得利益的各种行为。包括土地所有权、土地使用权、土地租赁权、土地抵押权、土地继承权、地役权等多项权利。土地归属决定土地制度的基本社会性质。权利人对土地的直接支配体现为土地权利的四项权能：占有、使用、收益、处分。

土地权利的特征集中体现了物权的特征，特别是不动产物权的特征。

（1）土地权利是对土地的支配权。

从土地权利的作用来看，土地权利是对土地的支配权。土地权利的作用就是保障土地权利人能够对土地直接实施各种支配性行为，只凭借权利人自己的意思，而无须义务人的积极行为相配合，就能够实现作为权利内容的利益，土地权利是物权的一种。

（2）土地权利是排他性财产权。

从土地权利的效力来看，土地权利是排他性财产权。所谓土地权利的排他性，包括两方面的内涵：一是某一特定的土地上不能有两个或两个以上互不相容的土地权利。就土地所有权来说，任何一块土地上都只能有一个所有权，不能有两个所有权。如果一个人对某块土地享有所有权，就排除其他任何人同时对这块土地享有另外一个所有权。就土地的物权（包括用益物权和担保物权）来说，一块土地上不能同时有两个或两个以上互不相容的他物权。如一个人对某块土地拥有使用权，则排除其他任何人对同一块土地拥有同一内容的使用权。这里需要指出的是，如果几个人对一块土地拥有共有土地使用权，虽然表面上看起来是几个人都享有使用权，但它本质上仍然只是一个土地使用权，而不是多个土地使用权；而且，内容互不相同的几个土地权利可以在一块土地上同时存在。如某块土地为国家所有，其上附有国有土地所有权，同时，它也可以由其他人使用，享有国有土地使用权，该国有土地使用权还可以再抵押，从而其上再附设抵押权等。这几种土地权利都是内容互不相同的，与土地权利的排他性并不矛盾。二是土地权利的排他性还指土地权利具有直接排除不法妨碍的性能。土地权利人在行使土地权利的过程中如果遇到不法妨碍，可以凭借土地权利直接请求妨碍人排除妨碍或消除可能发生妨碍的因素。

(3) 土地权利是对世权。

从土地权利的效力来看，土地权利是对世权。所谓对世权，也称绝对权，是能够请求一般人不为一定行为的权利，亦即以权利人之外的一切人为义务人的权利。它有两个特点：一是权利义务人不是特定的人，而是不特定的一般人；二是义务人所要履行的义务是对该权利的容忍、尊重和不侵扰，属于消极的不作为，而不是积极的作为。土地权利对任何人都有约束力，权利人之外的一切人都是义务人，都不得干扰权利人依法行使土地权利。

(4) 土地权利必须由法规定。

土地权利必须由法规定，这来源于"物权法定"原则。所谓物权法定，是指物权（包括土地权利）的种类、效力、变动要件、保护方法等都只能由法律规定，而不容许当事人自行创设。"物权法定"是物权立法的基本原则，因为物权是支配性财产权，是绝对权，物权人之外的一切人都是义务人，都必须尊重而不得干预、侵扰权利人依法行使权利，因而物权的种类、变动等对社会其他成员、对社会和国家都有直接关系。鉴于此，只有以法律形式对物权做出规定，包括对权利的归属、内容、变动等做出规定，才能做到既保障物权人的利益，又不发生当事人任意创设新的物权种类或滥用权利、损害第三人利益、危害社会经济秩序的现象。此外，土地是人类生产、生活所必需的物质基础，土地的利用具有很强的社会性，一般来说价值十分重大，因此，法律对有关土地权利的内容做出规定是十分必要的。

(5) 土地权利的变动一般采取登记的公示方式。

按照《民法典·物权编》的有关理论，物权的变动必须采取公示的方式。所谓公示，就是将物权变动的意思和内容向社会公众显示。土地属不动产，由于其位置固定不可移动，买方无法将土地转移至安全的地方，加上土地的归属和利用对社会经济的发展影响重大，为了保障土地正常的财产归属和流转关系，一般采用登记的方式作为土地等不动产的法定公示方式，即土地权利的变动必须经国家主管机关办理登记才能生效。如国有土地使用权的转让，转让方和受让方签订转让合同后，还必须到国家登记机关办理变更登记。只有经办理登记后，土地权利才由转让方转给受让方，原受让方才能成为合法的国有土地使用权人。

3. 土地权利的类型

依据土地权利主体拥有的权利大小，可以将土地产权分为有保障的土地产权和缺乏保障的土地产权两种类型。

有保障的土地产权是指：①土地权利主体对体现其权利的土地具有排他性的使用性，即土地权利主体在被许可的范围内，对其土地具有不受限制的使用选择权，他可以采取任何方式使用他的土地，并能依法排斥他人对其土地的使用与限制。②土地权利主体能完全享有其土地利用所产生的收益，即土地权利主体通过合法方式利用土地进行生产所获得的收益，政府、其他组织或个人不仅不能通过强制手段攫取，而且也不能通过其他手段进行侵蚀。③土地权利主体对其土地拥有自由转让权，也就是说，土地拥有者有权决定土地是否转让，转让给谁，以及采取什么样的方式转让。

土地产权的保障性或完整性取决于如下三个条件：①土地权利的强度或量必须充足。其充足的标志是土地拥有者获得的权利足以保证其使用的排他性、收益的独享性和转让的自由性。②土地权利的期限应当持续一个较长时期。“期限是一个给定权利具有法律效力的时间长度。”土地产权在“经济方面则要求时间水平线较长，足以使持有者确信，他的投资所形成的全部收入流能得到补偿”。③土地权利的实现具有确定性。土地权利的强度和期限首先是一种法律承诺，这种承诺能否在经济方面完全实现，主要取决于一个社会的法律实施能力。有保障的土地产权不仅取决于社会对土地拥有者权利的承诺，还取决于社会必须具备较强的法律实施能力，以保证其法律承诺的经济实现具有确定性。

缺乏保障的土地产权是指：土地拥有者对土地使用的选择权利受到限制；利用土地生产的成果受到侵蚀；土地的转让权受到禁止或不充分。土地产权缺乏保障可能表现为前述某一项权利不足，也可能表现为这几个方面的总和。从经济角度来看，权利的无保障应是三个部分的函数：①权利的量不适当；②期限不够；③由于实施成本高昂，使其行使权利的确定性不充分。

4. 土地权利体系的设置

土地权利体系设置在土地制度的构建中占有极其重要的地位。不同的国家和地区，其土地权利体系的设置往往是不同的。这不仅仅体现在土地权利种类的不同上，而且还表现在即使是同一种类的土地权利，其具体内容往往也是不一样的。如日本的土地权利有所有权、地上权、借地权、凭借权、借用权、地役权等；同一国家和地区，在不同的社会制度下，或在不同的社会经济发展阶段，其土地权利体系的设置也往往不同。比较典型的例子是，新中国成立初期的土地权利有所有权和他项权，所有权包括国有、乡村公有、私有，他项权包括典权、抵押权等。《宪法》第十条规定：城市的土地属于国家所有，农村和城市郊区的土地，除由法律规定属于国家所有的以外，属于集体所有，宅基地和自留地、自留山，也属于集体所有，土地的使用权可以依照法律的规定转让。这从根本法角度规定了我国的土地所有权和使用权体系。《土地管理法》也依据《宪法》的规定从公法视角设置了我国的土地所有权、使用权及其土地利用决策权等权利体系。《城乡规划法》也进一步明确了土地利用决策权，土地公权保护相对比较完善。

从20世纪90年代起，我国陆续颁布实施了一些涉及土地权利制度的单行法律，具体有《中华人民共和国公司法》（简称《公司法》）、《中华人民共和国担保法》（简称《担保法》）、《中华人民共和国城市房地产管理法》（简称《城市房地产管理法》）等。在土地公权保护的基础上，明确了土地使用权和用益物权、财产权等的私权保护。

《公司法》中涉及土地权利制度的规定是设立有限责任公司和股份有限公司时可以以土地使用权作价出资；土地使用权的评估作价，依照法律、行政法的规定办理。这是法律承认土地使用权作为重要民事财产权利的具体表现，它规定允许股东将土地使用权量化为财产作价入股，首次在法律规定中体现了土地使用权的财产价值。

《城市房地产管理法》虽然是一部土地法律制度的专门法，但是除其第一条、第五条提到了作为权利主体的房地产权利人的权利受法律保护之外，通篇规定的是对房地产开发如何实施行政管理。该部法律在房地产交易、房地产抵押、房地产权属登记管理等章节中突出房产管理部门的行政管理权，忽视甚至削弱了土地权利主体应有的民事财产权利，例如其第五十四条的规定，房屋租赁应向房产管理部门登记备案，这条规定把本应由民法和《合同法》调整的房屋租赁行为也牵强附会到还要由《城市房地产管理法》来调整，体现了公权对私权的不适当干涉和限制，使我国权利主体的权利不能得到及时、有效地保护。

进入21世纪，我国土地法律制度仍面临着诸多挑战，在实际操作中仍然存在着很多问题。集体土地与国有土地产权不平等的表现日益凸显，如集体土地所有权人对集体土地没有处分权、在集体土地上设立建设用地使用权、在集体土地上设立抵押物权、对集体所有的宅基地没有完整的用益物权等，如何建立适合我国国情的土地权利制度，保障广大权利人的合法权益，在实现社会可持续发展的基础上，最大限度地、最有效地保证权利人的合法权益是目前值得研究的课题。

合理的土地产权安排是优化土地资源配置、公平分配土地收益的制度保障。2016 年 11 月，《中共中央、国务院关于完善产权保护制度依法保护产权的意见》规定，“产权制度是社会主义市场经济的基石，保护产权是坚持社会主义基本经济制度的必然要求”。我国基本形成了归属清晰、权责明确、保护严格、流转顺畅的现代产权制度和产权保护法律框架，全面保护产权，不仅包括保护物权、债权、股权，也包括保护知识产权及其他各种无形财产权。对于土地上的权利体系，也实行全面保护，规定“逐步实现各类市场主体按照市场规则和市场价格依法平等使用土地等自然资源”。完善产权保护制度，依法保护产权，完善农村基本经营制度和现代农业的经营体系，有利于激活农村的各类要素的潜力，增强集体经济发展活力和新动能，引领农民逐步实现共同富裕。完善土地产权保护制度依法保护土地产权，对于快速推进中国农村农业现代化具有重要意义。2017 年党的十九大报告，2018 年的中央经济工作会议、中央农村工作会议、中央“一号文件”均提出，要进一步深化农村集体产权改革，完善承包地“三权分置”制度。

2021 年 1 月 1 日开始实施的《民法典》基于新一轮土地制度改革的成果，重构了农村土地权利体系，对土地权利体系的设置做出了系统性的回答。《民法典》第二百零五条规定“本编调整因物的归属和利用产生的民事关系”，明确了农村土地权利体系从归属到利用的问题。《民法典》第二百六十条第一项规定：法律规定属于集体所有的土地和森林、山岭、草原、荒地、滩涂属于集体所有的不动产和动产。《民法典》第二百六十一条第一款进一步规定：农民集体所有的不动产和动产，属于本集体成员集体所有。从文义上看，集体土地所有权的主体是“集体”，而“集体”由“本集体成员”构成。同时，为解决集体土地所有权的行使问题，《民法典》也做出具体规定，即《民法典》第一百零一条第二款指出，未设立村集体经济组织的，村民委员会可以依法代行村集体经济组织的职能。《关于稳步推进农村集体产权制度改革的意见》指出：“属于村农民集体所有的，由村集体经济组织代表集体行使所有权，未成立集体经济组织的由村民委员会代表集体行使所有权；分别属于村内两个以上农民集体所有的，由村内各集体经济组织代表集体行使所有权，未成立集体经济组织的由村民小组代表集体行使所有权；属于乡镇农民集体所有的，由乡镇集体经济组织代表集体行使所有权。”

（四）土地产权制度和内容

1. 土地产权制度

土地产权制度即社会对土地资源内含的种种权利的设置以及关于这些权

利的分配、收益和转让的规则。从经济学视角看，土地产权制度是指一切经济主体对土地的关系、由于经济主体对土地的关系而引起的不同经济主体之间的所有经济关系的总称，主要包括土地权能制度和土地收益制度，前者主要是指经济主体对土地采取某种行为的权利的制度，后者主要是经济主体行使他的这种权利所能得到的收益如何的制度。土地产权制度可以理解为关于土地产权的合约或合同或经济关系，它还可以包括很多次级制度和再次级制度，其内容结构的丰富程度取决于土地经济领域专业化与分工的发展水平以及市场交易范围和发达程度。

土地归属决定土地制度的基本社会性质。土地产权制度和土地所有权制度既有区别又有联系，所有制是人们在生产过程中围绕生产资料形成的关系，是渗透于社会生产、分配、交换和消费领域并起决定作用的经济基础，反映人与人之间由生产资料占有所形成的经济关系，是社会生产关系的总和。所有权是一种财产权利。作为法律权利，所有权是所有制的一种实现方式，但不是唯一的实现方式。国家可以通过《宪法》对所有制予以宣示，但所有权则由民法来安排。

2. 港台地区及国外土地产权制度的主要内容

不同国家（地区）或同一国家（地区）的不同时期，土地产权制度是不同的。在不同的土地产权制度下，人们拥有的土地产权是有差异的。

（1）中国香港。

1997 年回归前，香港是英国殖民地，香港岛和九龙半岛是割让的，土地归英王所有；而新界属于租借的，其全部土地的拥有权仍归中国。但通常说，香港的全部土地属香港政府所有，统称为“官地”。中国在对香港恢复行使主权后，虽然实行“一国两制”，保持香港原有的资本主义制度和生活方式 50 年不变，依法保护私有财产权，但《中华人民共和国香港特别行政区基本法》第七条规定香港的土地全部属于国家所有。

香港的土地使用制度非常发达，主要是实行土地租用制度（也称批租制）（Leasehold System），香港政府不向土地使用者出让土地所有权，除授予约翰大教堂土地永业权（Freehold）外，其余的都只授予租业权（Leasehold）。政府将其土地租予发展商或其他土地使用者，租约规定了土地的用途、土地的租用年限和每年应缴的地租。在租约有效期内，租户可以根据租约所定的条款建造地上建筑物，并连同租约在市场上出售，承让人享有租约所载的权益。租约期满，土地连同地上建筑物一并由政府无偿收回。内地在改革土地使用制度时在很大程度上借鉴了香港的这种制度。

香港的土地租用可以是有偿的，也可以是无偿的，批租的方式有公开拍卖、招标和私下协议三种。与内地的划拨国有土地使用权获得方式相近的是私下协议，通常，对于公用事业、学校、医院、慈善机构、教堂、庙宇等，政府以这种方式批出土地。对于不营利的公益用地，只收取象征性的地租，且不受市场行情的左右。对于那些经济效益不十分突出但政府决定支持发展的行业与企业，也可以申请免交地租或以低于市价的官方优惠价供地。至于香港政府机关用地则完全是无偿使用的。但香港有一套较完备的土地管理制度，使得土地能高效利用，且香港的优惠用地的范围也界定得很严格，所以低偿或无偿用地的情况并不多。香港的土地制度也是与其自身特点相关的，香港土地面积狭小，人口众多，因而就要非常节约使用土地。

（2）中国台湾。

台湾现行的地权制度是以“平均地权”思想为理论依据的。由此而产生的土地所有权制度，“即非单一的土地公有制，亦非纯的土地私有制，而是二者之综合发展”，“……换言之，农地农有，市地市有，富源地国有，系构成平均地权体系的三大要目”。所谓农地农有，是指“农地归农民所有、所耕，耕作所获成果归农民所享，即耕者有其田，不耕者不得有其田也”。市地市有，是指“市地属于市民公有，而由公法人之市政府管之”。富源地国有，是指“富源地属于全体国民所公有，由中央政府管理之”。

地权限制：①禁止私有的土地，台湾“土地法”第十条规定了不得私有的土地范围。②矿产不得私有。③限制私有土地面积最高额。对于超限的土地，台湾“土地法”规定，由县市政府规定办法，限令于一定期限内将额外土地分划出卖。不出卖者，县市政府可依法征收。④对私有土地所有权转移做限制。⑤禁止土地细分。⑥对外国人取得的土地权利做了限制和规定。

（3）美国。

美国的土地所有制大体可分两类，即土地公有制和土地私有制。其中，土地公有制又分为联邦政府所有和州及地方政府所有。在其土地所有制中，私人所有的土地占多数（59%）。美国的土地公有制主要是以法案形式确认的联邦政府或州政府所有的森林、草原、沼泽地、山地、水域等土地，以及州政府的部门用地和政府部门可以出租的土地，用以支持州政府财政支出。

对公有土地利用的问题，美国大部分土地是实行有偿使用的。联邦政府为了国家和社会的公益事业，需要占用州属公有土地，也要通过交换或购买取得。联邦公有土地，包括地下矿产、水资源的使用也是有偿的，该类土地的出卖、出租收入，是联邦政府第二大财政来源（仅次于税收收入）。在美国，州政府有较大的独立性，在财产关系上，联邦政府和州政府间的财产权是相互独立的，即使两者拥有的土地都是公有性质的，也不能互相随意占用。

（4）加拿大。

加拿大现行土地所有制为联邦公有、省公有和私人所有三种形式。联邦和省公有的土地共占国土面积的90%，私人所有的土地占国土面积的10%。但全国的城市土地、上好农田、牧场等经济效益较高的土地，基本上都被私人占有。在土地使用制度方面，加拿大规定个人对私有土地拥有充分自由的支配权及继承权，私有土地可以自由买卖，任何个人都可以通过买卖和租赁方式从政府手里获得新的土地，并通过对所获土地的投资开发和转移来获得超额利润。政府使用私人土地需向私人购买。联邦政府为全国办事，需要用地，有权征用省公有土地，但必须是有偿的。对于省公有土地，一般经过规划后处理给私人。处理的方式有三种：①土地所有权处理，即出卖（永久处理）；②土地使用权处理，即出租（短期处理）；③土地通行权处理，即不处理地表，而出租地下管线埋设权。

（5）日本。

日本明治维新后就将土地的封建领主所有改为了土地私人所有。这种土地私人所有制据日本人自己解释："是一种在法律上承认个人或私人可以占有土地的制度，但并不意味着全部土地都为私人所有。"日本现行的土地所有制主要分为三种形式，即国家所有、公共所有、个人与法人所有。其中，日本国有和公有土地大部分是山林、河川、海滨地，占土地总资源的比例很小，因而其国有土地使用权制度并不很发达，且国有土地和公共土地主要是为国家及国民的利益而使用的，更强调对生态的保护。日本的非所有人利用土地主要体现在其民法的地上权和永佃权中，如《日本民法典》第二百六十五条规定：地上权人，因于他人土地上有工作物或竹木，有使用该土地的权利。第二百七十条规定：永佃权人有支付佃租，而在他人土地上耕作或牧畜的权利。第二百七十二条规定：永佃权人可以将其权利让与他人，或于其权利存续期间为耕作或牧畜而出租土地，但是以设定行为加以禁止时，不在此限。

日本的土地制度与其历史背景有关。明治维新前的日本，封建势力很强，日本要想走上资本主义道路就必须变革其制度，而首要变革的就是土地制度。日本土地制度的变革是巨大的，目的是较彻底地清除封建制度的残余，因而日本将土地主要转化为私人所有。但我们也看到，日本对私人所有土地的使用也是有很大限制的，主要是为了公共利益，但这不是我们这里要讨论的，就不再详述。

（6）新加坡。

新加坡的土地所有制主要有国有制和私有制两种形式。其中，国有土地又分为国有土地和公有土地。两者的共同点是，土地主要用于公共目的，都可以出售或长期出租。两者的区别主要在于，国有土地的所有权属于国家，由土地局代表国家行使所有权，包括尚未开发利用的土地，如暂时闲置的土地、围海造地增加的土地等；公有土地的所有权虽然仍属于国家，但业权已经归属法定局或其他社会团体，因此，一般是正在使用的土地。新加坡的土地资源大部分是国有性质的。

新加坡的国有土地使用制度较为发达。其土地使用制度除少数历史遗留的有私人永业权的，均采用有限年期土地使用制度。新加坡有类似于我国划拨国有土地使用权的制度，但称为“国有土地割让”。“割让土地是新加坡政府为发展公共、公益事业，对需要使用国有土地的采取分配划拨和招标出让办法提供使用的做法。”但新加坡的土地使用是有偿的，即使是公益事业用地也是同样，只不过对这类用地可以优惠，象征性地收一点，但不能免费。如其《土地官员手册》第 2. 5. 1 条规定：按照现行政策，将国有土地割让给政府资助的学校，切其中一半以上用作操场或其他内司的旷地，地价应按足以补偿租金的一半收取，此外，每年还需交纳象征性土地使用费 12 新加坡元。第 2. 8 条规定：如果基础生产局根据农业政策实施农业计划，需将国有土地用于商业性养猪、养鱼等经营时，土地的租期为 10~15 年，租金为市场价的 6%或根据具体情况收取。当然，政府机关用地是不需交费的，因为政府是土地的所有人。新加坡的土地制度也是与其国情相联系的。新加坡的国土面积很小，因而必须合理配置土地资源，而有偿使用土地能促进用地者积极有效使用土地。

（7）马来西亚。

马来西亚的土地制度深受英国的影响。从土地所有制来看，马来西亚现行的土地制度基本上由 1956 年马来西亚国会通过的《国家土地法典》确立。根据《国家土地法典》，马来西亚的土地大约分成两大类：一是政府土地；二是私人土地。所谓政府土地，是指那些仍未批租给任何私人的土地；私人土地，则是指政府根据某种条件批租给私人的土地。从土地使用制度来看，在马来西亚，私人要占用、使用政府土地，经批准后才能占用，否则在法律上就被视为“非法”。政府颁发地契给私人时，发出的地契可分为暂时居住的地

契、有限期的地契和永久性的地契 3 种。不同地契的土地有不同的使用限制和权利限制

3. 中国土地产权制度内容

从产权内容来看，不同学者对于土地产权进行了不同的划分，如农村土地产权分为多种权利束，包括法律所有权、剩余索取权、使用权、处置权以及这些权利的可靠性等[10]；农村土地的基本权利包括转让权、使用权和收益权[11-12]。依据上述产权内容的定义，土地产权制度的类型可以分为：土地所有权制度、土地使用权制度、土地租赁权制度、土地抵押权制度、土地发展权、地役权等多项权利制度。

（1）土地所有权。

土地所有权是指在国家法律的保护下，土地所有者在法律规定的范围内自由使用和处理其土地的权利。土地所有权是一种完全权力，它包含三方面内容：其一，土地所有者可以自由使用和处理其所有的土地并有权获得收益；其二，土地所有权受法律保护，并得到法律的确认；其三，土地所有者在法律范围内行使权利，即权利受法律的限制。《宪法》和《土地管理法》规定，我国土地所有制为社会主义土地公有制，包括社会主义全民所有制和社会主义劳动群众集体所有制两种形式，即全民所有制和劳动群众集体所有制。据有关资料，在我国现有耕地面积中，属于国家所有的占 6%，属于集体所有的占 94%；在现有森林面积中，70%以上属于国家所有，20%多属于集体所有。《土地管理法》第九条第二款规定：农村和城市郊区的土地，除由法律规定属于国家所有的以外，属于集体所有；宅基地和自留地、自留山，属于农民集体所有。《宪法》第九条规定：矿藏、水流、森林、山岭、草原、荒地、滩涂等自然资源，都属于国家所有，即全民所有；由法律规定属于集体所有的森林和山岭、草原、荒地、滩涂除外。

（2）土地使用权。

土地使用权是依法对一定土地加以利用并取得收益的权利，是土地使用制的法律体现形式。土地使用权是与土地所有权有关的财产物权，可以买卖、继承、租赁和抵押。

土地使用权的设定必须依法律而成立，任何人无论以何种方式取得土地使用权都必须得到法律的认可，否则为非法占用他人土地。土地使用权的取得分有偿和无偿两种形式。

通过家庭承包方式获得集体经济组织的使用权通常是无偿的，通过竞争

的方式获得农村土地承包经营权，一般是有偿的。同时，土地使用权的设定是有期限的，如《土地管理法》规定农村耕地集体组织内部家庭承包经营的承包期是30年。党的十七届三中全会通过的《中共中央关于推进农村改革发展若干重大问题的决定》，明确了农村土地承包关系长久不变，土地使用权的转让活动在承包期内进行。

农村土地使用权的归属。《土地管理法》第十条规定：国有土地和农民集体所有的土地，可以依法确定给单位或者个人使用。第十一条规定：农民集体所有的土地依法属于村农民集体所有的，由村集体经济组织或者村民委员会经营、管理。

《农村土地承包法》总则第一条规定：为稳定和完善以家庭承包经营为基础、统分结合的双层经营体制，赋予农民长期而有保障的土地使用权。第三条规定：国家实行农村土地承包经营制度，农村土地承包采取农村集体经济组织内部的家庭承包方式，不宜采取家庭承包方式的荒山、荒沟、荒丘、荒滩等农村土地，可以采取招标、拍卖、公开协商等方式承包。依据上述法律，我国现有农村土地使用权主要在农民手里，农民以户为单位，通过与农村集体经济组织或村民委员会签订承包合同获得土地的使用权。

农村土地使用权的流转。《农村土地承包法》第十条规定：国家保护承包方依法、自愿、有偿地进行土地承包经营权流转。第十六条规定承包方享有下列权利：依法享有承包地使用、收益和土地承包经营权流转的权利，有权自主组织生产经营和处置产品，承包地被依法征用、占用的，有权依法获得相应的补偿，法律、行政法规规定的其他权利。第三十四条规定：土地承包经营权流转的主体是承包方，承包方有权依法自主决定土地承包经营权是否流转和流转的方式。第三十六条规定：土地承包经营权流转的转包费、租金、转让费等，应当由当事人双方协商确定，流转的收益归承包方所有，任何组织和个人不得擅自截留、扣缴。第三十七条规定：土地承包经营权采取转包、出租、互换、转让或者其他方式流转，当事人双方应当签订书面合同；采取转让方式流转的，应当经发包方同意，采取转包、出租、互换或者其他方式流转的，应当报发包方备案。

在我国，农业用地使用权流转受到一定的约束。《农村土地承包法》第三十三条规定：土地承包经营权流转应当遵循以下原则一是协商、自愿、有偿，任何组织和个人不得强迫或者阻碍承包方进行土地承包经营权流转；二是不得改变土地所有权的性质和土地的农业用途；三是流转的期限不得超过承包期的剩余期限；四是受让方须有农业经营能力；五是在同等条件下，本集体经济组织成员享有优先权。

（3）土地抵押权。

土地抵押权是土地受押人对于土地抵押人不转移占有并继续使用收益而提供担保的土地，在债务不能履行时可用土地的拍卖价款优先受偿担保物权。土地受押人称为土地抵押权人。

设定土地抵押权时，作为标的物的土地并不发生转移，它仍为土地抵押人占有使用，只是当抵押人到期不能履行债务时，抵押权人有权将土地拍卖并优先受清偿。抵押人如果按规定的方式和期限偿还债务，则土地如期回到抵押人手中，抵押权自动消失。

《担保法》规定了抵押人依法承包并经发包方同意抵押的荒山、荒沟、荒滩等地的土地使用权可以抵押。《农村土地承包法》第四十九条规定：通过招标、拍卖、公开协商等方式承包农村土地，经依法登记取得土地承包经营权证或者林权证等证书的，其土地承包经营权可以依法采取转让、出租、入股、抵押或者其他方式流转。我国农村土地抵押权的标的是土地使用权，而不是土地所有权。我国可用于抵押的农村土地使用权，主要包括国有土地使用权和承包的“四荒”使用权。

（4）土地租赁权。

土地租赁权是指土地所有权人或土地使用权人通过契约将土地占有权、土地使用权和部分收益权转让给他人。这时，该他人就称为土地租赁权人，即承租人。

土地租赁权人具有土地的占有权和使用权、续租权、优先购买权、对地产受让人的对抗权（即土地使用权买卖不能破租，未到期的租赁行为仍然有效）。土地租赁权人不拥有对土地的部分处分权，承租人对土地的使用条件是依土地出租人的意志而确定的。在一般情况下，土地租赁权人未经出租人同意不能将自己承租的土地再以任何方式转移出去。土地租赁人为取得土地租赁权就必须向出租方缴纳地租，无论出租方是土地所有者还是土地使用者。

土地租赁依租赁契约而成立，因此出租方和承租方之间必须签订租赁合同。租赁合同不得违背国家的法律、法规。我国法律没有规定土地可以无期限租赁，而只规定实行有期限租赁。在农村，土地转包实为一种有期限的土地租赁，出租方是土地承包者，即集体土地使用权人，其除收取承租人缴纳的地租外，还履行自己与集体的承包合同。

农村土地租赁不得改变用途。《土地管理法》第六十三条规定：农民集体所有的土地的使用权不得出让、转让或者出租用于非农业建设；但是，符合土地利用总体规划并依法取得建设用地的企业，因破产、兼并等情形致使土地使用权依法发生转移的除外。

（5）地役权。

土地所有权人（包括土地使用权人）为了利用自己的土地而有限地利用他人土地的权利就是地役权。地役权一般涉及两个地块，且这两块土地分属于两个所有权人，其中一块土地向另一块土地提供服务。地役权包括：建筑支持权、采光权、眺望权、取水权。《民法典》第三百七十三条规定：设立地役权，当事人应当采用书面形式订立地役权合同。第三百七十八条规定：土地所有权人享有地役权或者负担地役权的，设立土地承包经营权、宅基地使用权等用益物权时，该用益物权人继续享有或者负担已经设立的地役权。第三百七十九条规定：土地上已经设立土地承包经营权、建设用地使用权、宅基地使用权等用益物权的，未经用益物权人同意，土地所有权人不得设立地役权。

（6）地上权。

地上权又称“借地权”，是指以在他人土地上有建筑物或其他工作物为目的而使用他人土地的权利。地上权人的权利是占有土地，在为建筑物、工作物等必需范围内有土地使用权。地上权可以处分，如让与他人、作为抵押权标的物等。地上权的设定、丧失和变更，非经登记，不生效力。地上权还具有长期稳定的特点，这也是制定地上权的目的之所在。大多数国家的民法对地上权的期间规定较长，具体期间由当事人自行约定。在地上权存续期间，地上权人有对土地的占有、使用和收益的权利，还有对地上权本身的处分权，如以地上权设定担保、继承和使用土地的权利，不因建筑物或树竹的灭失而消失。地上权可以依照法律或协议设定。各国民法都规定，设定地上权可以是有偿的，也可以是无偿的。在地上权终止时，权利人有权收回其建筑物或树竹，或向土地所有人取得补偿，但地上权人有恢复土地原状的义务，地上权人的主要义务是向土地所有人支付地租。

（7）土地发展权。

土地发展权是发展土地的权利，具体说，土地发展权就是变更土地使用性质之权，如农地变更为城市建设用地。土地发展权是随着土地利用方式的多样性及相应土地收益的巨大差异性而出现的。土地发展权是“变更土地使用性质之权”，是“农地转为建设用地进行开发利用的权利”，也是土地用途性质变更、在空间上向纵深方向发展的土地再利用的土地集约度提高的过程。土地发展权创设的主要目的在于保护农地、自然资源和生态环境，是实现土地资源可持续利用的重要手段，它的设计是基于土地利用的社会性、广泛性，源于土地用途的价值选择，实质上是使用权变更的获利。但与传统私权不同，公权力限制理念贯穿于土地发展权变化的全过程，使其具有明显的政府限制性，从对土地发展权的配置到对土地开发的许可再到土地开发过程中相关利益的协调，土地发展权都是在政府的限制中行使的[13]。因而，土地发展权的行使虽取决于权利人的意志和价值选择，但这种意志和价值选择并不是任意和无限制的，而是要符合社会公共利益、法律、土地利用规划、城市规划等的一般规定，这是土地发展权所必须承担的义务和限制。

（五）土地产权制度效应

1. 土地产权制度与激励效应

土地产权制度之所以构成影响农业绩效的重要因素，首先因为不同的土地产权制度对人们的行为具有不同的激励效应。正如诺斯所说："制度构造了人们在政治、社会或经济方面发生交换的激励结构。"不同的土地产权制度内含不同的激励效应，使活动于不同土地制度框架内的理性的人做出不同的行为选择。或者说，有什么样的土地产权制度，理性的人就会做出什么样的行为反应。土地产权制度的基本作用就是通过激励机制诱导农业经济活动在主体的行为决策，并通过这些决策来影响一个社会的农业绩效。正是由于激励效应和人们的行为选择这些中间环节，建立起土地产权制度对农业绩效产生影响的桥梁。

土地产权制度的激励效应体现在两个方面：其一，对农业经济主体努力的激励程度。土地产权制度对农业主体努力的激励程度取决于这一制度内含的收益报酬结构与主体努力供给的一致性。如果一项土地制度安排使主体付出的努力与他应得的报酬相一致，其努力供给量就大；如果一项土地制度安排使农业主体付出的努力与获得的报酬之间是离散的，其努力供给量就小。有保障的土地产权制度与缺乏保障的土地产权制度的重要区别在于，二者对农业主体努力的激励程度存在着明显的差异。当实际的土地产权安排趋近于有保障的土地产权时，即人们对于土地具有排他性使用和收益独享等权利时，就可以保证人们生产努力的成果为自己所拥有，从而对他们产生寻求更有效利用土地资源的激励，并带来农业经济的较佳绩效；相反，如果实际的土地产权安排远离有保障的土地产权安排，即人们对土地的使用、转让等项权利受到限制或土地收益受到侵蚀，就会使他们的生产努力与所得报酬不一致，从而导致人们生产积极性下降和土地资源的非合理利用，农业绩效也必然是较差的。

其二，农业活动主体努力的激励导向。不同土地产权制度内含的规则对人们的行为具有不同的激励导向，这种激励导向的差异诱导着人们的行为向不同的方向发展，从而必然产生农业绩效的差异。产权学派的代表人物诺斯将制度的激励导向分为生产性激励与非生产性（分配性）激励两种类型，由此诱导出人们生产性努力与非生产性努力的行为差异。如果某种土地产权安排能激励人们将资源更有效地配置于生产性活动，它就能促进农业经济的增长；反之，如果某种土地产权安排在激励人们将资源与努力配置于非生产性活动方面更为“有效”，它就必然会妨碍农业经济的增长。它“将会使农民增加对土地的中期和长期改进，也可望增加对互补性的短期投入或改进的需求（如肥料、劳动）”。农民的这种生产性努力必然会使农业绩效得到提高。相反，“对于不稳定的产权，实施很差的法律，进入壁垒以及垄断性限制，利润最大化企业倾向于较短时间中较少的固定资本，并将倾向于较小的规模。最为有利可图的业务可能是在贸易、再分配性活动或黑市上。这一组合很难导向生产性的效率。”

2. 土地产权制度与农业资源配置机制

不同的土地产权制度，会导致不同的农业资源配置机制与方式，进而会导致不同的农业资源配置效率与农业经济绩效。

第一，在不同的土地产权制度下，土地资源的流转性不同。缺乏保障的土地产权，往往与土地资源的流转性受到禁止或流转程度很低相联系，土地资源难以配置到最合理的用途和难以向具有企业家才能的人手中集中。土地资源呈现一种低效率配置。土地的自由转让是有保障土地产权中的一项基本权利。这一权利可促使土地配置到最具效率的使用者手中。农地使用权的完整与稳定可以提高农业绩效。农地使用权赋予农户自主决定农地用途的权利空间。使用权的完善，让农户能够充分调整各项农业生产要素投入，从而保证农业生产收益最大化，比如增加农地的长期性投资来保证土壤肥沃[14]。在此基础上，搭配上现代农业更加科学的经营管理方式，提高农户农业收入和农业绩效。

第二，不同土地产权制度下土地拥有者的信用价值不同。是否可抵押是土地产权保障程度差异的一个重要内容。土地的可抵押性受到限制，土地拥有者获取信贷支持的能力就较低；如果土地可以作为抵押品，就可以提高土地持有者的信用价值，从而较易获得信贷资金的支持，使农业突破资本瓶颈的约束实现较快增长。农地收益权可视为现行农地制度下对农户农业生产的一种激励手段，农户基于其在不同行业的比较收益，可以自由流转土地和其他生产要素，以获取更大收益。我国已经取消农业税的缴纳，农户可以独享其农地经营的全部收益。

第三，不同产权制度下土地的市场化程度不同。市场化程度的重要标志是土地资源能否按照市场价格的形成途径获得正确价格。在缺乏保障的产权制度下，土地资源的市场化流转受到禁止，土地资源不能形成正确的价格，而“价格扭曲可能从根本上毁坏关键性的发展制度”。在有保障的土地产权制度下，自由转让权利决定了土地资源获得正确价格的可能性，从而为借助市场机制实现土地资源的有效配置提供了必要条件。农地处分权的完善能够实现土地资源的有效配置，完善的处分权让农户能够按照自己的需求自行流转农地，以及流转其他与农业生产相关的要素。

第四，在不同土地产权制度下，农业生产者对信息资源的利用程度不同。在有保障的土地产权制度下，农业生产者会主动搜集信息，加快信息传递，由此提高经济决策的正确性；在缺乏保障的土地产权制度下，农业生产者懒得费时费力去搜集信息和加速信息传递，这就难免造成经济决策的失误和效率低下。同时，不同的产权制度也会使信息资源的质量产生差异。有保障的产权制度鼓励人们说实话，从而使信息资源是可信的和可利用的；缺乏保障的土地产权则可能提供某种“激励”，使人们故意制造虚假信息和掩盖真实信息。这种信息资源必然加大经济运行的摩擦系数和降低经济运行的效率。

上述几个方面表明，从缺乏保障的土地产权制度向有保障的土地产权制度的变迁，可以通过更有效率的组织经济活动对农业增长作出贡献。

3. 土地产权制度与技术进步

西蒙·库兹涅茨认为，广泛使用先进的科学技术是经济增长的来源，而制度和意识形态的调整是利用先进的科学技术实现经济增长的保证。据此推论，土地产权制度的创新可以影响一国的农业技术进步，进而推动农业经济的增长。土地制度是通过约束、规范和诱导人们的行为决策，来加快或减慢农业科技研究开发和采纳传播的过程，最终影响一个社会的农业绩效。具体来讲，土地产权制度创新通过三种途径推动农业技术进步：

第一，土地产权制度创新可以采用先进的激励机制，促进技术进步。当某种土地制度安排使人们的努力供给与其报酬相一致时，就会调动其采用先进技术的积极性，从而加快农业生产的增长速度。

第二，土地产权制度创新可以优化土地使用规模，实现技术结构的变迁。不同的土地产权制度会有不同的土地使用规模，与不同的土地使用规模相联系的是不同的技术体系。小规模土地使用制度，经营者提高收益将朝着提高单位面积产量的方面发展，偏重于以劳动对象为中心的技术改良；大规模土地使用制度，经营者偏重于以劳动手段为中心的技术改进，把提高劳动生产率作为增加收益的主要方向。土地产权制度的创新，能够协调技术创新的发展方向和运动质量，实现均衡发展。

第三，土地产权制度创新可以提高技术利用的规模效应。当农地制度向规模经营方向发展时，就可以实现新技术采用上的规模效应，使采用新技术创造的增加值与投入成本的差额变大。不断增长的利润刺激必然加速新技术的采用与创新。

4. 土地产权制度与交易费用

在农业发展的现阶段，市场关系已深深渗透到农业经济关系之中。交易不仅存在于产品之中，而且也存在于包括土地在内的要素的配置过程中。表面看来，交易是物与物的交换活动，实质上交易是体现在物之中的人们的权利的交换，即产权的交易。正如物理运动中必然存在着摩擦力一样，人们也必须为交易活动付出代价——交易费用。在土地产权缺乏保障的情况下，农业主体之间的交易是困难的，交易活动的费用是高昂的，农业发展也会因之受到制约。这时，土地产权的重要安排就能够降低经济运行的摩擦力，实现交易费用的节约。这是因为，“制度是一个社会的游戏规则，更规范地说，是为决定人们的相互关系而人为设定的一些制约”。

制度的主要作用就是为人们的经济活动提供规范和保证，使复杂的、不确定的经济关系稳定有序。文森特·奥斯特罗姆明确指出：“任何社会中的秩序模式都依赖于一套共同的规则，该规则使得大众个人能够按照一种共同的知识而行动。这套共同的规则把大众改变为一个有秩序的关系共同体。”土地产权制度正是通过建立起农业主体共同遵守的规则实现交易关系的有序化，从而降低了交易费用，又通过交易费用的节约影响到农业绩效。

二、新中国成立以来农村土地产权制度的演变形式与绩效

土地产权制度源于土地资源稀缺性所引起的合理利用土地资源的要求。13 世纪，最肥沃的土地开垦殆尽，需要对已耕地进行深度开发，于是人们开始寻求更大的土地专属使用权，并对其他人的使用施以更多的限制，土地产

权制度开始形成[15]。

（一）不同时段土地产权制度的形式

新中国成立以来我国农村土地制度发展的历史表明，集体土地所有权是在农民私人土地所有权的基础上形成的。它是在新中国成立后农民通过土地改革逐步取得私人土地所有权的基础上，经过合作化、人民公社运动发展而来，最后被《宪法》所确认的。土地产权是中国百年农村制度变迁的核心[16]，农村土地制度的变迁都是围绕着农地产权制度的改革[17]。中国土地产权制度演变见图2-1。

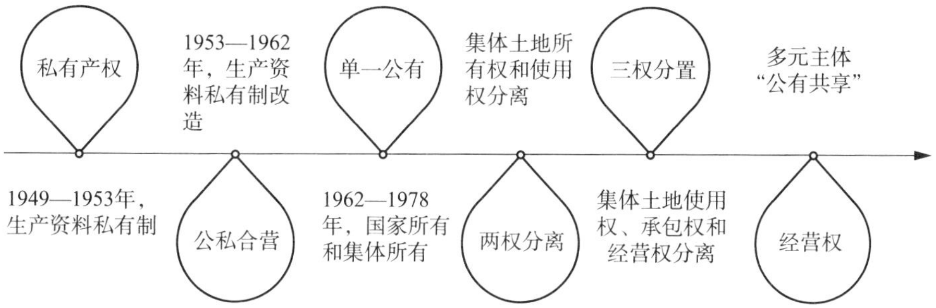

图2-1 中国土地产权制度演变

1. 农村土地农民所有、农民经营的产权制度

1949年9月29日通过的《中国人民政治协商会议共同纲领》明确指出，为解放农村生产力，快速恢复遭受重创的国民经济，必须有步骤地将封建半封建的土地所有制变为农民所有制，国家在农村陆续开展土地改革运动，分田到户，把土地分给农民，实现耕者有其田，由此开始了我国对农村土地产权制度改革的探索。1949年以前，我国土地制度基本是实行封建地主阶级所有制，土地高度集中在为数不多的地主和富农手中，而广大的农户却只占有少数的土地。当时的农村，地主和富农占人口比例仅为10%左右，但却拥有70%~80%的土地（见表2-1）。

表2-1 全国土改前农村各阶层占有耕地情况

阶级、阶层	占总户数的比例（%）	占总人口的比例（%）	占总耕地的比例（%）	户均占有耕地（亩）	人均占有耕地（亩）
地主	3.79	4.75	38.26	143.11	26.34
富农	3.08	4.66	13.66	63.24	9.59

续表

阶级、阶层	占总户数的比例（%）	占总人口的比例（%）	占总耕地的比例（%）	户均占有耕地（亩）	人均占有耕地（亩）
中农	29.2	32.13	30.94	15.12	3.05
贫雇农	57.44	52.37	14.28	3.55	0.89
其他	6.49	5.09	2.86	6.27	1.83

资料来源：中国农村经济统计年鉴（1989）[M]. 北京：中国统计出版社，1989.

1949 年中华人民共和国成立，提出了建立农民土地所有制的农村土地产权制度。1950 年颁布《中华人民共和国土地改革法》（简称《土地改革法》）和《城市郊区土地改革条例》，到 1952 年、1953 年全国（除台湾、西藏、新疆等少数地区）土地改革基本完成，土地改革使 3 亿多无地或少地的农民（占农业人口的 60%~70%）无偿获得了 7 亿多亩土地和大量耕畜、农具、房屋，免除了每年交纳大约 700 亿斤粮食的地租负担[18]，使广大农民取得了完整的土地所有权。

新中国成立之初，为了满足贫苦农民对土地的渴求，国家借助政权的力量，通过土地改革这种政治运动打破了既往的土地归少数人私有的格局，在全国范围内把地主所有的土地按人口平均分配给农民所有，实现了土地私有私营的制度变迁，这既沿袭了我国几千年的封建私有产权模式，又创造出一种相对公平的土地农民私有产权——平均地权，实现了土地权益均等化。但这种私有产权既不是产权市场长期自发交易的产物，也不是国家对土地产权自发交易过程中施加某些限制的结果，而是缺乏“理性预期”且社会认同程度十分脆弱的产权制度。

土地改革是一次绩效较高的农地制度改革，它适应了当时农村低生产力水平状态下生产发展的需要，不仅是对旧制度的突破，而且调动了农民开发土地的积极性，提高了农地资源的配置效率，农民生产积极性空前高涨。1952 年与 1949 年相比，粮食总产量由 11318 万吨增加到 16392 万吨，年均递增 13.14%；棉花总产量由 44.4 万吨增加到 130.4 万吨，年均递增 43.15%；油料由 256.4 万吨增加到 419.3 万吨，年均递增 21.17%。

这一时期土地的功能主要是增进秩序，体现在改变了农民的土地占有关系，实现“耕者有其田”的思想，确立了农民对土地的主体地位，废除了中国几千年的封建地主土地所有制，让占人口大多数的贫苦农民真正成为土地的主人，最大限度地实现了公平，提高了农民对政府新政的预期，国家政权得到了巩固，并在全国树立了威信，使战后满目疮痍的国民经济得到迅速恢复。农民的政治地位和社会地位得到提高，农村阶层结构和农村组织得以重构。

2. 农村土地农民所有、集体经营的土地产权制度

1954 年开始了全国性的互助合作社运动，引导农民走合作化道路，从初级社到高级社，各地农业合作化运动陆续展开，先是农民自愿组织互助组，本质上仍是劳动协作关系，并没有改变原有的土地私人所有和家庭经营形式。这种农民的土地私有制，虽然满足了农民对土地的需求，但它毕竟是从自给自足的封建小农经济制度演化而来，由于其较低的劳动效率和生产条件限制，农户不得不自发地将劳力、牲畜等生产资料集中起来互助联合使用。1956 年在中国共产党的领导下，农民开始创办初级农业合作社，即农民以土地入股，集体耕种，收益分红的合伙、联合经营，但土地所有权仍然属于原所有人（合作社此时还不是土地所有权的主体）。从初级农业合作社到高级农业合作社，农民是以自愿为原则成立农业生产互助组，互助组实行集体经营。这种模式没有改变农民对土地享有的所有权。在互助组之后，又开始成立初级农业生产合作社，农民将其所有的土地进行入股，由集体享有使用权，但土地依然归农民所有。这是一种土地由农民所有、集体经营的模式。这种模式一方面克服了农户个体经营的困难，另一方面同“五四宪法”确定的国家性质和发展方向、国家对生产资料的社会主义改造方针相一致。但简单互助无法解决土地私有制向社会主义生产资料公有制的转化，因此要求更多土地的联合使用，即生产合作社，把土地归并为集体所有，实行统一经营、按劳分配。

3. 农村土地集体所有、集体经营的土地产权制度

1958 年，伴随着人民公社化运动的开展，我国进入人民公社化时期，农民将其土地所有权无偿转让给高级合作社，合作社享有土地所有权，并实行统一经营。土地所有权由高级社时期土地属于劳动群众集体所有，调整为土地由公社、生产大队、生产队集体所有，形成了“三级所有，队为基础”，实现了土地等生产资料的公社所有制。中国几千年的农村土地私有制就此土崩瓦解，土地集体所有制从此踏上历史舞台，农民个人再也不能拥有土地所有权。人民公社化的初期，曾出现过“一平二调”（一平：平均主义的供给制、食堂制，二调：对生产队的劳力、财物无偿调拨）的“共产风”，即打破集体组织之间的所有权界限，在全社乃至全县范围内任意调用土地等生产资料，土地产权制度在保持集体所有、集体经营的基础上，对土地所有权的主体进

行了进一步调整。1962 年，中共八届十中全会通过了《人民公社六十条》，规定生产队所有的土地一律不得出租和买卖，至此，土地产权制度逐步由土地农民所有、集体经营过渡到土地集体所有、集体经营。《人民公社六十条》使“三级所有，队为基础”的土地权属关系确定下来。

1953—1978 年政府行为的强制性制度变迁，使农民失去了对土地的处置、占有、使用和收益的权利，土地仅仅是农民的劳动对象，且劳动收益和个人投入之间没有直接的相关性。土地的制度绩效达到历史最低，农村经济在“没有发展的增长”同时为工业化做了积累。1955 年全国农业人口 52130 万人，占农业劳动力的比重为 84.8%，占全社会劳动力的比重为 83.3%；社会总产值为 1415 亿元，其中农业产值为 575 亿元，农业净产值达 417 亿元，占社会总产值的比重为 40.6%；粮食作物面积和产量分别为 194759 万亩和 95 公斤/亩。1978 年，农民人均纯收入为 133.57 元，比 1957 年增长 60.62 元，年平均递增 2.9%（见表 2-2）。

表 2-2　1952—1978 年农业总产值及粮棉油产量

年份	农林牧渔业总产值（亿元）	农民人均纯收入（元）	人均粮食产量（斤）	人均棉花产量（斤）	人均油料产量（斤）
1952	461.0	57.0	576	4.6	14.7
1957	537.0	73.0	612	5.2	13.2
1962	584.0	99.1	481	2.3	6.0
1965	833.0	107.2	544	5.9	10.1
1970	1021.0	—	586	5.6	9.2
1975	1260.0	—	621	5.2	9.9
1978	1397.0	133.6	637	4.5	10.9

资料来源：根据中华人民共和国原农业部计划司编《中国农村经济统计大全》（1949—1986）和《中国农村经济统计年鉴》（2008）整理，其中农林牧渔业总产值按当年价格计算。

从表 2-2 中可以看出，尽管经历了十几年以土地为主的生产资料私有制改造，农业生产和农民人均纯收入增加很少，也就是说，以土地为核心的社会主义生产资料私有制改造的经济绩效并不明显，全国大部分农村地区仍没有解决温饱问题，生存仍然对农民构成很大的压力。这一时期建立起来的国家产权制度的组织形式，垄断了农产品的全部收购，关闭了农村要素市场，隔绝城乡人口流动，使国家成为土地、劳动和资本的首要支配者和收益者，集体仅仅是贯彻国家意志的执行者和服从者。由于劳动投入的努力和效率降低，导致不可避免的农业产出效率低下。

4. 农村土地集体所有、家庭联产承包经营的土地产权制度

1978 年改革开放后，计划经济时期土地政策安排的“效率缺失”和社会转型的契机，使土地制度萌发了新的产权安排、资源配置方式和土地利用方式。为了进一步调动农民积极性，解放农村生产力，将土地的所有权与承包经营权相分离，实行两权分离，确立了土地由集体所有，实行家庭联产承包责任制的土地产权制度。这一制度的确立是农业生产关系的一次大变革，在所有权与经营权分离的基础上实行了双层经营体制，既保持了土地的公有性质，又赋予农民经营自主权，推动农村土地产权制度进一步发展。1979 年以后的农村经济体制改革，给我国农村的土地所有权制度带来了重大变化。首先，在绝大多数地区，废除了过去“政社合一”的人民公社体制，代之以单纯政权组织的乡（镇）和单纯社区自治组织的村（村以下分村民小组）。其次，由原来的集体所有、集体共同使用的体制转变为集体所有、农户承包经营的体制。实行土地承包经营制后的土地所有权没有改变，但土地使用权移转到了农民手中，过去的集体经营变成了农户私人经营。这一变化导致了在广大农村地区原有集体经济组织的解体。由“政社合一”变成了单纯的行政单位——乡、村和村民小组。农户替代生产队成为农业生产和收入分配的基本单位，农民获得了剩余索取权。

新的制度安排由于适应农业的产业特性和有利于小农家庭经济制度优势的发挥，使农户的劳动付出与劳动报酬成正比，不仅降低了人民公社时期高昂的监督成本，极大地调动了农民经营土地的积极性，所产生的经济绩效也是十分显著的。林毅夫在对 1978—1984 年农业增长要素影响农业生产的各种解释变量的研究中得出，土地制度变革的贡献率高达 46.89%，相当于同期化肥、资本、劳动力、土地投入的总效应（45.79%）。1978—1984 年 6 年间粮食生产接连突破了 3.5 亿吨和 4 亿吨两个大关，1984 年与 1978 年相比，粮棉亩产量分别提高了 42.60%和 103.33%（见表 2-3）。同期农业总产值由 1379 亿元增加到 3214.1 亿元，农业产出的年均增幅高达 7.7%。农民人均纯收入年均增长率高达 16%，6 年间农民家庭人均纯收入增加了 1.5 陪，农业经济发展迅猛[19]。

表 2-3 1979—1985 年农业总产值及粮棉油产量

年份	农林牧渔业总产值（亿元）	农民人均纯收入（元）	人均粮食产量（斤）	人均棉花产量（斤）	人均油料产量（斤）
1979	1697.6	160.2	685	4.6	13.3

续表

年份	农林牧渔业总产值（亿元）	农民人均纯收入（元）	人均粮食产量（斤）	人均棉花产量（斤）	人均油料产量（斤）
1980	1922.6	191.3	653	5.5	15.7
1981	2180.6	223.4	654	6.0	20.5
1982	2483.3	270.1	703	7.3	23.4
1983	2750.0	309.8	759	9.1	20.7
1984	3214.1	355.3	787	12.2	23.1
1985	3619.5	397.6	725	7.9	30.2

资料来源：根据中华人民共和国原农业部计划司编《中国农村经济统计大全》（1949—1986）和《中国农村经济统计年鉴》（2008）整理，其中农林牧渔业总产值按当年价格计算。

家庭联产承包责任制的磨合时期为1986—1992年。我国土地制度的变迁一直是最高决策者与经济当事人谈判、协商及双方不断磨合的过程。家庭联产承包责任制的确立，使制度实施者和农户双方的理性行为倾向都实现了预期效益的最大化，前者谋求公众支持的最大化，后者通过制度变迁获得额外收益。但是，由于政治体制和过多的行政干预，农民支付了过多的管理成本，土地的福利绩效足以抵消其效率损失。自1986年之后，我国农村社会出现了许多耐人寻味的农地制度安排，一是庞大的行政体制支撑下附加在土地之上的各种费用如三提五统，各种税、费；二是工农业剪刀差的存在使农业投入（农药、化肥、地膜、柴油等）增加，农产品价格下降，农户入不敷出；三是土地资源禀赋差异和过多的村庄行政干预，使土地频繁调整，土地使用权的安全性受到严重威胁；四是城市扩张、乡镇企业发展、刚刚富裕的农民建房等，导致大量耕地被占用，仅1985年，全国就减少耕地1500万亩。

这些现象反映在农业生产绩效上是土地产出率的上升与下降的戏剧性变化。自1986年以来，农村经济开始出现滑坡和停滞。除1990年的粮食生产外，其余年份的停滞与衰减征象极为明显（见表2-4），1986—1992年，农民人均纯收入增长率为3.7%，比上一阶段低12.3个百分点，人均收入增长率低于GDP增长率5.9个百分点。土地出现抛荒、撂荒现象，大量农民涌入城市打工。土地资源内在的配置功能的要求、农业生产的严峻状况和均田包干的制度局限，迫使人们从理论和实践上寻求完善农地制度、深化农村改革的途径。

表 2-4 1986—1992 年农业总产值及粮棉油产量

年份	农林牧渔业总产值（亿元）	农民人均纯收入（元）	人均粮食产量（千克）	人均棉花产量（千克）	人均油料产量（千克）
1986	4013.0	423.8	367.0	3.3	13.8
1987	4675.7	462.6	371.7	3.9	14.1
1988	5865.3	544.9	357.7	3.8	12.0
1989	6534.7	601.5	364.3	3.4	11.6
1990	7662.1	686.3	393.1	4.0	14.2
1991	8157.0	708.6	378.3	4.9	14.2
1992	9084.7	784.0	380.0	3.9	14.1

资料来源：根据中华人民共和国原农业部计划司编《中国农村经济统计大全》（1949—1986）和《中国农村经济统计年鉴》（2008）整理，其中农林牧渔业总产值按当年价格计算。

1986 年《土地管理法》颁布，同时《中华人民共和国民法通则》（简称《民法通则》，已废止）首次提出承包经营权并将其作为财产权予以保护；1988 年《宪法修正案》规定土地的使用权可以依法进行转让；1993 年《宪法修正案》正式确立了农村土地家庭联产承包责任制的法律地位；同年 11 月国家决定在原定的耕地承包期到期后再延长 30 年不变，提倡在承包期内增人不增地、减人不减地，通过延长承包期来稳定农户的土地承包关系；相关法律制度的出台，使土地作为重要生产资料直接参与到农民的分配过程中，使农民由原来单一的按劳分配扩大到按土地要素分配，政府借助于农地的特殊性，将农地作为一种生存保险分配给了农民。通过这一系列的土地制度变革，土地对于我国农民来说，不仅仅是农业生产资料，同时也是一种生存保障资料，它维系着 8 亿农民的命运，而更低的再分配制度则保证了每个农民能够获得这一起码的社会保障。1992 年民政部颁布的《县级农村社会养老保险基本方案（试行）》（民办发〔1992〕2 号），规定农村人口缴纳养老保险费后，从 60 周岁以后开始按规定领取养老保险金，但资金筹集以个人缴纳为主、集体补助为辅，国家给予政策扶持。事实上，这一制度没有得到很好的实施，覆盖面很小，集体也无力支付农民的养老资金。

家庭联产承包责任制的稳定与发展阶段是 1992 年至今。随着经济的发展，工业化、城市化水平不断提高，农村劳动力在城乡之间转移，农民更倾向于在城市中谋求工作而放弃土地，1999 年《宪法修正案》明确了家庭承包为主的责任制，进一步丰富了我国农地经营体制的内容，使农村基本经济制度坚持和稳定下来。2003 年，《农村土地承包法》颁布和实施，农户土地使用权的稳定性有了很大的提高，土地使用权的有偿转让也得到承认。

从农地资源的配置情况和效率看，农户有充分利用家庭资源、合理配置劳动和资本的动力，极大地提高了土地生产率。农地的有效利用率提高，农地使用结构发生了显著变化，农业的区域化布局得到优化；从劳动力资源的配置情况和效率看，劳动力在农业经营中的效率提高，出现了劳动剩余，除乡镇企业吸纳部分农业劳动力外，大量的农民工向经济发达地区转移，工资收入在农民人均纯收入中所占的份额越来越大，农业劳动力流动和转移带动了区域经济的发展，农业劳动力转移的务工经商收入已成为农民收入增长的主要来源。

这一时期的土地功能也在悄然发生着变化，一方面，国家为了降低承担社会保障的风险，以公平为借口把社会保障的基本作用强加给土地。在农民没有充足的财富积累、没有足够的非农就业机会和非农收入、没有健全的社会保障体系时，很大程度必须靠土地收获物供给基本生活资料，或者以土地收入作为维持最低生活水平和抵御社会风险的主要手段。另一方面，随着城市化进程的加快，国家利用其强大的政治职能，大量从农村集体征收土地，利用土地的融资功能，通过出让和抵押方式获取大量资金以支持城市化建设并分享土地的增值收益，这必然导致新的、边缘群体的出现——失地农民；同时，面对日益先进的工业化和技术进步，分散化、细碎化的农业经营模式显然很难面对突发破坏性事件——如疾病、失业等发生时农民会遭到摧毁性打击，土地基础性的保障功能被再次推向高峰。

面对不堪重负的土地功能，《农村土地承包法》对农民土地权利的保护和《土地管理法》对国家建设用地的强硬支持，使我们的土地制度再一次陷入无解的状态。然而，占总人口70%的农民，并没有把自身的发展一味地锁定在“丰收悖论”的土地上，而是随着逐渐打破人口流动的城乡壁垒，开始“离土不离乡、进厂不进城”的流动模式，农村劳动力在坎坷中逐渐通过地域性的转移来实现向非农产业的转变；2005年，国家取消农业税，农民逐渐有了一些资本积累，但是由于农业收益低，农村投资环境差，农村剩余财富以人力、土地、资本等形式不断流入城市，农村发展速度依然堪忧，而对于那些因年龄、体质、技术等原因而不能争取非农收入的人来说，土地合理流转却成为现实要求。

1998年，九届全国人大一次会议通过《关于国务院机构改革方案的决定》，决定农村社会养老保险工作由民政部转交劳动和社会保障部统一管理。1998年，全国已参加社会养老保险的农村人口有8025万人。随着农民收入结构的变化，捆绑在土地上的各种保障功能也应有所归属。2008 年，党的十七届三中全会通过《关于推进农村改革发展若干重大问题的决定》，提出按照个人缴费、集体补助、政府补贴相结合的要求，建立新型农村社会养老保险制度。2009 年，国务院下发了《关于开展新型农村社会养老保险试点的指导意见》（国发〔2009〕32 号），这是继取消农业税、免除农村义务教育学杂费、开展新型农村合作医疗制度以来又一惠民工程。各级政府应加大财政投入力度，建立城乡一体的农村社会保障机制，归还土地的资产、资本和资源功能，保障农村经济的快速发展，真正提高农民收入。

5. 转型期到新时代农村集体产权制度的变革

20 世纪 70 年代末以来，中国政府在农村推行家庭经营制度，有效地解决了农业生产经营的激励和约束，通过推行农村土地承包经营制，使集体土地使用权逐渐与所有权发生了分离，形成了一种相对稳定的财产权，这一重要的制度性变革，极大地调动了农民生产经营的积极性，农业生产效率稳步提升。1986 年颁布的《民法通则》明确承认了土地承包经营权的法律地位，土地承包经营制保证土地分配中的公平，但普遍存在农户土地经营规模偏小、土地划分细碎等缺陷[20]，土地的细碎化经营不利于先进农业生产技术的采用，不利于农业机械效率的发挥[21]，而且超量使用化肥和农药对土壤及生态环境产生负面影响[22]。同时，在承包期限方面，尽管中央一再强调要延长土地承包期限，但实践中土地承包关系调整也时有发生，土地承包关系调整不利于农民形成稳定的农业生产经营预期、不利于调动农民土地投资的积极性。因此，进入 21 世纪以来，中央和政府持续推进农地产权制度改革，在不断明晰农地产权的同时使农民获得越来越充分的土地权利。通过不断延长土地承包期、限制土地行政性调整、强化农民土地自主经营权、明确农地承包经营权的物权属性、加强土地承包合同管理、注重土地产权的确权与保护等措施，保障农民权利的较大化实现[23]。

总的来看，这一时期的中国农村土地产权制度，对促进国家经济发展作出了重要贡献，突出表现在以下方面：①鼓励土地开发利用。通过改变城乡土地产权关系，提高农地和城市土地利用效率，增加农地产出，加快城市建设。②开发土地资本价值。注重土地的经济属性，通过市场化改革，建立土地市场，开发土地的经济价值。③保证足量的土地供给。国家主导农地转用，降低土地供给的交易成本，保证经济建设的土地供给。

伴随我国工业化、信息化、城镇化和农业现代化进程日益加快，农村劳动力大量转移，2013 年城镇化率达到 53.73%，比上年提高 1.16 个百分点，意味着有约 1500 万农村人口市民化。人口的城乡流动必然引起相关资源的流动。为优化土地资源配置和提高劳动生产率，保障粮食安全和主要农产品供给，促进农业技术推广应用和农业增效、农民增收，更好地适应我国农村千差万别的实际情况，2014 年 11 月，中共中央办公厅、国务院办公厅在《关于引导农村土地经营权有序流转发展农业适度规模经营的意见》中提出，要加快构建以农户家庭经营为基础、合作与联合为纽带、社会化服务为支撑的立体式复合型现代农业经营体系。这种复合型现代农业经营体系必须以先进的生产技术和农业适度经营规模为基础，加强农业的国际市场竞争力，变农业比较优势为竞争优势，以实现农业农村社会、经济、生态环境的可持续发展。《关于引导农村土地经营权有序流转发展农业适度规模经营的意见》中首次提出农村土地承包经营权的所有权、承包权、经营权三权分置[24]，要求建立健全承包合同取得权利、登记记载权利、证书证明权利的土地承包经营权登记制度；用 5 年左右时间基本完成土地承包经营权确权登记颁证工作；鼓励承包农户依法采取转包、出租、互换、转让及入股等方式流转承包地，引导农户长期流转承包土地并促进其就业转移。对农户承包土地实行集体所有权、农户承包权、土地经营权的“三权分置”，极大地提高了农村集体拥有的土地产权完整性和完全性。

党的十八届三中全会提出，“保障农民集体经济组织成员权利，积极发展农民股份合作，赋予农民对集体资产股份占有、收益、有偿退出及抵押、担保、继承权”[24]。《国务院关于深化改革严格土地管理的决定》把“建立城乡统一的建设用地市场”作为“加快完善现代市场体系”的重要组成部分。在“健全城乡发展一体化体制机制”部分，把“加快构建新型农业经营体系”“赋予农民更多财产权利”“推进城乡要素平等交换和公共资源均衡配置”“完善城镇化健康发展体制”作为题中要义，并将以集体所有土地为主体的集体资产和资源折股到户、量化到人。明确集体经济组织成员权利，实现了集体土地所有权由农村集体“公有”到集体经济组织成员“共同享有”的权利变化。使农民在土地上享受更充分、更稳固的财产权地位，这对激励农业发展和稳定农村社会、实现农民富裕提供了有力的制度保障。集体土地产权制度由“公有”到“共有”的路径演进，也为未来集体土地顺利进入市场提供了制度保障。

（二）农村土地产权制度的绩效

中国农村土地制度的“渐进式改革”与欧洲国家的“断裂式转轨”是近

百年来产权变迁中两种截然不同的改革方式[25]。与西方多数改革家主张的“产权私有”观念不同，中国农村的土地产权制度改革跳脱出了“非公即私”的价值定论，走出了一条具有中国特色的产权改革道路[9]。实践证实，中国的产权制度安排不仅解决了“温饱问题”，也确保了农户收入的持续增长与农业绩效的稳步提升，实现了农村社会的稳定发展，彰显了巨大的制度优势[26]。中国集体土地产权制度下“利益相关者”能否通过合约形成集体农地资源配置的合理制度安排和合意的农业经营体制，是实现农业绩效的关键。市场化交易实现经济绩效的提高需以有效产权理论为前提，土地市场配置的效率取决于土地产权的明晰性、完整性和可转让性。随着工业化、城市化的推进，农民与土地及乡村的黏度下降，国家以强制力量直接抵达农民的制度安排效力下降，政府从强制者向合约者的角色转变使农地制度变迁与合约安排出现多样化选择。在中国不同类型地区，已经出现地方政府通过制度供给，改革集体地权结构和农业经营体制，从而提高农业绩效的案例[27]。

在产权学派、新制度学派的一些农业发展经济学家看来，农业绩效是土地产权制度的函数。虽然不能说土地产权制度是影响农业绩效的唯一变量，但毫无疑问它是十分重要的变量。二者间函数关系可以具体表述为：有保障的土地产权是农业绩效较佳的必要条件，缺乏保障的土地产权是农业绩效差的重要根源；缺乏保障的土地产权向着有保障的土地产权变迁，可以促进经济的明显增长。对于农业绩效和土地产权制度之间的函数关系，无论在产权学派、新制度学派的有关著述里，还是在农业发展理论中，还难以见到充分实证性的分析与论证，但这些理论为认识这一问题提供了十分有益的认识思路与分析框架。对于现行我国集体土地产权制度所创造的绩效，世人有目共睹，甚至有人称其为“中国奇迹”。那么，究竟我国集体土地产权制度的哪些变革使得其创造的制度绩效如此令人刮目相看?

1. 以明晰土地产权提升土地利用效率

以明晰产权提升土地利用效率是中国式土地制度改革的重要成效，诺斯认为，产权的本质是一种排他性的权利[28]。只有在产权明确界定的情况下，合约双方才能出于对自身利益的关心和维护，选择和安排交易费用最低、获益最大的合约形式。在成员之间分配土地产权是现行农村土地产权制度的一个重要特征，它改变了在原有人民公社体制下土地产权单一的局面，即只有集体层次上的产权——集体所有权。由集体层次的土地产权扩展到农民层次，即承包经营权。这样就由单一层次的土地产权变为两个层次的土地产权，即所有权与承包经营权分离。现行的农村土地产权制度充分尊重了农民的个人所有权，将其努力程度与劳动报酬对应起来，使得土地产权得到了高效实现。这与人民公社体制下无论贡献大小都平均分配的“不患贫而患不均”的封建意识形态是截然不同的。土地产权由“单一产权”向“二元产权”和“三权分置”的分割，使得土地产权得到了细化和明晰化，有利于产权的运作以及权利和义务的统一，而且这种分割的土地产权，有利于形成相互约束和相互促进的机制，有利于丰富和完善土地产权的内容。另外，土地产权的有效分割也有利于以产权交易为特征的土地市场的形成，为土地资源的流动和合理配置提供了可能，这也是该种土地产权制度富有效率的重要原因之一。

自2013年初开始，中国开展了全面的农村土地确权登记颁证工作，由乡级或者县级以上人民政府确定某一范围内土地的所有权、使用权的隶属关系及其他权利。原农业部印发的《2018年农村经营管理工作要点》提出，要全面完成农村承包地确权登记颁证。在土地所有权归集体的架构下，土地承包权是释放土地活力的关键。通过认定农户对土地的长期、独立的承包权，树立农户经营土地的主体意识。通过制度将土地经营权确定为物权，从而使其满足“可转让”“可抵押”的性质[29]。在划清不同土地产权的界限、厘清不同土地产权的关联关系的基础上，会形成具有经济效率的产权流转程序。

2. 有效地解决了“搭便车”和监督问题

一种有效率的制度在于其能有效地克服“搭便车”的行为。同样，以家庭承包经营权为特征的中国农村土地产权制度之所以富有效率，就在于其有效地解决了“搭便车”行为以及监督困难的问题。林毅夫（1994）认为在人民公社制度安排下，发生上述两种现象的原因在于：对公社内部的任何成员来说，其都不拥有生产资料排他性的产权。在此背景下，公有财产的收益与损失对每一个社员来说具有很强的外部性。这种外部性使得成员之间的劳动监督成本很高，因为一个成员对其他成员监督而获得的成果并非归自己所有，而是要在全体社员之间均分，而且还会受到其他成员对其本人的不满，影响其在集体中的声誉与地位，这种“出力不讨好”的事情，是任何有理性的人都不愿意做的。正是由于集体的劳动成果具有很强的外部性，个人的劳动成果不能被量化到个人头上，才使得个人激励不足，导致“搭便车”行为产生。反观家庭承包经营权的产权制度安排，一方面，以家庭为单位进行农业生产，就克服了成员之间监督困难的问题，而且还避免了“搭便车”行为；另一方面，农民享有独立的经营权，其经营成果能够量化到自己头上，解决了激励不足的问题。

3. 土地产权的有效分割

现行集体土地产权制度的绩效所在是由于其克服了原有制度的弊端，符合制度变迁的有关原则，具有某种“帕累托改进”，即改革本身至少使一部分人受益而没有任何人受损，或至少改革中受益总量大于受损总量，以使受益者可对受损者进行补偿，使之不受损害。这种产权制度改革对我国其他领域的产权制度改革具有示范和样板效应，必将促进农村土地产权制度改革的进一步深入和深化。

我国农村土地流转配置仍存在诸多低效率问题，主要表现在三大方面：第一，农户间配置效率低。土地流转滞后于劳动力转移，家庭劳动力已经转移的农户依靠留守人口勉强经营，而有剩余劳动力和经营能力强的农户想扩大经营规模却得不到土地；土地流转的“人格化”交易特征明显，一些土地被“无偿”转给亲友“代耕”而非出租给生产经营能力强并愿意支付高租金的经营者。第二，流转土地长期利用效率低下。土地流转的短期与活期化特征明显，即流转以短期或随时可能结束的合约为主，造成流转经营权很不稳定，经营者缺乏长期投资和以可持续方式利用土地的激励。第三，流转土地小规模、碎片化经营特征明显，缺乏规模经济效率。由于流转配置的低效率，土地规模经营特别是连片的规模经营并没有顺畅发生，小规模细碎化的土地承包格局仍然制约着土地规模经营的发展[30]。

三、面向农村农业现代化的农村集体土地产权制度改革路径

新中国成立 70 多年来，我国政府在坚持农业家庭经营为主的制度框架下，不断变革农地产权制度。农地产权制度历经了从农地集体所有权与农地承包经营权“两权分离”到新时代农村土地集体所有权、农户承包权、土地经营权“三权分置”的历史变迁。农地产权制度变迁的过程是农地产权制度与制度环境不断耦合的过程，它以不断提升农地产权明晰程度且农民获得越来越充分的土地权利为导向，在制度边际上沿着既定路径持续进行着农地产权制度创新，并实现了农民与政府之间的良性互动，这是中国农地产权制度变迁取得成功的关键所在，也是改革开放 40 多年来中国农业持续快速增长的源泉[31]。随着中国社会经济的发展，未来农地产权制度环境必然会发生深刻的变化，这就要求根据制度环境的变化适时进行农地产

权制度创新。

（一）以政策为引领，构建更加公平与高效的农村土地产权制度

随着工业化、城镇化和农业现代化的快速推进，我国农业农村发展的微观基础与宏观环境发生了深刻变化，农村剩余劳动力绝大多数已经转移到非农产业和在城市定居，农村的劳动力越来越少，而且留守农村的农民呈现老龄化、女性化和低素质化[32]。在这种情形下，我国现行农村集体土地产权制度已经不适应新的发展阶段，尤其是农村土地产权制度产生了诸多的问题，与我国经济和社会的发展不相适应，与农业生产力的发展也不相适应，而且与很多法律、政策相矛盾，迫切需要通过农村土地产权制度的改革和法律修订来加以解决。尤其是新时代以来，国家密集出台政策不断明确农村土地制度改革的方向。例如，近10年中央“一号文件”更是近乎每年都提出农村土地产权制度改革的相关要求，如表2-5所示。

表2-5　2013年以来农村土地产权制度改革相关政策

发布时间	规章名称	重点内容
2014年12月	《关于农村土地征收、集体经营性建设用地入市、宅基地制度改革试点工作的意见》	提出了要缩小土地征收范围；规范制定征收目录；探索集体经营性建设用地与国有土地同权同价的市场化改革；探索宅基地改革方案
2016年12月	《关于稳步推进农村集体产权制度改革的意见》	探索农村集体所有制有效实现形式，盘活农村集体资产，构建集体经济治理体系
2016年10月	《关于完善农村土地所有权承包权经营权分置办法的意见》	提出农地“三权分置”改革，有利于明晰土地产权关系，更好地维护农民集体、承包农户、经营主体的权益；有利于促进土地资源合理利用，构建新型农业经营体系，发展多种形式适度规模经营，提高土地产出率、劳动生产率和资源利用率，推动现代农业发展
2017年10月	党的十九大报告	第二轮土地承包到期后再延长30年
2018年	《中共中央、国务院关于实施乡村振兴战略的意见》	要全面完成土地承包经营权确权登记颁证工作，平等保护土地经营权，实现承包土地信息联通共享
2018年12月	《农村土地承包法》修订	将土地二轮承包到期后再延长30年写入了法案
2020年3月	《中共中央、国务院关于构建更加完善的要素市场化配置体制机制的意见》	建立健全城乡统一的建设用地市场、深化产业用地市场化配置改革、充分运用市场机制盘活存量土地和低效用地

续表

发布时间	规章名称	重点内容
2020 年 11 月	自然资源部、农业农村部、财政部等部门出台《土地征收成片开发标准（试行）》	以人民为中心，注重保护耕地，注重维护农民合法权益，注重节约集约用地，注重生态环境保护，促进当地经济社会可持续发展
2020 年 6 月	《关于积极稳妥开展农村闲置宅基地和闲置住宅盘活利用工作的通知》	积极稳妥开展农村闲置宅基地和闲置住宅盘活利用工作，增加农民收入、促进城乡融合发展和推动乡村振兴
2021 年 1 月	《农村土地经营权流转管理办法》	规范农村土地经营权流转行为，保障流转当事人合法权益，加快农业农村现代化，维护农村社会和谐稳定

同时，在全球后疫情时代，国际粮食贸易和粮食生产环境不容乐观，要求我们稳定农业生产，提高农业生产效率以确保国家粮食安全。为了实现上述双重目标，土地承包政策的核心价值追求也一直试图在效率与公平之间寻求平衡：一方面，希望通过赋权、“三权分置”等一系列政策，促进土地流转，提高土地的利用效率；另一方面，又要确保承包权公平，以防动摇农村稳定的根基。

（二）深化农地产权制度改革是提升农业内生性发展能力的重要手段

农村土地产权制度是土地流转的基础和前提。自 2002 年 8 月《农村土地承包法》颁布实施以来，我国农村土地承包经营制度改革取得了一系列重大的突破，一定程度上奠定了土地要素按市场化原则进行优化配置的制度基础。科斯的产权理论揭示农地产权的稳定性越低，对土地所有者进行长期投资的激励效应越弱，从而阻碍农村土地流转。Joshua 对中东欧国家农村土地流转问题进行研究发现，农村土地私有化改革导致土地细碎化，农村土地的高度细碎化加之土地的私有产权带来了大量的农村土地交易费用，不利于土地交易和流转，阻碍了农业的规模化经营[33]。

农地产权制度改革主要通过影响农业生产资金投入、科学技术投入与劳动力数量的投入及其素质提升等促进农业发展。农地产权制度改革对生产力、农业产出及农民收入具有积极影响，农村土地产权制度的合理安排能够提高资源利用效率[34]。中国家庭联产承包责任制改革提高了农业生产效率。农地产权制度改革而非农地产权自身是刺激投资与提高土地产出的决定性因素[35]。土地产权稳定性的提高对农民土地长期投资存在正向激励，促进耕地经营面积扩大的同时也激励着农村劳动力外迁[36]。农户土地使用权的确立对农业生产率和农民收益有显著正向影响，且农村产权稳定促进了农田维护投资[37]。农业技术进步是农业持续内生发展的必要条件，而农地产权制度改革对农业技术进步影响显著[38]，不断探索利于农业技术进步的农地产权改革方向，不断寻求实现农业高效发展的农地产权改革模式，逐步将农业带动到依靠自身力量而非外部输入的内生发展道路上。加大农业科技投入，降低农业生产成本；加强技术人才培养，积极推动农业技术进步，提高农业生产力。

（三）“三权分置”下稳定承包经营权，促进农业技术进步

农地“三权分置”改革通过落实所有权、稳定承包权、放活经营权，促进土地流转和合理配置，实现农业的适度规模经营和先进生产要素的持续有效投入，进而促进现代高效农业的持续内生发展，增强农村内生发展动力与能力。

2013 年，党的十八届三中全会提出“稳定农村土地承包关系并保持长久不变，赋予农民对承包地占有、使用、收益、流转及承包经营权抵押、担保的权能，允许农民以承包经营权入股发展农业产业化经营”。2014 年中央正式部署农村土地承包权确权颁证工作，并明确提出用 5 年左右时间基本完成；2014 年 11 月中共中央办公厅、国务院办公厅印发的《关于引导农村土地经营权有序流转发展农业适度规模经营的意见》对“三权分置”改革进行了细化。2014 年 12 月国务院办公厅印发的《关于引导农村产权流转交易市场健康发展的意见》进一步规范了农村土地承包经营权的流转。2019 年 11 月 26 日发布《中共中央、国务院关于保持土地承包关系稳定并长久不变的意见》，同时，承包地“三权分置”在《民法典》中得到确认强化和“法律化”。这一方面确立了以成员权为基础的农民集体所有权制度，另一方面强化了农户对承包地的支配权、流转权，让土地承包经营权真正成为农民的财产权，从而实现所有权主体与成员之间权利关系的依法配置。国家对农村土地承包经营权的改革有两个核心目的：一是保持农村稳定，通过延长土地承包期，赋予农民长期而稳定的承包权，既可以为农民提供最基础的生存保障，又可以在经济波动时发挥农村“社会稳定蓄水池”的作用；二是促进发展，通过放活土地的经营权，促进土地流转，解决土地细碎化问题，促进农村新型经营主体发育和现代农业发展[39]，继续深化农地“三权分置”改革，增强农地确权成果的应用。在实现农地资源合理配置及农地规模化经营的基础上增强农业技术投入，促进农业技术进步。

（四）赋予农村集体成员更多的财产权，激发农村发展活力

2018 年中央“一号文件”聚焦乡村振兴，农村土地产权制度改革是落实

乡村振兴的前沿性改革，其政策导向是赋予农村集体成员更多的财产权，是乡村振兴背景下多方利益关系的重新调整，集体所有权得以落实，主体地位更加稳固；农户资格权得以保障，财产权益得到彰显；多元主体分享使用权，土地资源得到优化配置。

1. 赋予农村集体成员更多的财产权

新时期以来，随着工业化、城镇化的快速推进，为了赋予农民更多财产权利，进一步激发农业农村发展活力，党中央、国务院做出一系列重大决策部署，着力推动农村集体土地产权制度改革。党的十八届三中全会通过的《关于全面深化改革若干重大问题的决定》从健全城乡发展一体化体制机制出发，要求“赋予农民更多财产权利”。2015 年党的十八届五中全会通过的《关于制定国民经济和社会发展第十三个五年规划的建议》、2016 年国务院印发的《关于实施支持农业转移人口市民化若干财政政策的通知》和新修订的《土地管理法》《农村土地承包法》，都对赋予农民更多财产权利做了具体规定。2016 年中共中央、国务院通过的《关于稳步推进农村集体产权制度改革的意见》更是明确将农村集体产权制度改革的目标设定为：“通过改革，逐步构建归属清晰、权能完整、流转顺畅、保护严格的中国特色社会主义农村集体产权制度，保护和发展农民作为农村集体经济组织成员的合法权益。”

2. 激发农业农村发展活力

激发农业农村发展活力在 2015 年中共中央办公厅、国务院办公厅印发的《关于农村土地征收、集体经营性建设用地入市、宅基地制度改革试点工作的意见》和《深化农村改革综合性实施方案》，以及此后修订的《农村土地承包法》《土地管理法》等法律政策中得到了充分体现。继续深化农地“三权分置”改革，增强农地确权成果的应用，在实现农地资源合理配置及农地规模化经营的基础上增强农业技术投入，促进农业技术进步。重视农村人力资本开发，完善农村基础教育培育机制，增加新型农民职业培训投入；建立健全农村人力资本向现代农业发展的输送机制与路径；加快落实农民工返乡创业扶持政策，多举措促进智力回流，促进乡村人才振兴，减少城镇化对农村地区带来的负面影响。加强先进技术、生产方式、管理模式等在农业中的应用，促进资金、人才、技术向高效现代农业流动，将现代科技、生产与经营方式引入农业，深化农业供给侧结构性改革。鼓励伴随农地产权制度改革而出现的新型农业经营主体的发展，适度扩大农业生产经营规模，充分发挥多种形式规模经营在农业生产中的引领作用，破解传统农业发展中的掣肘难题，促进农村持续进步与发展。

参考文献

[1] Alchian. Economic forces at work [M]. Iberty Pr., 1977.

[2] S Pejovich. The economics of property rights [M]. Kluwer Academic Publishers, 1990.

[3] [美] 科斯，[美] 阿尔钦，[美] 诺斯．财产权利与制度变迁 [M]. 上海：三联书店，上海人民出版社，1994.

[4] Armen A A, Harold D. The property right paradigm [J]. The Journal of Economic History, 1973, 33 (1).

[5] 刘世锦．关于产权的几个理论问题（上）[J]. 经济社会体制比较，1993 (4): 50-55.

[6] 刘伟，李风圣．产权范畴的理论分歧及其对我国改革的特殊意义 [J]. 经济研究，1997 (1): 3-11.

[7] 高尚全．深化国有产权制度改革要解决的三个现实问题 [J]. 改革，1995 (1): 14-16.

[8] 段毅才．西方产权理论结构分析 [J]. 经济研究，1992 (8): 72-80.

[9] 刘守英，路乾．产权安排与保护：现代秩序的基础 [J]. 学术月刊，2017, 49 (5): 40-47.

[10] 姚洋．中国农地制度：一个分析框架 [J]. 中国社会科学，2000 (2): 54-65.

[11] 周其仁．农地产权与征地制度——中国城市化面临的重大选择 [J]. 经济学（季刊），2004 (4): 193-210.

[12] 冀县卿，钱忠好．农地产权结构变迁与中国农业增长：一个经济解释 [J]. 管理世界，2009 (1): 172-173.

[13] 王霞萍，赵谦．土地发展权三十年：功能进路与实践面向 [J]. 中国土地科学，2019, 33 (6): 37-43.

[14] 郜亮亮，冀县卿，黄季焜．中国农户农地使用权预期对农地长期投资的影响分析 [J]. 中国农村经济，2013 (11): 24-33.

[15] 丁栋虹．土地资源稀缺与土地产权制度变迁 [J]. 南京社会科学，1998 (3): 18-24.

[16] 温铁军．“三农问题”世纪反思 [J]. 科学决策，2001 (1): 2-6.

[17] 黄祖辉．我国社会保障制度对经济增长、土地制度及城市化的影响 [J]. 中共浙江省委党校学报，2010, 27 (3): 72-75.

[18] 李江涛，熊柴，蔡继明．开启城乡土地产权同权化和资源配置市场化改革新里程 [J]. 管理世界，2020, 36 (6): 93-105.

[19] 林毅夫. 90年代中国农村改革的主要问题与展望 [J]. 管理世界，1994 (3)：139-144.

[20] 张鸣鸣. 新型农业经营体系和农业现代化——"新型农业经营体系和农业现代化研讨会暨第九届全国农经网络大会"综述 [J]. 中国农村经济，2013 (12)：84-88.

[21] Andrew D J, William D C, Margaret S T. On the additivity of radiative forcing between land use change and greenhouse gases [J]. Geophysical Research Letters, 2013, 40 (15).

[22] Yaling H, Jinliang H, Ayu E, et al. Land use and climate variability amplifies watershed nitrogen exports in coastal China [J]. Ocean and Coastal Management, 2018.

[23] 黄季焜，冀县卿. 农地使用权确权与农户对农地的长期投资 [J]. 管理世界，2012 (9)：76-81.

[24] 宋才发，向叶生. 农村集体土地"三权分置"的法律问题探讨 [J]. 广西师范大学学报（哲学社会科学版），2015，51 (6)：73-78.

[25] 王庆明. 产权变革路径与起源之争：立足转型中国的思考 [J]. 社会科学，2018 (6)：72-81.

[26] 付振奇，陈淑云. 中国农地产权制度改革：约束条件下的功能发挥与演进 [J]. 当代经济研究，2021 (12)：82-92.

[27] 刘守英，颜嘉楠，冀县卿. 集体地权制度下农地合约选择与经营体制变迁——松江集体村社型家庭农场的案例分析 [J]. 中国农村经济，2021 (2)：19-41.

[28] 诺斯. 经济史中的结构与变迁 [M]. 上海：三联书店，1991.

[29] 孙宪忠. 推进农地三权分置经营模式的立法研究 [J]. 中国社会科学，2016 (7)：145-163.

[30] 郜亮亮，纪月清. 中国城乡转型中的农村土地集体产权与流转配置效率 [J]. 中国农村经济，2022 (10)：24-40.

[31] 冀县卿，钱忠好. 中国农地产权制度改革40年——变迁分析及其启示 [J]. 农业技术经济，2019 (1)：17-24.

[32] 郭熙保，高思涵，郭厦. 破解我国农地产权制度改革难题的新思路 [J]. 学习与探索，2019 (6)：96-106.

[33] Joshua M D. Institutions and Land-Use conflicts: Harm, dispute processing, and transactions [J]. Journal of Economic Issues, 2004, 38 (1).

[34] Sebastian G, Ernesto S. Land property rights and resource allocation [J]. The Journal of Law & Economics, 2011, 54 (S4).

[35] Justin Y L. Rural reforms and agricultural growth in China [J]. The American Economic Review, 1992, 82 (1).

[36] Alain D J, Elisabeth S, Emerick K, et al. L'adoption des technologies agricoles: Quelles leons tirer des expérimentations de terrain? [J]. Revue D'économie Du Développement, 2015, 23 (4): 129.

[37] Lawry S, Samii C, Hall R, et al. The impact of land property rights interventions on investment and agricultural productivity in developing countries: A systematic review [J]. Journal of Development Effectiveness, 2016, 9 (1).

[38] 公茂刚，辛青华，巩子晗．农地产权制度改革的农业技术进步效应研究——基于家庭联产承包责任制和“三权分置”改革的实证检验 [J]. 农业经济与管理，2022 (1): 66-78.

[39] 祝天智．农村土地承包政策中的效率与公平张力及其消解 [J]. 求实，2020 (6): 96-106.

第三章

农村集体建设用地市场化改革

农村集体建设用地市场化改革是近些年农村土地制度改革的核心要义。自20世纪80年代实行市场化改革以来，中国土地市场演变对区域经济发展、城乡融合、产业转型升级等产生了重要影响。城市土地市场化在提高土地配置效率[1-2]、为城市建设发展积累充足资本的同时，也加大了城乡间社会财富的差距[3]。农村集体建设用地市场化改革，在提高土地利用效率[4-5]和改善社会福利公平方面作用显著，农村家庭在工业化、城市化进程中分享到更多的土地增值收益[6-7]，但也存在导致土地供过于求、冲击城市一级土地市场的可能[8]。因此，农村集体建设用地市场化改革势必不同于其他要素市场化改革的过程和途径，必须走具有中国特色的要素市场化改革之路。

一、农村集体建设用地特征

（一）农村集体建设用地的概念及种类

农村集体建设用地又叫乡（镇）村建设用地或农村集体土地建设用地，是指乡（镇）村企业、乡（镇）村公共设施、公益事业和农村村民住宅等建设所占用及其使用范围内的土地，是乡（镇）村集体经济组织和农村个人投资或集资，进行各项非农业建设所使用的土地。它是除城镇以外我国广大农村和集镇建设用地的统称。从广义上讲，农村集体建设用地包括农村农业建设用地和农村非农业建设用地两部分，但是通常所说的农村集体建设用地是指农村非农业建设用地。《土地管理法》在“建设用地”一章中所称的“乡镇村建设”也是指农村非农业建设。集体建设用地所有权归集体所有，农民享有使用权，使用期限无规定。

农村集体建设用地的项目和内容多而复杂，其规模有大有小，特别是乡

（镇）村企业用地，几乎包括了乡村企业建设中所有用地的内容。农村集体建设用地是农民从事第二、第三产业生产及其居住的空间承载地，包括农村居住用地，农村公共服务及其基础设施用地，村办及乡镇办的企业、商业服务业、工业小区及仓储等用地，土地产权为农村集体所有。

根据《土地管理法》的规定，农村集体建设用地一般可分为以下三类。

1. 集体经营性建设用地

集体经营性建设用地（乡镇企业用地）主要指具有生产经营性质的农村建设用地，如兴办乡镇企业使用本集体经济组织农民集体所有的土地。包括乡镇企业使用属于乡镇集体所有的土地、村办企业使用属于本村集体所有的土地、村民组办企业使用本村民组所有的土地、个人办企业使用其所在农民集体组织的土地。法律规定乡镇办企业不能使用村或村民组所有的土地，村办企业也不能使用村民组或其他村集体所有的土地。但是，农民集体经济组织用本集体所有土地与其他单位和个人以土地使用权入股、联营等形式共同兴办企业的视为使用本农民集体所有土地是允许的。集体经营性建设用地还包括在现有政策下发展休闲农业和乡村旅游项目的重要用地形式。据统计，集体经营性建设用地，在整个集体建设用地当中占比不超过 10%，在试点地区可以直接入市；宅基地在农村集体建设用地的占比最大，也是农村文旅产业发展的新空间。

2014 年底，国家开始“三块地”改革的试点工作，在符合规划和用途管制的前提下，农村集体经营性建设用地可以出让、租赁、入股，实行与国有土地同等入市、同权同价。目前全国已有 33 个县市区试点集体经营性建设用地入市实践，成都郫都区、北京大兴区、浙江德清市等作为最早参与试点的城市，都积累了较为成熟的入市实践经验。

2. 宅基地

农村居民住宅用地，也称宅基地。农村民建住宅使用本集体所有的土地，即宅基地。宅基地包含主建筑物（居住用房）和附属建筑、构筑物（如厨房、仓库、厕所等），以及房子周围独家使用的土地。城镇居民使用农民集体土地，或农村村民建住宅使用其他集体所有的土地是不允许的。

3. 乡（镇）村公共设施用地和公益事业用地

农村集体公共设施和公益事业用地主要指乡（镇）村公共设施和公益事业建设使用农民集体所有的土地。这类土地包括农村道路、水利设施、学校、通信、医疗卫生、敬老院、幼儿园、村委会办公室等和其他属于集体所有的特殊用地。不管是使用本集体所有的土地，还是使用其他集体所有的土地都是允许的。主要是考虑乡（镇）村无集体土地等在本集体经济组织所有土地内无法安排，需要使用村民小组的土地时的实际情况。因此，无法限定使用本集体所有的土地。

（二）农村集体建设用地的特点

1. 集体建设用地的数量巨大

根据自然资源部的数据，目前，我国建设用地总量约 2500 万公顷，集体建设用地是主要组成部分，总量约 1800 万公顷。其中，农民宅基地约 1000 万公顷，乡（镇）村公共设施、公益事业用地约 600 万公顷，单位和个人用于生产和经营的集体建设用地约 200 万公顷。

（1）乡（镇）村建设所占用的土地为农民集体所有。乡（镇）村建设用地属于农民集体所有，在一般情况下，其所有权和使用权是相分离的。乡（镇）村企业对其建设用地只有使用权，没有所有权。农村村民的住宅用地的所有权，归农民集体所有，农村村民只有使用权，没有所有权。同时，乡（镇）村建设用地的所有权与地上建筑物和其他设施的产权一般也是分离的。

（2）用地项目多、规模小、数量大、计划性也差。一般与国家建设项目相比，集体建设项目相对较多，且项目前期论证少，有的项目没有经过设计单位的正式设计就施工，特别是居民住宅建设更没有经过论证。在建设和用地过程中，集体建设项目往往变化也较大，存在很大的盲目性。

2. 农村宅基地的特点

农村宅基地与城市的房基地有很大区别，它既是农民的居住消费场所，又是农户家庭经营的重要组成部分，承载着农民生产、生活、生态、经济、文化等多种功能。农村居民点存在规模小、数量多、布局分散、环境质量低劣、土地利用率不高等现象。农村宅基地与其他集体建设用地性质是截然不同的，宅基地属于福利性用地，根据当前相关文件规定，不允许宅基地经营性使用，这有别于其他集体建设用地。根据自然资源部门的调查，目前农村宅基地的使用权变更频率较低，其权属状态比其他集体建设用地更为稳定。由于农民的房屋建筑在宅基地上，农民实际占有并支配这些宅基地。在农民眼里，农村宅基地和其房产、树木等附着物一样，都是农民自己的家产。作为“家庭”载体的“住宅”神圣不可侵犯，很多是其祖上以一生积累的财富购买的，宅基地和住房既是祖上留下来的宝贵遗产，也饱含着对先人的追思和情感。

3. 集体经营性用地情况

农村集体经营性建设用地主要包括农村集体经济组织使用乡（镇）土地利用总体规划确定的建设用地兴办企业或者与其他单位、个人以土地使用权入股、联营等形式共同举办企业、商业所使用的农村集体建设用地。据了解，集体企业用地真正由农村集体经济组织经营或与其他单位、个人联营的不多，大多是落入个人手中或改变用途，挪作他用，这是目前存在于农村基层的隐性危机，是产生矛盾、存在不稳定的主要因素。

（三）农村集体建设用地存在的问题

1. 违法用地现象严重

农村集体建设用地管理使用情况不容乐观，特别是在乡镇，主要表现在以下方面：一是有的乡村公益事业公共设施用地手续不完备甚至没有申请农转用；二是部分乡村私分宅基地，个别村镇干部甚至纵容、包庇亲戚或家属违法占地建房；三是部分乡镇村民宅基地超标，“一户多宅”；四是部分乡镇存在以宅基地之名行商业开发之实的现象；五是有些地方片面强调“以地生财”，大办工业区、开发区，造成建设用地无序扩张；六是部分乡村经营性土地被私租、私转、私卖或“长租代卖”；七是一些土地使用者擅自改变土地用途，甚至少批多用。这些问题的存在，使大量应由国家取得的土地收益流失到少数集体和个人手中，严重影响了国家对土地的保护和合理开发利用。近年来，各级政府和自然资源部门先后组织开展了治理违法违规用地、年度季度卫片（利用卫星遥感监测等技术手段制作的叠加监测信息及有关要素后形成的专题影像图片）执法检查、农村土地“三乱”治理等专项行动，严肃查处整治了一批农村基层违法违规用地行为。

2. 制约农村经济社会发展

农村集体建设用地管理不规范、使用混乱，影响农村稳定和可持续发展。一是集体建设用地利用率低，发展空间不足。存在农村住宅空置，农村居民点扩张，无限制设立工业区、开发区等问题，造成农村土地的粗放利用和浪费，真正能用于发展的土地不足，限制了发展空间。二是因土地问题造成的不稳定因素越来越多。土地分配不公、使用不当，拉大了农村新的贫富差距，由此产生了一种区别于以前违法用地的怪现象，即越是经济建设用地需求大、征用土地数量多的村镇，越容易出现不稳定因素。违法用地已成为扰乱农村社会经济新秩序、影响农村稳定和发展的“瓶颈”问题。三是“有新房无新村”的现象普遍存在，与规划对接难。一些地区建了不少新房，但由于缺乏规划，比较杂乱。四是农村集体经济体量小，发展后劲不足。村集体经济薄弱，制约农村发展，影响新农村建设。

农村集体建设用地管理使用问题的存在，既有历史原因，也有现实原因，是多种社会因素互相作用的结果。主要表现在如下五个方面：一是“集体”观念淡薄。农村集体建设用地所有权是集体的，有些基层干部群众对此观念淡薄，随意处置只有使用权的农村集体建设用地，同时集体建设用地管理制度、审批程序宣传不到位，群众无所适从，致使乱象丛生。二是基层规划意识不强。一些乡镇干部规划意识薄弱，观念滞后，村镇建设普遍缺乏规划。三是缺乏规范。在农村集体用地管理使用方面，基层缺乏具体、可操作性的独立规范。四是土地执法监管不够严格。有关职能部门对基层管理使用农村集体用地缺乏指导，对相关法律法规解读不到位，未能严格执法。五是农村集体建设用地征地费使用混乱。征地是国家为了公共利益需要，依照法定程序将农村集体土地转为国有，并给予被征地农村集体和个人合理补偿和妥善安置的法律行为。《土地管理法》规定，农村集体建设用地属于农村集体所有。土地所有权就是财产权，在征地补偿费的管理方面，农民属于弱势群体。当国家利益和集体利益发生冲突时，集体土地所有权往往难以受到保护，加上征地补偿费用分配不合理，使用管理较为混乱，失地农民如果得不到合理补偿和妥善安置，就难以生存和发展，从而产生农村的不稳定因素。

二、农村集体公益性建设用地制度

公益性建设用地是承载集体福利或者社会公共利益的各类用地的总称，在世界各国的土地制度中都具有重要的地位和作用。公益性建设用地是指以公共利益为目的，建造建筑物、构筑物的公益事业和公共设施用地，按照所有权主体的不同可分为国有公益性建设用地和集体公益性建设用地两种类型。属于农民集体所有，由农村地区特定地域范围内集体经济组织成员因公共利益需要使用的土地即为集体公益性建设用地，地上承载的集体公共环境卫生服务、公共文化教育、公共医疗保健、公共交通是现代农村社会发展不可或缺的组成部分[9]。

农村集体公益性建设用地是指《土地管理法》规定的“乡（镇）村公共设施、公益事业”两种乡（镇）村建设用地类型，《土地管理法》第五十九条的规定：乡镇企业、乡（镇）村公共设施、公益事业、农村村民住宅等乡（镇）村建设，应当按照村庄和集镇规划，合理布局，综合开发，配套建设。

（一）农村集体公益性建设用地属性

集体公益性建设用地是具有中国特色的农村地域范围内的公益性建设用地，其“双公”和“共”的属性是其显著特征。

一是公有之“公”，强调物之所有权归属于国家或者集体。在农村集体公益性建设用地之上设立的使用权派生于集体土地所有权，前提即“集体所有”。从属性上而言，集体所有权属于公有制，是为集体成员甚至全体社会公众提供生存所需要的环境、风景、空间等，如农村集体所有的湿地、公共草原、山林等自然形态的公共用地，其对于人类日常生活水平的提高具有重要意义，属于自然公物。农村集体公共用地在性质上是以集体成员公共福利为内涵，是为满足集体成员生存、发展甚至是风俗习惯、宗教习俗等需要而设立的公物。集体公益性建设用地及其上的公益设施使用权仅仅供本集体成员共同享有，这种“公有”是一种小范围的“公有”，具有地域性的特征。这种“集体所有”本身就体现了固定的集体范围内多数成员的“公有”利益，享有主体既有外部的地域性与排他性，又具有内部的集合性[9]，是中国特色社会主义公有制下集体所有权的具体反映。

根据公物一般分类理论，可分为行政用公物与公众用公物，对应到农村集体公共用地，村委会（村集体经济组织）实质上是在履行公权力，故其办公用地属于行政用公物，以提供公共服务为目的，其上的办公设施属于行政机构内部使用。农村集体公共用地中如村道、水源地、晒谷场等属于公众用公物。但无论是村集体行政公物用地还是村集体公众公物用地均在农村区域范围、集体所有土地的范畴。虽然农村集体公共用地上承载的公物设立主体既可以为集体，也可以为国家，但判定农村集体公共用地范围的核心在于土地属于集体所有、位于农村地区。

二是“公益性”是集体公益性建设用地使用权的核心要素。公益性的本义为公共利益，主体为“不确定多数人”的福祉，公益性反映到社会实践中往往涉及教育、文化、卫生、体育多方面的公众利益。公益性建设用地的设立初衷是用于建设符合社会公共利益的公共设施，是承载公共设施的土地，如水库、村道、墓地等。这类公益设施或服务具有非营利性，因而不能完全通过或难以通过市场化方式运行，其所占用的公益性建设用地的使用、管理方式是具有非竞争性和非排他性的公共产品。因此集体公益性建设用地具备

"公"的特质，如村篮球场用地、文化室用地、氏族祠堂用地等，是以公共使用与农民福祉为宗旨，在农村集体所有的土地上建造公益设施用地。农村集体公共用地所体现的福利性是其核心内容，而这些集体所属的公共用地在设定目的上不可偏离其公益性目标。如《民法典》第三百九十九条规定了公益性土地设施不得设定担保；《中华人民共和国草原法》（简称《草原法》）第九条规定草原不得随意侵占、转移占有；《殡葬管理条例》第九条规定农村的公益性墓地不得对村民以外的其他人员提供墓穴用地。类似公法对于农村集体公共用地的规划、利用、流转等均做出了一定的限制，主要目的在于：一方面是充分保障集体成员对于农村集体公共用地的自由、自主利用，另一方面是通过公法规范相关利用人的利用行为。

农村集体公共用地在外延上具有两个显著的限制特征，即从区域上属于农村、从权属关系上属于集体所有。首先，从区域上而言，农村集体公共用地的首要条件就是位于农村地区，与城市公共用地相对应，相对于较为完善的城市公共用地制度，限定在农村区域，突出了本制度的重点。其次，从权属关系上而言，以公物所有权的归属为标准，公物可分为国有公物（全民公物）和集体公物，而农村集体公共用地所具有的一个重要属性即"集体所有"。从性质上讲，集体所有权属于公有，是一种特殊的共同所有，即农村集体公共用地属于集体成员共同所有[10]。严格来说，"农民集体"是其成员利益的代表，保护农民的利益是农村基层经济组织的功能，而农村集体公共用地集中体现了集体所有权主体对其成员的福利[11]。这种福利本身就是协调"个体"与"公权"、公物与私物的共生关系所必不可少的，这种关系无论是在封建社会还是在当今的农村社会，均以各种形式存在。具体而言，长久以来，我国农村集体公共用地在维护以血缘与姓氏为纽带的农村社区的基本生活秩序方面一直发挥着重要作用。如宋代的学田（用于奖励清贫学生，支持其学业而设）、北宋范仲淹所创设的义田（为救济同族，使其免受饥寒之苦）、晋朝所设的墓田（又称葬田，主要用于家族葬地）、隋唐时期的公廨田（充当公共费用之田）等，大多是农村基层社会自发设立的公益设施。新中国成立后，利用集体所有的公共用地建设了宗教祭祀用地、乡村公共道路用地、自治机构（村委会）办公用地等。农村集体根据成员自身生活、发展需要，利用集体所有的公共用地，投资兴办公益事业、公共设施等，是利用自有土地供给成员基本福利的行为。

三是集体公益性建设用地使用权的"共"属性。公益性建设用地使用权最主要的目的就是使集体的大多数人尽可能地满足自身对于公益性建设用地的需求。集体土地所有权处于一种特殊状态，即以特定农村地域为范围的集体成员共同所有，与传统民法中的“共有”并不相同。集体公益性建设用地使用权体现了集体所有权的一个重要内涵，即“公有共用性”。就集体公益性建设用地及其上的公益设施而言，农民集体是基于地缘、血缘关系所构建的共同体，共同体内的成员对村篮球场、公园、公共墓地、宗祠等公益性建设用地具有使用的权利，这种使用权利不论是源自所有权还是单独的使用权，均不被某成员个体所独占，行使该权利时也不得排斥其他不特定集体成员同样行使该权利。因此，集体公益性建设用地是“公有共用”的土地，取得该集体成员资格是可以共用的前提条件，一方面全体集体成员在具备成员资格的范围内非排他性使用，另一方面其上也可设置使用权供一定范围的集体成员共用，以公益组织或氏族团体来限定成员范围。

总之，农村集体公共用地具有特殊性，与普惠性、全国性的公物不同，主要属于地方性公物，对于农村集体内部基本社会秩序与成员生存发展具有重要的意义。我国地域辽阔，风俗习惯、人文地理、经济体量、民族宗教等各不相同，农村集体公共用地应根据其公物性质特征，合理地确定对应的所有权主体，明晰其权属关系，构建合理的农村公共用地管理制度并做出相应的制度安排，这样才能确保农村集体公共用地制度真正实现为农村服务、为农民服务的公共福利目标。

（二）农村集体公益性建设用地审批

《土地管理法》第五十九条将集体所有的建设用地划分为乡镇企业、乡（镇）村公共设施、公益事业、农村村民住宅等乡（镇）村建设用地类型，但对乡（镇）村公共设施、公益事业两大类集体公益性建设用地的申请和批准只进行原则性规定。《土地管理法》第六十一条规定：乡（镇）村公共设施、公益事业建设，需要使用土地的，经乡（镇）人民政府审核，向县级以上地方人民政府自然资源主管部门提出申请，按照省、自治区、直辖市规定的批准权限，由县级以上地方人民政府批准。2021 年 7 月发布的《土地管理法实施条例》第四章第五节专门规定集体经营性建设用地，明确其出让、规划、登记等，但该法并未提及集体公益性建设用地。《民法典》第三百六十一条规定了集体所有的土地作为建设用地的，应当依照土地管理的法律规定办理。

我国农村土地制度建设研究的重点均放在私用性宅基地、承包地、经营性建设用地制度上，长期忽略公益性建设用地制度；我国公益性建设用地使用权制度建设一直以城市为中心，对农村公益事业关注较少，集体公益性建设用地使用权制度并未得到应有重视。在社会转型背景下，集体公益事业发展已明显落后于农村社会发展实际，公益性用地在影响农村经济发展、促进城乡统筹、增加农民财产性收入方面的功能如能正常发挥，所产生的积极效果将丝毫不亚于宅基地与经营性建设用地[12]。

《土地管理法》第六十一条规定：乡（镇）村公共设施、公益事业建设，需要使用土地的，经乡（镇）人民政府审核，向县级以上地方人民政府土地行政主管部门提出申请，按照省、自治区、直辖市规定的批准权限，由县级以上地方人民政府批准；其中，涉及占用农用地的，依照该法第四十四条的规定办理审批手续。

《四川省〈中华人民共和国土地管理法〉实施办法》（四川省第九届人大常委会第十二次会议通过）第五十一条第一款、第二款规定了农村集体经济组织使用乡（镇）土地利用总体规划确定的建设用地兴办企业，或者以土地使用权入股、联营等形式与其他单位、个人共同举办企业，或者乡（镇）、村公共设施、公益事业建设需要使用土地的，按下列规定办理占用审批手续：一是项目占用土地1公顷（含1公顷）以下的，由县级人民政府批准，其中使用设区的市城市规划区内土地的，由市人民政府批准；二是项目占用土地1公顷以上2公顷（含2公顷）以下的，由市人民政府批准，其中成都市和民族自治州人民政府可以批准1公顷以上4公顷（含4公顷）以下，超过审批权限以及其他需要由省人民政府批准的，由省人民政府批准；涉及占用农用地的，应当依照该实施办法第三十五条的规定先行办理农用地转用审批手续。

三、农村集体经营性建设用地市场化改革

集体经营性建设用地市场化问题涉及整个土地供给制度的系统性变革，意味着要对原来土地制度的安排模式进行重大的调整以及对土地利益进行内外协调的重新分配。2015年2月27日，全国人大常委会发布《关于授权国务院在北京市大兴区等三十三个试点县（市、区）行政区域暂时调整实施有关法律规定的决定》，对这33个地区暂时调整了土地管理法等有关集体土地使用权的规定，并决定从2017年11月4日起，将该试点决定的有效期再延长一年。从严格意义上说，这个试点决定是有关“集体经营性建设用地入市”落地的权威性、标志性文件。尽管该试点决定并没有对“集体建设性用地入市”的概念予以界定，但是文件明确规定在这33个试点区域范围内，只要符合土

地利用规划、用途管制和依法取得的原则规定，就允许存量农村集体经营性建设用地的使用权出让、租赁、入股，依法实行与国有建设用地使用权交易统一市场、同等入市、同权同价。这里所说的“入市”，就是指符合要求的经营性集体建设用地的使用权，可以依法公开交易、可以商品化，其价格可以由市场定价。

（一）农村集体经营性建设用地概念

《土地管理法》规定，我国土地分为农用地、建设用地和未利用地三大类。“建设用地”中的“农村集体建设用地”又分为“农民宅基地”“公益性公共设施用地”和“农村集体经营性建设用地”三大类。其中，《中华人民共和国乡镇企业法》规定的“农村集体经营性建设用地”，是指用于兴办乡镇企业等具有生产经营性质的农村建设用地。农村集体经济组织使用乡（镇）土地利用总体规划确定的建设用地兴办企业或者与其他单位、个人以土地使用权入股、联营等形式共同举办企业所使用的农村集体建设用地，如过去的乡镇企业用地，准确地说是“具有生产经营性质的农村工商业经营建设用地”。农村集体经营性建设用地能够入市交易的，主要指的是这部分土地的“使用权”。

（二）农村集体经营性建设用地入市的相关法律

1. 经营性建设用地入市的法律规定

2013 年 11 月 12 日，《中共中央关于全面深化改革若干重大问题的决定》（以下简称《决定》）发布，指出要建立城乡统一的建设用地市场。建立城乡统一的建设用地市场，是在符合规划和用途管制前提下，允许农村集体经营性建设用地出让、租赁、入股，实行与国有土地同等入市、同权同价。传统的征地，是将农村属于农民集体所有的土地变为国家所有，是土地所有权的转移，而集体经营性建设用地入市，是一定年限土地使用权的出让，和国有用地一样，商业服务业为 40 年，工业为 50 年，最重要的是，集体经营性建设用地入市后，土地所有权仍然属于农民集体。在现阶段，继续采用传统以征地推动城镇化的发展模式已经越来越不可持续，充分发挥市场在资源配置中的决定性作用已越来越得到国家的重视。要进一步激发中国经济发展潜力、将市场配置资源的决定性作用落到实处，推动我国资源配置从政府主导向市场化配置转变，推动征地模式向集体经营性建设用地入市转变是最重要的手段。

原《土地管理法》（1998 年通过、2004 年修正版）时期，该法严禁集体建设用地流转，其实是不准确的。原法并非完全禁止其他单位和个人使用集体建设用地，但确实范围很小。原法第五十九条、第六十条、第六十一条、第六十二条、第六十三条、第六十五条专门对集体建设用地利用与管理进行了规定。第五十九条是要求乡镇企业、乡（镇）村公共设施、公益事业、农村村民住宅等三类建设要按规划和计划，依法办理审批手续；第六十条明确乡镇企业以及农村集体经济组织以土地使用权入股、联营等方式与其他单位、个人共同遵守企业使用集体土地的审批要求；第六十一条规定乡镇村公共设施、公益事业建设使用集体土地的审批要求；六十二条是关于农村村民住宅用地审批的；第六十三条规定禁止集体土地使用权出让、转让用于非农业建设，但破产兼并等情形除外；第六十五条明确集体经济组织收回土地使用权的情形。从上述规定可以看出，以下三种情形可以申请使用集体土地：①农民集体经济组织“兴办企业或者与其他单位、个人以土地使用权入股、联营等形式共同举办企业”；②“乡（镇）村公共设施、公益事业建设”；③“农村村民建住宅”。除以上三种情形之外，集体土地使用权不得出让、转让或者出租用于非农业建设；但是，符合土地利用总体规划并依法取得建设用地的企业，因破产、兼并等情形致使土地使用权依法发生转移的除外。也就是说，除了乡镇企业、乡（镇）村公共设施、公益事业和本集体经济组织村民住宅外，其他单位和个人可以使用集体土地的情形，仅限于集体经济组织以集体建设用地使用权入股、联营等方式与其他单位、个人兴办企业，以及乡镇企业破产兼并等情形。

2019 年 8 月 26 日通过的《土地管理法》修正案对集体建设用地使用做出重大修改，允许经营性集体建设用地入市流转，扩大集体建设用地使用范围，明确集体建设用地使用条件、方式和权能。相关条文集中在第二十三条、第六十条、第六十三条、第六十四条和第六十六条，同时还删除了原《土地管理法》第四十三条应当使用国有土地的限定，为集体建设用地入市流转留下了法律空间。扩大了集体建设用地使用范围和方式，允许经营性集体建设用地入市流转。2019 年通过的《土地管理法》第六十三条明确，土地利用总体规划、城乡规划确定为工业、商业等经营性用途，并经依法登记的集体建设用地允许土地所有权人通过出让、出租等方式交由单位或者个人使用，并应当签订书面合同，明确用地供应、动工期限、使用期限、规划用途和双方其他权利义务。第二十三条明确，土地利用年度计划应当对本法第六十三条规定的集体经营性建设用地做出合理安排。明确规定了集体经营性建设用地使用和入市的管理措施。集体经营性建设用地出让、出租等，应当经本集体经济组织村民会议三分之二以上成员或者三分之二以上村民代表的同意；集体建设用地的使用者应当严格按照土地利用总体规划、城乡规划确定的用途使用土地；集体建设用地使用权的最高使用年限、登记等，参照同类用途的国有建设用地执行。对于集体建设用地使用权的权能内涵。2019 年通过的《土地管理法》明确，通过出让等方式取得的集体经营性建设用地使用权可以转让、互换、出资、赠与或者抵押，但法律、行政法规另有规定或者土地所有权人、土地使用权人签订的书面合同另有约定的除外。集体经营性建设用地的出租，集体建设用地使用权的出让及其最高年限、转让、互换、出资、赠与、抵押等，参照同类用途的国有建设用地执行。具体办法由国务院制定。收回集体经营性建设用地使用权，依照双方签订的书面合同办理，法律、行政法规另有规定的除外。

允许经营性集体建设用地入市流转确实是市场化配置土地资源和保护农民土地财产权的一种进步，但其对土地市场的影响也不宜被过高估计，其中需要解决和落实的难点问题还有不少，还需要进一步探索推进。

2. 经营性建设用地的法律适用范围

集体建设用地的情形，《土地管理法》对三类农村建设用地使用集体建设用地的适用，允许农村集体经济组织与其他单位、个人以土地使用权入股联营方式共同举办企业，即其他单位、个人可以入股、联营方式使用集体土地，包括工业、商业、租赁性住房、养老、医疗、教育、三产融合等类企业。同时，《土地管理法》第二十三条、第六十三条、第六十四条扩大了集体建设用地的使用和流转范围，允许规划确定的工业、商业（包括仓储物流、办公、租赁性住房等）等农村集体经营性建设用地可由土地所有权人直接以出让、出租等方式交由其他单位、个人使用。第六十二条第六款规定："国家允许进城落户的农村村民依法自愿有偿退出宅基地，鼓励农村集体经济组织及其成员盘活利用闲置宅基地和闲置住宅。"该法同时规定，退出的宅基地也可纳入集体建设用地流转与使用范围。对现有法规、政策进行梳理集成，以下八类情形可以依法使用集体建设用地：

（1）农民集体经济组织兴办企业。

（2）乡（镇）村公共设施、公益事业建设。

（3）农村村民建住宅。

（4）集体经济组织与其他单位、个人以土地使用权入股、联营等形式共同举办企业或乡镇企业破产、兼并致使集体建设用地使用权转移。

（5）允许农村集体经济组织与其他单位、个人以土地使用权入股联营方式共同举办企业，即其他单位、个人可以以入股、联营方式使用集体土地，包括工业、商业、租赁性住房、养老、医疗、教育、三产融合等类企业。

（6）扩大了集体建设用地使用和流转范围，允许规划确定的工业、商业（包括仓储物流、办公、租赁性住房等）等农村集体经营性建设用地，可由土地所有权人直接以出让、出租等方式交由其他单位、个人使用。

（7）单位、个人以出让等方式取得集体建设用地使用权可以依法转让、互换、出资、赠与或者抵押。

（8）单位和个人投资建设工业、商业等经营性项目。

（三）农村集体经营性建设用地的增值收益分配

集体经营性建设用地的入市收益，是指集体建设用地使用权流转所产生的收益和利益的总和，包括出让金、租金、转让金和股利等[13]。集体经营性建设用地主要有“工矿仓储用地”和“商服旅游用地”两大类。凡出让、租赁和作价出资（入股）的集体经营性建设用地，必须坚持土地的公有制性质不动摇、耕地红线不突破、农民利益不受损的“三不原则”。在现行法律框架下，集体土地出租的租赁期最长为20年（《民法典》的规定），超过期限无效。

农村集体经营性建设用地入市后的收益分配，要求县政府综合考虑形成土地增值收益的因素，从实际出发，确定合理比例收取土地增值收益调节金。制定入市土地增值收益分配办法，确定合理的政府、集体和个人收益分配比例关系，适当提高个人收益，实现土地征收转用与农村集体经营性建设用地入市取得的土地增值收益在政府和集体之间分享比例的大体平衡。农村集体经济组织以现金形式取得的土地增值收益，按规定比例留归集体后，在农村集体经济组织成员之间公平分配。农村集体经济组织取得的收益应纳入农村集体资产统一管理，制定经成员认可的土地增值收益分配办法。

1. 农村集体建设用地的补偿安置

农村集体建设用地的补偿安置，是指乡（镇）村建设使用农民集体所有的土地，对被用地的单位给予补偿和安置农民的生产和生活。

在乡（镇）村建设用地中，用地单位或者个人和被用地单位之间尽管不转移土地所有权，但由于土地使用权的转移，必定会给被用地单位和原土地使用者带来经济上的损失，因此用地单位或者个人应该对被用地单位给予补偿，并妥善安置被用地农民的生产和生活。具体补偿办法和标准由省、自治区、直辖市参照《土地管理法》中关于国家建设征用土地的补偿、安置规定，根据当地实际情况制定。

2. 农村集体建设用地的增值收益

关于土地增值收益的内涵界定目前尚未达成共识。诸如，孙陶生（1997）认为，土地增值是指土地资产在开发利用过程中，由土地价格上涨而引起土地效益的提高，其实质是土地所有者和土地使用者可以从土地价格变化中得到一笔不断增加的土地收益[14]。陈顺清（1999）认为，土地增值就是土地价值的增长，增值有正有负，在经济运行中，土地增值的一般表现形式是社会经济发展的作用和土地改良而形成的地价的增长[15]。张小华（1997）认为土地增值是土地增加的价值，实际指价格的增长[16]。王德起（2010）认为土地增值是指现实经济生活中土地价格的增加，而不是指作为土地价格重要基础的土地劳动价值的增加[17]。一般意义上的土地增值是指正向增值，但也包含负向意义上的增值，它们可分别称为保值和减值。本项目主要分析征收—出让和农村集体经营性建设用地入市所表现出的土地价值的增长。

3. 入市土地增值收益分配的主体

农村集体土地入市的土地增值收益主体涉及国家、集体、土地使用者、农民个人等，诸多的切身利益，只有平衡好各方主体之间的关系，合理安排利益分配格局，才能够保障集体经营性建设用地的市场化进程顺利进行。集体经营建设用地入市利益分配归属主体应当包括：作为公共利益代表的国家、作为土地所有者的集体以及农户个人。国家作为社会经济的调控和管理者，对土地进行严格管理，一定程度上成为农村土地的终极所有权人，农村土地所有者和使用者的处分权受到限制。同时，我国法律又明确规定农村土地归农民集体所有，故农民集体是农村土地所有权人。农民作为集体的一员，共同拥有土地所有权，并取得了土地使用权，成为事实上的土地使用者。所以我国现行农村土地产权主体由国家、集体和农民个人三者构成，集体建设用地流转增值收益应在这三者之间分配。能否合理分配土地增值收益实质上关系到能否正确处理国家、集体经济组织和个人之间的经济利益关系。

（1）中央及地方政府。

中央政府作为公共利益的总代理，在集体建设用地入市中主要履行对土地入市的宏观调控、监督职能，其根本作用在于提供法律规则，确保耕地面积红线不被突破、确保社会各方的利益不受损害等宏观目标。集体建设用地的入市增值收益，有一部分由土地的区位优势和资产价值升值引起，而这些大多是由国家进行城市建设或基础设施投入引起，因此，从理论上来说，这种投入所形成的价值使国家具备流转增值收益分配主体的地位。但是现实并非如此，在比较利益的诱惑下，农村集体建设用地使用权自发、私下的隐性流转市场巨大，使集体建设用地内部和外部隐性流转并存。这种发生在暗地里的隐性流转使得国家无法监管交易的收入，因此，存在着严重的收入分配不均现象，国家被完全屏蔽在集体建设用地流转增值收益分配之外，其利益严重受损。鉴于此，中央政府必须着眼于调节收入、保护耕地、维持土地市场秩序的长远目标，形成集体建设用地流转增值分配过程中的一个单独的参与主体，合理分配增值收益，并有效控制和正确引导集体建设用地的健康有序流转。

“地方政府”是相对“中央政府”而言的。当前，地方政府都有发展当地经济的动力和目标，但地方政府的资金来源有限，因此，“以地生财”便成为地方政府的选择之一。由此可以理解，在农村集体建设用地入市过程中，地方政府努力使自己获取更多的增值收益是理所当然的。同时，在开发程度差异、建设用地不同用途转换和土地需求增加等原因引起的土地增值收益中，一部分是由基础设施建设所引起的，而地方政府也是基础设施的投资者，所以其要参与利益的分配，适当分享入市中的部分收益，使其不得不作为一个单独的利益主体出现。这意味着，将集体建设用地入市增值收益中的一部分分配给地方政府也具有正当性和合理性。

（2）农民集体经济组织。

农民集体经济组织是建立在农业生产基础上的集体所有制性质的经济实体。从广义上讲，农村集体经济组织就是建立在农业生产基础上的集体所有制性质的经济实体。我国现行的土地制度是全面的公有制，包括国家所有和集体所有两种所有制形式。《土地管理法》第十条规定：农民集体所有的土地依法属于村农民集体所有的，由村集体经济组织或者村民委员会经营管理；已经分别属于村内两个以上农村集体经济组织的农民集体所有的，由村内各农村集体经济组织或者村民小组经营、管理；已经属于乡（镇）农民集体所有的，由乡（镇）农村集体经济组织经营、管理。但乡镇政府、村委会是集体的管理机构，它只有管理、经营集体土地的权利，而不是土地所有者，真正的土地所有者是“农民集体”。在集体建设用地入市中，农民集体按照“自愿”原则出售集体土地。集体经济组织作为集体所有土地的代表，具有管理、协调、组织、分配等功能，其代表了农民集体的利益，在日常集体土地交易活动（包括土地征用、土地承包、土地流转）中，也以所有者的身份出现。因此，集体经济组织应当参与土地增值收益的分配，主要是级差地租Ⅰ和绝对地租的分配。

（3）农民主体。

农民个人作为集体经济组织的组成部分，不仅是集体土地的所有者，更是集体土地的使用者。集体土地是农民赖以生存和发展的基本生产资料，集体土地支撑着农民的社会保障体系，但集体建设用地的入市使农民脱离土地，无法获得未来发展权益的保障。这决定了农民个人在集体建设用地入市增值分配中的主体地位。

4. 各主体的行为方式及相互关系

（1）集体土地所有者与政府之间的关系。

在集体建设用地入市增值收益中，根据增值原因的不同，可认为土地增值是由自然增值和人工增值引起的。其中，自然增值的要素主要包括供求的变化、用途的转变、交易的市场化三个方面；而人工增值主要是由投资引起的。其中投资增值包括两部分：一是国家投资，主要体现在城镇基础设施建设和相关环境的改善，以及城镇建设规划等所引致的增值。二是集体及农民个人的投资，具体是指集体将农用地改造为可利用的建设用地所投入有效资金引致的价值增值。不管是自然增值还是人工增值，集体土地所有者及政府都相应地作出了贡献。根据“谁投资，谁收益”“按贡献分配，按需要调节”的原则，首先将增值收益在集体经济组织与政府两大主体之间公平、合理分配，政府主要以税收的方式获得。

（2）中央政府与地方政府之间的关系。

在过去的传统体制下，地方政府只能被动地接受和执行中央政府的指令性计划。其政绩主要表现在执行中央计划的完美程度上。自从分税制改革以来，以财政权力下放为主的地方分权的发展，使地方政府的最优化问题归结为具有独立经济利益的政治组织。中央政府和地方政府的关系不再是单纯的行政隶属关系，而具有了契约关系，在一定程度上成为具有不同权力和行为目标的平等的经济主体。集体建设用地流转，市场化的交易使原来的农业用地或建设用地的价值得到显化，土地价值几十倍、几百倍地升值。地方政府作为中央政府的代理，承担流转增值收益中政府方收益的征收任务，然后将所得收益以一定比例上缴中央政府，中央政府再以财政转移支付的方式给予地方政府扶持，从而达到中央与地方的共享。地方政府因适当地分得土地收益而增加财政收入，使其继续推进集体建设用地流转和制度改革，这对规范集体建设用地流转起到十分重要的作用。

（3）集体经济组织与农民之间的关系。

根据我国法律规定，农村土地归农民集体经济组织所有。集体是土地的所有者，由农民个人组成。由于集体建设用地的入市流转，使农民失去了维持生活的仅有的土地，而集体经济组织作为集体土地的所有者，就有权利保障该集体内人民的生活问题。因此，在集体建设用地流转增值收益分配中，集体土地所有人取得大部分流转收益后，还应该在集体成员中进行分配。如何使每个成员公平地分配到合理的份额，享受到流转收益，这是集体土地所有人所应具体承担的责任。

（四）增值收益分配的央地实践探索

1. 中央政府的顶层设计

围绕着建立城乡统一建设用地市场的目标，2014 年 12 月，中共中央办公厅、国务院办公厅印发《关于农村土地征收、集体经营性建设用地入市、宅基地制度改革试点工作的意见》，在全国 33 个试点县（市、区）开展“三块地”改革试点工作，从集体经营性建设用地一级市场的交易主体、入市范围和途径、土地增值收益分配的比例、宅基地的权益保障方式、有偿使用和自愿有偿退出机制等方面进行积极探索，效果显著。

2016 年出台的《农村集体经营性建设用地土地增值收益调节金征收使用管理暂行办法》（有效期至 2017 年 12 月 31 日）明确规定，政府通过调节金分享入市土地增值收益，征收基数为入市农村集体经营性建设用地增值收益，调节金征收比例为 20%～50%，具体征收比例由试点地区根据土地用途、土地等级、交易方式等因素确定；除征收与土地增值收益相对应的调节金外，还必须再按成交价款的 3%～5%征收与契税相当的调节金。截至 2018 年底，试点地区共入市集体经营性建设用地 1 万余宗，面积达 9 万余亩，总价款约为 257 亿元，收取调节金为 28.6 亿元，办理集体经营性建设用地抵押贷款 228 宗；腾出闲置宅基地约 14 万户、面积达 8.4 万亩，办理农房抵押贷款 5.8 万宗。在 33 个试点地区改革的基础上，2019 年《土地管理法》修正之后，已经依法登记的集体经营性建设用地可以通过出让、出租等方式交由单位或者个人使用；2021 年 7 月颁布新《土地管理法实施条例》，进一步明确集体经营性建设用地入市交易规则，农村集体经营性建设用地入市，审慎推进宅基地制度改革，打破了地方政府对集体建设用地的垄断权，限制了行政性征收。

尽管政府仍然通过规划、计划对入市后的集体建设用地进行管制，但总体而言，集体经营性建设用地入市和宅基地制度改革，激发了农村土地资源活力，赋予农民更多剩余索取权和收益支配权，增加农民土地财产性收入，正确处理了农民和土地的关系。

2. 相关利益主体关系重构

国家、集体和农民的利益关系由“人民群众需自觉地服从国家、人民的长远利益”转向“兼顾国家、集体、个人的土地增值收益分配机制，合理提高个人收益”，并落脚于“维护农民群众根本利益，促进共同富裕[18]”。建立土地增值收益共享机制，为农村集体经营性建设用地入市增添动力。加快构建适合国情并兼顾国家、集体和个人的土地增值收益分配体系，建立健全土地增值收益在国家与集体之间、集体经济组织内部的分配办法和相关制度安排。重点是要因地制宜设置合理的增值收益金比例，既调动地方政府的积极性，又确保集体和个人利益不受损害。要制定相关政策法规确保农民在谈判中的主导权，因为在地位不平等的条件下，如果没有规范性制度保障农民的议价权，农民就很难获得相对公平的土地增值收益。政府分享的土地增值收益可以通过征收土地增值收益调节金的方式获得，但国家政策应当严格限定土地增值收益调节金不得超过的最高比例，具体分配比例关系应当根据不同区位条件和政府配套设施投入状况由政府、集体、个人共同协商。同时，要规范农民集体土地收益的内部分配关系，集体经营性建设用地的入市收益归农民集体全体成员所有，其内部分配及使用要严格按照农村集体资产管理的规定执行，并兼顾集体经济长远发展和成员个人利益，防止集体经济组织内部少数人非法处置、侵占集体经营性建设用地的入市收益。

3. 来自改革试点长垣市的经营性建设用地市场化制度安排

（1）制度设计依据。

根据《中共中央办公厅、国务院办公厅印发〈关于农村土地征收、集体经营性建设用地入市、宅基地制度改革试点工作的意见〉的通知》(中办发〔2014〕71号)、《全国人民代表大会常务委员会关于授权国务院在北京市大兴区等三十三个试点县（市、区）行政区域暂时调整实施有关法律规定的决定》（人大常会字〔2015〕1号)、《国土资源部关于印发农村土地征收集体经营性建设用地入市和宅基地制度改革试点实施细则的通知》（国土资发〔2015〕35号)、《国土资源部关于河南省长垣县农村集体经营性建设用地入市试点实施方案的批复》(国土资函〔2015〕391号）等文件精神，各试点县开展先行先试，如河北省政府 2008 年出台的《河北省集体经营性建设用地使用权流转管理办法（试行）》明确规定，集体建设用地使用权出让、出租取得的土地收益属所有权人所有，其他单位和个人不得截留或者挪用。浙江省德清县农村集体经营性建设用地入市试点明确规定，根据土地用途和区域位置，政府按入市土地成交价款的 16%～48%收取土地增值收益调节金。义乌市规定征收比例为 30%～50%，海城市规定征收比例为 10%～40%，陵川县规定征收比例为 20%～35%。

河南省长垣市（2020 年改县为市）为维护农民权益，充分尊重农村集体经济组织的市场主体地位，就农村集体经营性建设用地是否入市、以什么形式入市等问题进行了理论和实践探索，制定《长垣县农村集体经营性建设用地使用权入市管理办法》，目的是建立城乡统一的建设用地市场，使农村集体经营性建设用地与国有建设用地享有同等权利和义务，实现同等入市、同权同价，提升农村集体经营性建设用地资产效益，使市场在资源配置中起决定性作用，更好地发挥政府引导、服务、规范、管理入市行为的作用。

（2）相关权利义务的界定。

该管理办法中所称的“农村集体经营性建设用地使用权入市”，是指土地所有权人将农村集体经营性建设用地一定年限的使用权出让、租赁、作价出资（入股）给使用权人，以及土地使用权人将自己拥有的农村集体经营性建设用地使用权转让、转租、抵押的行为。其中，明确了农村集体经营性建设用地使用权出让，是指农村集体经营性建设用地所有者将农村集体经营性建设用地使用权在一定年限内让予土地使用者，并由土地使用者向土地所有者支付土地出让金的行为。农村集体经营性建设用地使用权租赁，是指集体土地所有者将农村集体经营性建设用地租赁给使用者使用，由承租人与租赁人签订一定年期的土地租赁合同，并按合同约定支付土地租金的行为。农村集体经营性建设用地使用权作价（出资）入股，是指集体土地所有者将一定年期的农村集体经营性建设用地使用权收益金折成股份，由土地所有者持股，参与分红的行为。农村集体经营性建设用地使用权转让，是指土地使用者将农村集体经营性建设用地使用权再转移的行为，包括出售、交换与赠予。农村集体经营性建设用地使用权转租，是指承租人将农村集体经营性建设用地使用权再次租赁的行为。以出让方式取得的农村集体经营性建设用地使用权出租的，纳入农村集体经营性建设用地使用权转租的管理范畴。农村集体经营性建设用地使用权抵押，是指土地使用者将通过农村集体经营性建设用地入市取得的农村集体经营性建设用地，以不转移占有的方式向抵押权人提供债务履行担保的行为。

对于入市范围该管理办法规定：在长垣市行政区域内，存量农村集体建设用地中土地利用总体规划和城乡规划确定为工矿仓储、商服等经营性用途的土地，均可作为集体经营性建设用地进行入市，存量农村集体建设用地依据2014年度土地变更调查结果予以认定，禁止新增建设用地参与入市活动。

（3）农村集体经营性建设用地入市主体的界定。

对于入市主体该管理办法规定：农村集体经营性建设用地入市主体可以是代表其所有权的农民集体，也可以是其委托授权的具有市场法人资格的土地股份合作社、土地专营公司等土地中介机构；农村集体经营性建设用地依法属于村民集体所有的，由村集体经济组织或者村民委员会代表集体行使所有权，分别属于村内两个以上农村集体经济组织的，由村内各该农村集体经济组织或者村民小组代表集体行使所有权，属于乡（镇）农民集体所有的，由乡（镇）农村集体经济组织代表集体行使所有权，也可以探索由代表其所有权的农民集体委托授权的具有市场法人资格的土地股份合作社、土地专营公司等作为入市实施主体，代表集体行使所有权。鉴于长垣现状，管理农村集体资产的乡、村、组集体经济组织均已不复存在，因此，对村集体所有、村民小组集体所有的经营性建设用地，可由村委会作为入市申请主体；对乡集体所有的经营性建设用地，可经民主决策程序指定经济组织作为申请入市主体，也可成立乡集体经济组织作为申请入市主体，以上途径行不通的，可由乡（镇）、街道办事处作为申请入市主体。

（4）入市程序和要求。

对于出让、租赁、作价出资（入股）模式的入市程序和要求，入市土地要符合规划、产业、环保等政策和标准要求，产权清晰，具备开发利用的基本条件。入市行为不得改变土地所有权性质。遵循“申请、审查、部门审核、民主表决、组织交易、办理证照”的程序，规范办理。具体步骤为：一是入市申请。村委会、村民小组或乡、村、组集体经济组织到乡（镇）、街道办事处提出入市申请。二是乡镇审查。乡（镇）、街道办事处就干群基础、信访稳定、权属来源等问题进行综合评定，并出具审查意见。三是部门审核。县国土资源、规划、环境保护、发展改革等相关职能部门出具部门意见。其中，县国土资源部门出具是否为存量集体建设用地的意见；县规划部门出具拟入市宗地的规划条件或规划意见；县环境保护部门出具环境保护意见；县发展改革部门出具产业要求；县房管部门出具房产权属、面积及价值的调查证明

（地上有建筑物的）。四是民主表决。对村所有的集体经营性建设用地，按照村党支部研究出让（租赁）方案并提议、村“两委”会商议、党员大会审议、村民代表会议或村民会议决议并公开的“四议两公开”办法进行。最终经村民会议 2/3 以上成员或者 2/3 村民代表表决同意，形成正式表决材料。对村民小组所有的农村集体经营性建设用地，仍按“四议两公开”的办法进行，最终表决经村民小组会议 2/3 以上成员或者 2/3 村民小组代表同意。乡集体所有的农村集体经营性建设用地入市，按县政府另行制定的民主决策办法执行。五是组织交易。县国土资源部门报经县政府批准出让（租赁）方案后，发布交易信息，组织公开交易。成交后签订成交确认书、出让（租赁）合同。交易结果分别在相关网站和村务公开栏上公示。报县政府批准出让（租赁）方案前，应提交以下资料：《农村集体经营性建设用地入市申请表》；《农村集体经营性建设用地使用权出让（租赁）表决书》；《农村集体经营性建设用地使用权出让（租赁）方案》；土地权属证书；县国土资源部门出具的是否为存量集体建设用地意见，县规划部门出具的规划条件或规划意见，县环境保护部门出具的环保意见，县发展改革部门出具的产业要求；出让（租赁）方的组织结构代码证、法人证等身份证明；拟出让（租赁）宗地的宗地图；拟出让（租赁）宗地的地理位置示意图；按照法律、法规规定需要提交的其他资料。六是办理证照。受让人（承租人）到相关职能部门办理土地登记、规划、报建、验收和房屋登记手续。

对于出让、租赁、作价出资（入股）的入市方式，农村集体经营性建设用地使用权可以采取协议、招标、拍卖或者挂牌等方式入市交易。有两个以上意向用地者的，应当采取招标、拍卖或者挂牌等方式公开交易。竞争性交易环节纳入土地有形市场或公共资源交易平台，公开交易信息。

（5）入市方式的合同约定。

对于转让、转租、抵押模式的入市，要求农村集体经营性建设用地使用权转让的，原受让人的权利、义务随之转移；农村集体经营性建设用地使用权转租的，转租双方应当继续履行原租赁合同。农村集体经营性建设用地使用权转让、转租和抵押时，其地上合法建筑物及其他附着物随之转让、转租和抵押；农村集体经营性建设用地上的建筑物及其他附着物转让、转租和抵押时，其占用范围内的农村集体经营性建设用地使用权随之转让、转租和抵押。

农村集体经营性建设用地使用权转让、转租、抵押，应遵守原出让（租赁）合同的约定，并按照出让（租赁）合同约定支付地价款或租金，取得集体土地使用证。办理登记，规定农村集体经营性建设用地使用权转让、转租和抵押的，交易双方应当持土地权属证书、初次交易合同和本次交易合同等资料向原登记机关申请办理变更登记、抵押登记等手续。抵押权因债务清偿或者其他原因而消灭的，应当办理注销抵押登记。因处分抵押财产而取得农村集体经营性建设用地使用权和地上建筑物、其他附着物所有权的，应当办理过户登记。抵押权的实现，是指农村集体经营性建设用地使用权被作为抵押物的，债务人不履行债务时，抵押权人有权依法处分抵押的农村集体经营性建设用地使用权，并对处分所得享有优先受偿权。

（6）集体经营性建设用地的地价和收益管理。

对于集体经营性建设用地的地价和收益管理，主要采取在城市基准地价管理实践基础上，制定农村集体经营性建设用地地价体系，建立城乡统一的基准地价体系。县政府公布集体经营性建设用地基准地价和入市最低保护价，并根据城镇发展和土地市场状况进行适时调整。农村集体经营性建设用地公开出让、租赁的起始价（起始租金）或协议出让价（协议租金），原则上不得低于农村集体经营性建设用地基准地价（基准租金）的70%；因特殊原因，起始价（起始租金）或协议出让价（协议租金）低于70%的，该宗地在申请入市审批时，入市主体需提交加具公章的相关说明材料，说明材料应包含降低起始价（起始租金）或协议出让价（协议租金）的原因。农村集体经营性建设用地使用权的起始价（起始租金）或协议出让价（协议租金）的设定不符合上述要求的，县国土资源部门不予受理其入市申请。农村集体经营性建设用地入市，在享有国有土地权利的同时，也要承担同等的责任和义务。入市的土地要缴纳土地增值收益调节金，依法纳税。

（五）农村集体性建设用地的改革方向

1. 建设“明晰、完整、稳定”的土地产权制度体系

土地产权制度体系的变革是百年土地制度演进的核心内容。需要明确的是，马克思产权理论的“权利束”观点认为，权利是一个可以统一也可以分离的概念，在土地公有的基础上仍然存在着个体的和共同的占有权和使用权，因而仍然需要边界明晰、权能完整和设定稳定的产权制度体系[19]。其中，土地产权的明晰是土地要素自由流动的基础条件，直接影响土地交易损益核算、土地要素权属认知、外部成本和风险实际界定等交易关键因素，同时关系着土地要素市场化的信息搜寻、契约履行、议价谈判等交易成本的高低[20]。土地产权的权能完整代表着权利及其收益的广度和深度，当对土地各权利中涉及占用、使用、收益、处分等各权能进行加总表达时，土地权益的价值才能

体现。土地产权的稳定与否表征着土地要素权利主体、模式和客体的稳定与否，影响着各主体对于土地要素的认知度、珍惜度以及根据外部变化调整权利的开放度和自由度[21]。因此，未来应进一步明晰产权的主体内涵和客体范畴，明晰所有权、承包权、经营权、居住权、发展权、成员权、资格权、使用权等各项权利的属性、定位和边界，赋予各产权必要的占有、使用、收益和处分等完整权能，推进实现自由转让、租赁、入股和抵押，同时在加强土地产权稳定性、提高农民对土地的长期投入的同时，设计清晰明确的土地产权准入退出条件。

2. 稳步推进城乡土地要素市场化改革

土地制度演进到今天，主要矛盾已经发生了深刻变化。针对土地制度城乡二元结构矛盾凸显、指标交易地域范围受限、产业用地低效闲置问题突出等以往土地市场化实践症结，需要进一步强调市场在资源配置中的决定性作用，土地市场亟须打通一级市场垄断、融通城乡土地要素，从根本上化解政府的土地财政依赖，深入解决征地和流转、工业用地和住宅商服供给、保有和流转等诸多矛盾冲突，更要有序推进低效用地的再开发，引导和探索土地多功能复合开发利用。与此同时，要在充分协调保障性与财产性的二元矛盾中稳步推进农村土地市场建设。在充分评估流转风险的前提下，合法、合情和合理地分阶段放开诸多流转限制，充分明晰不同流转路径的流转情景、流转主体、流转客体、流转模式和流转限制等具体规则，通过规范流转合同、优化纠纷调解机制和加强市场监测监管、降低流转风险，完善入股、土地银行等流转路径实现土地收益长期共享，完善土地换社保、就业等多重保障替换机制，配套地价评估、金融服务、信息平台和监督管理等各类流转保障，在积极推进高效流转的同时，保证农民土地权益不受损害。

3. 促进城乡建设用地增减挂钩

乡村振兴的根本目的和根本出路，在于建立健全城乡融合发展的政策体系，实现城乡资源要素的双向流动，最终实现城乡发展一体化。实施乡村振兴战略的关键，在于立足加快推进农业、农村现代化，着力做好深化农村土地制度改革这篇大文章，把处理好农民与集体土地的关系作为突破主线。2018 年中央“一号文件”指出，要优化农村建设用地资源配置，把新增耕地指标与城乡建设用地指标增减挂钩结合起来，在农民自愿的前提下，把“节余指标”和“周转指标”由原来的计划配置方式，转化为“跨省域调剂”的市场配置方式，把所得土地收益通过“支出预算”全部用于乡村振兴事业。

在实行市场化配置土地资源的地区，要按照市场发展供需平衡规律，推进差异化的建设用地增减挂钩实践，促进耕地“占补数量”和“占补质量”的均衡化，既解决农村建设用地利用效率低下的问题，又缓解和解决城市建设用地短缺的问题。我国东部发达地区经过多年的经济社会发展，补充耕地的空间和余地基本上没有了，在一定的空间范围内已经不可能实现耕地的占补平衡。在我国西部欠发达地区，经过大规模的土地整治、农户集体搬迁等途径，可以腾退出和新增大量的耕地。在这种情况下，就可以通过法定程序，将不发达地区新增耕地指标调剂给发达地区，作为耕地占补平衡的指标。这样一来，发达地区就可以获得新的发展空间，欠发达地区则获得发展资金，实现发达地区和欠发达地区的双赢。

4. 审慎稳妥推进集体经营性建设用地改革

2022 年 9 月 6 日，中央全面深化改革委员会第二十七次会议审议通过了《关于深化农村集体经营性建设用地入市试点工作的指导意见》，并强调，推进农村集体经营性建设用地入市改革事关农民切身利益，涉及各方面利益重大调整，必须审慎稳妥推进。试点县（市、区）数量要稳妥可控。要坚持同地同权同责，在符合规划、用途管制和依法取得的前提下，推进农村集体经营性建设用地与国有建设用地同等入市、同权同价，在城乡统一的建设用地市场中交易，适用相同规则，接受市场监管。要坚持节约集约用地，坚持先规划后建设，合理布局各用途土地。要严守土地公有制性质不改变、耕地红线不突破、农民利益不受损，落实永久基本农田、生态保护红线、城镇开发边界等空间管控要求。

四、农村宅基地制度改革探索

宅基地产权制度是指由宅基地产权关系和产权规则组合而成的能对宅基地产权关系进行有效调节和保护的制度安排。新中国成立后，宅基地产权制度经历新中国成立初期宅基地所有权的初次变更、1956 年所有权的再次变更以及 2018 年宅基地“三权分置”的多次调整，均是产权刚性约束下的边际调整，宅基地产权制度的变迁过程实际上是产权不断细分、利益不断平衡的动态调整过程[22]。宅基地产权细分的核心问题是在兼顾土地保障功能和资产功能前提下，如何将产权束的各项权能以“总量不变、结构调整”的方式界定给不同主体，在集体所有制框架下形成外部稳定、内部灵活、相对公平的产权规则。

（一）农村宅基地使用权制度概述

1. 宅基地使用权的概念和特征

宅基地使用权是我国特有的一种用益物权，它是指自然人（主要是农村村民）依法享有的，在集体所有的土地上建造、保有房屋及附属设施的权利。作为一项较有争议的权利，我国法律对其鲜有涉及。《民法典·物权编》第十三章仅用四个条文简略地规定了宅基地使用权，而有关“宅基地使用权的取得、行使和转让，适用《土地管理法》等法律和国家有关规定”。从我国现行法律规定来看，宅基地使用权具有以下特点。

（1）权利主体的特定性。

宅基地使用权可以分为农村宅基地使用权和城镇宅基地使用权两种。农村宅基地的主体是集体经济组织成员，城镇宅基地使用权的主体是新中国成立以后由于历史原因而形成的城镇私房所有者及经批准在城镇建房的城镇居民。农村宅基地在一定程度上具有社会福利和社会保障的功能，而此功能城镇宅基地并不具备。现行《土地管理法》并没有确认城镇非农业户口居民有在农村建房、对集体土地享有宅基地使用权的权利。宅基地使用权是对集体所有的土地享有的权利，因此，至少在权利的初始取得之时，权利主体只能是本集体经济组织成员。按照某些地方法规，集体经济组织招聘的技术人员要求在当地落户的，回乡落户的离休、退休、退职的干部职工，复退军人，以及回乡定居的华侨和港、澳、台同胞，也可以设定取得宅基地使用权。但事实上，这是以其已经取得了本集体经济组织成员的身份为前提的。

（2）权利客体的特定性。

《物权法》（已废止）第三百六十二条规定：宅基地使用权人依法对集体所有的土地享有占有和使用的权利，有权依法利用该土地建造住宅及其附属设施。这表明：第一，宅基地使用权的客体仅限于集体所有的土地，在国有土地上不得设立宅基地使用权；第二，宅基地使用权的客体仅以土地为限，但在解释时应不限于“地面”，宅基地使用权人在地面之上空或者地下也可以建设附属设施并保有所有权。

（3）“一户一宅”原则。

集体经济组织的成员只能申请一处宅基地。因为土地资源的稀缺性，不可能给每个农村居民都提供更多的宅基地，而每户申请到一处宅基地，即足以保证其基本生活需要。如果允许申请多处，将会导致土地资源的浪费。《土地管理法》第六十二条明确规定一户只能拥有一处宅基地。但实践中也存在一户可能拥有多处宅基地的情况，如某人分家之后又继承父母的房屋，又如子女成家盖房，申请了一块宅基地，但不一定分户，这样一户就形成两块宅基地。那么法律是否应当禁止公民获得两处以上的宅基地呢？对此，存在着多种观点。一种观点认为，既然现行法律禁止公民拥有两处宅基地，因此对于一处以外的宅基地，应当收回集体。另一种观点认为，公民只要是通过合法的方式取得宅基地，集体不能予以收回，否则等于禁止公民的房屋进行继承和买卖。笔者认为，公民只能拥有一处宅基地，只是就申请而言的，法律上不应当禁止公民通过继承等方式取得两处以上的宅基地使用权。当然，公民拥有两处以上的宅基地可能造成土地的浪费，如果宅基地长期闲置，集体应当有权重新规划、调整，以保证土地资源的有效利用，集体如果因规划调整需要收回宅基地的，应当给予合理的补偿。

（4）目的的特定性。

建设用地使用权的土地用途多种多样，包括居住用地，工业用地，教育、科技、文化、卫生、体育用地，商业、旅游、娱乐用地，等等。现行法律虽然对其用途加以限制，但权利人仍可以通过审批来改变其用途。但是，就宅基地使用权来说，现行法律规定其只能用作农村村民住宅的建设，即只得在该土地上建造住宅及其附属设施。这里的住宅是指农村村民所建住房及与住房和居住生活有关的其他建筑物和设施，例如车库、厕所、沼气池、牛棚、猪圈，等等。

（5）权利取得的无偿性。

在我国现行法律中，宅基地使用权的原始取得是无偿的。有些地方曾经认为，集体组织既然对其土地享有所有权，当然得对土地进行收益和处分，因此应当允许集体经济组织自由决定是否收取宅基地使用费。但是，考虑到农民负担过重的问题，中共中央办公厅、国务院办公厅在《关于对涉及农民负担项目审核处理意见的通知》（中办发〔1993〕10号）中明令取消在农村收取农村宅基地有偿使用费、农村宅基地超占费、土地登记费、村镇规划建设管理费、建设用地规划许可证费、房屋所有权登记费等。对于因设定宅基地使用权而占用耕地、需要缴纳耕地开垦费的，根据相关规章，其费用也因农村集体经济组织为开垦义务人，而由农村集体经济组织缴纳，不得向申请宅基地使用权的农村居民收取。农民建房用地属农村集体经济组织所有，土地所有权没有发生移转，因此也不应缴纳土地补偿费、青苗补偿费、新菜地开发基金等费用。这与建设用地使用权尤其是国有建设用地使用权有偿使用，原则上通过出让方式设立，形成了鲜明的对比。

（6）权利的无期限性。

我国现行法律没有对宅基地使用权的期限进行限制性规定，宅基地使用权不因期限届满而消灭。此外，我国现行法律禁止宅基地使用权的流转，权利人不得就其宅基地使用权单独转让、出租或者设定抵押。

2. 宅基地使用权与建设用地使用权的差异

宅基地使用权与建设用地使用权一样，都是权利人为了在他人土地上建造并取得建筑物及其他不动产所有权的一种权利，与土地承包经营权的种植并收获作物的目的不同。然而，宅基地使用权与建设用地使用权相比，也有以下差异。

第一，取得方式不同。从现行法律的规定来看，宅基地使用权的取得主要是采取审批的方式，而建设用地使用权的取得则通过出让或划拨方式。

第二，权利内容不同。宅基地使用权不能转让、抵押、投资入股，但建设用地使用权则可以转让、抵押及投资。

第三，权利主体的身份限制不同。建设用地使用权的主体基本上没有限制，自然人、法人均可，而宅基地使用权的主体只能是自然人，且限于集体经济组织的成员。

第四，权利客体不同。宅基地使用权的客体只能是农村集体所有的土地，而建设用地使用权的客体可以是国有和集体所有的土地。

第五，设立要件不同。建设用地使用权以登记作为其权利设定要件，而宅基地使用权不经登记也可设立。

第六，期限不同。宅基地使用权主体为本集体经济组织成员，没有期限限制，而建设用地使用权则有明确的期限，且不得超过法定的最高期限。

第七，是否有偿不同。建设用地使用权以出让方式设立时必须缴纳出让金，而宅基地使用权则是由本集体经济组织成员无偿取得的。

正是由于存在上述差异，宅基地使用权与建设用地使用权在法律上也有着不同的规定。

3. 农村村民申请宅基地的条件

（1）申请条件。

农村村民建房必须符合有关规定。只有符合下列条件之一的，方可按规定的限额指标申请宅基地。

①由于实施乡镇村规划而需要安排的建房户；

②原宅基地面积低于规定标准限额，现居住又确实拥挤的建房户；

③一些需要分居、分家，在现有宅基地又无法解决的建房户；

④经批准由于工作需要等原因确需在集体土地上进行建房的非农业居民（如干部、城市居民等）建房户；

⑤已有正式批准手续回乡落户而无宅基地的离休、退休、退职职工，复转军人以及回乡定居的华侨、侨眷、港澳台同胞等非农业建房户；

⑥法律、法规规定的其他人员。

（2）审批宅基地的程序。

用户申请。凡是要建房的用户必须按规定的建房用地限额，提出建设设想，向建房所在地的村民小组、村委会或其他农村集体经济组织提出用地申请，填写农村宅基地申请表。申请表由用户负责填写，内容应包括：①申请者的姓名、家庭人口数、原住址和所属单位；②申请建造房屋的种类（平房、楼房等）、间数；③申请用地的种类、面积及选址意向；④申请建房的理由；⑤其他有关事项。向村民组织提出申请只是初步申请，还需依照有关规定分不同情况向乡级人民政府或者县级人民政府土地管理部门正式提出申请。根据上报申请的需要，用户在申请时应按要求提供有关身份证明或者居住证件的复印件；回乡落户或者其他非农业户口提出申请的，应当提供有关落户、定居本地的证明或者批准证明。

村民会议讨论。根据《村庄和集镇建设规划管理条例》的规定，农村村民在村庄、集镇规划区内建住宅的，应当先向村集体经济组织或者村民委员会提出建房申请，经村民会议讨论通过后，方可审批。村民小组或村民委员会，在不突破上级下达的建房占地控制指标的前提下，对用地面积按指标进行核算，根据村镇规划拟定建房地点，并对用户的申请提出处理意见。村民会议讨论后，用户应将申请表递交乡级人民政府。

审核。①使用非农用地，即原有宅基地、村内空闲地和其他土地，由乡级人民政府根据村庄、集镇规划和土地利用规划进行审核。乡级人民政府审核后，应当提出意见，并上报县级人民政府批准。②需要使用农用地的，经乡级人民政府初步审查、县级人民政府建设行政主管部门审查同意并出具选址意见书后，方可向县级人民政府土地管理部门申请用地，由县级人民政府审核，并提出审核意见，逐级上报省级人民政府批准。

批准。接到上报的建房用地申请后，有批准权限的人民政府依法依据土地利用规划和有关政策，对占用农用地的申请进行审批；或者县级人民政府依法依据乡镇土地利用规划和有关政策，对占用非农用地的申请进行审批。

经审查符合条件的，予以批准；经审查不符合条件的，不予批准，并说明原因。经批准的宅基地，申请人缴清有关税费后，可取得建设用地许可证或者其他建设用地批准证书。

拨付土地。核发建设用地批准证明后，土地管理机关按批准范围打桩放线和交地，乡镇土地管理人员配合有关人员拨付土地。

核发土地使用证。住宅建设竣工后，土地管理机关应负责组织验收，核查实际用地，符合批准的用地位置、范围、面积和用途的，由县级人民政府发给集体土地建设用地使用证。

（3）宅基地审批中应注意的事项。

第一，建房户申请时是否已有宅基地。根据《土地管理法》的规定，农村村民一户只能拥有一处宅基地，而不得有两处及两处以上宅基地。对于已有宅基地的，原则上不予批准（除非分户）；对现有住宅出租、出卖后，再申请宅基地的，一般不予批准，并按其实际占用土地面积，从出租、出卖之日起，核收土地使用费。

第二，建房选址是否符合土地利用规划和村镇规划的要求。建房选址一定要先村内后村外，先荒地后耕地，要充分利用村内空地、旱地、坑塘、洼地、丘岗闲置地等。对于不符合乡镇土地利用规划的，一般不予批准；确需批准的，应当依法先经原批准机关修订规划。

第三，对于符合分户条件而原宅基地可以解决的，不再批给新宅基地。

第四，对不符合法定结婚年龄和非农业户的，不批准宅基用地；对已经“农转非”的人员，要适时核减宅基地面积。

第五，干部建房用地的审批问题。根据1990年《国务院批转国家土地管理局关于加强农村宅基地管理工作请示的通知》的规定，干部的直系亲属是农村户口，且本人长期与其一起居住的，干部可随其直系亲属申请宅基地建房；其他干部申请使用农村集体土地兴建私房的，一般不予批准。少数有特殊情况，需要使用集体土地建房的，要实行“双宅审批”，即先由个人提出书面申请，说明建房理由、拟建房屋规模、占地面积、资金、建材来源以及用工办法等，经所在单位审查，张榜公布，按干部管理权限报送主管部门或县级以上人民政府批准后，再向土地管理部门申请办理建房用地手续。

（4）新修订的《土地管理法》对宅基地审批的规定。

符合“一户一宅”的本集体经济组织成员的农户建设农民住宅，经批准可以使用本集体经济组织所有的土地；《土地管理法》第六十二条规定，农村村民一户只能拥有一处宅基地，其宅基地的面积不得超过省、自治区、直辖市规定的标准。

人均土地少、不能保障一户拥有一处宅基地的地区，县级人民政府在充分尊重农村村民意愿的基础上，可以采取措施，按照省、自治区、直辖市规定的标准保障农村村民实现户有所居。

农村村民建住宅，应当符合乡（镇）土地利用总体规划、村庄规划，不得占用永久基本农田，并尽量使用原有的宅基地和村内空闲地。编制乡（镇）土地利用总体规划、村庄规划应当统筹并合理安排宅基地用地，改善农村村民居住环境和条件。

农村村民住宅用地，由乡（镇）人民政府审核批准；其中，涉及占用农用地的，依照规定应办理审批手续。

农村村民出卖、出租、赠予住宅后，再申请宅基地的，不予批准。

国家允许进城落户的农村村民依法自愿有偿退出宅基地，鼓励农村集体经济组织及其成员盘活利用闲置宅基地和闲置住宅。

国务院农业农村主管部门负责全国农村宅基地改革和管理有关工作。

4. 宅基地使用权的变动。

（1）宅基地使用权的取得。

从我国现行法律的规定来看，宅基地使用权的取得采取审批的方式，大致包括三个步骤，即使用权申请、土地所有人同意和行政审批。宅基地使用权的取得方式，主要包括以下两种。

首先，基于法律的直接规定。自完成社会主义改造以来，我国农村建立起了农村土地集体所有制。通过集体化，农民对其通过土改获得的土地包括宅基地失去了所有权，但国家承认并保护其对宅基地的使用权，而且该使用权不准出租和买卖。但是，在当时的情况下，这种权利是很不稳定的。

改革开放之后，随着法律的健全，对于既存的宅基地使用权，法律承认其效力，并通过登记等方式将之确立为长期稳定的权利，逐渐赋予了其物权性质。根据当时的相关规定，按土改时所确定的宅基地的所有权，改变为使用权，该宅基地的使用权不变；凡是当地宅基地已经统一规划过的，按所规划后确定的社员宅基地的使用权处理；凡是经过合法手续已进行调整的，按调整的决定处理。社员在宅基地上种植的果树和竹木等，均应归社员所有。

此后，尽管相关法律法规对于宅基地使用权的面积等问题进行了一定的限制，但仍然坚持了法律不溯及既往的原则，根据实际使用面积确定其享有的宅基地使用权。例如，根据 1995 年 4 月 9 日发布的《确定土地所有权和使用权的若干规定》，对于在法律没有进行规范（即 1982 年 2 月国务院发布《村镇建房用地管理条例》）之前建房占用的宅基地，法律规范后未经拆迁、改建、翻建的，法律原则上承认其宅基地使用权。在法律规范之后，则应当根据法律进行处理，按处理后实际使用面积确定宅基地使用权。非农业户口居民（含华侨）原在农村的宅基地，房屋产权没有变化的，也继续承认其宅基地使用权的性质。

可见，在我国建立宅基地使用权制度之后，对现存的农村居民建房占用宅基地的情形，除有擅自占地、乱占耕地等违法事情之外，法律直接赋予了其宅基地使用权。

其次，集体经济组织依法无偿分配。作为集体经济组织成员，农村村民自愿将其土地等生产和生活资料转移给集体经济组织，从而建立起了我国农村土地的集体所有制。农民自愿联合起来组成的集体组织由此也负有为其成员提供基本生活保障的义务。正因如此，在农村村民存在实际居住需求的情况下，集体经济组织负有设定宅基地使用权，并移转给村民供其建造并保有房屋及其附属设施的义务。

为了避免农村集体经济组织滥批宅基地，造成土地浪费和占用耕地，法律对分配的条件也进行了严格的限制，对宅基地的面积规定了上限，而且要求集体经济组织的分配决定需要通过相关政府的审核。

（2）宅基地使用权的流转。

宅基地是农村居民的基本生活资料，具有一定的保障功能。因此，目前我国法律实际上是禁止宅基地流转的，买卖、赠予、投资入股一概不许。

宅基地禁止流转在我国法律中仅有两种例外：第一是继承；第二是宅基地使用权随房屋所有权转让而流转。我国农村居民对宅基地上的房屋是享有所有权并可自由处分的，因此，若房屋所有权人将房屋出卖，根据我国严格的“房地一体”规则（房屋所有权与土地上的他物权不可分离），受让人在取得房屋所有权的同时，也取得了宅基地使用权。

但是，即使是宅基地只能随房屋所有权转让，这种转让也必须有一定限制。因为：第一，宅基地是农村村民的基本生活保障，农民丧失宅基地会危及其生存，失地农民再次申请宅基地又会占用新的耕地。第二，宅基地所有权属于集体经济组织，无限制地转让宅基地使用权等于允许集体经济组织的财产向组织外人员转移，反过来会瓦解集体组织。第三，宅基地受让方的宅基地总面积可能会因受让而超标，导致违反现行法律法规。

因此，对转让农村房屋所有权而导致的宅基地使用权的转移，要做以下三点限制：第一，受让人只能是本集体经济组织成员，如果要转让给本集体组织外的人员，该人员必须首先在本集体组织中落户并符合申请宅基地的条件，以此保障集体经济组织的财产利益和集体组织的稳定。第二，农村村民一户只能拥有一处宅基地，农村村民出卖住房后，再申请宅基地的，不予批准，以此防止新的耕地流失。同时也应当认识到，农民丧失宅基地与无处可居不能完全画等号。第三，受让方的宅基地的面积不得超过省、自治区、直辖市规定的标准，否则不得受让。

值得注意的是，在我国现行不完善的登记制度下，全国各地有关宅基地使用权应否登记的规定不一。不过已经登记的宅基地使用权转让的，应当及时办理变更登记。

宅基地使用权能否抵押，一直在司法界存在很大争议，有否定、肯定、折中三种观点。否定者认为，《担保法》第三十七条第二项明文规定宅基地不得抵押，而且抵押权实现时会损害集体组织利益，并会危及抵押人生活，故宅基地使用权不得抵押。肯定者认为，既然我国已经允许宅基地随房屋所有权一起转让，就应当允许宅基地抵押。折中者认为，农村私有房屋可以单独设定抵押，但是抵押权效力不及于宅基地，抵押权实现时，抵押权人只能以抵押房屋的建筑材料作为动产优先受偿。

（3）宅基地使用权的消灭。

《民法典·物权编》第三百六十四条对宅基地使用权的消灭进行了规定，但却仅列明宅基地因自然灾害灭失这一项消灭原因。从现有法律规定来看，宅基地使用权会因下列原因而消灭。

第一，为乡（镇）村公共设施和公益事业建设，需要使用宅基地的。宅基地使用权作为一种物权，受到法律的保护，任何组织和机构不得擅自收回公民所取得的宅基地。但这种情况也存在例外，土地所有权人根据城镇或者乡村的发展规划，必要时可以调整宅基地的使用权。然而，调整宅基地使用权，应当及时为公民另行置换面积相等的宅基地。

此种情况类似于建设用地使用权因国家的征收而消灭的情形。需要注意的是，征收不仅仅以社会公共利益的“需要”为前提，而且应当以“必需”为要件。在农村村庄面积不大的情况下，公益事业建设在什么地方并不影响公众的使用，并非必须要占用某村民的宅基地。故而，以公益事业建设为宅基地使用权消灭的事由，必须要严格解释。对于公共设施建设，也应当以“必须使用宅基地”为前提，否则，不利于对村民合法享有的宅基地使用权的保护。

在因公共设施的建造而收回宅基地使用权的情况下，一方面应当另行授予权利人宅基地使用权，另一方面应当对附着物加以合理的补偿。

第二，不按照批准的用途使用土地的。权利人只能在宅基地上建造住宅和必要的附属设施，而不得修建或保有其他建筑物或构筑物，否则，集体经济组织作为土地所有人有权收回宅基地。

第三，长期闲置宅基地的。宅基地长期闲置的，土地所有权人有权收回，从而导致宅基地使用权的消灭。当然宅基地使用权作为一种权利，权利人有权予以抛弃，但抛弃宅基地使用权后，不得再申请新的宅基地使用权。

在我国土地资源极为紧缺的情况下，不能任由宅基地长期闲置，但也不能将长期闲置的宅基地一律收回，而应通过多种手段处理。例如，2001 年 3 月 30 日《国务院批转公安部关于推进小城镇户籍管理制度改革意见的通知》（已失效）中就指出，“对进城农户的宅基地，要适时置换，防止闲置浪费”。这就是说，对于已经进城定居的农户，可以通过土地置换的方式，将宅基地置换为农用地来解决宅基地闲置的问题。此外，放开宅基地使用权流转的限制，也有利于对宅基地的利用，避免土地闲置。

如果宅基地长期闲置且与权利人无法联系，则可以考虑收回宅基地使用权，但是如果其重新返乡落户，则应当另行授予宅基地使用权。

第四，宅基地面积超标的。《土地管理法》第六十二条规定农村村民一户只能拥有一处宅基地，《确定土地所有权和使用权的若干规定》第五十一条则规定，对于相关规定出台之前面积超标的宅基地，通过继承、转让房屋而导致面积超标的宅基地，符合当地政府分户建房规定而尚未分户的农村村民，其现有的宅基地没有超过分户建房用地合计面积标准但超出单一宅基地面积上限的，“可在土地登记卡和土地证书内注明超过标准面积的数量，以后分户建房或现有房屋拆迁、改建、翻建或政府依法实施规划重新建设时，按当地政府规定的面积标准重新确定使用权，其超过部分退还集体”。可见，如果宅基地面积超标，则在房屋灭失之后应收回超标部分的宅基地使用权。

对于因历史原因而面积超标的宅基地，可以考虑收回其超出部分。但是对于因继承、转让而面积超标的情况，如果面积超标是因为其支付了合理的对价或者是相应的亲缘关系，并未损害集体的利益，没有理由仅因面积超标就将其无偿收回。因此，“农村村民一户只能拥有一处宅基地”的规定未尽妥当，将其限制为“一户只能申请一处宅基地”可能更符合市场经济的发展需要以及立法者的本意。

当然，在面积超标而权利人没有实际利用需要的情况下，就可能造成宅基地的浪费。笔者认为，可以通过允许宅基地使用权自由流转的方式，由权利人将其超出部分转让给需要对宅基地利用的人，从而避免土地浪费。集体经济组织也不妨通过土地置换、购买等方式取得该宅基地超出部分。但这种置换、转让应当基于宅基地使用权人的自愿来进行，不能强制。有学者主张可以允许权利人转让，转让不成则由集体经济组织适当补偿之后收回，此种做法有悖宅基地使用权作为一种独立的用益物权的本质，赋予了集体经济组织过度的权利，未尽妥当。此外，也可以考虑对超出部分收取一定的使用费，通过经济手段来督促宅基地使用权人转让其超出部分。

第五，房屋灭失。宅基地使用权本质上是对宅基地进行利用的权利，地上物的灭失不应当成为宅基地使用权消失的原因。但《确定土地所有权和使用权的若干规定》第四十八条规定了一种特殊情况，即非农业户口居民（含华侨）原在农村的宅基地房屋拆除后没有批准重建的，土地使用权由集体收回。是否批准重建并不取决于宅基地使用权人，这实际上是以房屋的灭失作为宅基地使用权消失的原因。此种做法与宅基地和房屋互为相互独立之物的法理不符。

此外，依据原《中华人民共和国继承法》第三十二条的规定，无人继承又无人受遗赠的遗产，死者生前是集体所有制组织成员的，归所在集体所有制组织所有。故而，在此种情况下，宅基地使用权也因混同而消灭。宅基地使用权也可能因土地的灭失、国家的征收等事由而消失。

（4）宅基地使用权消灭的法律后果。

首先，宅基地使用权。宅基地使用权作为在集体土地上设立的一种无偿取得的用益物权，具有社会主义福利性质，因此宅基地使用权消失时，在符合法律规定的情况下，“对失去宅基地的村民，应当重新分配宅基地”。

其次，登记注销。《民法典·物权编》第三百六十四条规定，已经登记的宅基地使用权消失的，应当及时办理注销登记。我国广大农村的土地登记制度尚不完备，还无法建立普遍的宅基地使用权登记制度。因此，在总体上，我国对宅基地使用权的变动并不采取登记生效主义。但是，我国地区差异极大，农村土地登记制度在有些地区已经比较完善地建立起来，对于已经登记的宅基地使用权，在变更或消灭之时，当然应维持登记本身的准确性与权威性，故应及时办理登记。

已经登记的宅基地使用权在发生物权变动时，如果未变更登记，物权变动效果是否发生？对此，笔者认为，我国幅员辽阔，制度演进之时常常不能整齐划一，而是先后有别，此系正常现象。随着我国农村纳入市场经济体制及农村土地的市场化必然要建立完善的农村土地登记制度，这是我们的长期目标。因此，在率先建立了宅基地使用权登记的地区，应当确立登记为宅基地使用权变动的要件，在这个问题上不必强求全国统一。

5. 宅基地使用权人的权利和义务

（1）宅基地使用权人的权利。

作为一项用益物权，宅基地使用权的权利人享有如下权利。

首先，对土地的使用权。公民对经审核批准的宅基地享有长期的使用权，有权在宅基地上建造房屋和其他建筑物。当然，建造房屋是需要批准的，应当在开工前申请批准。公民也有权在宅基地上种植树木。对于宅基地上的房屋和其他附属物等，公民享有完全的所有权。

其次，对宅基地使用权能够进行有限的处分。宅基地使用权本身不可以单独转让，也不得单独成为抵押权的标的，但可以随着房屋所有权一同转让，也可以在房屋所有权上设立抵押时将宅基地使用权一并抵押。当然，在宅基地随同房屋流转以后，另行取得宅基地使用权时，应当受到限制。由于房屋可以继承，所以宅基地使用权实质上也可以继承。此外，公民将房屋出租、赠予他人等，宅基地使用权也应当一并移转给新的房屋所有人。不过，无论如何，宅基地的所有权仍然应当归国家或集体所有。

最后，宅基地使用权人的权利不受期限限制。宅基地使用权本身无期限限制，作为一项集体福利与基本生活保障，权利人永久享有此权利并依法继承。宅基地上的建筑物或者其他附属物灭失的，不影响宅基地使用权的效力，宅基地使用权人有权在宅基地上重新建造房屋，以供居住。

（2）宅基地使用权人的义务。

宅基地使用权人在取得宅基地使用权后应履行下列义务。第一，按照批准的用途使用宅基地。取得宅基地使用权的人，必须于规定的期限内在宅基地上建造住宅，不得擅自变更用途，不能将宅基地作为生产资料使用，例如将宅基地投资建厂或者改为鱼塘等。第二，按照批准的面积建造住宅。任何人不得采取任何不法手段多占土地作为宅基地，否则追究其法律责任。第三，接受政府的统一规划。尽管权利人对宅基地享有长期的使用权，但这种使用权不是长期不变的。如果国家因为建设需要征收土地，或者村镇规划需要改变土地用途，或者居民个人的宅基地实际过多，远远超过了当地规定的标准，可以经过法定程序，进行合理的调剂或重新安排。宅基地依法经过重新规划的，以规划后确定的使用权为准，公民原用的宅基地已经依法统一规划另行分配了的，不得再要求收回；宅基地经过合法手续个别调整的，以调整后的为准。抢占、多占集体土地或他人宅基地的，一律无效；不按审批权限或程序取得的宅基地，一般不予保护。第四，不得非法转让宅基地使用权。权利人不得将宅基地使用权单独转让或单独抵押，也不得以土地入股等方式变相买卖宅基地使用权。非法转让宅基地的，该转让协议无效；因出卖房屋转让宅基地的，不得再申请宅基地。村民迁居并拆除房屋以后，腾出宅基地的，应当由集体组织收回宅基地，并统一安排使用；村民长期闲置或抛弃的宅基地，集体组织有权收回。

（二）农村宅基地权利制度演进逻辑

宅基地权利制度的变迁是政治、经济、社会等诸多因素相互作用的结果，回顾、反思宅基地权利制度的酝酿准备、初步形成、逐步规范、成熟定型以及转型升级等阶段，贯穿于制度始末的逻辑主线是，宅基地权利制度的主轴，即权利的形成、内容及实现完成了从国家权力驱动机制向主体权利行使机制的变迁。国家权力驱动机制和主体权利行使机制的区分渊源于宅基地兼具社会资源和私人财产的双重属性。前者立足于宅基地的社会资源属性，遵循公法的逻辑，依靠土地管理权的行使驱动权利的形成和实现，以政治目标的实现和行政权力的便利为最终归宿。后者基于宅基地的私人财产属性，以经济效率实现和权利行使的便利为最终归宿，其摆脱对国家权力的依附，国家权力的角色和功能及其合法性在于为私权行使提供条件和必要补充，当事人各方权利行使形成的“横向权利互动”构成秩序形成的主要力量，市场机制在土地资源配置中发挥基础作用。

从国家权力驱动机制转变为主体权利行使机制，具体表现在价值取向、功能定位和策略选择三方面的转变。

1. 价值取向：国家干预与经济考量并重

在我国宅基地制度变迁过程中，国家干预下的政治追求和经济考量两条主线始终相互交织、此消彼长，并最终塑造了制度在不同阶段的特征差异。在相当长一段时间内，国家干预下的政治追求发挥主导作用，而经济因素在早期宅基地制度的变革中无足轻重。在酝酿准备阶段，土地改革本质上是国家为了政治目的以政治手段进行的强制性制度变迁，它确立了与计划经济体制相适应的宅基地权利制度，对政治意义的追求远大于对经济目标的考量。在初步形成阶段，政治因素的主导地位与权力驱动机制相辅相成，集体享有宅基地所有权、农民享有宅基地使用权的权利构造，旨在服务于国家战略的实施。其后，权力驱动机制在相当长的一段时间内得到延续、强化，表现为国家的相关举措侧重于采用行政管理的手段，从土地管理、土地规划等方面规范宅基地秩序，满足稳定农村社会秩序的政治偏好。

改革开放后，伴随着从计划经济向市场经济的演进，宅基地权利制度变迁中政治因素的主导作用开始减弱，经济因素开始彰显并逐步增强。与之相对应的是，权力驱动机制逐渐式微，而主体权利行使机制开始兴起，并逐步强化。在逐步规范阶段，1984 年“政社合一”的人民公社制度退出了历史舞台，意味着国家的行政权力开始从集体土地所有权中退出。《土地管理法》把宅基地使用权界定为一项财产权。在转型升级阶段，经济因素占据主要地位，政治性因素退居次要地位，宅基地“三权分置”赋予农民更多财产性权利。主体对于权利的行使成为制度运作的枢纽，搭载着提升宅基地的利用效率、激活宅基地的融资属性等目标的实现。

2. 功能定位：适应宅基地动态需求的制度变迁

改革开放以来，我国制度变迁形成了“地方试点先行、地方经验上升为国家政策、国家政策再上升为国家法律”的模式，将群众的首创智慧与国家的顶层设计有机结合起来。宅基地制度变迁沿袭了相似的制度变迁路径，形成了诱致性制度变迁（群众创造）与强制性制度变迁（国家设计）的良性互动。诱致性制度变迁是利益相关者在实践中发现推动制度变革所获得的收益大于成本时，相关当事人推动制度创新以满足他们的实际需求。宅基地三权分置的出现就是诱致性制度变迁的结果。强制性制度变迁是立法机构响应社会需求，通过政治程序确定全社会必须遵守的制度规则，政治交易市场决定了强制性制度变迁的路径。中央将宅基地三权分置的地方实践上升为国家政策就是强制性制度变迁的结果。戴维斯和诺斯指出，利益相关者是制度变迁的第一行动者，博弈的社会结果是诱致性制度变迁；政府是制度变迁的第二行动人，博弈的社会结果是强制性制度变迁。诺斯进一步指出，制度变迁受到产权结构、国家利益和意识形态的综合影响，由于受到国家利益和意识形态的影响，有效的产权结构往往难以产生。因此，宅基地的社会需求，有一部分可以通过强制性制度变迁得到满足，还有一部分受到社会阻力的影响，只能通过诱致性制度变迁得到满足。宅基地制度的顶层设计，既要符合共同富裕的社会主义意识形态，又要控制变革带来的社会风险。改革是在保留旧有制度体系、维持旧有利益格局的基础上，通过增量制度供给、释放增量社会利益来激活社会发展的动力。在已有制度的基础上进行边际改革，有效节约制度变迁的成本，形成制度变迁路径依赖的特点。

3. 策略选择：从权力主导转向权利主导

在转型升级阶段，党和国家逐渐意识到农村社会矛盾的变化，开始允许地方开展以赋予宅基地权利财产价值为核心的探索。地方政府借此开展了富有创新性的实践，比较典型的是天津市开展的“宅基地换房”模式和重庆市开展的“地票”模式。“宅基地换房”模式是在政府的主导下，将农民房屋所有权和宅基地使用权置换为房屋所有权和城镇建设用地使用权，使土地与农民的身份脱钩。在政府自身利益驱动下，个别地方存在急功近利和片面追求业绩的情形，侵害了农民的利益。“地票”模式则采用宅基地资本化的方式，农民将宅基地整理并且复垦为耕地后，可以获得建设用地指标，可以在土地交易所中进行交易。究其本质，这一模式在政府主导的基础上，尝试调动农民个体的积极性和主动性，实现宅基地的财产价值，依然为公权主导下制度变革的范畴。

党的十八届三中全会之后，改革策略侧重于构建由农民集体或农民等权利主体主导的宅基地流转模式，以解决宅基地利用粗放、退出不畅等问题。农民集体主导的常见模式是农民集体主动收回宅基地使用权，统一安排开发、利用。如江西余江，截至 2017 年 7 月全县 1040 个自然村累计退出宅基地 27530 宗 3788 亩，其中有偿退出 5231 宗 901 亩，无偿退出 22299 宗 2887 亩。农民主导的常见模式为农民直接转让、抵押宅基地使用权，以实现其财产价值。例如云南大理市，其将集体经济组织内部成员的范围扩张至县（市）范围内，允许宅基地使用权直接流转给本县（市）具有成员身份的社会主体，以提高宅基地的利用效率。直接放开宅基地使用权的流转和抵押无疑是彰显其财产属性最直接、最简单的方式，也降低了当事人交易结构的复杂性。但其弊端显而易见：它过分重视宅基地利用效率和财产价值的提升，而忽略了宅基地使用权身份属性所承载的稳定农村秩序、保障农民基本生活的重要价值，容易诱发农民的失地风险。这两种模式要求农民彻底放弃宅基地使用权，斩断了农民与宅基地之间的联系，由于农民自身的“惜地”情结，农民退出宅基地的积极性并不高，改革效果并不显著。正因“两权”分离权利构造在提升宅基地利用效率方面的缺陷，宅基地“三权分置”才有了出场的必要。

（三）农村宅基地三权分置制度进程

1. 改革背景

宅基地制度是我国农村社会的一项重要基础性制度，承载着安定农民、稳定社会的特殊功能，对于保障农村居民住有所居、促进社会和谐发挥着重要的“稳定器”作用。但是进入 21 世纪以来，随着我国乡村社会经济加快转型发展，大量农村人口向城镇转移，农村地区宅基地及农房闲置问题越来越严重，现行宅基地制度弊端开始凸显。宅基地三权分置是继承包地三权分置之后最为重要的土地制度创新，将对乡村振兴产生深远影响。2018 年中央“一号文件”提出这个新概念，就引起实务界和学术界的广泛关注，是当前土地制度改革的热点议题。当前宅基地制度改革仍然是我国农村土地制度改革中的“短板”，同时也是农村土地制度改革中最敏感的领域，可以说是牵一发而动全身。如何有效盘活利用农村闲置宅基地，激活“沉睡”土地资产，赋予农民更多的土地财产权利，为实施新型城镇化战略、促进城乡融合发展增添新动能，这些问题引起了全社会的高度关注。

2013 年 11 月，党的十八届三中全会通过的《中共中央关于全面深化改革若干重大问题的决定》（以下简称《决定》）中有关农村宅基地制度改革的思路是中央提出宅基地“三权分置”政策的思想萌芽；2015 年 1 月，中央印发《关于农村土地征收、集体经营性建设用地入市和宅基地制度改革试点工作的意见》，该意见的出台标志着宅基地制度改革进入“破冰”阶段；2015 年 3 月，原国土资源部在全国选取 15 个试点县（市、区）正式开展宅基地制度改革试点工作；2017 年 11 月 20 日，十九届中央全面深化改革领导小组会议审核通过《关于拓展宅基地制度改革试点的请示》，并将宅基地制度改革拓展到 33 个试点地区；2018 年 1 月，中共中央、国务院印发《关于实施乡村振兴战略的意见》，该意见首次提出探索宅基地所有权、资格权、使用权“三权分置”，从而为新时期深入推进宅基地制度改革指明了方向，这可以认为是未来中国农村宅基地制度改革的顶层设计。

自中央提出探索宅基地“三权分置”以来，该政策引起了全社会的普遍关注。虽然中央提出了宅基地“三权分置”的政策设想，但未明确界定其政策内涵，也未从法理层面加以阐释。自中央提出宅基地“三权分置”以来，学界针对宅基地“三权分置”的内涵展开了研究，从不同侧面定义和阐释了宅基地“三权分置”的内涵。

一是从权力体系再造和延长宅基地权利配置链条的视角进行阐述，例如董祚继认为宅基地三权分置的本质是对宅基地产权体系再造，以实现宅基地产权细分[23]；宋志红认为宅基地使用权就是资格权，宅基权三权分置的关键不是从使用权中分置出资格权，而是创设第三项权利，延长宅基地权利配置的链条，形成“所有权—使用权（用益物权）—次使用权（次用益物权）”

的物权派生结构[24]。

二是从三权分置的权力配置内涵来解释，如姚树荣等认为三权分置下的宅基地权利体系包括所有权、资格权、使用权和发展权[25]；夏沁和靳相木等则主张从流转的使用权分离出资格权，将之成员权化，由它承担居住保障的身份性福利功能，形成“所有权—使用权—资格权（成员权）—次使用权（次用益物权）”三权分置的权利配置格局[26-27]。

三是韩立达、徐忠国等认为三权分置中的集体所有权属于自物权，是农户资格权和宅基地使用权的“母权”，具体包括占用、使用、收益和处分等权能[28-29]；主张从现行宅基地使用权中分离出次使用权，剩余部分转化为资格权，但资格权仍保留为用益物权性质，从而形成“所有权—使用权—资格权（人役权）—次使用权（次用益物权）”的权利配置格局。

四是从宅基地管理视角解读，刘圣欢等认为宅基地集体所有权还包括集体对宅基地的管理、监督及收回等权能，是政府治理职能的体现[30]。针对农户资格权，钟和曦认为其出发点在于保障农民“不失所”[31]；刘锐认为资格权属于集体经济组织成员享有的宅基地分配取得和占有使用权[32]。但是目前针对农户资格权的性质，学界存在争议，李凤奇等认为资格权与农地三权分置中的承包权相似，是依附于集体经济组织成员身份的人身权；同时，她们认为宅基地资格权是宅基地使用权人在让渡一定期限使用权之后的剩余权[33]。关于三权分置中的宅基地使用权，温世扬等认为分离后的宅基地使用权具有去身份性，其权利主体范围不局限于集体成员[34]；王冬银认为通过放活宅基地使用权可以发挥宅基地要素的流动性、增加农民财产性收入[35]；韩文龙等认为放活宅基地使用权需要建立风险防范机制以防发生社会风险[36]。

可见，学术界虽然围绕宅基地三权分置的内涵开展了一些研究，但从宅基地产权变迁视角对“三权”内在关系、政策内涵及其实现路径进行研究的还较少。宅基地三权分置是继农地三权分置之后宅基地制度改革理论和政策的重大突破。近年来，我国部分地区积极开展宅基地三权分置改革实践，并取得了一些成效。实践证明，在加快新型城镇化进程和实施乡村振兴战略“双轮”驱动背景下，宅基地三权分置政策为破解宅基地制度改革困境、有效盘活利用宅基地、激活农村“沉睡”土地资产及增加农民财产性收入指明了方向。但是现阶段，宅基地三权分置还停留在政策层面，仍需要结合实践探索加强理论研究。鉴于此，本书基于新中国成立以来宅基地产权变迁视角，对宅基地三权分置改革中的“三权”关系、政策内涵及其实现路径进行研究，以期加强对宅基地三权分置改革的理论研究及政策认知，进而为未来推进宅基地制度改革做出整体性判断和勾勒。

2. 宅基地“三权”关系阐释

（1）宅基地集体所有权与农户资格权：基础关系。

笔者认为“三权分置”格局下的宅基地集体所有权是重塑宅基地产权体系、实现宅基地产权从公权过渡到私权的重要基石，是农户资格权的权源，而农户资格权属于成员权权利行使部分权能的结果，农户资格权的实现依赖于农户以户为单位向所在地农村集体经济组织提出宅基地使用权申请，获得批准后即原始取得宅基地使用权，不具备集体经济组织成员资格的主体则不能原始取得宅基地使用权。因此，宅基地集体所有权在“三权”中处于基础性地位，是产生宅基地农户资格权的本权和基础性权利。

（2）宅基地农户资格权与宅基地使用权：派生关系。

宅基地“三权分置”政策的创新之处在于将“两权分立”下的具有用益物权性质的宅基地使用权分为宅基地农户资格权和宅基地使用权，并产生分离的物权法效果，主要表现为，在集体经济组织成员农户所拥有的宅基地资格权中，新创设具有用益物权效力的宅基地使用权。其中，宅基地农户资格权是农户作为集体成员所享有的宅基地权能，宅基地使用权是非集体经济组织成员的社会主体在一定期限内对宅基地及房屋享有占有、使用、经营及收益等权利。也就是说，由于从宅基地农户资格权中分离出宅基地使用权，作为集体成员的农户依然享有固有的宅基地使用权，但不是圆满的宅基地使用权。显然，按照物权状态将“两权分立”中的宅基地使用权剥离而形成宅基地农户资格权和宅基地使用权，宅基地使用权是在宅基地农户资格权基础上派生的权利，而非外力作用下的权利裂变所产生，属于用益物权状态的内部再细化。笔者认为，具体可以分为两种情况：一是宅基地使用权是从农户实际使用的宅基地中派生出来的，作为非本集体成员的宅基地使用权人可以直接对抗取得资格权的农户；二是在村集体没有宅基地可分配使用的情况下，农户以不实际占有、使用宅基地的形式享有保留分配宅基地的资格权，即由集体确定资格权给农户，农户并不申请使用具体的宅基地，宅基地使用权人可以直接与集体经济组织发生法律关系，此时则从宅基地集体所有权中派生出宅基地使用权，此种流转模式不涉及单个农户资格权与宅基地使用权之间的对抗关系。

（3）宅基地集体所有权与宅基地使用权：监督关系。

2018 年中央“一号文件”已明确指出，在放活宅基地使用权时不得“违规违法买卖宅基地，严格实行土地用途管制，严格禁止下乡利用农村宅基地建设别墅大院和私人会馆”。鉴于此，笔者认为，宅基地使用权是基于宅基地流转合同的签订，从宅基地农户资格权中派生出来的权能，虽然集体作为宅基地所有权人不是宅基地流转合同的当事人，但是集体作为土地所有权人，其对于宅基地使用权人享有监督的权利，对获得宅基地使用权的相关主体利用宅基地及农民农房所从事的开发、经营等活动起到监督调整的作用，确保农村宅基地及农房不被用于建设别墅大院及私人会馆，严格宅基地用途管制，防止社会资本下乡“圈地”从事房地产开发经营等活动。

3. 宅基地“三权分置”的法律表达

城镇化的发展和城乡二元结构的打破，彰显了宅基地权利的财产属性，实现了宅基地利用主体的开放性，达到宅基地资源市场化配置的目的，以此吸引社会主体、工商资本参与乡村振兴，这已经不再是一个是与非的问题，而是一个路径选择的问题，即在多大程度上、以何种路径实现这一目标。2019 年中央“一号文件”提出的抓紧制定加强宅基地管理指导意见，研究起草宅基地使用条例，标志着宅基地三权分置改革开始逐步进入操作层面。宅基地权利制度演进的惯性决定了其不应超脱制度生成的传统另辟蹊径，而应嵌套于国家权力驱动向主体权利行使演进脉络进行适度创新。故此，需要着眼于宅基地制度演进的趋势，遵循农村社会发展需要以及宅基地资源配置效率最大化原则，厘定宅基地三权分置的具体权利构造。

（1）“宅基地所有权—宅基地使用权（农户资格权）—次级使用权”。

“三权分置”政策中农户资格权指向的是宅基地使用权，其依然是一项具有身份色彩的财产权利，依然具有保障农民基本生存的功能，其财产价值不体现在直接的转让或抵押融资，而是保障农户对宅基地的占有、使用与收益，同时通过设置并流转使用权，实现对宅基地的高效利用。政策中的“使用权”是由宅基地使用权派生出来的一项独立权利，是其“子权利”。基于对使用权法律性质的不同认知，理论和实践形成了“债权说”与“物权说”两种观点。①“债权说”主要是从实定法的角度，依据物权法定原则，在现行物权法没有修改的情形下，次级使用权应定性为一项债权性质的利用权，即宅基地租赁权。其理由在于：债权性质利用权并不违背“一物一权”原则，可以与我国的物权体系相协调。社会主体与农户之间订立租赁合同，通过租赁关系来实现对宅基地的利用不存在法律上的障碍。有的学者甚至认为，宅基地租赁权的创设是在现行法律框架下社会主体利用宅基地的唯一合法途径。“浙江上虞模式”是典型的实践样态，其以宅基地租赁权为着力点，允许农民将房屋连同宅基地出租给社会主体，用以发展民宿、养老、休闲等经营活动，并为之配套了相应的公示方式，即登记。经登记后的宅基地租赁权突破了债权的相对性，具有对抗第三人的效力，可以自由转租，也可以向各个金融机构抵押融资。②“物权说”则主要是从应然的角度出发，将次级使用权厘定为一项物权性质的利用权，即派生于宅基地使用权之上的次级用益物权。“四川泸县模式”为典型实践样态，在该模式下，农户负责提供宅基地，社会主体提供资金，通过“共建共享”将土地要素和资本要素相结合，提升宅基地资源利用效率。在权利类型上，出资方获得部分房屋所有权和对应分摊土地部分一定期限的集体建设用地使用权，用于居住或经营，并允许直接转让、租赁和抵押；而农户则享有房屋所有权，以及对应的宅基地使用权。社会主体事实上取得一项有固定期限的次级用益物权。

“宅基地所有权—宅基地使用权（农户资格权）—次级使用权”进路的优势在于延续了原来“两权分离”权利构造下关于宅基地所有权与宅基地使用权的规定，契合了宅基地权利制度的演进逻辑，在坚守“两权分离”格局的基础上依托宅基地使用权派生出的次级使用权实现宅基地由农民集体、农户以及社会主体共享共用，丰富了宅基地的利用主体。宅基地使用权人依然具有以下权利：一是有权获得宅基地使用费，并可根据土地的升值情况增加使用费；二是有权获得征收补偿，取得与宅基地使用权有关的补偿；三是有权有偿退出宅基地；四是有权监督宅基地的利用，必要时可以提前收回宅基地。

（2）“三权分置”下宅基地使用权的重构。

首先，宅基地使用权“收益”权能的回归。宅基地使用权应增加收益权能，塑造为“名实相符”的用益物权。主要理由如下：其一，权能完整的宅基地使用权是三权分置改革的制度枢纽。从法律意义上，次级使用权的生成、流转与抵押是宅基地使用权的行使与实现方式，是宅基地使用权“收益”权能的体现，只有借由权能完整宅基地使用权的行使，方能有效推进三权分置改革。其二，权能完整的宅基地使用权是宅基地由生活资料向经营使用转向的必然要求。随着宅基地制度改革的推进，宅基地已经不限于满足农民的生活性使用，农民和社会主体对于宅基地的使用由生活性使用逐渐转向出于营利的目的而进行的经营性使用。因此，要完善宅基地使用权规则，明确将“收益”权能纳入宅基地使用权的内容，并允许农户和社会主体利用宅基地适当开展经营性活动。在赋予宅基地使用权完整权能时，也需要继续保留宅基地使用权的身份属性，规定宅基地使用权的申请条件，确保符合条件的集体经济组织内部成员无偿获得宅基地使用权，实现与《民法典·物权编》和《土地管理法》规定的衔接。

其次，宅基地使用权登记规则的立法完善。关于宅基地使用权登记产生的是对抗抑或是生效效力，现行法律并没有给出明确的指引，理论上也是歧见纷呈。有的学者甚至认为“宅基地使用权登记无用”，理由在于“宅基地使用权主体在现行法下仅限于本集体经济组织成员，彼此相识，甚至本家，乃至亲属，加之现行法严格限制宅基地使用权的流转，本村村民占有宅基地上的房屋即足以公示其对相应范围的宅基地享有使用权，因此，就宅基地使用权而言，可以以占有为公示方法”。在宅基地三权分置改革的背景下，“登记无用论”无法满足深化宅基地权利制度改革的需要，无法起到保护农民权益的作用。故此，需要健全宅基地使用权登记规则，贯彻登记生效主义。主要理由在于：其一，采用登记生效主义是贯彻三权分置改革、强化宅基地使用权效力的需要。宅基地三权分置在形式上应具体化为三种权利类型的并立与对抗，关系到三类权利主体之间的权利制衡。宅基地的利用主体不局限于熟人之间，其影响的范围也超出了集体经济组织的范围，必然需要采用更加稳定、权威的公示方式。宅基地使用权采用登记生效主义，可以保护不同权利主体所享有的权利，确定权利的内容与界限，避免因权属不清造成潜在混乱与纠纷，保证交易的安全。其二，采用登记生效主义便于国家对宅基地的管理。“宅基地使用权涉及国家对土地资源的管理，更是一种重要的用益物权。从长远发展上看，对宅基地使用权的设立、变更和消灭进行登记，既有利于加强土地管理，又有利于表彰物权的状态，从而减少争端。”在宅基地三权分置改革推行的背景下，理性的农民在经济利益的驱动下可能会违法占地或者超规模建房，工商资本也会趁机下乡“圈地”“炒地”，这势必会导致宅基地的无序扩张，挤占农村的耕地面积。从强化宅基地管理的角度，国家应该进一步健全宅基地登记制度，以规范各类主体对宅基地的利用行为。

最后，宅基地使用权自愿有偿退出机制的探索。宅基地三权分置激活了宅基地的财产价值，对实现宅基地的高效利用提供了一种新的选择。在某种意义上，该政策的出台压缩了宅基地收回制度的适用空间，无形中扩大了农民自愿有偿退出的适用范围。从功能上看，农户自愿退出宅基地，可以有效解决宅基地利用的分散、低效状态，既可以将闲置的宅基地复垦，增加耕地的供给，又可以实现对居民点的归并，实现宅基地的集约利用。对于已经举家搬迁到城镇并能获得稳定非农收入来源的农户，应允许其自愿退出宅基地。

在三权分置的场合，农民在退出宅基地使用权时，应取得次级使用权人的同意。在宅基地使用权灭失后，次级使用权因此而灭失，宅基地使用权人应给予次级使用权人合理的经济补偿。

（四）农村宅基地利用与功能演化分析

虽然宅基地权利制度变迁的历史轨迹存在着摇摆，但社会保障功能的维系一直是该制度的核心关切，成为贯穿于制度演进始终的“红线”。在土地改革时期，宅基地所有权便蕴含着社会保障功能，其后这一功能以不同的形式得到维系。在初步形成阶段和逐步规范化阶段，集体土地所有权大部分权能分离给宅基地使用权，保障农民“长期使用，长期不变”。在成熟定型阶段，备受学界质疑的对宅基地使用权身份性和封闭性的强化，实质上就是为了维护其社会保障功能，防止外来资本挤压农民基本生存空间。

国家权力驱动和主体权利行使机制之间的差异不在于宅基地使用权制度是否蕴含社会保障功能，而在于在保持该功能的同时，是否向该权利加载财产属性。在计划经济时期和改革开放初期，受制于土地市场发育不够成熟的状况以及从严治乱的管控思维，宅基地本身所具有的财产价值被掩盖，其对农民来说基本上就是一种生活保障资料。近年来伴随着城乡二元结构的松动，宅基地的资产属性被逐渐激活，农民希望将宅基地的利用扩展到生产领域。所以，在转型升级阶段，主体权利行使机制构建的重心就在于凸显、完善宅基地使用权的财产价值。“两权分离”向“三权分置”变迁依然需要在保障功能和财产价值两者兼顾的基础上展开，而非仅关注宅基地财产属性的实现而放松、忽视，甚至牺牲宅基地制度所承载的社会保障功能。

对于纯农户和兼业户而言，承包地和宅基地是谋求家庭生存的基本条件，“耕者有其田”“居者有其屋”是其基本理想，宅基地居住保障的功能是这两类人群的重要制度需求。对于非农户和兼业户而言，由于他们具有充分利用市场发展乡村新产业的能力，所以这个阶层具有较强的经济动力，将宅基地和承包地等土地资源转化为土地资产和土地资本，谋求更多财产性收益，宅基地的资产和资本功能是这类人群的重要制度需求。随着乡村振兴战略的实施，纯农户、兼业户将逐渐减少，非农户将逐渐增多，但这三类农户将长期共存。所以，宅基地的功能具有多样性的特点，既有居住保障的需要，也有经济财产的需要。宅基地的制度设计，既要满足纯农户和兼业户基本生存的需要，也要满足非农户和兼业户创新创业的需要，需要妥善处理好生存与发展的关系。

五、推进农村土地要素市场化改革进程

（一）推进土地要素市场化配置进程

改革开放40多年来，中国进入经济社会转型的快速发展期，不仅经历着由乡土中国向城市中国的社会转型，也经历着计划经济向市场经济的体制转轨，两者相互交叉、互为促进，客观上为产品和要素的市场化配置创造了条件。经过多年的长足发展，中国现代市场经济体系建设已取得显著成效，1978—2016年，中国市场化指数稳步提高[37]。但是，中国要素市场与产品市场的发展极不平衡。目前，产品市场化改革已基本完成，不仅有统一的国内市场，而且也有大规模的产品出口国际市场[38]。但要素市场化改革则相对滞后，相较于产品市场的发育程度，要素市场的发育程度仍处于低位水平[39]。要素的市场化改革还任重而道远，要素的市场化配置还远未完成[40]。要素的市场化配置既是建立现代市场体系的目标与方向，也是更好发挥市场决定性作用和政府作用的基本前提[41]。要素市场化配置要求充分发挥市场机制的作用，尤其是优胜劣汰的选择机制和奖惩分明的激励机制[42]。要素市场化改革是中国经济转型与政府社会治理的重大理论与实践问题。中国的市场化改革经历了“改变计划指令配置—市场基础性作用—培育完善要素市场—市场决定性作用—高标准市场体系构建”数轮升级[43]。目前我国要素市场化进程明显滞后，存在着要素错置、结构失衡、效率损失、创新不足等深层次问题[44-46]。土地要素作为经济社会发展禀赋的基础和空间平台载体，具有资源要素之首的重要地位。深化土地要素市场化改革是当前及今后相当长一段时间国家经济体制改革的主攻方向，农业生产要素可分为直接生产要素与间接生产要素。其中直接生产要素主要指农地生产要素及农业劳动力生产要素，间接生产要素是农户进行可持续性农业生产不可或缺的组成部分，包括资本、农业科技、农村教育水平、信息化水平等。农村土地要素指能为农户从事农业生产所利用的土地[47]。农村土地要素市场化改革牵一发而动全身，其重要性不言而喻，它是牵涉整个经济、社会、政治生活当中最基本的制度安排，农村土地要素市场化改革成功与否，在一定程度上可能左右着整个中国市场化改革的前途命运[48]。一方面，在劳动力、资本和土地等传统三要素当中，土地要素市场的滞后最为明显；另一方面，中国的改革开放起源于农村，发轫于家庭承包制改革[49]，农村土地制度改革，既是改革开放的起点，也是当前全面深化改革最为重要的领域。多年来，中国经济社会发展最为重要的经

验之一，就是以产权改革为重点推动产品和要素的市场化改革。尤其是改革开放以来的农地产权改革，通过农地产权的合约议定与权利流转，农村土地要素市场由封闭走向开放，土地权利由封闭走向共享，成为推动农业农村现代化和工业化、城市化最为重要的制度力量。事实上，土地要素的市场化正是建立在土地转让权的基础之上，土地转让权是资源配置最为核心的产权安排。产权的清晰界定和有效保护是资源配置的制度基础，一旦离开了清晰的产权制度作为保障，经济主体就会争相攫取稀缺的经济资源和机会。土地产权制度是市场往来交易、资源有效配置的关键。土地要素市场化的关键在于要素的自由流动，而要实现要素自由流动的核心就在于转让权的赋予。没有转让权，要素就不可能自由流动。因此，从这个意义上讲，土地要素市场化的本质就是土地转让权的赋予。

（二）提高土地要素市场化配置效率

土地转让权赋予是提高土地资源配置效率的必然要求。赋予充分、完整且有保障的土地转让权是中国农村土地改革的必由之路。虽然多年的市场化改革动摇了现存土地法律的基础，集体经营性建设用地入市已得到法律允准，承包地要素市场化改革成效显著，但是宅基地与城市国有土地相比仍然存在较大差距，现行法律对宅基地转让权的限制依然十分严格[50-51]，城乡土地不平权现象真实存在[52]。目前《土地管理法》对宅基地的主要规定是，一户一宅、面积法定、无偿使用，而且宅基地的出租、买卖通常只限于村域范围内的农户，宅基地出租、买卖之后也不得再度申请，同时禁止城里人到乡下购置宅基地。事实上，由于一户一宅和面积法定等限制，村域范围内宅基地流转的市场需求几乎可以忽略，这也是导致中国宅基地城乡流动受限、高闲置率与低流转率并存的重要原因[53]。对集体土地转让权的保障至关重要，国家提供产权的界定与保护具有重要意义，只有当产权可以充分、完整且有保障地自由转让时，资源才可以得到最有价值的利用[54]。另外，产权安排与经济绩效具有显著的正向关联，产权越完整，产权主体的预期也将越稳定；反之，一旦产权受到限制或是出现产权残缺，经济主体的产权预期都将不稳，从而产生不合理利用，甚至是掠夺性经营等短期行为[55]。因此，为推进土地要素市场化，构建城乡土地平权的制度基础，最为重要的是赋予农户充分、完整的土地转让权。

（三）以土地市场化改革提高农民财产性收益

在全面建设社会主义现代化国家新征程中，我们要贯彻新发展理念，构建新发展格局，推动高质量发展，这就要求我们深化农村土地制度改革，赋予农民更加充分的财产权益。①推进农地“三权分置”改革，推进土地经营权流转，发展适度规模经营。②积极推进集体经营性建设用地入市改革试点。一方面，以促进农民共同富裕为原则引导入市收益科学、合理分配；另一方面，拓展集体成员收益分配方式，综合考虑农民居住、就业等情况，以现金分配、物业经营、产业支持等多渠道增加农民财产性收入。③深入推进农村宅基地制度改革。一是逐步剥离宅基地对于农户的社会保障功能，显化宅基地的资产功能，提高农民土地财产性收益。二是进一步对宅基地进行确权赋能。首先要积极稳妥推进农村房地一体的权籍调查与确权登记颁证。其次要赋予农户宅基地更多的权能，充分体现宅基地的用益物权。此外，还需要逐步放宽宅基地使用权流转范围，激发宅基地流转机制活力，提高农民宅基地流转收益。三是要切实尊重农民自身意愿，切实保护农民土地权益，通过民主协商化解改革中的矛盾和问题，使宅基地制度改革成果惠及广大农民，得到群众支持。

参考文献

[1] Jieming Z. A transitional institution for the emerging land market in urban China [J]. Urban Studies, 2005, 42 (8).

[2] Du J, Thill J C, Peiser R B, et al. Urban land market and land-use changes in post-reform China: A case study of Beijing [J]. Landscape & Urban Planning, 2014.

[3] Paik, Wooyeal. Land developers, states, and collusive clientelism in marketizing China [J]. Pacific Focus, 2014, 29 (1): 68-91.

[4] Deininger K. Land markets in developing and transition economies: Impact of liberalization and implications for future reform [J]. American Journal of Agricultural Economics, 2003, 85 (5): 1217-1222.

[5] Wang R, Tan R. Efficiency and distribution of rural construction land marketization in contemporary China [J]. China Economic Review, 2018: S1043951X-S18301275X.

[6] 刘守英. 中国的二元土地权利制度与土地市场残缺——对现行政策、法律与地方创新的回顾与评论 [J]. 经济研究参考, 2008 (31): 2-12.

[7] Yong C, Elena G I, Ciriyam J. Incorporating spatial complexity into economic models of land markets and land use change [J]. Agricultural and Resource Economics Review, 2011, 40 (3).

[8] 夏柱智. 从多地试点看农村土地确权 [J]. 南风窗, 2013 (25): 46-47.

［9］唐欣瑜．农村集体公益性建设用地使用权：逻辑起点、功能取向与法权构造［J］．华中农业大学学报（社会科学版），2022（5）：180-187.

［10］王利明．物权法研究．（第三版）［M］．北京：中国人民大学出版社，2013.

［11］高飞．集体土地所有权主体制度研究［M］．北京：法律出版社，2012.

［12］汪新胜，汪进元．公益性建设用地与经营性建设用地的界分及其法律化［J］．江汉大学学报（社会科学版），2011，28（1）：76-80.

［13］宋才发，李文平．农村集体经营性建设用地流转问题研究［J］．党政研究，2015（1）：117-121.

［14］孙陶生．论企业改制中的土地资产管理问题［J］．管理世界，1997（3）：130-136.

［15］陈顺清．城市增长与土地增值的综合理论研究［J］．地球信息科学，1999（1）：12-18.

［16］张小华．加大三个力度　搞好三个服务　增强三个意识［J］．中国土地，1997（1）：12.

［17］王德起．城市化进程中土地增值机制的理论探析［J］．城市发展研究，2010，17（4）：102-110.

［18］蔡继明，刘梦醒．论我国城乡建设用地增减挂钩模式的转变［J］．天津社会科学，2021（5）：141-148.

［19］严金明，陈昊，夏方舟．深化农村“三块地”改革：问题、要义和取向［J］．改革，2018（5）：48-55.

［20］Lawry S，Samii C，Hall R，et al. The impact of land property rights interventions on investment and agricultural productivity in developing countries：A systematic review［J］．Journal of Development Effectiveness，2016，9（1）．

［21］Yan L，Hong K，Chen K，et al. Benefit distribution of collectively-owned operating construction land entering the market in rural China：A multiple principal-agent theory-based analysis［J］．Habitat International，2021（109）．

［22］范传棋，毛运意．农村宅基地产权制度的动态演进及其理论逻辑［J］．四川师范大学学报（社会科学版），2020，47（3）：44-50.

［23］董祚继．“三权分置”——农村宅基地制度的重大创新［J］．中国土地，2018（3）：4-9.

［24］宋志红．宅基地资格权：内涵、实践探索与制度构建［J］．法学评论，2021，39（1）：78-93.

［25］姚树荣，景丽娟．宅基地“三权分置”的内在逻辑与制度设计［J］．中国土地，2021（12）：16-18.

［26］夏沁．农村宅基地“三权分置”改革的立法实现［J］．地方立法研究，2018，3（4）：104-116.

[27] 靳相木，王海燕，王永梅，等. 宅基地“三权分置”的逻辑起点、政策要义及入法路径 [J]. 中国土地科学，2019，33（5）：9-14.

[28] 韩立达，王艳西，韩冬. 农村宅基地“三权分置”：内在要求、权利性质与实现形式 [J]. 农业经济问题，2018（7）：36-45.

[29] 徐忠国，卓跃飞，吴次芳，等. 农村宅基地三权分置的经济解释与法理演绎 [J]. 中国土地科学，2018，32（8）：16-22.

[30] 刘圣欢，杨砚池. 农村宅基地“三权分置”的权利结构与实施路径——基于大理市银桥镇农村宅基地制度改革试点 [J]. 华中师范大学学报（人文社会科学版），2018，57（5）：45-54.

[31] 钟和曦. 创设宅基地资格权亟待解决的三个问题 [J]. 浙江国土资源，2018（8）：9-11.

[32] 刘锐. 乡村振兴战略框架下的宅基地制度改革 [J]. 理论与改革，2018（3）：72-80.

[33] 李凤奇，王金兰. 我国宅基地“三权分置”之法理研究 [J]. 河北法学，2018，36（10）：147-159.

[34] 温世扬，梅维佳. 宅基地“三权分置”的法律意蕴与制度实现 [J]. 法学，2018（9）：53-62.

[35] 王冬银. 宅基地“三权分置”的实践探索与风险防控——基于西南地区的试点调研 [J]. 中国土地，2018（9）：27-29.

[36] 韩文龙，谢璐. 宅基地“三权分置”的权能困境与实现 [J]. 农业经济问题，2018（5）：60-69.

[37] 林永生，郭治鑫，吴其倡. 中国市场化改革绩效评估 [J]. 北京师范大学学报（社会科学版），2019（1）：147-157.

[38] 穆虹. 加快完善社会主义市场经济体制 [J]. 智慧中国，2017（12）：22-24.

[39] 樊纲，王小鲁，马光荣. 中国市场化进程对经济增长的贡献 [J]. 经济研究，2011，46（9）：4-16.

[40] 刘翔峰. 深化要素市场化配置改革的思路 [J]. 中国经贸导刊，2019（14）：53-56.

[41] 刘志成. 要素市场化配置的主要障碍与改革对策 [J]. 经济纵横，2019（3）：93-101.

[42] 洪银兴. 完善产权制度和要素市场化配置机制研究 [J]. 中国工业经济，2018（6）：5-14.

[43] 姜海，田双清，陈乐宾. 基于共识视角的新时代土地要素市场化配置改革研究 [J]. 农业经济问题，2022（2）：70-84.

[44] 陈彦斌，王兆瑞，于泽，等. 要素市场化配置的共性问题与改革总体思路 [J]. 改革，2020（7）：5-16.

［45］卢现祥．论产权制度、要素市场与高质量发展［J］．经济纵横，2020（1）：65-73.

［46］韩磊．改革开放以来要素市场化改革政策演进、制度阻力及未来走向［J］．经济体制改革，2020（2）：17-23.

［47］李涛，张鹏．农地产权、要素配置与农户收入增长［J］．经济问题探索，2020（12）：43-54.

［48］鲁利玲．推进要素市场化改革进程［J］．中国改革，2005（10）：49-52.

［49］钱文荣，郑淋议．中国农村土地制度的合理性探微：一个组织的制度分析范式［J］．浙江大学学报（人文社会科学版），2019，49（3）：148-159.

［50］叶兴庆．有序扩大农村宅基地产权结构开放性［J］．农业经济问题，2019（4）：4-10.

［51］高圣平．农村宅基地制度：从管制、赋权到盘活［J］．农业经济问题，2019（1）：60-72.

［52］李江涛，熊柴，蔡继明．开启城乡土地产权同权化和资源配置市场化改革新里程［J］．管理世界，2020，36（6）：93-105.

［53］胡新艳，罗明忠，张彤．权能拓展、交易赋权与适度管制——中国农村宅基地制度的回顾与展望［J］．农业经济问题，2019（2）：73-81.

［54］Alchian. Economic forces at work［M］. Iberty Pr.，1977.

［55］刘守英．中国农地制度的合约结构与产权残缺［J］．中国农村经济，1993（2）：31-36.

第四章

农村土地承包经营与三权分置制度

一、农村土地承包经营

从权属功用来看，农村土地主要包括农业生产用地、农民宅基地用地和集体经营建设用地[1]。由于土地是一切空间的载体，土地制度发挥着基础性、保障性、根本性作用，是社会不同阶层的核心利益冲突点，是改革的着力点和发力点[2]，因而农村基本经营制度也成为农村土地制度的核心。70多年来，我国农村土地权利经历了从单一产权到多元产权的演变历程。其间，多层次的地权归属、生产剩余或增值收益分配、农业雇工权益保护等是权益纷争甚至冲突的关键。为推动农民土地权益的保护和实现，保障农村农业发展有序进行，反思已有生产经营模式，探寻相关各方的权益耦合机制，实现利益共赢，对于优化生产经营模式和助力乡村振兴具有重要理论价值和现实意义[3]。

（一）农村土地承包经营权概念、类型和法律属性

1. 农村土地承包经营权概念

土地承包经营权，是自然人或集体经济组织依法对集体所有或者国家所有由集体使用的土地所享有的占有、使用、收益的权利。2002年8月29日第九届全国人民代表大会常务委员会第二十九次会议通过，2009年8月27日和2018年12月29日和两次修正的《农村土地承包法》规定：农村土地承包经营权是指农村土地承包人对其依法承包的土地享有占有、使用、收益和一定处分的权利。《民法典·物权编》在第三分编“用益物权”第十一章规定了土地承包经营权，第三百三十一条将土地承包经营权定义为“土地承包经营权人依法对其承包经营的耕地、林地、草地等享有占有、使用和收益的权利，

有权从事种植业、林业、畜牧业等农业生产”，并将该权利作为物权来规定。《土地管理法》《农村土地承包法》对土地承包经营权做了更为详尽、科学的规定，即“农民集体所有和国家所有由农民集体使用的耕地、林地、草地以及其他用于农业的土地，依法实行土地承包经营制度”，这标志着我国土地承包经营权在法律层面有了明确的定义。

2. 土地经营模式的基本类型

土地是最为根本的生产要素，通常与劳动者、生产技术以及其他生产资料结合成相应的生产经营模式。土地经营模式是一种土地开发利用形式，包括生产组织方式、产品交换方式甚至劳动剩余分配方式等，是社会关系和社会结构在生产方式层面的载体与体现。1949 年以来，产生过集体经营、家庭经营、合作经营、企业化经营和多方联合经营等多种土地生产经营模式[3]。

（1）以生产队为基础的集体经营模式。

1949—1953 年新中国成立初期，对农业、手工业和资本主义工商业开展“社会主义改造”。遵循自愿互利和典型示范等原则，通过互助组和合作社等合作化道路，借助土地入股、统一经营甚至集体所有制等方式把小农经济改造成社会主义集体经济。1955 年中共中央发布《关于农业合作化问题的决议》，1956 年底农业的社会主义改造基本完成，农村土地由农民个体所有制转变为社会主义集体所有制。土地经营管理模式逐步由以农户为基础的个体经营演变为以生产队为基础的集体经营。土地、农具等生产资料甚至劳动力归生产队集体所有，由生产队依据自身情况开展生产。在生产队经营模式中土地生产剩余归集体所有，劳动者以个体形式而非以家庭为单位参与集体经营，按工分多少从生产队获取生活资料和风险防御机制，劳动者之外的生产队成员（含儿童、老年人和丧失劳动力的残疾人）也能分得一定“口粮”。该类型的土地生产经营模式起源于社会主义改造时期，在人民公社时期达到巅峰，而后随着农村经济体制改革的推行被家庭承包责任制取代[3]。

（2）家庭承包经营模式。

1978 年实施家庭联产承包责任制，土地耕作模式由所有权和使用权高度统一的集体经营模式迅速演变成所有权和承包权“两权分离”的家庭承包经营模式。家庭承包经营的农户仅拥有承包权，没有所有权，农户能够自主经营，自负盈亏，掌握绝大多数甚至全部的生产剩余。《农村土地承包法》第三条为“农村土地承包采取农村集体经济组织内部的家庭承包方式”，《农村土地承包法》第二章规定为“家庭承包经营”。家庭承包，是指集体经济组织按照公平分配、人人有份的原则，统一将耕地、林地、草地承包给本集体经济组织农户的一种承包方式。

家庭承包经营模式的特点：①承包双方当事人不是平等的民事主体之间的关系，发包方是集体经济组织，承包方是本集体经济组织内部的农户；②承包对象主要是耕地、林地和草地，具有福利和社会保障功能；③根据公平分配和人人有份的原则承包，集体经济组织统一发包；④承包期较长，耕地为 30 年、草地为 30~50 年、林地为 30~70 年，林地经批准还可以更长；⑤承包双方当事人的权利义务是法定的，承包方享有经营自主权、产品处置权、土地流转权、土地被征用占用的补偿权等；⑥土地承包经营权自承包合同生效时取得，并由县级以上人民政府颁发土地承包经营权证或林权证；⑦土地承包经营权流转可采取转包、出租、互换、转让等方式；⑧取得的土地承包经营权按照物权方式予以保护，有权提出停止侵害、返还原物、恢复原状、排除妨害、消除危险、赔偿损失等要求；⑨承包收益可以继承，耕地、草地的承包经营权不能继承，林地的承包经营权可以继承。

（3）以承包权为基础的合作经营模式。

由于生产规模和自身条件的制约，家庭经营特别是小农户通常面临较多约束，如资金规模和经营规模相对小、生产的多样性不足以及组织化程度低等。在面对市场波动和市场博弈时，家庭经营往往处于绝对劣势。为了提高生产的计划性和组织性，避免农户生产的单一性弊端和市场谈判的话语权不足等，农村出现了以承包权为基础、基于家庭生产的合作经营，如农业合作社等。与以生产队为基础的集体经营不同，合作经营以家庭承包权为基础，所有权和使用权分离，经营者对土地没有所有权，是农户在自愿基础上开展联耕联种的一种组织形式，相对独立且不存在集体生产经营中的那种依附关系[3]。

与家庭经营不同，合作经营规模较大，是诸多农户间的联耕联种，是一种组织化程度比较高的经营模式。就其功能而言，合作经营主要生产和服务两大类或者两个面向。其间，合作社成员（家庭）共同经营，共同承担风险，结合按股分配和按劳分配等方式共享经营红利。合作社还可以为农户提供生产相关技术支持、资讯服务、资金甚至农产品加工、储藏、运输甚至销售等帮扶，有利于增强农户的生产经营风险应对能力和市场议价谈判能力等，进而帮助农民增收。

（4）以经营权为核心的农业企业的商业经营模式。

农业企业属于企业化运作的商业经营模式，运用农业相关各种生产要素从事商业性生产经营活动；是自主经营、自负盈亏、独立核算的法人，其注册、登记和管理通常参照公司法执行。比如改革开放前广泛存在的国有或国营农场以及集体农场等。家庭联产承包责任制实施以来，尤其是随着农村劳动力转移和资本下乡，农户承包地出租、入股等形式的经营权流转普遍存在，以经营权为核心的农业企业不断发展。在这一生产经营模式中农户以土地出租或入股等方式获得租金或按股分红，也可以通过到农业企业或园区里从事农业生产等方式获得一定的工资性收入，而农业企业则通过整合利用农户承包地的经营权来获取土地和劳动力的生产剩余[3]。

（5）以经营权为核心的多方联合经营模式。

随着农业内部上下游相关产业链的不断整合，以经营权为核心的多方联合经营得以产生并不断发展。主要有“公司+农户”“公司+基地+农户”“公司+合作社+农户”“公司+基地+协会+农户”，甚至“农超对接”等形式。该模式是通过合约形式把“小农户”与“公司”连接起来，其缔约方式主要有两种途径：农户直接与企业签约，或者通过合作社等第三方的桥梁衔接作用签约。农户享有土地承包经营权而缺失相关生产技术、资金甚至销售渠道。企业拥有资金、销售渠道甚至生产技术，但需要土地经营权这一物质载体。合作社、基地和协会等也没有土地承包经营权，但拥有生产技术和一定规模的资金，尤其是与农户之间存在天然社会连带关系，可以在公司和农户之间发挥桥梁作用。多方联合经营模式在帮助农民学习生产技术、规避市场风险，以及通过适度规模经营实现增收等方面具有一定的积极作用[3]。

3. 土地承包经营权的法律特征

（1）权利主体是一切农业经营者。

土地承包经营权的主体是从事农业生产的自然人或集体，非从事农业生产者不能成为该权利的主体。但是，在具体的土地承包经营关系中，土地承包经营权的主体一般仅限于土地所属的集体经济组织的内部成员，除此以外的其他农业经营者不得成为该土地的承包经营权人。换言之，在土地承包经营关系中，发包方是土地所属的特定集体经济组织承包方则只能是该特定集体经济组织的社员，双方之间需要有一定的隶属关系。由此也决定了，土地承包经营权的主体具有强烈的地域性。

但是，随着农业经济的发展，为了提高农村土地尤其是“四荒”（荒山、荒沟、荒丘、荒滩）地的利用效益，土地承包经营权的主体逐渐不再限于所属的集体组织的成员，而是扩大至一切从事农业生产的个人或集体。此种承包方式被《农村土地承包法》称为“其他方式的承包”，从而与对集体经济组织内部成员承包的“家庭承包”相对应。对于那些不宜采取家庭承包方式的农村土地，可以直接通过招标、拍卖、公开协商等方式发包给集体经济组织以外的人。不过依据《农村土地承包法》第四十七条的规定，在同等条件下，本集体经济组织成员较之以其他方式承包农村土地的单位与个人，享有优先承包的权利。

《民法典》将不特定社会主体以其他方式承包取得的农地利用权从原有的土地承包经营权体系中剥离，将其重新命名为“土地经营权”，这主要是考虑到以其他方式承包“四荒”地等不涉及社会保障因素，承包方不限于本集体经济组织成员，自然人、法人、非法人组织等任何市场主体均有资格取得，具有去身份性和市场化等特征，属于对权利主体身份没有特殊限制的开放性市场化权利类型，权利的核心要素与农户通过家庭承包取得的土地承包经营权存在较大区别[4]。土地承包经营权遵循封闭式福利分配逻辑，而土地经营权遵循开放式市场配置逻辑。

（2）权利客体是集体所有或者国家所有由集体长期使用的土地。

土地承包经营权的客体是指农村集体经济组织所有或国家所有由集体经济组织使用的土地，而在城市国有土地上不得设立土地承包经营权。具体而言，家庭承包经营权的客体主要土地类型包括耕地、山岭、森林、草原、水面、荒地和滩涂等。《农村土地承包法》第二条规定农村土地是指农民集体所有和国家所有依法由农民集体使用的耕地、林地、草地，以及其他依法用于农业的土地。其他承包经营权客体主要是不宜采取家庭承包方式的荒山、荒沟、荒丘、荒滩等农村土地。设立土地承包经营权的土地绝大多数都是集体所有的农村土地。然而，在我国也存在一定数量的国家所有土地依法确定给集体长期使用，这种情况虽属少数，但也将长期存在。

（3）土地承包经营权的设定不以有租金为必要。

这是根据中国农村与农业的实际情况确定下来的。中国农业还处于一个相对低水平的发展阶段，大多数农村人口还需直接靠土地产出维持生活，例如自留地或在许多地区农业承包经营中的“口粮田”以农民生产自用为目的，不以农民交付地租为要件。另外，目前对于荒山、荒地、荒滩等的承包有时也是无偿的，发包人只以获得生态效益为目的。所以，设定具体的土地承包经营权时，应允许当事人根据实际情况决定是否收取租金。

4. 土地承包经营权的法律性质

《民法典·物权编》第十一章规定了“土地承包经营权”。《民法典》主要是将《农村土地承包法》中一些与物权相关的内容纳入，确认农地上相关物权的归属、权能、权利变动规则和法律效果等。其实质内容与《农村土地承包法》具有一致性，并进一步明晰了承包地流转的权利义务关系和法律效果，即土地承包经营权是法定的物权种类之一，属于用益物权范围。实践中，土地承包经营权体现为多层次、多类型的复合物权属性。

（1）债权说。

支持债权说学者的主要观点有三个方面：首先，从农地三权分置的政策来看，“鼓励采用土地股份合作、土地托管、代耕代种等多种经营方式，探索更多放活土地经营权的有效途径”。《农村土地承包法》将这些流转方式定为明文——出租、转包或者其他方式。从这一层面可以推理出立法原意鼓励土地经营权的流转，相较于物权的稳定性，将土地承包经营权定性为债权更为合适；工商企业等社会资本进入农业，对于带动农业产业化发展具有积极作用，但也会带来一些问题，如长时期、大面积租赁农地，容易抬高农地流转价格和农业生产经营成本，挤占农民就业空间，加剧耕地“非粮化”“非农化”倾向，可能导致农村社会治理结构发生不确定性变化，影响农村社会稳定。基于我国农业农村实际，2013 年中央“一号文件”首次明确但也仅是原则性提出“探索建立严格的工商企业租赁农户承包耕地（林地、草原）准入和监管制度”。其次，根据《农村土地承包法》第四十三条和第四十七条的有关规定，土地经营权人投资改良土壤，建设农业生产附属、配套设施，再流转土地经营权，向金融机构融资担保，均需取得承包农户书面同意，债权性质明显。只有在定性为债权的情形之下，土地经营权人的这些行为才需要得到作为土地经营权流转合同相对人的承包农户的同意。最后，对于最有争议的“土地经营权的登记对抗效力”部分，应将《农村土地承包法》第四十一条所规定的内容解释为对债权性质土地经营权的物权保护。基于此种观点，此学说也演变成了新型的“债权物化说”。

（2）物权说。

有学者认为，土地经营权是一种建立在土地承包经营权基础上的新型次级用益物权，并试图进一步加强相关论证。首先，此种观点认为将土地经营权认定为物权方便土地经营权流转。在我国用益物权理论中，认为用益物权人虽不能处分标的物，但完全可以处分用益物权这一权利本身。这样，在土地经营权流转中，始终都只需土地经营权人与交易相对人合意即可，无须他人同意。其次，将土地经营权认定为物权有利于增强交易安全。土地经营权为物权时，即使设立土地经营权的合同效力发生变化，若采用物权行为无因性理论，经登记产生的土地经营权仍然存在；同时由于登记的物权公示效力，第三人对于当事人之间的土地经营权物权外观得以明晰，有利于保护第三人的利益。

（3）二元定性说。

持该观点的学者主要认为：在土地三权分置的改革实践中，不同类型的土地经营权人对于土地经营权的需求存在差异，法律不宜简单规定土地经营权的性质，应当赋予当事人选择权：当事人希望获得长期稳定的保障，可以就土地经营权申请登记，登记后即可以对抗善意第三人；当事人不希望获得长期土地经营权的，双方根据合同约定行使权利、履行义务即可。并认为流转期限5年以下的土地经营权在性质上属于债权。对于流转期限5年以上的土地经营权，登记后成为物权。该种学说的主要不足是对于物权与债权区分标准的不明确；更重要的是，物权体系作为一种严格秉持物权法定主义思想的法律体系，将一种权利既认定为债权，同时符合特定情形时也有认定为物权的可能，显然违背了我国民法制度“物债二分”的体系，失之偏颇。

（4）三类土地经营权分属不同性质说。

此种学说是房绍坤教授坚持的观点。房绍坤教授将土地经营权区分为三种形态：第一种是家庭承包的土地承包经营权人为他人所流转的土地经营权；第二种是家庭承包的土地承包经营权人用以向金融机构融资担保的“土地经营权”；第三种是以其他方式承包农村土地所取得的“土地经营权”。

对于第一种土地经营权，房绍坤教授将其认定为债权，理由主要有三点：第一，《农村土地承包法》第三十六条规定，土地经营权流转的方式为出租（转包）、入股或其他方式。既然是以出租方式取得土地经营权，其性质就为租赁权，而租赁权为债权，因此将其定性为债权。第二，《农村土地承包法》第四十六条规定，受让方取得土地经营权后再流转的，应当经承包方书面同意。受让方是通过出租的方式取得土地经营权的，而土地经营权再流转的，就类似于租赁合同中的转租，当然应经原权利人同意，这是债权性质的体现。第三，《农村土地承包法》第四十七条规定，土地经营权人以土地经营权担保的，应当经承包方书面同意。在物权法上，类似情况是不存在的，如建设用地使用权人以建设用地使用权抵押的，并不需要经出让方的同意。因此，第一种土地经营权应认定为债权。

对于第二种，家庭承包的土地承包经营权人用以向金融机构融资担保的土地经营权，房绍坤教授结合《农村土地承包法》第四十七条的规定，从债权关系和物权领域的角度进行了详细论证并得出结论：此种担保方式由于在债权法律关系中只有土地承包经营权人单方主体，违反了债权的原理，因此只能认定为物权。

对于第三种土地经营权，房绍坤教授认为这种土地经营权应属于物权，而非债权或物权化债权。在《农村土地承包法》之前，该权利（土地承包经营权）为物权已经得到学术界的公认，也得到了法律确认。例如，原《物权法》在“土地承包经营权”一章即规定了“通过招标、拍卖、公开协商等方式承包荒地等农村土地”的土地承包经营权。因此，立法应保持对具体制度规定的稳定性和同一性，将第三种土地经营权认定为物权。

（5）对于以上学说的评价。

在土地经营权性质领域，学者众说纷纭，笔者认为，各种观点均存在一定的合理性。笔者赞同房绍坤教授对于土地经营权不同分类不同性质的认定。首先，在《民法典》中对于土地经营权只有部分规定，并不完善，对于土地经营权的主要参考均在《农村土地承包法》中，而该法对于土地经营权的分类是和土地经营权性质的认定相符的，对于不同取得方式的土地经营权应体现着不同的性质；其次，对于当前农地三权分置的政策理念和立法理念的考量，有必要将土地经营权独立于土地承包经营权进行分析，可以得出更符合实际的结论；最后，对于实践中出现的土地经营权的再转让、土地经营权的融资担保等问题，应结合实际具体分析，立法的含糊并不影响我们对于实际问题的分析考量。

（二）农地承包经营权的发展历程

1956 年下半年，浙江省、广东省的一些地区就实行了类似包产到户的做法；1959 年河南省的一些地方又搞了包产到户；1958—1961 年，先是在安徽省、广东省，后来有更多的省、自治区，实行了“责任制”“口粮田”等办法。这些责任制形式虽然行之有效，但在当时“左”的思想指导下，都被当作“单干风”加以批判，受到禁止。1978 年党的十一届三中全会之后，土地承包经营在广大农村又蓬勃兴起，仅几年时间，无论是集体农业企业，还是国营农业企业，都普遍实行了土地承包经营。土地承包经营与现阶段中国的农业生产力水平和社会化程度相适应。从农业生产力的总体看，中国农业生产多以手工工具为主，物质生产手段落后；分工不发达，农业生产社会化、商品化程度低；农民的文化水平不高，科学技术知识缺乏，经营和组织管理能力薄弱。但也有一部分先进的农业机具和大型的社会化的生产设施；某些生产项目和生产过程已出现专业化经营，农村中也有一些懂技术、会经营的人。因此，一方面，土地、劳力、耕畜、农具以分散使用为主较为适宜；另一方面，也需要集体统一使用某些生产设施，对若干生产环节的专业化以及分工基础上的协作进行统一组织。从农业生产的特点来看，农业生产的对象是有生命的动植物，它们都有其自身生长、发育、繁殖的规律并依赖于一定的土壤、气候等自然条件。而且，分布空间广，生产周期长，有强烈的季节性，需要劳动者在整个生产过程中，根据其生长和繁殖情况与自然环境条件的变化，不失时机地做出决策和采取相应的措施，适时适量地投入劳动和生产资料。

土地承包经营实行统一经营与分散经营相结合，经营者同时又是劳动者，有利于熟悉劳动对象和自然条件的情况，随时应付周围环境的变化，灵敏地调节生产，提高农业生产的经济效益。而且，能使承包者在权力、责任、利益方面紧密结合，调动其经营的积极性，促进农业生产的发展。家庭承包经营是从定额包工、联产到组、联产到劳、包产到户到包干到户等，并按包工→包产→包干，贫困地区→中间地区→发达地区，种植业→林牧渔业→非农产业的顺序演化、发展、完善起来的。

为了促进农村社会经济发展，中共中央在政策层面对农村集体土地制度做过多次探索。由于所有制原因，盘活农村集体土地经营权始终是我国农村集体土地制度改革乃至农村社会制度改革的着力点和突破口。为此，我国农村集体土地制度经历了从“一权”到“两权”再到“三权”的过程。在“一权”制度下，农村集体土地所有权和经营权均归农村集体所有。党的十一届三中全会之后，农村集体土地产权从“一权”发展到“两权”，农村集体土地所有权与承包经营权发生了分离。在“两权分置”下，农村集体土地承包权和经营权捆绑在一起。由此导致了农村集体土地承包经营权主体固定化，农村集体土地经营权也因而成为一种受制于承包权的用益物权。家庭承包责任制将土地使用权直接分配给农户，赋予农户生产自主权；农户既是生产者又是经营者，对劳作时间、劳作内容有决定权；收益分配遵循“交够国家的、留足集体的、剩余都是自己的”原则，极大地调动了农户的生产积极性，挖掘了劳动与土地的生产潜力。但是，急剧的农村人口流动倒逼农村集体土地承包经营权的进一步改革。自 1984 年以来，国家在政策层面开始允许和鼓励农村集体土地经营权的流转。

随着家庭承包经营的发展，土地承包的方式和方法不断完善。中共中央1984年规定，土地承包期到期后再延长15年不变，1993年又要求再延长30年不变。延长土地承包期，既消除了农民怕政策变的担忧，满足了农民稳定土地使用权的要求，又可以鼓励农民积极向土地投资，进行土壤改良和兴修水利等长远性的农田基本建设，改善生产条件，提高土壤肥力，提高集约经营水平或从事开发性生产。同时，在自愿前提下，鼓励土地使用权流转，促进土地逐步向种田能手集中，扩大承包者的经营规模，促使农业生产专业化、农业生产结构和农村产业结构的调整，加速发展农村商品经济。

随着城市经济体制改革的铺开，工业化和城镇化持续推进，加上农业比较利益低下等原因，农村劳动力大规模进城，农地抛荒弃耕现象严重。土地分散经营不能形成规模效益，以及农田水利等基础设施退化等原因，家庭承包经营的制度红利逐渐丧失，农地生产经营模式逐步演变并不断多元化。

鼓励土地转包，即在土地承包期内，经营非种植业的农民不愿贸然放弃土地承包权，把土地转包给其他农民。其办法主要有两种：一是农户之间协商转包。一般是出包者保留收回土地的权利，并可从承包者那里购得平价口粮。二是缺少劳力户和不愿再兼种土地的专业户退出承包地，由集体经济组织统一收回后再行转包。一般是转包给种植业专业户。为了解除退地者失去土地使用权的疑虑，集体可以和退地户签订合同，保证其需要时可以重新包种土地。同时，为了鼓励种植业专业户合理利用增加的承包土地，大都规定，集体经济组织若要收回这些土地，必须对在使用期间为改良土壤、增加设施等所进行的投资予以合理的补偿。农户之间的土地转包既有有偿转包的，也有无偿转包的，但均需集体同意，以维持原来承包合同为前提。

为提高农户的耕地积极性和增加农民收入，2004年中央政府开始减征农业税，并于2005年底废止《农业税条例》，免征农业税；《关于促进农民增加收入若干政策的意见》更是要求制定农产品价格保护政策，建立“四项补贴”（包括直接补贴、良种补贴、农机具购置补贴和农业生产资料综合补贴）制度。为稳定农民预期，规范引导多种形式的经营模式，推动农业纵深发展，《农村土地承包法》以及后续相关政策赋予农民长期而有保障的土地使用权，并允许在保护所有权和农业用途基础上自愿、有偿进行土地流转。《农村土地承包经营权流转管理办法》则对流转关系、流转方式等事项进行了详细说明。各地积极发展多种形式的经营管理模式，协调小农户生产与农业现代化，推动经营权向专业大户、家庭农场、农民合作社流转，探索适度规模的现代化农业生产道路。

2013 年党的十八届三中全会提出“稳定农村土地承包关系并保持长久不变，赋予农民对承包地的占有、使用、收益、流转及承包经营权的抵押、担保权能，允许农民以承包经营权入股发展农业产业化经营”。2014 年中央正式部署农村土地承包权确权颁证工作，并明确提出用 5 年左右时间基本完成；2014 年 11 月中共中央办公厅、国务院办公厅印发的《关于引导农村土地经营权有序流转发展农业适度规模经营的意见》，对“三权分置”改革进行了细化。2014 年 12 月国务院办公厅印发的《关于引导农村产权流转交易市场健康发展的意见》，进一步规范了农村土地承包经营权的流转。2016 年中共中央办公厅和国务院办公厅联合发布《关于完善农村土地所有权承包权经营权分置办法的意见》，推出农地“三权分置”改革，这是继家庭联产承包责任制之后“中国农村改革的又一次重大创新”。2017 年党的十九大郑重宣布“第二轮土地承包到期后再延长三十年”。

（三）家庭承包经营权主体及其承发包规则

1. 家庭承包经营的发包方主体

（1）发包方主体资格的认定。

承包经营权作为用益物权，权利来源于集体土地所有权，承包经营的发包方，实际上是集体土地所有权人。集体土地归集体所有，而集体是抽象的概念，需要具体的行权主体。一般情况下，集体土地的行权人或发包方为集体经济组织或村民小组或村委会（根据理论界的主流观点，集体土地的所有权人原则上是集体经济组织，没有集体经济组织的由农村基层自治组织即村民小组或村委会行使所有权，农村基本党组织不应当代行集体所有权）。《农村土地承包经营法》第十二条规定：农民集体所有的土地依法属于村农民集体所有的，由村集体经济组织或者村民委员会发包；村集体经济组织或者村民委员会发包的，不得改变村内各集体经济组织农民集体所有的土地的所有权。

（2）家庭承包经营发包需经过民主程序。

《农村土地承包法》第十八条规定承包方案应当按照该法第十二条的规定，依法经本集体经济组织成员的村民会议三分之二以上成员或者三分之二以上村民代表的同意。

（3）家庭承包经营合同为要式合同。

《农村土地承包法》第二十一条规定发包方应当与承包方签订书面承包合同。根据合同法律的规定，法律要求签署书面合同等形式的，不具备要求形式的，合同不成立。

2. 家庭承包经营的承包方具有特定身份要求

（1）承包方主体资格的认定。

《农村土地承包法》第三条规定农村土地承包采取农村集体经济组织内部的家庭承包方式。第十六条规定家庭承包的承包方是本集体经济组织的农户。因此，家庭承包经营权主体是以集体经济组织的户为单位，而非以该户的内部成员为单位。土地承包经营权是农村集体经济组织成员或者其他单位、个人依法以家庭承包或者其他方式承包取得的，用于农、林、牧、渔等生产经营活动的有期限限制的集体土地使用权。土地承包经营权可由本农村集体经济组织成员依法取得，也可由本农村集体经济组织以外的单位和个人依法取得。

《农村土地承包法》第十五条规定家庭承包的承包方是本集体经济组织的农户。明确规定家庭承包经营的承包方必须是本集体经济组织的成员，具备集体经济组织成员身份的，方可以以家庭承包方式承包集体农用土地。

（2）家庭承包经营的无偿性、平等性。

家庭承包经营是承包方给予集体经济组织成员身份无偿获得的权利，无须支付任何对价。因为家庭承包经营权作为用益物权，由集体土地所有权派生而来，而集体土地所有权本就是归属于集体经济组成全体成员共有的权利，成员基于共有权获取一定份额的用益物权本质上是对自己权利的使用，自然是无偿的。

家庭承包经营权具备平等性，每个集体经济组织根据一定的测算和计划，为新增人口等预留一部分土地，将可供分配的土地形成土地承包经营方案，平等地发包给承包人。《农村土地承包法》第十八条规定按照规定统一组织承包时，本集体经济组织成员依法平等地行使承包土地的权利，也可以自愿放弃承包土地的权利。

3. 家庭承包经营期限的规定

农村“土地承包期限”本质上属于产权问题，它实际上关系到每一个农户的“预期利益”问题。党的十九大提出的、十三届全国人大一次会议和2016年出台的《关于完善农村土地所有权、承包权、经营权分置办法的意见》都着重强调“保持土地承包关系稳定并长久不变”，即农户承包集体土地第一轮承包期为15年，第二轮承包期为30年，第二轮土地承包期到期后再延长30年，总共承包期为75年。延长土地承包期，鼓励农民增加投资，培养地力，实行集约经营。

（1）相关政策对土地承包期限的规定。

第一轮土地承包期一般为15年，生产周期长的和开发性的项目，比如果树、林木、荒山、荒地等，承包期应当更长一些。1984年1月1日中共中央发出《关于一九八四年农村工作的通知》，为了稳定土地承包关系，鼓励农民增加投入，提高土地的生产率，在原定的耕地承包期到期后，延长30年不变。

1993年11月5日中共中央、国务院《关于当前农业和农村经济发展的若干政策措施》提出延长土地承包期的工作，发包方与农民签订的合同，到期一批，续订一批，把土地承包期再延长30年。1995年3月28日国务院批转《关于稳定和完善土地承包关系的意见》，提出将土地承包期延长30年，开发“四荒”的承包期可以更长一些，这是稳定家庭承包经营的重大政策，一定要贯彻落实好。

1996年1月21日《中共中央、国务院关于“九五”时期和今年农村工作的主要任务和政策措施》指出，在第一轮土地承包到期后，土地承包期再延长30年，指的是家庭土地承包经营的期限。集体土地实行家庭联产承包制度，是一项长期不变的政策。对原来为了平衡农户负担而实行的“动账不动地”形式的“两田制”，无论是“口粮田”还是“责任田”，承包权都必须到户，并明确30年不变，不能把“责任田”的承包期定得很短，随意进行调整。

1997年8月27日中共中央办公厅、国务院办公厅《关于进一步稳定和完善农村土地承包关系的通知》指出，各地要严格按照中央的有关政策规定，切实做好延长土地承包期的工作。第一轮承包到期的地方，要无条件延长30年不变。1998年1月24日中共中央、国务院《关于1998年农业和农村工作的意见》指出，稳定完善双层经营体制，关键是稳定完善土地承包关系，承包合同和土地承包经营权证书全部签发到户。各县（市）要派人逐村检查，坚决纠正随意缩短土地承包期、收回承包地、多留机动地、提高承包费等错误做法。要坚定不移地贯彻土地承包期再延长30年的政策，同时要抓紧制定确保农村土地承包关系长期稳定的法律法规，赋予农民长期而有保障的土地使用权。再次强调各地要严格按照中央的有关政策，抓好后续完善工作，要健全制度，实行规范管理。有关立法工作要抓紧进行，确保农村土地承包关系长期稳定。

1999年1月11日中共中央、国务院《关于做好1999年农业和农村工作的意见》指出，要把土地承包期再延长30年不变落实到具体农户和具体地块，并按规定与农户签订承包经营合同，发放承包经营权证书。各地要加强检查监督，发现问题，及时解决，确保党的农村土地政策落到实处。2001年12月30日中共中央《关于做好农户承包地使用权流转工作的通知》规定，耕地的承包期为30年、草地的承包期为30~50年、林地的承包期为30~70年；特殊林木的林地承包期，经国务院林业行政主管部门批准可以延长。承包经营权作为《民法典·物权编》规定的一种用益物权，权利生效时间为承包经营合同生效时。《民法典·物权编》第三百三十三条规定了土地承包经营权自土地承包经营权合同生效时设立。根据《农村土地承包法》第二十二条，承包合同自成立之日起生效，承包方自承包合同生效时取得土地承包经营权。

（2）对土地承包期限。

2008年国家首次提出保持现有承包关系稳定并长久不变的政策后，学界对其内涵特别是承包期限问题从不同的角度进行了解读。概括起来主要有两种观点：一是无限期的长久不变。大部分学者认为，将现有的土地承包关系，包括承包关系的主体（农户）和客体（土地）永久地固化下来，即将有期限的土地承包制度转变为无限期的土地承包制度[5-8]；二是有限期的长久不变。部分学者认为，应借鉴城镇土地使用权最高年限70年（城镇住宅用地）的规定，提出土地承包关系长久不变的实质是土地承包“长期化”，而非永久化，承包期限不应超过70年[9,10]。但就政策本意和党的十八大以来中央出台的相关政策来看，土地承包关系的长久不变不仅是农村土地承包期限长短的问题，而且涉及整个农村土地制度的重大变革。因此，只有将其置于农村土地制度的大框架下进行分析，才能全面准确地把握其实质内涵。李明秋等认为，土地承包关系长久不变除了承包关系主体（农户）和承包关系客体（土地）长久固化外，还应包括坚持农村土地集体所有制长久不变、实行农村土地三权分置并行的产权结构长久不变和以家庭经营为主、其他经营方式为辅的农地经营方式的长久不变。以上四个“长久不变”共同构成一个相对完整的新型农村土地制度，它们在加快推进我国农业和农村现代化的进程中相互依存、相互促进，缺一不可。

4. 承包经营权的登记发证

县级以上地方人民政府，应当为承包方颁发土地承包经营权证或者草原使用证、林权证。登记颁证行为不是承包经营权物权的设立条件，但登记颁证是否具备对抗效力，《农村土地承包法》及配套司法解释均没有明确规定。从理论上看，登记颁证实际会产生权利的公示公信作用，应当具备登记对抗效力。但结合承包经营的特点分析，家庭承包经营本身具备身份性质，只在本集体经济组织以内，并且是同意发包承包，出现同一宗土地权利冲突的可能性较小，而且即便出现，制度设计倾向于土地主管部门协调，而非通过司法程序解决。如最高人民法院《关于审理涉及农村土地承包纠纷案件适用法律问题的解释》的第一条第二款规定集体经济组织成员因未实际取得土地承包经营权提起民事诉讼的，人民法院应当告知其向有关行政主管部门申请解决。

《民法典·物权编》第三百三十三条规定了土地承包经营权自土地承包经营权合同生效时设立，县级以上地方人民政府应当向土地承包经营权人发放土地承包经营权证、林权证、草原使用权证，并登记造册，确认土地承包经营权。《农村土地承包法》第二十三条规定了县级以上地方人民政府应当向承包方颁发土地承包经营权证或者林权证等证书，并登记造册，确认土地承包经营权。

5. 家庭承包经营权的强力保护

《农村土地承包法》第二十四条、第二十五条、第二十六条、第三十条、第三十五条，最高人民法院《关于审理涉及农村土地承包纠纷案件适用法律问题的解释》第五条、第六条等都规定家庭承包经营权受法律保护。

（1）严格限定收回制度。

一是发包方不得因承办人或者负责人的变动而变更或者解除合同。二是不得因集体经济组织的分立或者合并而变更或者解除合同。三是国家机关及其工作人员不得利用职权干涉农村土地承包或者变更、解除承包合同。四是承包期内，承包方全家迁入小城镇落户的，应当按照承包方的意愿，保留其土地承包经营权或者允许其依法进行土地承包经营权流转。五是承包合同中有关收回、调整承包地的约定违反《农村土地承包法》第二十六条、第二十七条、第三十条、第三十五条规定的，应当认定该约定无效。六是承包期内，发包方不得单方面解除承包合同，不得假借少数服从多数强迫承包方放弃或者变更土地承包经营权，不得以划分“口粮田”和“责任田”等为由收回承包地搞招标承包，不得将承包地收回抵顶欠款。七是承包方有权追回弃耕、撂荒的承包地。发包方已将承包地另行发包给第三人，承包方有权确认发包方与第三人所签订的承包合同无效，要求返还承包地。

（2）可以收回的情形。

可以收回存在两种情形：一是承包方自愿交回；二是全家迁入设区的市，

并办理农转非。

（3）严格限定调整制度。

原则上承包期限内不得调整。例外是因自然灾害严重毁损承包地等特殊情形对个别农户之间承包的耕地和草地需要适当调整的，必须经本集体经济组织成员的村民会议三分之二以上成员或者三分之二以上村民代表的同意，并报乡（镇）人民政府和县级人民政府农业等行政主管部门批准。承包合同中约定不得调整的，按照其约定。

6. 承包经营权的继承

《农村土地承包法》和最高人民法院《关于审理涉及农村土地承包纠纷案件适用法律问题的解释》中对林地、其他承包经营权继承问题给出明确的答案，继承人在承包期限内可以继续承包。这一规定是考虑到林地、“四荒”地前期的投入很高，回收周期很长，故明确规定可以继承。

对于耕地、草地，并没有明确规定是否可以继承。但是根据承包经营法律、法规规定，家庭承包经营权是以家庭为单位，以户为单位。家庭成员的死亡，并不影响家庭这一主体的存在，也不应当影响既有承包土地的变化。同理，家庭成员的增加，也不影响既有家庭承包经营的土地的多少。即所谓“生不添，死不去”。家庭成员的增减变化，会在新一轮土地发包时予以体现。如果家庭成员均去世，家庭这一主体消亡，取得家庭承包经营权的成员资格丧失，应当收回承包地。

土地承包经营权是一种用益物权，简单地看应当可以继承，但实际上，家庭承包经营权是具有很强的身份性的物权，当“家庭身份”不存在时，因身份的限制，该权利不能被继承。林地、其他承包经营权有特别规定的除外。

（四）农村土地承包经营权流转

农村土地承包经营权流转对于我国农村土地利用、农业现代化和农民增收都有着十分重要的意义。随着我国工业化、城镇化和农业现代化进程不断推进，农村劳动力大规模转移，农户土地流转明显加快，农村土地承包经营权流转是农业走向集约化、现代化的必然选择。近几年来，城镇化、农业机械化的快速发展，解放了大量农村劳动力，很多农民已经不再从土地生产中获得收益，这为农村土地快速流转和农业适度规模化经营创造了条件，但在承包经营权流转具体实施的过程中，还存在很多与法律要求相背离的问题，土地承包经营权流转在管理机制、流转程序规范性、流入方准入机制等方面所蕴含的风险不断显现。

1. 农村土地承包经营权流转的含义和方式

土地承包经营权的流转，是指土地承包经营权通过合法的方式在有关当事人之间发生移转，是指农民借助中间组织将土地使用权转让给专业化、规模化的农业生产组织，使土地转向能够更好胜任农业生产任务的个人、组织和企业，从而实现农村经济效益的最大化。土地作为农业生产的基本要素，是农村实现经济发展的最基本保障，同时也是农民的主要经济来源。追求土地利益最大化不仅是农民的个人需求，也是实现农村市场经济发展的客观要求[11]。相关法律根据承包方式的不同，区分了不同的流转方式。

（1）通过家庭承包取得的土地承包经营权的流转。

家庭联产承包责任制的推行不仅赋予农民更高的农业生产自主权，还为农民提供了更加丰富的选择。基于利益比较原则，部分农民为了追求利益最大化、改善自身居住和生活条件选择进城务工，这也为农村土地流转创设了基本条件[11]。财产权利得以流转实现其经济价值，此为应有之义。土地承包经营权人亦有权依照《农村土地承包法》的规定，将其土地承包经营权进行流转。参照《农村土地承包法》第三十二条的规定，通过土地承包经营合同取得的土地承包经营权可以依法采取转包、出租、互换、转让或者其他的方式流转。

转包、出租、互换、转让，均以合法有效的合同为基础，此合同应当以书面形式订立。土地承包经营权的流转，无论是否导致物权效果，均系一种重要法律权利的变动。为求审慎及出现纠纷时举证方便，故特别要求书面形式。

若承包方有稳定的非农职业或有稳定的非农收入来源，经发包方同意，可以将土地承包经营权的一部分或者全部转让给其他农户，由该农户同发包方确立新的承包关系，而原承包方与发包方在该土地上的承包关系终止。因此，土地承包经营权的转让并不同于转包。在转包的情形下，承包人与发包人之间的土地承包经营关系并未变动，而在转让的情形下，发包人与承包人之间的承包经营关系消失，取而代之的是受让人（新承包人）与发包人之间的承包经营关系。《农村土地承包法》第三十八条（二）规定，不得改变土地所有权的性质和土地的农业用途。所以，土地流转并不改变土地性质和用途，土地流转只是将土地使用权转让，还需要按照原来的用途使用土地，不得进行建设行为。但是实践中，很多农民的土地被流转出去后都被用来建设了，这是违反法律规定的。

（2）通过招、拍、挂等方式取得的经营权的流转。

《民法典》第三百四十二条规定：通过招标、拍卖、公开协商等方式承包农村土地，经依法登记取得权属证书的，可以依法采取出租、入股、抵押或者其他方式流转土地经营权。依照《农村土地承包法》等法律和国务院的有关规定，其土地承包经营权可以转让、出租、入股、抵押或者以其他方式流转。

通过招标、拍卖、公开协商等方式取得的土地承包经营权，与基于家庭承包而无偿取得的土地承包经营权有重大差异，其不具备福利性与社会保障性，在流转中受到的限制理应更弱，特征上更趋于一种普通的民事财产权。

（3）以其他方式取得的土地承包经营权的流转。

以其他方式取得的土地承包经营权的流转，其特征主要体现在抵押和入股两种特殊流转方式上。农户在向市场经济化方向发展的经营过程中有巨大的融资需要，而我国农户普遍缺乏可担保融资的财产，致使其融资需要得不到满足，给农户的自主、多样的承包经营活动造成了非常现实的困难。如果允许农户以其土地承包经营权进行抵押，有利于缓解这一矛盾。但是，我们也应看到，毕竟依家庭承包方式设立的土地承包经营权有着鲜明的社会保障色彩，如果不加限制地可以将其用于抵押，必然会有相当数量的农户因无法清偿到期债务而丧失土地，导致其基本生活无以为继。而且，抵押权的实现会导致土地承包经营权落入集体经济组织之外的主体手中，进而瓦解了集体经济组织。所以，《民法典》并不承认基于家庭承包设立的土地承包经营权可以抵押，而仅在基于其他方式设立的土地承包经营权中承认了抵押这种流转方式。以土地承包经营权入股，一旦出资完成，土地承包经营权即转归公司拥有。同时，作为一种市场中的土地承包经营权变更，依据《民法典·物权编》第三百三十五条，应当由当事人自愿向土地登记机关申请进行登记，未经登记的，不得对抗善意第三人。而且，既然在出资行为完成之后，土地承包经营权已经成为公司的一项财产，则在公司破产时，该项财产应当列入破产财产，参与破产分配。此时，会导致土地承包经营权的转移。

2. 农村土地使用权流转的意义

（1）弥补和完善家庭承包经营制度的缺陷与不足。

家庭承包经营责任制适应我国目前的农村生产力发展水平，激发了农民的生产积极性，解决了广大农民群众的温饱问题。但是，在家庭承包经营制度下，土地按人口平均分配，农户经营土地的规模过小、土地细碎化等问题，制约了农业机械化和农业新技术的推广与应用，造成农业劳动力投入加大，生产效率低下，农产品生产成本大，质量难以提高，产品缺乏竞争力。同时，分散无序的经营，又难以获得准确的市场信息，造成农业生产安排上的盲目性、跟从性和同构型。现行法律法规中缺乏对土地承包经营权流转的明确规定[12]，尤其是对土地承包经营权流转的程序、过程管理、流转后的权利和义务等细则规定不够详细。卢泽宇、陈晓萍[13]则提出，当前中国农村土地流转的现状主要表现为农村土地流转速度加快，土地流转规模稳步增长、分布不均、形式灵活、经营多元化。要克服家庭承包经营的局限性，走专业化、规模化、区域化、商品化之路，很重要的措施就是将分散的土地集中起来连片经营、规模经营。因此，必须创建新农村土地制度，实现农村土地使用权的合理流转。

（2）促进农村土地资源的优化配置，充分利用土地资源。

在家庭承包经营责任制下，农户所拥有的承包地是固定不变的，农民转让土地使用权受到各种因素的制约，土地资源的优化配置难以实现。通过土地使用权流转，可以使分配在一家一户的土地通过交易的形式转让到经营能手手中，充分发挥经营能手在资金、技术、管理方面的优势及对市场的驾驭能力，也可以将每家每户零散的土地集中成片，由大的龙头企业实行集约化经营，取得规模经济效益。这样可以促进土地、生产技术、劳动力、资金等生产要素合理配置和优化组合，实现土地资源的充分利用，促进农业比较效益的提高。

（3）农村土地使用权流转是农村劳动力转移的需要。

当前，农村劳动力过剩问题十分突出，而农村劳动力转移到非农产业又已成为增加农民收入的重要途径。通过建立土地使用权流转制度，可以使无力经营或不愿经营土地的农户通过转让土地使用权获得相应的收益，并将劳动力从有限的土地上解放出来，促使其转向城市，发展第二、第三产业。同时，已转移出去的劳动力所拥有的土地，通过流转得到合理安排，实现充分利用，避免了土地收益低下，甚至被闲置、撂荒、浪费。

（4）促进调整农业产业结构，推进农业产业化经营。

通过土地使用权流转，使土地相对集中，便于统一规划，有利于新技术的运用和新品种的推广，特别是有利于高效经济作物的开发，从而使农业产业结构发生变化。农业产业化是现代农业发展的必由之路，通过土地使用权流转，使土地相对集中于农业企业和经营大户手中，促使资金、技术、人才等资源投向农业开发，提高农业的专业化水平，加快农业技术进步，增强产品的市场竞争力，从而促进农业产业化的发展，实现农民增收。由此可见，调整农业产业结构，进行农业产业化经营，推进农业现代化进程，都必须通过农村土地使用权流转来实现。

3. 限制农村土地使用权流转的因素

（1）承包土地的产权模糊，土地使用主体的权利不明。

产权清晰是市场机制正常运作的基本保证。然而，当前农村土地产权关系的权能较混乱，主要表现在以下方面：①承包地的产权主体不明确。虽然《土地管理法》对集体土地所有权主体的代表做了规定，即农村土地属于集体，但集体所有的范围又包括村集体、集体经济组织和乡（镇）集体。其中，村民委员会和乡镇是农村基层工作机构，产权主体不明确，土地所有权实际上归行政负责人掌管，作为集体成员的农民处于无权状态。②土地的各种权益模糊。没有明确土地承包经营权的物权属性及土地使用权流转合同的债权属性，如承包权、使用权、出租与买卖权、继承权、抵押权、收益权和转作他用权等权益，以及如何在集体和农户之间具体划分等。③土地承包权的性质界定是以政策为主，土地权利的规定还没有完全上升到法律高度。因此，承包土地的各项权能还不能完全受法律保护，权利边界模糊，弹性较大。

（2）缺乏健全的市场机制和有效的管理监督机制。

在我国农村土地使用权流转的实践中，当前大多数地区尚未形成统一规范的土地流转市场，规范的土地流转机制还未建立。一是土地确权颁证进度缓慢。农村土地承包经营权确权登记颁证，是明确土地权利主体及归属，实现土地有序流转的基础。但受农村人口流动性大、区域分布广等因素制约，部分地区土地确权登记工作仍进展缓慢，农村承包土地流转交易受到很大限制。二是配套服务机制不完善。目前，我国农村土地流转工作主要依靠政府推动，政策性强，市场化运作机制尚未完全建立，更未能形成统一的土地流转市场，产业龙头参与度不高，导致带动性弱。农村土地市场发育不完善，缺乏完整的土地测量评级、土地估价、土地信用、土地交易和土地合同管理等制度体系，土地流转受到地方政府的控制较大。三是中介服务组织不健全，造成可流转土地供求信息不对称，包括对可流转土地的数量、区位、价格等信息资料掌握不多，导致土地流转交易的成功率不高，影响了生产要素的合理流动和优化配置。例如土地流转，特别是农户与农户之间的口头协商的土地流转随意性比较大，未能签订书面合同；部分流转协议条款不齐全，双方的权利义务不明确，合同未能公证；土地流转过程中未充分征求流转双方的意愿。四是行政干预导致农民个体财产权利被轻视。农村土地承包经营权流转的直接利害关系人是农民，土地流转是农民行使自身财产权利的一种方式，无论是地方政府还是村委会，都没有理由强制或变相迫使农民流转土地。但在部分地区，很多农村土地流转不是农民自愿或是通过市场运作来进行的，政府或基层组织以招商引资、发展规模农业等名义，不顾农民利益要求，直接干预土地流转，通过行政命令单方面推行，这不仅严重侵害了农户利益和财产自主权，同时也违背了土地流转“依法、自愿、有偿”的原则。五是管理监督措施不力。对土地流转的管理，从上到下的农业行政主管部门目前还没有具体实施细则，在流转程序、流转手段、流转合同履行、流转档案等方面缺乏统一管理与监督。

（3）准入程序存在风险。

土地流入方资格审查、经营实力、拟建项目准入机制不完善。土地流入方资格包括资信条件、经营能力、管理水平等方面，可以有效避免因流入方履约能力差而导致的违约现象发生。但目前，不管是在政策上还是监管机制上，都存在不足。政策方面，由于对农村土地流转规模没有严格限定，缺乏资金准入限制，造成很多流入方在租金清算时，提前撤离资本，特别是需要大规模资金投入的租赁流转方式，这种低门槛的准入政策给农村土地承包经营权的流转带来了种种隐患；监管方面，由于监管措施不到位，在惠农补贴、农资补贴发放主体、用途等问题上，一些假借土地流转名义圈地、获利的行为层出不穷，严重影响了土地的有效流转。

实现土地集约化经营是农村土地流转的一个主要目的，而集约化发展本身就是一个风险因素。成千上万亩的土地流转一般都是农业企业来运营管理，这些流转获得的土地实际上就是众多农户土地的集约，甚至是整个乡镇、村庄土地的集中流转，这也就意味着农户的土地收益集中维系在少量农企身上，如果对土地经营方的资信状况、经营能力、偿债能力等方面缺乏详细的审查和监管，将会带来巨大的偿债风险。当经营方出现运营困难或是由于其他因素导致企业难以持续经营时，大量农户期待的土地收益就会处于被违约的风险中，一旦经营方资金流转困难，地租违约，严重的群体性纠纷就会随之而来。因此，对于大规模的土地流转应慎之又慎，谨防将流转土地集中在一个或少数几个经营个体上。

土地流转合同不规范，流转双方纠纷不断。农业生产投资长、收益慢，具有明显的季节性特征，面临着无法预见和避免的自然风险。如果不能保持农村土地流转的稳定性，就很容易给流转双方带来矛盾和法律纠纷，因此，必须要完善土地流转法律合同，明确出让方和受让方的流转费用收益、明确流转期限以及约定的支付费用。目前，我国农村土地流转大部分是农户的自发行为，有的只是口头协议，有的土地流转合同缺乏规范性，或是合同条款不够清晰明确，缺乏约束力。

（4）土地流转的外围环境欠佳，相关服务体系不配套。

第一，农村剩余劳动力转移缓慢，阻碍土地流转。我国正处在经济结构调整的关键时期，城市工业和乡镇企业吸纳农村剩余劳动力的扩张能力十分有限。并且，随着市场竞争的日趋激烈，企业经营环境不稳定，兼业农民非农产业收入的不稳定使他们难以彻底离开土地而真正走进城镇。一旦经济波动，非农收入下降，大量兼业农民便会回流到农业部门。因此，广大农民在寻找到稳定、安全的生产替代来源之前，决不肯轻易放弃土地的使用权。第二，我国农村社会保障体系不配套，使农村土地流转受阻。没有健全的社会保障制度，就不可能从根本上增强农民离开土地的安全感和适应市场风险的能力。第三，我国社会农村服务体系不完善。由于我国农村生产力整体水平较低，在缺乏资金、技术、排灌、机耕、农产品加工等配套因素的条件下，大多数农民无力经营大面积的土地，从而造成土地使用权需求乏力，致使农村土地使用权流转和集中过程十分缓慢。

4. 农业用地使用权转让和出租

一般认为，农业用地使用权转让和出租是指农村集体农业用地的土地使用权人将有偿取得的集体农业用地的土地使用权提供给使用人或承租人使用的行为。其具有以下特征。

（1）农业用地使用权转让和出租的客体是集体土地使用权。

根据有关法律规定和国有土地使用权有偿出让理论，结合农村集体土地使用权转让和出租的具体实践，可转让和出租的集体农业用地土地使用权应是独立财产意义上的土地使用权，即有偿取得的土地使用权。因此，集体农业用地土地使用权转让和出租的类型主要有承包取得的土地使用权、出让取得的土地使用权、其他依法有偿取得的土地使用权，排除了自留地、自留山以及口粮地土地使用权的转让和出租。

（2）农业用地使用权的转让和出租人是土地使用权人。

集体农业用地土地使用权通过出让方式从集体土地所有权中分离出来成为一项独立的财产权利。以出让方式取得农业用地土地使用权的土地使用者为土地使用权人。土地使用权人凭借享有的土地使用权依法享有对土地的占有、使用、收益和处分的权利。为此，可依法将部分土地的占有、使用和收益权转移给土地使用人，以实现对土地依法经营并获取一定的经济效益。

（3）农业用地土地使用权转让和出租是对土地的租赁和经营。

集体农业用地土地使用权租赁以取得租金为标志，它是以土地产权的有偿让渡为特征的经济活动。这种经济活动包括两个层次：一是土地使用者通过转让和出租土地使用权而取得地租，即取得经济收益；二是土地使用者通过租赁土地使用权，将土地作为生产要素或生产对象直接进行开发，形成土地的租赁经营。租约期间，经营者通过对地租的占有实现土地价值。租约期满后，土地重新归到使用权人手中，增值的土地成为使用权人的财产，为新一轮土地增值打下基础。这就是土地租赁经营的实质意义。

（五）《民法典》对集体土地承包经营权的改进

1. 区分“两权分离”和“三权分置”流转关系

《民法典》在继受《农村土地承包法》之规定的基础上，分两条规定“互换、转让土地承包经营权”的流转方式（第三百三十五条）和“以出租、入股或者其他方式流转土地经营权”的流转方式（第三百三十九条）。从法律效果看，前者导致原土地承包关系和土地承包经营权主体的变动；后者则保留原土地承包关系，农户享有的土地承包经营权不发生变动，在此基础上派生出作为“子权利”的“土地经营权”。故此，前者为“两权分离”权利体系下的流转，流转前后承包地上的权利结构均维持“发包方享有土地所有权—承包农户享有土地承包经营权”不变；后者为“三权分置”权利体系下的流转，流转后权利链条延长，承包地上呈现“发包方享有土地所有权—承包农户享有土地承包经营权—经营者享有土地经营权”的“三权分置”权利结构。应当说，将农户流转承包地的行为明确区分为“变动土地承包关系的流转”与“保留土地承包关系的流转”两大类型，是承包地“三权分置”改革对完善土地权利体系的主要贡献，也是《民法典》将承包地“三权分置”改革决策落实为法律上的权利义务配置的关键举措。

2. 确认五年以上土地经营权的物权地位和抵押权能

明确承包农户可以在保留土地承包经营权的基础上，通过出租、入股或者其他方式流转土地经营权，并赋予土地经营权登记、融资担保等权能，是承包地“三权分置”改革的核心举措，也是新修订的《农村土地承包法》的重大创新。《民法典》一方面继受了《农村土地承包法》上述规定的实质内容和精神，于第三百三十九条规定“土地承包经营权人可以自主决定依法采取出租、入股或者其他方式向他人流转土地经营权”，于第三百四十条规定“土地经营权人有权在合同约定的期限内占有农村土地，自主开展农业生产经营并取得收益”，为土地经营权的产生和权利行使提供民事基本法的依据；另一方面针对《农村土地承包法》修订遗留下来的模糊问题进一步予以明确，确认五年以上土地经营权的物权地位和抵押权能。

对土地经营权的法律性质，也即土地经营权到底是物权还是债权，在《农村土地承包法》修订的过程中存在很大争议，修订案通过时最终采取了模糊处理，只是务实地规定了土地经营权的产生方式和权能：土地经营权可以通过出租、入股或者其他方式产生，可以融资担保，流转期限五年以上的土地经营权可以登记。《民法典》对土地经营权的规定则以民事基本法的形式明确了五年以上土地经营权的物权性质，第三百四十一条规定：流转期限为五年以上的土地经营权，自流转合同生效时设立，当事人可以向登记机构申请土地经营权登记，未经登记不得对抗善意第三人。这是对物权设立、登记和对抗效力的典型表达方式。此处的登记显然不是行政管理意义上的登记，而是具有物权变动和公示效力的不动产登记；而且依据该规定，五年以上的土地经营权具备普遍性的对抗第三人的效力，登记与否只是影响对抗效力的强弱和范围，即便不登记，也同样具备对抗非善意第三人的效力。相较于《农村土地承包法》第四十一条的规定，《民法典》的这一规定更加肯定且明确地确认了流转期限五年以上土地经营权的物权属性。不仅如此，《民法典》第三百九十九条特意删除了原《物权法》第一百八十四条中耕地的土地使用权不得抵押的规定，表明土地经营权可以抵押，亦进一步印证了流转期限五年以上土地经营权的物权属性。这对于解决理论和实践争议具有重大意义，为五年以上土地经营权的不动产登记、抵押融资提供了理论支撑和法律依据。

3. 合并出租和转包，彰显土地经营权的去身份化

在承包地流转实践中，长期存在转包和出租的区分，前者的流转对象为本集体经济组织成员，后者的流转对象则为外部主体，但二者在法律效果上并无实质区别。《农村土地承包法》修订时注意到了这一点，但仍同时规定了出租和转包，只是变换为“出租（转包）”的表达方式，意指二者虽名称不同，但实质含义无异。《民法典》则彻底舍弃了转包的概念，直接采用了“出租”。这一做法不仅使得立法语言更为精准、精练，而且进一步彰显了土地经营权的去身份化和市场化：农户无论是将承包地出租给本集体经济组织成员，

还是出租给外部主体，均为民法上的出租，其法律效果相同，均受到同等的法律保护，不会因转入方身份的不同而被差别对待。语言变化背后体现的是民法的平等原则。

4. “四荒”地承包经营权更名为“土地经营权”，土地承包经营权“纯化”

通过招标、拍卖、公开协商等方式承包荒山、荒沟、荒丘、荒滩等农村土地的，其承包主体不局限于本集体经济组织成员，被称为其他方式的承包，从而区别于家庭承包。依据原《农村土地承包法》的规定，基于其他方式的承包取得的农用地的使用权亦被称为“土地承包经营权”。《民法典》则继受新《农村土地承包法》的规定改变了这一做法，将此种权利更名为“土地经营权”。这主要是考虑到以其他方式承包“四荒”地等不涉及社会保障因素，承包方不限于本集体经济组织成员，自然人、法人、非法人组织等任何市场主体均有资格取得，具有去身份性和市场化等特征，属于对权利主体身份没有特殊限制的开放性市场化权利类型，权利的核心要素与农户通过家庭承包取得的土地承包经营权存在较大区别。

《民法典》将不特定社会主体以其他方式承包取得的农地利用权从原有的土地承包经营权体系中剥离，将其重新命名为“土地经营权”，这一做法使得“土地承包经营权”概念被纯化为仅指本集体经济组织成员以家庭承包方式取得的农用地用益物权。名称调整后，承包地上的土地使用权利得以明确区分为“身份性使用权利”和“市场化使用权利”两大类型，前者为土地承包经营权，遵循封闭式福利分配逻辑，后者为土地经营权，遵循开放式市场配置逻辑。

5. 《民法典》对承包地流转实践的重要意义

《民法典》对土地承包经营权制度的完善，对承包地流转实践具有以下四个方面的重要意义。

（1）权利归属更清晰。

土地所有权由农民集体专享，由农村集体经济组织代表行使；农村集体经济组织将大部分土地通过家庭承包方式发包给本集体经济组织的农户，农户取得土地承包经营权。不适宜家庭承包的“四荒”地，农村集体经济组织则通过招标、拍卖、挂牌等方式向市场主体公开发包，由市场主体取得土地经营权。土地承包经营权由本集体经济组织农户专享；土地经营权则为无身份限制的市场化权利。

（2）流转方式更丰富。

承包农户可以自己耕种，也可以流转承包地。承包农户可以在本集体经济组织内部转让、互换土地承包经营权，从而导致土地承包经营权“易主”；也可以在保留土地承包经营权的前提下通过出租、入股或者其他方式流转土地经营权，从而形成“三权分置”权利结构。在流转土地经营权时，流转双方可以通过平等协商自愿选择是设定物权还是设定债权：流转期限五年以上的土地经营权为物权，其物权变动采取意思主义，自流转合同生效时设立，不登记不得对抗善意第三人；流转期限五年以下的土地经营权则为债权。

（3）土地承包关系更“稳”。

在实践中，一些农民虽进城务工、承包地闲置，但流转意愿不高，其中一个顾虑，就是担心承包地流转后会要不回来，遇到征地拆迁得不到补偿，甚至担心会影响自己下一轮承包的权利。《民法典》通过清晰的权利体系安排和权能界定，进一步明确农户通过出租、入股和其他方式流转土地经营权时，农户仍然是土地承包经营权的主人，土地经营权流转期限届满后土地仍然回到农户手中；即便流转期内遇到征地拆迁，农户仍然能凭借其土地承包经营权获取相应的补偿和安置；在本轮承包期限届满后，只要农户仍具备本集体经济组织成员资格，其承包资格和继续承包的权益不受影响。如此就可以让进城务工的农民吃下“定心丸”，放心流转承包地，避免土地撂荒。可见，承包地“三权分置”并不是架空农户权利，也不是削弱农户权利，而是丰富了农户行使权利的方式，并明确界定各种流转行为的法律后果，农户得以结合自身情况选择最符合其利益诉求的流转安排，从而做到“明明白白”流转、“踏踏实实”流转。

（4）土地经营权更“活”。

在新的承包地流转权利体系下，家庭农场、农民专业合作社等各种农业新型经营主体可以通过多种方式获取土地经营权：既可以从农户手中流转土地经营权，也可以从农村集体经济组织处直接流转土地经营权；既可以通过出租等方式获取五年以下的债权属性的土地经营权，并通过流转合同灵活约定双方的权利义务关系，从而满足一些短期经营需求，也可以通过入股或者其他方式获取五年以上的物权属性的土地经营权，其权利独立性更强也更稳定，适合较为大额和长期的投资经营需求。不仅如此，土地经营权依法登记后，土地经营权人可以用土地经营权抵押融资，释放土地的金融功能，亦可转让其土地经营权。多样化的权利类型和市场化的权能安排，使得土地经营权真正得以“放活”。

6. 落实《民法典》中的土地承包经营权

要全面贯彻落实《民法典》中的土地承包经营权新规，当务之急，必须做好如下几点。

（1）抓紧清理相关法律法规和司法解释。

有关国家机关需要尽快遵循《民法典》的精神和基本规则清理并修改完善相关法律法规和司法解释，尤其是农业管理法规和规章中与《民法典》新规则不相适应的规定，促进规则体系内部的和谐统一，为各主体遵法、守法、适用法律提供明确的遵循。

（2）切实做好土地经营权登记工作。

《民法典》确认了流转期限五年以上土地经营权的物权地位，以招标、拍卖、公开协商等方式承包“四荒”地等农用地的土地经营权亦属于物权，对这些具备物权属性的土地经营权进行不动产登记，是这些权利产生物权的普遍对抗效力以及转让、抵押的法定要求。有关部门应抓紧研究，出台相应举措，为当事人开展土地经营权登记畅通渠道。

（3）重新拟定流转合同范本。

主管部门应当依据新的法律规定重新拟定流转合同范本，并依据流转法律关系的不同类别有针对性地设计不同种类的合同范本，供交易当事人选用，规范流转行为，提高交易效率。

（4）让新规入脑入心入田间。

加大对《农村土地承包法》和《民法典》中土地承包经营权新规的学习宣传力度，做好对基层农业干部、农户和新型农业经营主体的教育培训，让相关各方学懂学透新规，学会运用新规，让《民法典》的文本写入田间地头。

（六）农村土地承包经营权流转的法律对策

农村土地承包经营权流转是一项复杂的系统工程，流转风险的发生也是多方面原因所致。当前和今后一个时期，我们仍需要在实践中结合农村土地流转实际情况，着力抓好土地流转制度创新、政策引导和法制服务的完善，以此全方位推动农村土地承包经营权的有序流转。

1. 落实权责明确的农村土地承包经营权物权权能

农村土地流转实质是土地经营权在不同主体之间的交易，按照《物权法》要求对农村土地承包经营权进行确权登记颁证，进一步明确土地承包权属，建立归属清晰、权责明确的农村产权制度，为调解、处理土地承包纠纷，维护农民土地承包权益提供了法律依据，从而依法落实土地承包经营权的物权权能。一是加强统筹协调，完善确权工作制度。二是各方通力协作，持续增强法律和相关政策合力。国家、各级地方政府、相关部门共同建立和完善多级联网的农村土地流转交易平台，进一步推进农村集体产权制度改革，严格遵循《农村土地承包法》等相关法律法规和政策规定，切实推动确权登记颁证工作，确保农村土地信息明确、权属登记公平公正。三是完善登记监管机制。通过建立农村土地承包经营权流转定期上报制度，对一次性流转面积较大的做好登记，并逐级汇总上报备案。重点加强对流入方主体资格、征信情况、农业持续经营能力以及拟经营项目的审查，以确保符合当地产业布局和现代农业产业发展规划。

2. 放活农村土地经营权权能

土地经营权权能的核心是为落实收益权而赋予农村土地经营主体更有保障的土地经营权。这是维护土地流转双方权益的重点，也是完善农村土地经营制度的关键。一是加强土地经营权保护机制建设，对于流转出的土地，出让方不应妨碍经营主体行使合法的经营权利。为解决潜在的风险和问题，必须要强化流转双方的法律意识，通过签订统一、规范的书面流转合同，来切实保护双方的权益，鼓励土地经营方采用托管、代耕代种、股份合作等经营方式，探索更多放活农村土地经营权的途径。二是建立严格的资本准入和土地监管制度，对土地经营主体进行资质审查和风险防范能力评估，特别是要加强土地流转后的监管，防止土地流转后用途发生改变。三是完善农村土地经营权流转激励制度，优化农业补贴政策。对于流转后未改变土地用途、开展新兴农业的经营主体，可以按照土地流转合同期限、流转规模给予相应补助或专项扶持资金，而对于改变土地用途的农用地则不给予补贴。

3. 完善农村土地流转交易机制

一是土地流转制度创新。针对当前农村土地流转市场机制不完善、不健全的情况，首先就要以建立公开透明的土地市场流转机制和规则为基础，充分发挥市场对土地流转、配置的指导性作用，进一步赋予农村土地出租、转让、抵押、入股等各项权能；其次要明确农村土地流转规模和用途，减少政府对农村土地市场的直接行政干预。二是完善农村土地流转信息平台和中介服务组织发展机制。通过建立土地流转网络信息发布、交易平台，为农民提供合法、有保障的土地流转渠道，使流转双方能够全面、及时、准确地获取土地流转信息，同时对其实行信息化动态管理，以此保障土地流转双方权益不受损害。另外，根据农村土地流转市场的发展需求，培育一批具有专业性、独立性、权威性的中介服务组织也是十分必要的，依托专业的中介服务组织为土地流转双方提供咨询、土地价格评估、托管、融资等服务，可以有效推动农村土地交易市场化，使土地流转更加透明化和制度化。

二、农村土地“三权分置”

改革开放初期，我国农村实行以家庭联产承包责任制为主的农村基本经济制度，这一制度将农村土地集体所有权和承包经营权“两权分离”，在一段时间内推动我国农业经济快速发展。但随着我国经济快速发展，社会结构发生变化，农村土地承包权与经营权剥离的新趋势逐步凸显。近年来，农村耕地时常面临着用途任意变更的问题，这使原有的农村土地承包经营制度不断受到冲击，也使农民的权利受到侵害。而且，由于土地承包经营权在占有、使用、收益等方面的规定并不明确，难以准确界定土地的实际占有情况。开展农村土地确权和农村土地“三权分置”，就是要查清农村土地的面积、空间位置等信息，从而更好地保护农民的权利，推进农村土地有序流转、规模经营。在这样的改革背景下，2015 年，我国颁布《深化农村改革综合性实施方案》，确立了“三权分置”为未来我国农村土地制度改革的基本方向。2017 年，党的十九大报告再次强调农村土地“三权分置”改革对于我国农村发展的重要战略意义。2018 年，中央“一号文件”提出将“三权分置”改革作为新时期我国乡村振兴战略的重要制度性供给。农村土地“三权分置”制度是我国农村改革的又一项重大制度创新，能够有效解决现阶段我国农村土地资源的不合理配置问题。党的十九大报告指出，要巩固和完善农村基本经营制度，深化农村土地制度改革，完善承包地“三权分置”制度。

（一）“三权分置”的概念

所谓农村土地“三权分置”，就是土地的所有权归集体，农民拥有土地的承包权，可以自主经营种植不违反国家政策的作物。土地经营权是土地经营权人依法取得的，对农村集体所有的土地所享有的占有、使用、收益相应的财产性权利[14]。“三权分置”是继家庭联产承包责任制后农村改革又一重大制度创新，为农民增收提供了制度保障。“三权分置”这一制度安排，坚持了土地集体所有权，稳定了农户承包权，放活了土地经营权，为引导土地经营权有序流转、发展农业适度规模经营、推动现代农业发展奠定了制度基础。加快放活土地经营权、优化土地资源配置，是实施“三权分置”的重要目标之一，通过“农地农民有，农地农业用”的制度安排，可以更好地促进规模经营和现代农业发展。多项举措保障新型经营者权益，农民增收有了新路径和制度保证，农民进城落户无须退出土地承包权。

近年来，随着工业化、城镇化深入推进，大量农业人口转移到城镇，农村土地流转规模不断扩大，新型经营主体大量涌现，土地承包权主体同经营权主体分离的现象越来越普遍。随着城镇化进程的加快，农村人口结构发生了变化，“两权分离”已经不能适应农村土地生产经营管理的需要。由此，土地所有权、承包权、经营权“三权分置”的地权格局得以出现，以明确各方的土地权利。农村土地从“两权分离”到“三权分置”的转变并非单纯的权利分解，它体现着国家、集体、土地使用者、农民个人等诸多主体在农业生产经营中地位与功能的变革。有序推进“三权分置”农村土地制度改革，构建新型农业经营体系、落实集体所有权是前提，稳定农户土地承包权是基础，放活土地经营权则是关键。

2016 年 10 月 30 日中共中央办公厅、国务院办公厅出台《关于完善农村土地所有权承包权经营权分置办法的意见》指出，现阶段深化农村土地制度改革，顺应农民保留土地承包权、流转土地经营权的意愿，将土地承包经营权分为承包权和经营权，实行所有权、承包权、经营权分置并行，着力推进农业现代化，是继家庭联产承包责任制后农村改革又一重大制度创新，是农村基本经营制度的自我完善。《关于完善农村土地所有权承包权经营权分置办法的意见》指出，要扎实做好农村土地确权登记颁证工作，确认“三权”权利主体，明确权利归属，稳定土地承包关系。建立健全土地流转规范管理制度，完善工商资本租赁农地监管和风险防范机制，确保土地经营权规范有序流转。构建新型经营主体政策扶持体系，加快《农村土地承包法》等相关法律的修订完善工作。

（二）“三权分置”的内容

中国自下而上逐步建立起“以家庭承包经营为基础、统分结合的双层经营体制”为特征的农村土地承包经营制度，并在市场经济体制改革浪潮中逐渐从“两权分离”演变为集体所有权、农户承包权、土地经营权“三权分置”模式。“三权分置”是中央政府诱致性变迁与农村渐进式变迁相互融合的结果[15]，体现了农民自主需求与中央统筹三农问题内在逻辑的一致性，其探索路径始终围绕着“处理好农民与土地的关系”这一主线前行，即要在保障农民充分利用生产资料实现财产权利的同时，统筹兼顾实现保障农地流转和适度规模经营的任务目标。

承包土地“三权分置”改革，实质上是要将法律规定的“土地承包经营权”分解为“土地承包权”和“土地经营权”，并且使“土地经营权”依法独立运行。也就是说，要在依法保护“集体土地所有权”、稳定“农户土地承包权”的前提下，依法保护“土地经营权”、放活“土地经营权”，精心培育农村新型经营主体。①依法保护“土地所有权”，就是要在坚持“农村集体土地集体所有”的前提下，改变过去那种“集体所有权主体虚置”问题，依法落实集体土地所有权的归属主体。在此基础上，确保农民有效行使集体土地所有权，依法建立健全集体土地所有权行使的运行机制。②稳定“农户土地承包权”，就是要依法落实党的十九大提出的、十三届全国人大一次会议着重强调的，“保持土地承包关系稳定并长久不变”。③放活“土地经营权”，主要体现在通过土地“三权分置”制度改革，实现三个“活起来”：一是有利于保障农民对承包土地收益、流转以及经营权抵押和担保等权利，使农村土地资产真正变成农民的财富；二是有利于搞活和培育农村新型农业经营主体；三是引导城市工商资本、人才和技术流向农村，有利于搞活承包土地的经营方式和适度规模，促进农业机械化和农业现代化[16]。

《民法典》规定了“土地承包经营权人可以自主决定依法采取出租、入股或者其他方式向他人流转土地经营权”；“土地经营权人有权在合同约定的期限内占有农村土地，自主开展农业生产经营并取得收益”内容；并修改了土地经营权的流转限制。《民法典·物权编》第三百四十二条规定了通过招标、拍卖、公开协商等方式承包农村土地，经依法登记取得权属证书的，可以依法采取出租、入股、抵押或者其他方式流转土地经营权。删除了原《物权法》第一百八十四条中关于耕地不得抵押的规定，以适应“三权分置”后土地经营权入市的需要，进而在落实集体所有权、稳定农户承包权的基础上进一步激活土地经营权。实行“三权分置”，在保护农户承包权益的基础上，赋予新型经营主体更多的土地权能，有利于促进土地经营权在更大范围内的优化配置，提升土地产出率、劳动生产率和资源利用率。

农地“三权分置”最先体现在《农村土地承包法》中，该法第九条规定了承包方承包土地后，享有土地承包经营权，可以自己经营，也可以保留土地承包权，流转其承包地的土地经营权，由他人经营。该条表明，农村土地承包经营权人可以自己保留土地承包权，流转承包地的土地经营权，从概念上符合了农村土地“三权分置”的立法理念。同时，该法的第二章和第三章分别规定了“家庭承包”和“其他方式承包”中土地经营权的取得方式。

（三）“三权分置”的法律意蕴

农村土地“三权分置”还不是一个标准的法律用语，现行的土地承包经营法上还没有使用这一概念。2016 年 10 月颁发的《关于完善农村土地所有权承包权经营权分置办法的意见》提出，要在确定土地所有权、承包权和经营权的主体分别为农民集体、承包农户和经营者的前提下，依法确定土地集体所有权是农村土地承包权的基础，农户享有承包经营权是土地集体所有的具体形式；在土地流转中，再从“承包经营权”中派生出“土地经营权”的基本权力结构。

土地经营权的定性事关农地流转的关键，合理定义土地经营权的法律属性能推动农地资源的合理配置。根据物权法定原则，《民法典・物权编》是作为一种用益物权的土地经营权加以规定的。2020 年 1 月 1 日实施的《民法典》将土地经营权规定在土地承包经营权一章中。从内在统一性来看，土地经营权与土地承包经营权密不可分，土地经营权派生于土地承包经营权，如果将土地经营权单独作为一章进行规定，就会形成土地承包经营权、土地经营权、建设用地使用权、宅基地使用权、地役权、居住权等并列的局面。从内在体系来看，土地承包经营权与建设用地使用权、宅基地使用权、地役权、居住权等属于相互独立的权利，与土地经营权之间联系紧密，土地经营权独立成章在内在体系上不能与其他用益物权相贯通。从外在统一性来看，《民法典・物权编》与《农村土地承包法》属于一般法与特别法的关系，将土地经营权规定在土地承包经营权一章中能够与《农村土地承包法》相对应。值得注意的是，土地经营权也存在直接派生于土地所有权的情形，因此，将“土地承包经营权”一章的名称改为“土地承包经营权与土地经营权”能够表明土地经营权的不同来源，更为合适。

《民法典・物权编》和《农村土地承包法》规定了“土地承包经营权”的用益物权属性，赋予集体土地承包者“承包土地”可以出租的权利。由此也就决定了“土地经营权”作为一种特殊的“租赁权”，得到了法律的认可和保护。从法律主体的视角看，土地承包者依法获得了一种特殊的选择权，既可以在自己承包的土地上长期精耕细作，也可以把自己向集体承包的土地，出租给具有大规模经营能力的经营者。承包者不仅可以因之而获得相应的报酬，而且也没有失去对该土地的物权请求权。土地经营主体则通过“土地租赁”的方式，获得了对该承包土地的“使用权”。从法律的视角看，把“土地经营权”视为一种特殊的“租赁权”，既有利于化解用益物权基于“物权法定”无法突破的矛盾，又有利于依法赋予权利人更多的选择空间，让权利人在“债权性”的土地权利或“物权性”的土地权利之间，完全按照个人的意愿合理地进行选择[16]。

与《农村土地承包法》相比，《民法典》对土地经营权的规定比较简单，并且相关条款基本沿袭《农村土地承包法》。《民法典》中涉及土地经营权的条款主要有第三百三十九条至第三百四十二条。第三百三十九条与第三百四十二条对土地经营权不同产生方式进行规定，第三百四十条为土地经营权的内容，第三百四十一条为土地经营权设立和流转的相关规定。《民法典》第三百四十一条与《农村土地承包法》第四十一条相比，增加了“自流转合同生效时设立”，这与登记对抗主义的物权变动原则极为相似，《民法典》第三百三十五条、第三百七十四条对于土地承包经营权、地役权的登记对抗主义的规定，都是以两种权利为用益物权作为前提。可以推断，立法者有意将农地流转期限五年以上的界定为用益物权性质的土地经营权。针对土地经营权的再流转和融资担保问题，《农村土地承包法》明确土地经营权的再流转和融资担保需要经承包方书面同意，并向发包方备案。《民法典·物权编》对于土地经营权的再流转和融资担保问题并未做出规定。总体来看，《民法典》对于土地经营权的规定相比于《农村土地承包法》有一定的创新之处，但更多的还是沿袭了《农村土地承包法》的规定，并没有完全解决对于土地经营权性质的争议，其对于土地经营权的规定尚有改进的空间。

（四）农地“三权分置”的完善

针对“三权”的法律困惑，理论界探讨良多，但对“三权分置”的理解还必须回应农地产权制度的实践。在农地经营权流转实践的基础上，从放活经营权的角度，探讨如何落实农地“三权分置”之改革。

1. 土地经营权的法律效力

“三权分置”改革将经营权分置的主要目的就是促进农地流转，以适应现代化农业发展的需要。为保护权利人的合法利益，保障交易的安全并减少农地经营权因流转产生的纠纷，应当以土地经营权登记制度实现公示的效果。

在不动产物权变动的效力问题上，《民法典》第二百零九条、第二百一十五条延续了原《物权法》第九条、第十五条关于我国不动产物权变动规则采取登记生效主义的一般规定。《民法典》第三百三十三条、第三百三十五条以及第三百七十四条为土地承包经营权和地役权设置了不同于一般情况下的不动产物权变动规则，地役权和土地承包经营权的变动自合同生效时生效，登记仅为土地承包经营权流转以及地役权的对抗要件，未经登记不得对抗善意第三人。对于流转期限在五年以上的土地经营权的物权变动，《民法典》安排了与土地承包经营权、地役权相一致的设置，新修订的《农村土地承包法》就土地经营权担保物权的设定遵循意思主义，担保物权自担保合同生效时设立，登记产生对抗效力。

土地经营权的物权变动规则和担保权的设立规则均采取登记对抗主义有其合理性。主张采取登记对抗主义的理由主要为我国农地政策的历史和实践。首先，我国农地面积大而零碎分散，农民在生产生活中形成一定习惯，变更登记规则的推行成本较高。其次，考虑到我国农地的特殊性以及对经营权流转的限制规定，中短期内我国难以形成如房地产等不动产交易市场一样的局面，实现担保的市场价值不易评估。尽管《民法典》和《农村土地承包法》已经对土地经营权的登记规则做出规定，学界却没有停止对此的争论。如高圣平教授主张，为土地经营权设立担保应当采取登记生效主义。其认为，在实践中绝大多数金融机构会要求办理土地经营权抵押登记，而土地经营权抵押登记以土地经营权登记为前提。就此而言，土地经营权人办理登记即是理性选择，在已登记土地经营权情况下，办理抵押权设立登记并不增加多少成本，如此也可维系不动产物权变动的通常模式。笔者认同上述观点，并且主张对于集体组织内承包农户自已享有土地经营权的情况，土地经营权的设立可采取登记对抗规则；流转取得土地经营权的情况，土地经营权的取得应当采取登记生效主义。登记旨在为进入市场交易的不动产物权提供有公信力的权利外观，随着“三权分置”政策的推行，土地经营权流转的活跃是长期趋势，在实务中，农地经营权大面积流转的情况在农村也愈加普遍。在流转趋于频繁的背景下，登记对抗制并不能有效发挥公示效用，未经登记而多次流转的土地经营权的主体之间存在着产生权利纠纷的可能。设置抵押担保和流转的土地经营权不同于传统的承包经营权和地役权，这种行为具有较明显的市场特征，因此其权利的设定和变动应当参考一般的不动产物权变动规则。

2. 对经营权的流转监督机制

由于实践还不够成熟，完善的土地经营权流转及后续经营的制度规范尚未建立，各地出台的农地经营权流转细则仍处于摸索阶段，不规范的行为容易发生。因此，除了规范土地经营权流转行为外，还应当注重对流转后续行为的监督，对象包括流转主体以及以基层权力为代表的公权力。

首先是对规模性受让农地的经营者进行监督。受让土地经营权经营者的不规范行为主要表现在两个方面：一是有可能利用自身相较于农民的优势来减损农民的权利。在“两权分离”时期，享有农地承包经营权的农户亲自利用土地稳定创收；在“三权分置”的改革实践中，开展大规模农业经营的公司、组织或者大户成为经营权权利主体，其通过受让经营权而合法对大面积农地行使占有、使用、收益之权能。此时，作为承包权主体的农户在流转期限内不享有土地经营权而获得固定数额的租金，但一般而言，仅靠这些固定租金很难将农民生活维持在一定水平上。这意味着，在相对封闭、发展机会较少的农村，相当一部分将土地经营权流转出去的农民会在一定程度上依赖规模化经营的现代农业经营者创造固定租金以外的收入。力量的差别使得经营者可能处于优势地位，在缺乏监管的情况下，存在经营者一方损害农户的可能。二是滥用土地经营权流转政策追求不当利益。为推进“三权分置”改革，各级政府多层次出台激励措施，专门针对规模经营的农业补贴比重会逐步增加，考虑到规模化经营的体量、耕种业不高的收益率，补贴数额是相当可观的。补贴政策执行的初期，由于实践经验不够成熟，在一些地方政府急于“做出成绩”的心态叠加下，会产生农业补贴实施细则缺失、审核不严等问题，甚至可能形成空有土地流转而无适度规模经营的局面。另外，由于以粮食种植为主的农业产值和附加值并不高，倘若政府不对权利流转后的土地经营状况进行监管，大量经营者可能转型发展旅游农业，大面积改变农地用途，加速土地经营的“非农化”。政府应当将监督延续到流转后的经营阶段，如结合本地实际情况细化农业补贴标准，建立固定性的定期考察、调研制度。

其次是对基层权力的监督。基层权力的不规范行为主要表现在滥用权力过度干预农民、基层干部权力寻租以损害农民利益方面。“三权分置”改革是政策实践先于立法的探索模式，各地政府在充分发挥积极性探索改革模式时，可能出现违背行政法原则的情况。为了片面追求政绩，基层政府可能将“农地经营流转数据”作为政绩评估因素之一，在执行政策的过程中往往会忽略农民的自主意愿。“为招商引资，不经土地承包经营权人同意，直接代替农户与外商资本签订农地经营权流转合同，损害土地承包经营权人的土地经营权”；甚至可能无视市场规则，滥用行政命令编制、执行流转计划，或以“少数服从多数”之名整组流转经营权，或直接引入资本经营农地，强迫农民交易。实践中，部分基层干部或因招商引资之目的，或为满足个人利益，可能会积极说服农民以不合理的价格流转土地经营权，损害农民的利益和其自主决定权。

3. 农村社会保障

农地长期以来是农民安身立命之本，随着社会发展和城市化进程的加快，许多农民有了更丰富的创收渠道，但农地仍稳定地发挥重要作用，这使许多进城务工而未“站稳脚跟”的农民对农地的心理依赖仍然较强烈。从社会保障意义上来说，农民享有的土地承包经营权更是农地发挥社会保障作用的关键，这种社会保障功能可能远大于其生产创收的功能。在城乡二元体制下，我国农村社会保障工作虽取得了巨大的进展，但远不如城镇完善。土地经营权流转为农民带来数额较为固定的报酬，但许多农民会担心因为“丧失土地”而生活无法得到保障。现实中有相当大数量的农民思想认识不足，因为担心失去农地后增大生活风险和经济压力，没有积极的流转意愿。

完善和健全农村社会保障制度需要中央和地方政府共同配合，建立多层次的社会保障制度。另外，合法、科学使用调控手段，在规模化经营农地上创造更多的就业岗位。通过多种手段降低农民对流转出土地经营权的担忧，加大政策宣传力度，农民的流转意愿自然会相应提高。

4. 经营主体创新

在集中和统一规划并积累土地资本后，要将土地经营权流转给能够承担上述农业现代化任务的新型农业经营主体。具体而言，经营权的流转必须同选择和培育现代化农业的经营主体相结合。现代化农业需要由新型农业经营主体来引入现代要素，现代农业经营主体应当是“以有知识、有创新精神的农民，称职的科学家和技术人员，有远见的公共行政人员和企业家形式表现出来的人力资本的改善”，这就对现代农业经营主体的素质提出了基本要求，即要有知识、懂技术，甚至以管理企业的方式经营农业。传统农业生产过程中的劳动者已经不能满足现代农业对经营主体的要求，这就要求从农村和农业传统经营者之外引入新型经营主体，也需要培育能适用规模化经营的现代新型农业经营主体。农业经营主体分为土地经营权流向的经营主体和农业产业组织中的经营主体，前者就是农地“三权分置”中所要培育的土地经营主体，其经营的土地是农户流转的承包地，大都从村集体那里取得。这些经营主体所面对的土地所有者不是私有者，而是集体所有者，这是同资本主义农业的根本区别。如前文所述，获取经营权的土地是经过流转而集中的，并根据农业现代化和乡村振兴要求进行统一规划的土地，即积累了土地资本的土地，需要采取现代农业生产和经营方式。

因此，对土地经营主体就有以下三个方面的要求：首先，经营土地的新型农业经营主体，在作为经营者的同时也是投资者，投资可以引入以科技和创新为代表的新要素。现在农业农村以外的投资者和企业家对进入农业望而却步，根本原因是农业投资收益率太低，等量投资得不到期待利润。就提高投资收益率而言，对取得土地经营权的新型农业经营主体来说，不能靠降低取得土地经营权报酬来提高收益率，而是要寻求收益率高的农业经营项目。这就迫使其在经营的农业品质、品种上做文章，在优质高效上增加收益。其次，农业经营单位需要扩大。原先的零散的承包地适合单一的农业种植，现在的农业转向品质和提高附加值模式后，农用土地不只是种植粮食，还需要农林牧副渔多种经营。所有这些都需要对农地进行统一规划和开发，打破原有零散的承包地范围经营的限制。这意味着需要从以农户为单位转向以村为单位的土地经营模式，或者是投资者形成的公司性质的工场，或者是直接由村集体经营，实现小农业向大农业的转化。最后，村集体作为所有者，需要承担对土地经营主体的选择和监管职能，保证集体所有的土地不被滥用，符合乡村振兴的规划。

参考文献

[1] 罗玉辉．中国农村土地流转与农民权益保护［M］．北京：社会科学文献出版社，2019.

[2] 严金明，郭栋林，夏方舟．中国共产党百年土地制度变迁的“历史逻辑、理论逻辑和实践逻辑”［J］．管理世界，2021，37（7）：19-31.

[3] 郑雄飞，王提．从单一到多元：新中国农村土地生产经营模式的演变路径探析［J］．学术研究，2020（2）：61-68.

[4] 高旺盛．新阶段农业结构调整若干战略问题讨论［J］．民主与科学，2021（6）：15-17.

[5] 刘守英，程果．集体所有制的理论来源与实践演进［J］．中国农村观察，2021（5）：2-22.

[6] 刘福海．永包制：土地承包关系长久不变的探索［N］．北京日报，2010-04-12.

[7] 刘璐，高圣平．土地一级市场上租赁供地模式的法律表达——以《土地管理法》的修改为中心［J］．上海财经大学学报，2012，14（2）：19-26.

[8] 邵夏珍．“增人不增地、减人不减地”试验与农村转型：黔省500农户样本［J］．改革，2014（12）：70-81.

[9] 胡昕宇，韩伟．关于农村土地承包关系“长久不变”的若干思考［J］．华中农业大学学报（社会科学版），2010（2）：101-105.

[10] 杨久栋，苏强．农地产权“长久不变”的法律创新及其实现［J］．农业经济问题，2015，36（4）：27-31.

[11] 詹绍文，吴思谊．基于金融支持的农村土地流转困境与对策［J］．农业经济，2021（2）：101-103.

[12] 张德全．农村土地承包经营权流转的典型问题与应对措施分析［J］．https：//www. fx361. cc/page/2021/0110/9420071. shtm.

[13] 卢泽羽，陈晓萍．中国农村土地流转现状、问题及对策［J］．新疆师范大学学报（哲学社会科学版），2015，36（4）：114-119.

[14] 韩长赋．铸就新时代“三农”发展新辉煌［J］．农业工程技术，2020，40（29）：1-2.

[15] 刘守英．直面中国土地问题［M］．北京：中国发展出版社，2014.

[16] 宋才发，金璐．三权分置：农村土地制度创新的法治基础［J］．中南民族大学学报（人文社会科学版），2018，38（5）：138-143.

[17] 宋志红．民法典对土地承包经营制度的意义［M］．经济参考报，2020-08-25.

第五章

“三位一体”的耕地保护制度体系

我国人多地少的基本国情，决定了我们必须把关系十几亿人吃饭大事的耕地保护好，这是全面推进乡村振兴、实现农业农村现代化、扎实推进共同富裕的重点工作和基础支撑。保证粮食安全是我国发展的底线，落实“藏粮于地、藏粮于技”需要从耕地的数量、质量、生态“三位一体”的系统保护入手。但我国耕地资源保护仍面临耕地数量保障难、耕地质量退化严重、耕地生态保护动力不足等一系列严峻挑战。全面维护和提高耕地生态系统的生产、生态和生活功能，保障粮食安全和绿色可持续发展仍是国之大计。目前，我国有限的国土空间如何协调粮食安全、生态安全和经济发展的合理用地需求仍面临诸多挑战，高强度的土地利用导致了耕地质量不断退化，耕地生态补偿机制和生态产品价值实现机制的缺失导致耕地生态保护的动力不足。因此，必须加快耕地数量、质量、生态“三位一体”系统保护的理论、方法与政策体系研究，完善耕地保护制度，促进耕地合理利用和有效保护的目标实现。

“三位一体”的耕地保护制度是指对耕地的数量、质量、生态三个方面进行综合保护的制度体系。耕地数量保护是耕地质量保护的前提，耕地质量保护是耕地数量保护的保障，生态保护是耕地数量、质量保护的基础。耕地保护具有系统性的特点，在进行耕地保护时，应将数量、质量和生态纳入一个整体系统，从系统的角度，对三者之间的安全性、适宜性进行评价，协调三者之间的关系，使“三位一体”保护能够和谐、持续。耕地保护还具有层次性的特点，不同视角下其保护与利用目标有所不同，因此不同尺度下耕地数量、质量和生态要素之间的关系也有所不同。2021 年中央“一号文件”“十四五”规划等接连提出“提升粮食供给能力”“落实耕地保护”，凸显了当前我国落实耕地数量、质量、生态“三位一体”的保护要求。

一、耕地保护制度建设的背景、目标与意义

（一）耕地保护制度建设的背景

自1981年国务院明确提出耕地保护概念以来，我国耕地保护事业已经走过40多年。40多年来耕地保护政策不仅保障了国家粮食安全、维护了粮食主权地位，而且有力支撑了中国工业化、城镇化的发展。然而，研究发现，近年来中国耕地利用正呈现“非粮化”“非食物化”“边际化”“弃耕化”等新兴“四化”趋势。国家和相关部门连续出台了一系列法律法规，规范耕地保护领域的诸多问题，然而，受2020年全球新冠肺炎疫情、俄乌冲突引起国际区域冲突以及极端天气等危机的影响，国际粮食贸易一度濒临中断，导致我国耕地数量底线和质量红线预警从未停止，耕地保护工作还面临着巨大的挑战，这不断提醒我国必须守住耕地红线、保障粮食安全和粮食主权。因此，在错综复杂的国内外局势下，唯有准确研判粮食安全形势、耕地保护困境，解析耕地保护转型特征，把耕地数量保护、质量提升和生态环境改善作为耕地系统保护和治理的目标，全面维护和提高耕地生态系统的生产、生活和生态功能，保障粮食安全和绿色可持续发展，完善耕地保护制度，才能提出精准有效的耕地保护对策，促进耕地可持续利用，实现粮食安全和生态可持续。

（二）耕地保护制度建设的目标

1. 粮食安全是耕地保护的基本目标

我国粮食安全正面临谷物结构失衡、贸易流通风险等问题，使得非粮化的粮食安全效应备受关注。就供给侧而言，耕地非粮化直接导致口粮、玉米和豆薯类等种植面积减少，进而降低局部区域的粮食自给率。2015—2020年，我国粮食播种总面积下降了219.5万公顷，但在全国尺度上种粮面积的减少并未影响粮食增产的宏观趋势，这主要得益于技术进步和农业集约化水平的提升，使局部地区非粮化的减产效应未能在国家层面体现[1-2]。从粮食消费需求端来看，人们饮食结构从20世纪八九十年代的依赖淀粉类主食的温饱型生活水平，转为21世纪初更多地食用副食的较好水平和当今的以精细化食物结构为追求的高品质生活水平，这也意味着中国经济社会进入由生存性需求向高质量发展性需求转型的社会现实。由于经济发展和人口增长，在新中国成

立后的70多年间我国人均耕地面积减少了一半，耕地资源因被多种需求掠夺而稀缺。因此，如何提升耕地利用的安全性是关乎地区经济实力、粮食供应、土地保护和区域发展的重要问题[3]。

1996年以来，我国在保障粮食安全方面实施了一系列方针政策和举措办法，提出了“确保谷物基本自给、口粮绝对安全”的新粮食安全观，探索了新形势下“以我为主、立足国内、确保产能、适度进口、科技支撑”的国家粮食安全战略，走出了一条中国特色粮食安全之路。虽然近年来我国粮食等重要农产品供给保障能力稳步提升，粮食生产实现“十八连丰”，但粮食安全方面还存在一定短板与薄弱环节。根据《中国统计年鉴》数据，在过去的30年间，虽然人均直接粮食消费有所降低，但由于膳食结构的变化，饲料及工业用粮等间接粮食消费增长迅速，导致粮食总需求量大幅提升。同时，随着城市扩张，城镇周边大量耕地被开发为城市用地，使得城镇周边粮食生产空间不断萎缩。为了满足粮食需求，需要在远离城镇的区域开垦更多耕地，导致粮食生产空间逐渐向远离人口聚集的北部及西北地区移动。2000年后片面追求耕地面积平衡的耕地保护政策，更是加剧了粮食生产与消费空间的分离趋势。

2. 资源、能源安全是驱动耕地保护的基本动力

资源安全是一个国家或地区可以持续、稳定、及时、足量和经济地获取所需各类自然资源的状态或能力，其中对食物安全与耕地资源安全的关注由来已久[4]。我国的后备土地资源匮乏，近年来由于片面追求耕地面积平衡的耕地保护政策，在耕地占补平衡过程中，大量流失的城镇周边的优质耕地，往往被“上山下海”“南减北增”的新增补充耕地所取代，造成耕地总体质量下降。经济作物、能源作物与粮食作物的非理性竞争是制约水—能源—食物耦合（Water-Energy-Food nexus，WEF）的关键因素[5]，当地农业政策往往倾向于保障某一项资源安全，却威胁了其他战略资源的可获得性。在耕地上进行挖塘养鱼、用材林培育、苗木草坪种植等非粮化的资源他用，会导致有机质含量高的耕作层土壤大量流失，地力枯竭，其恢复耕种的成本和代价也将变得极为高昂。

3. 生态安全是耕地保护的终极目标

耕地系统作为自然生态系统的重要组成部分，具有供给服务、调节服务、支持服务和文化服务等功能。耕地生态保护应以耕地地力下降、农田面源污染、生物多样性减少等问题为导向，借助耕地生态系统自身的恢复能力，辅

以必要的人工干预措施，增强耕地生态系统韧性、提升可持续性，实现生态效益和社会效益的协同作用。考虑到人类对生态系统服务日益增长的需求，耕地生态系统保护可以采取“自然恢复+人工修复”的措施进行可持续管理和修复行动。

耕地非粮化过程对于局地水环境、土壤物质迁移过程、气体循环、农田生物多样性等均产生直接或间接作用，进而影响区域生态安全状况。非粮食生产过程往往会带来农药化肥过量施用以及塑料薄膜等固体废弃物大量残留，有学者通过测算非粮化导致的总氮、总磷排放量，发现蔬菜种植、畜禽养殖排放的污染物要远高于水稻种植[6]。若从农业生产碳足迹视角看，由于设施农业较传统农业在能源消耗、气体肥料施用方面的额外投入更高，当耕地生态系统演变、转化成为温室生态系统时将会导致更多的温室气体排放[7]。此外，某些经济作物（如桉树、核桃等）还会通过植物化感作用改变周围土壤微生物环境及养分循环，在生产布局不合理的农业生态系统中常常抑制粮食作物的生长发育。

（三）耕地保护的意义

保护耕地是保障我国粮食安全的重要条件和必要手段。国家实施最严格的耕地保护制度，有效保障了粮食供给，但伴随着城镇化、工业化的快速推进，耕地数量不足、质量不高、生态环境退化等问题进一步凸显，重点推进耕地“三位一体”（数量—质量—生态）综合保护刻不容缓。耕地数量保护、质量保护和生态保护是相互联系、相互影响的三个维度，其共同目标是保障国家粮食安全、生态安全和社会稳定。因此，必须牢牢守住耕地红线，确保耕地数量基本稳定。从偏重数量保护转向数量、质量保护并重，是适应经济发展新常态的必然要求，也是土地可持续利用的基本前提。与此同时，耕地保护与生态保护都是生态文明建设的主要内容，耕地生态保护将二者有机结合，统筹耕地保护与生态建设，是落实协调发展、绿色发展理念的内在要求，是新时期耕地保护的重要出发点和落脚点。

二、耕地保护制度的阶段进展

我国耕地保护从重“数量”到“数量”与“质量”并重的演变，主要是我国国情和经济社会发展水平决定的。这一演变主要经历了三个阶段，耕地保护制度发展脉络如图 5-1 所示。

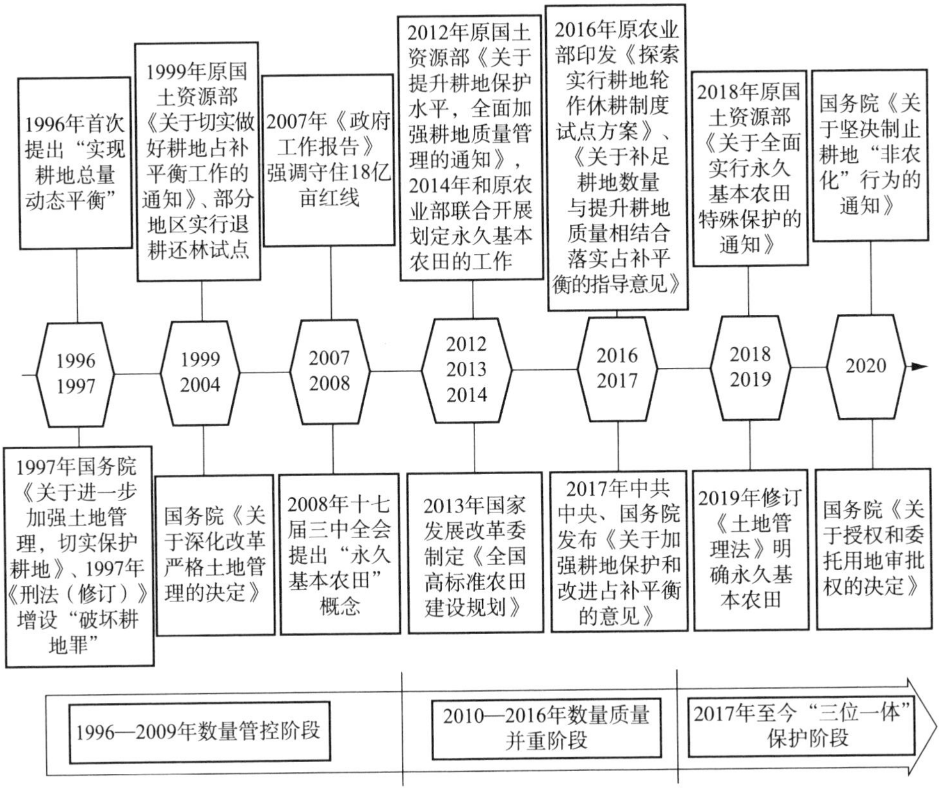

图 5-1　耕地保护制度发展脉络

（一）耕地保护和数量管控制度的提出

1. 意识觉醒期（1947—1977 年）：人口压力与粮食短缺问题的破解

土地改革前后（1947—1952 年），我国制定《中国土地法大纲》和《土地改革法》，从法制层面明确农村土地产权归属，使“耕者有其田”，提升了农民生产积极性。但耕地产能低与人口增长迫使农民通过开荒等形式增加耕地，以解决“吃饱”问题。此后，为满足新中国巨大的粮食缺口和农田水利建设等需要，推行互助组—合作社（1953—1956 年）和人民公社（1958—1977 年）政策，农地权属完成从私有制到社会主义公有制的转变。同时，受自然灾害和较低生产力的影响，我国始终处于“缺粮”状态，但耕地数量却大约增加 1.8 亿亩。综合来看，该阶段耕地属性外化为政治手段，保证了新中国成立初期的稳定发展。但传统农业生产难以支撑人口快速增长，开发更多耕地用以粮食生产成为首要需求，由此催生了耕地保护原生意识的觉醒。

2. 概念深化期（1978—2003 年）：快速发展与耕地数量管控的协调

改革开放初期，我国计划经济色彩仍然比较浓厚。在此时期，百业待兴，各项建设用地需求突增，占用一部分耕地来保证国家建设用地需求也就成为必然。此时，我国粮食生产形势总体向好，粮食安全的压力尚在可控范围。为了确保粮食安全，中共中央、国务院逐步提高了对耕地保护的重视。1981 年《政府工作报告》提出：“我国人口多，耕地少，随着人口的增长，这个矛盾将越来越尖锐。十分珍惜每寸土地，合理利用每寸土地，应该是我们的国策。”同时，该报告提出：“基本建设即使非占用耕地不可，用地也要严加限制；农村建房要有规划，绝不能乱占滥用耕地。”1983 年的中央“一号文件”《当前农村经济政策的若干问题》（中发〔1983〕1 号）更是明确提出，要“严格控制占用耕地建房”和“爱惜每一寸耕地”。

经过改革开放初期经济社会的快速发展，生产建设活动占用了大量的耕地，耕地面积快速减少。为了解决耕地减少加速的问题，中央出台了一系列政策。1986 年的中央“一号文件”《关于一九八六年农村工作的部署》（中发〔1986〕1 号）明确要求有关部门在年内出台“严格控制非农建设占用耕地的条例，并报国务院批准实施”；1986 年 3 月，中共中央、国务院印发《关于加强土地管理、制止乱占耕地的通知》（中发〔1986〕7 号），首次明确提出“十分珍惜和合理利用每寸土地，切实保护耕地，是我国必须长期坚持的一项基本国策”；1996 年 6 月，在全国土地管理厅局长会议上，首次正式提出“实现耕地总量动态平衡”；1998 年 8 月，《土地管理法》进行修订，第一次以立法形式确认了“十分珍惜、合理利用土地和切实保护耕地是我国的基本国策”，并确立了耕地总量动态平衡、用途管制、集中统一管理以及加强执法监察等原则，而且以专门章节规定对耕地实行特殊保护，如实行基本农田保护制度、占用耕地补偿制度，禁止闲置、荒芜耕地，以及增加耕地数量和提高耕地质量等。1999 年《土地管理法》实施后，原国土资源部高度重视耕地保护工作，相继出台《关于切实做好耕地占补平衡工作的通知》（国土资发〔1999〕39 号）、《关于加大补充耕地工作力度确保实现耕地占补平衡的通知》（国土资发〔2000〕120 号）、《基本农田保护区调整划定工作验收办法》（国土资发〔2000〕126 号）、《建设项目用地预审管理办法》（2001 年，国土资源部令第 7 号）、《关于进一步加强和改进耕地占补平衡工作的通知》（国土资发〔2001〕374 号）等规范性文件，不断加强耕地保护。

这一阶段，从耕地保护制度的提出，到将“切实保护耕地”上升为国策，再到 1999 年《土地管理法》实施后的各项配套制度，我国耕地保护的重点还是在保护耕地数量，通过各种措施，保证耕地数量不减少，耕地质量的问题还没有引起足够的重视。

（二）耕地质量保护引起关注

针对粮食生产的严重滑坡和促进农民增收的紧迫性，2004 年的中央“一号文件”《关于促进农民增加收入若干政策的意见》（中发〔2004〕1 号）明确指出要“不断提高耕地质量”“各级政府要切实落实最严格的耕地保护制度”，并同时要求确定一定比例的国有土地出让金用于建设高标准基本农田和农业土地开发。国务院于 2004 年 10 月颁布的《关于深化改革严格土地管理的决定》（国发〔2004〕28 号），在严格土地执法、加强规划管理、促进集约用地、保障农民利益、健全责任制度等方面细化了规定。2005 年，中央“一号文件”《关于进一步加强农村工作提高农业综合生产能力若干政策的意见》（中发〔2005〕1 号）再次要求“坚决实行最严格的耕地保护制度，切实提高耕地质量”。同时，从有利于耕地保护的角度，对土地出让金和新增建设用地有偿使用费的使用等做出规定。2005 年，原国土资源部陆续颁布了《关于规范城镇建设用地增加与农村建设用地减少相挂钩试点工作的意见》（国土资发〔2005〕207 号）、《关于开展补充耕地数量质量实行按等级折算基础工作的通知》（国土资发〔2005〕128 号）、《关于加强和改进土地开发整理工作的通知》（国土资发〔2005〕29 号）等重要文件。国务院办公厅于 2005 年 10 月 28 日颁布了《省级政府耕地保护责任目标考核办法》（国办发〔2005〕52 号），实施耕地保护省长负责制。2006 年中央“一号文件”《关于推进社会主义新农村建设的若干意见》（中发〔2006〕1 号）明确提出，加强耕地质量建设，推进生态建设。2007 年中央“一号文件”《关于积极发展现代农业扎实推进社会主义新农村建设的若干意见》（中发〔2007〕1 号）要求“强化和落实耕地保护责任制，强调切实提高耕地质量”。2008 年中央“一号文件”《关于切实加强农业基础建设进一步促进农业发展农民增收的若干意见》（中发〔2008〕1 号）与《政府工作报告》都强调“坚持最严格的耕地保护制度，特别是加强基本农田保护”，继续强化各种耕地保护手段。

这一阶段，党中央、国务院的重要文件中除了耕地数量保护外，开始出现耕地质量保护。但是，从具体的土地管理工作看，耕地质量保护仅仅停留在“口号”阶段，缺少相应的配套制度，实践中并未完全得到落实。

（三）耕地数量保护、质量保护并重得到高度重视

党的十八大以来，党中央、国务院高度重视耕地保护工作。2013 年 12 月 23 日，习近平总书记在中央农村工作会议上指出，耕地红线不仅是数量上的，而且是质量上的。2015 年 5 月 26 日，习近平总书记就做好耕地保护和农村土地流转工作做出重要指示。他强调，耕地是我国最为宝贵的资源。我国人多地少的基本国情，决定了我们必须把关系十几亿人吃饭大事的耕地保护好，绝不能有闪失。要实行最严格的耕地保护制度，依法依规做好耕地占补平衡，规范有序推进农村土地流转，像保护大熊猫一样保护耕地。习近平总书记指出，耕地占补平衡政策是对工业化、城镇化建设占用耕地不断扩大的补救措施，是国家法律和政策允许的，但必须带着保护耕地的强烈意识去做这项工作，严格依法依规进行。要采取更有力的措施，加强对耕地占补平衡的监管，坚决防止耕地占补平衡中出现的补充数量不到位、补充质量不到位问题，坚决防止占多补少、占优补劣、占水田补旱地的现象。在农村土地制度改革试点中要把好关，不能让一些人以改革之名行占用耕地之实。对耕地占补平衡以及耕地保护中出现的新情况新问题，要加强调查研究，提出有效的应对之策。

2015 年，中央“一号文件”《关于加大改革创新力度加快农业现代化建设的若干意见》（中发〔2015〕1 号）对耕地保护工作提出了具体要求，提出实施耕地质量保护与提升行动，全面推进建设占用耕地剥离耕作层土壤再利用。同年，中共中央、国务院下发的《关于加快推进生态文明建设的意见》《生态文明体制改革总体方案》，首次对生态文明建设进行了全面部署，其中对耕地保护提出了具体要求，提出加强耕地质量等级评定与监测，强化耕地质量保护与提升建设；加大退化、污染、损毁农田改良和修复力度。

（四）耕地“三位一体”保护提上日程

2016 年，党的十八届五中全会通过的《中共中央关于制定国民经济和社会发展第十三个五年规划的建议》，进一步明确了耕地保护在经济社会发展全局中的战略定位，指出了“十三五”时期要坚持耕地保护制度，坚守耕地红线不放松，实施“藏粮于地、藏粮于技”战略，粮食产能得到提升，确保谷物基本自给、口粮绝对安全。提出了大规模推进土地整治和高标准农田建设等耕地保护工作要求。2016 年中央“一号文件”《关于落实发展新理念加快农业现代化实现全面小康目标的若干意见》（中发〔2016〕1 号）规定要在整合完善建设规划、统一标准、考核、上图入库基础上，到 2020 年确保建成 8 亿亩、力争 10 亿亩高标准农田，将建成的高标准农田纳入基本农田实行特殊

保护，并将建设情况作为耕地保护目标责任考核的重要内容。2016 年 5 月 31 日，国务院发布《关于印发土壤污染防治行动计划的通知》（国发〔2016〕31 号），提出开展土壤污染状况详查，建立土壤污染调查制度，定期更新各类别耕地面积及分布信息，要求将符合条件的优先保护类耕地划为基本农田，高标准农田建设向优先类保护耕地倾斜，有序开展污染土壤的治理和修复。《国务院关于印发全国农业现代化规划（2016—2020 年）的通知》（国发〔2016〕58 号）提出，实施耕地质量保护与提升行动，力争到“十三五”时期末，全国耕地质量提升 0.5 个等级（别）以上。

2018 年，中央农村工作会议，以及中央印发的《中共中央、国务院关于实施乡村振兴战略的意见》（中发〔2018〕1 号）、《乡村振兴战略规划（2018—2022 年）》，对贯彻落实乡村振兴战略提出明确要求。其中，在耕地保护方面，提出到 2020 年永久基本农田保护面积不低于 15.46 亿亩，2022 年确保建成 10 亿亩高标准农田、耕地质量平均提升不低于 0.5 个等级（别）的耕地保护目标任务。国务院印发了修订后的《国务院办公厅关于印发〈省级政府耕地保护责任目标考核办法〉的通知》（国办发〔2018〕2 号），进一步优化了考核方式，完善了考核指标与标准，强化了考核结果的应用，倒逼各级政府采取措施落实耕地保护责任。

这一阶段，中共中央、国务院高度重视耕地质量保护，反复强调既要保耕地数量，更要保耕地质量，完成了耕地保护从重“数量”到“数量”与“质量”并重的转变。

（五）耕地保护的制度体系框架及建设

目前关于耕地保护的法律主要体现在《土地管理法》《土地管理法实施条例》《土地复垦条例》《基本农田保护条例》等法律法规中，主要涵盖土地用途管理、基本农田保护、土地占用税费制度、侵占耕地所承担的法律责任等多个方面，其中体现耕地保护的规定相对比较分散。将我国改革开放后近 30 年的耕地保护法治体系进行梳理，可分为由中共中央及全国人大（常委会）颁布的相关法律、国务院及办公厅发布的主要法规和各部委印发的重要规章三部分（见表 5-1、表 5-2、表 5-3）。“保护耕地”已被我国确定为一项基本国策，为此还制定了一系列的法律、法规。

我国耕地保护立法总特点为先出台法规或规章，再根据政策执行结果制定相关法律，实现政策的定型化。我国的耕地保护法律体系变迁的具体特点是：从维度上看，体现了从点（国家意识）到线（政策规范）再到面

（制度体系）的转变升级；从治理主体上看，实现了由单一主体（政府）到多元主体（政府、社会、农村集体经济组织及农户个人）的改变；从调控方式上看，从单纯的法律手段进展到法律、行政、经济、技术手段协同运用。

表 5-1 我国出台的耕地保护主要法律

发布时间	法律名称	重点内容
1986 年 6 月	《中华人民共和国土地管理法》	明确“制止乱占耕地”，标志着中国土地管理工作进入法治轨道新阶段
1993 年 7 月	《中华人民共和国农业法》	县级以上各级地方人民政府划定基本农田保护区
1995 年 1 月	《中华人民共和国城市房地产管理法》	对土地使用权出让、划拨做出了明确的法律规定
1997 年 3 月	《中华人民共和国刑法（修订）》	设立“破坏耕地罪”“非法批地罪”“非法转让土地罪”
1998 年 8 月	《中华人民共和国土地管理法（修订）》	以法律形式确定“十分珍惜、合理利用每一寸土地，切实保护耕地”这一基本国策
2003 年 3 月	《中华人民共和国农村土地承包法》	提供了农村土地使用权流转的法律依据
2007 年 8 月	《中华人民共和国物权法》	土地承包经营权作为一种物权性质被法律承认
2007 年 10 月	《中华人民共和国城乡规划法》	基本农田和耕地被作为规划的主要内容，促进基本农田的保护
2012 年 12 月	《中华人民共和国农业法（第二次修正）》	耕地保护单独成章，耕地保护制度以法律方式被明确建立
2018 年 8 月	《中华人民共和国土壤污染防治法》	禁止污染耕地，地方各级人民政府应重点保护未污染耕地
2018 年 12 月	《中华人民共和国耕地占用税法》	以法律形式正式确立“耕地占用税及缴纳标准”，加大耕地保护力度
2018 年 12 月	《中华人民共和国农村土地承包法（第二次修正）》	以法律形式进一步规定土地承包权和经营权的保护和流转
2019 年 8 月	《中华人民共和国土地管理法（第三次修正）》	将“基本农田”上升为“永久基本农田”，正式确认国家土地监察制度
2020 年 5 月	《中华人民共和国民法典·物权编》	对耕地实施特殊保护规定，严格限制农用地转为建设用地

续表

发布时间	法律名称	重点内容
2021 年 6 月	《中华人民共和国乡村振兴促进法》	建立农用地分类管理制度，严格保护耕地，实行永久基本农田制度
2022 年 4 月	《中华人民共和国黑土地保护法（草案）》	建立优质耕地保护条例

表 5-2　我国出台的耕地保护主要法规

发布时间	法规名称	重点内容
1981 年 11 月	《政府工作报告》	提出“十分珍惜每寸土地，合理利用每寸土地”的国策
1981 年 11 月	《关于制止农村建房侵占的通知》	限制随意占用、征用农用地，首次提出“耕地保护”的概念
1982 年 1 月	中央“一号文件”	第一个关于“三农”问题的“一号文件”，进一步认为耕地保护应作为国家政策
1986 年 3 月	《关于加强土地管理、制止乱占耕地的通知》	首次提出“十分珍惜和合理利用每一寸土地，切实保护耕地”的基本国策
1987 年 4 月	《中华人民共和国耕地占用税暂行条例》	首次用经济手段控制耕地占用行为
1988 年 10 月	《土地复垦规定》	实行“谁破坏、谁复垦”的原则，增加了破坏、毁坏耕地的成本
1992 年 11 月	《关于严格制止乱占、滥用耕地的紧急通知》	制止耕地浪费严重的现象，并提出要加紧治理整治
1992 年 12 月	《关于严禁开发区和城镇建设占用耕地撂荒的通知》	抑制“开发区热”“房地产热”
1994 年 10 月	《基本农田保护条例》	基本农田保护制度应运而生
1997 年 4 月	《关于进一步加强土地管理切实保护耕地的通知》	严格建设用地审批管理，限制耕地征用
1999 年 1 月	《基本农田保护条例》	加强对基本农田的特殊保护
1999 年 9 月	《中华人民共和国土地管理法实施条例》	颁布更加严格的耕地保护措施
2002 年 12 月	《退耕还林条例》	对纳入退耕还林范围内的耕地进行了明确规定
2003 年 7 月	《国务院办公厅关于清理整顿各类开发区加强建设用地管理的通知》	突击整理开发区、建设用地管理
2004 年 3 月	《关于坚决制止占用基本农田进行植树等行为的紧急通知》	坚决制止任意改变基本农田用途的行为，切实做好保护基本农田“五个不准”

续表

发布时间	法规名称	重点内容
2004 年 10 月	《关于深化改革严格土地管理的决定》	提出“禁止圈占土地、乱占滥用耕地”
2005 年 10 月	《省级政府耕地保护责任目标考核办法》	实行耕地保护第一责任人制度
2006 年 7 月	《关于建立国家土地督察制度有关问题的通知》	切实加强土地管理工作，完善土地执法监察体系
2008 年 10 月	《关于推进农村改革发展若干重大问题的决定》	划定永久基本农田，建立耕地保护补偿机制
2010 年 12 月	《关于严格规范城乡建设用地增减挂钩试点切实做好农村土地整治工作的通知》	各地开展农村土地整治，有效促进耕地保护
2011 年 6 月	《基本农田划定技术规程》	为建设高标准农田提供技术支撑
2014 年 1 月	《关于全面深化农村改革加快推进农业现代化若干意见》	重要水源地实施退耕还林还草、退耕还湿
2016 年 3 月	《关于落实发展新理念加快农业现代化实施全面小康目标的若干意见》	探索实行耕地轮作、休耕的制度试点，开展综合治理
2016 年 5 月	《关于健全生态保护补偿机制的意见》	丰富了生态保护补偿制度，扩大补偿范围
2017 年 1 月	《关于加强耕地保护和改进占补平衡的意见》	强调耕地占补产能（数量、质量、生态）本质的平衡保护
2018 年 2 月	《关于实施乡村振兴战略的意见》	提出耕地防控和修复
2018 年 11 月	《省级政府耕地保护责任目标考核办法》	明确各级政府确定本行政区的耕地保有量，划定第一责任人
2019 年 2 月	《关于坚持农业农村优先发展做好“三农”工作的若干意见》	提出种植结构调整，农业面源污染治理和继续进行高标准农田建设
2020 年 3 月	《关于授权和委托用地审批权的决定》	规定的永久基本农田转为建设用地审批事项
2020 年 9 月	《关于坚决制止耕地“非农化”行为的通知》	坚决制止各类耕地“非农化”行为，坚守耕地红线
2020 年 11 月	《关于防止耕地“非粮化”稳定粮食生产的意见》	采取有力举措防止耕地“非粮化”
2021 年 4 月	《中华人民共和国土地管理法实施条例》	规定国家对耕地实行特殊保护、开垦耕地验收制度；规范土地整理、明确耕地保护责任主体
2022 年 2 月	中央“一号文件”《关于做好 2022 年全面推进乡村振兴重点工作的意见》	进一步明确了要实行严格的“长牙齿”保护耕地的硬性措施

表 5-3　我国出台的耕地保护主要规章

发布时间	规章名称	重点内容
1987 年 3 月	《1987 年非农建设占用耕地计划》	对非农占用耕地的数量进行了严格的控制
1989 年 8 月	《土地违法案件处理暂行计划》	明确了在耕地上进行违法行为的方式
1992 年 4 月	《关于在全国开展基本农田保护工作的批示的通知》	明确提出“基本农田”，要求在全国范围内开展基本农田保护工作
1996 年 5 月	《划定基本农田保护区规程》	以技术手段规范划定基本农田的方法
1997 年 5 月	《冻结非农建设项目占用耕地规定》	限制占用耕地进行非农建设
1999 年 2 月	《关于切实做好耕地占补平衡工作的通知》	从责任、措施、管理和监测方面对接耕地补偿制度
2000 年 4 月	《关于加大补充耕地工作力度确保实现耕地占补平衡的通知》	制定具体措施，保证补充耕地落到实处
2000 年 12 月	《关于加强耕地保护促进经济发展若干政策措施的通知》	分析新形势，进一步加强耕地保护，推动经济发展
2003 年 4 月	《耕地后备资源调查与评价技术规程》	采用技术手段对耕地进行保护
2003 年 8 月	《关于严禁非农业建设违法占用基本农田的通知》	建立严格的非农建设用地占用基本农田的审批制度
2003 年 11 月	《关于进一步采取措施落实严格保护耕地制度的通知》	提出基本保护的“五个不准”
2004 年 8 月	《耕地占用税、契税减免管理办法》	以经济手段保护耕地
2005 年 10 月	《关于进一步做好基本农田保护有关工作的意见》	提出 6 项措施保护基本农田
2006 年 6 月	《耕地占补平衡考核办法》	严格督查各级人民政府将耕地占补平衡落到实处
2007 年 8 月	《关于做好耕地地力评价工作的通知》	认识到耕地质量的重要性，推进耕地地力评价工作的开展
2007 年 12 月	《耕地占用税暂行条例》	为征收耕地占用税提供指导
2009 年 12 月	《关于划定基本农田实行永久保护的通知》	对基本农田实行永久保护
2010 年 12 月	《关于加强和完善永久基本农田划定有关工作的通知》	利用“二调”基本农田上图结果，完善基本农田划定工作
2011 年 9 月	《高标准基本农田建设规范（试行）》	首次提出建设高标准农田

续表

发布时间	规章名称	重点内容
2012 年 6 月	《关于提升耕地保护水平全面加强耕地质量建设和管理的通知》	首次明确了耕地质量的重要性
2012 年 12 月	《土地复垦实施办法》	进一步规范土地复垦的操作流程
2013 年 8 月	《关于加快开展基本农田数据库建设的通知》	统一基本农田数据库建设标准，对基本农田进行动态监管
2014 年 2 月	《关于强化管控落实最严格耕地保护制度的通知》	提出“完善耕地保护约束激励机制”
2014 年 11 月	《关于进一步做好永久基本农田划定的通知》	优质耕地优先划为永久基本农田
2016 年 11 月	《探索实行耕地轮作休耕制度试点方案》	提出“轮作为主，休耕为辅”
2017 年 2 月	《关于扎实推进高标准农田建设的意见》	落实藏粮于地、藏粮于技
2017 年 12 月	《关于改进管理方式切实落实耕地占补平衡的通知》	提出促进耕地数量、质量和生态“三位一体”保护
2018 年 2 月	《关于全面实施永久基本农田特殊保护的通知》	巩固永久基本农田划定结果
2018 年 8 月	《关于实施跨省域补充耕地国家统筹有关问题的通知》	统筹谋划耕地保护，推动区域协调发展
2019 年 1 月	《关于加强和改进永久基本农田保护工作的通知》	解决“划定不实、补划不足、非法占用、查处不力、衔接不够、监督不严”六种表现
2019 年 8 月	《关于耕地占用税征收管理有关事项公告》	规范耕地占用税征收管理
2020 年 7 月	《关于农村乱占耕地建房“八不准”通知》	遏制农村乱占耕地建房的行为
2021 年 11 月	《关于开展 2021 年违法违规占用耕地重点问题整治的通知》	坚决遏制全国违法违规占用耕地的势头
2021 年 11 月	《关于严格耕地用途管制有关问题的通知》	遏制耕地改变用途对耕作层造成破坏的行为
2022 年 1 月	《关于开展 2022 年卫片执法工作的通知》	关注耕地“非农化”“非粮化”，耕地保护越来越严

三、耕地保护制度内容

从上述耕地保护的法律法规体系中可以看出，我国在不同时期共建立了土地用途管制制度、农用地转用审批制度、耕地总量动态平衡制度、耕地保护目标责任制度、土地占补平衡制度、土地开发整体复垦制度、永久基本农田保护制度、耕地保护法律责任制度和土地税费制度九种主要的耕地保护制度，这九种制度可归纳为耕地的数量保护、质量保护和生态保护三个方面。

（一）耕地数量的保护

从自然因素方面讲，耕地的数量、面积具有相对稳定的数值。据测定，在地球上的陆地面积中，可供人类利用的土地约占2/3，其中直接为人类提供产品的耕地和多年生作物用地仅占11.1%，而种植面积更少，只占了10.4%，就算加上大约19.6亿公顷的后备耕地，也只占陆地面积的25%。我国领土辽阔，农垦历史悠久，到1949年新中国成立前夕，我国的耕地面积已经发展到了0.96亿公顷。但是新中国成立以来，我国的耕地面积锐减，其主要原因在于非农业建设用地失控。为了扭转这种局面，国家从1987年起对非农业建设用地实行指令性计划。在总的非农业建设用地计划中分为国家建设用地、集体用地和农民建房用地三个项目，从中央到省、市（地区）、县（市）、乡（镇）、村逐级落实。1998年，由于分级限额审批制度的弊端日益凸显，国家在对《土地管理法》进行修订时决定开始实行占用耕地审批制度，将审批权限进一步向中央集中。

依据《土地管理法》第四章的有关规定，我国耕地的数量保护主要有以下要求。

1. 坚守18亿亩耕地红线

将耕地保有量保持在18亿亩，是我国“十一五”规划纲要中提出的约束性硬指标之一。中共十七大报告进一步提出，要深入贯彻落实科学发展观，坚持节约资源和保护环境的基本国策，严格保护耕地，节约土地，节约资源，坚守18亿亩耕地红线。在2007年的《政府工作报告》中，时任总理温家宝再次强调：“在土地问题上，我们绝不能犯不可改正的历史性错误，遗祸子孙后代。一定要守住全国耕地不少于18亿亩这条红线。”坚守18亿亩耕地红线有着重大意义。

（1）保持18亿亩耕地，关系到宏观调控效果。从2004年开始，中央把信贷和土地作为宏观调控的两大闸门。土地参与宏观调控，就是通过控制土地供应的总量、结构、时序，调控、协调区域经济发展，调整产业结构，调整固定资产投资规模和社会事业的建设。这是从我国国情出发做出的重大创新，目前仍处于探索阶段。坚守18亿亩耕地红线，要求严格控制建设占用耕地，有利于实现土地调控的目标。

（2）保持18亿亩耕地，关系到国家粮食安全。我国十几亿人口的吃饭问题，始终是头等大事，必须保有一定数量和质量的耕地。“十一五”规划纲要提出粮食综合生产能力达到1万亿斤的目标。据测算，我国人口高峰年粮食年需求量将达1.4万亿斤左右。综合考虑提高粮食单产和耕地复种指数及粮经比等因素，要实现我国粮食基本自给的目标，必须保有18亿亩耕地，这是确保国家粮食安全的“底线”。

（3）保持18亿亩耕地，关系到社会和谐稳定。土地不仅是最重要的农业生产资料，还是农民最基本的生活保障。耕地为农民提供了40%～60%的收入，60%～80%的生活必需品，农民持有土地或者土地被依法征收征用，可以保证农民现有生活水平不降低、长远生计有保障。但是，违规违法用地规避补偿安置，农民面临的风险非常大。农民一旦拿不到土地租金，得不到应有的补偿，被占用的农地又无法复耕，就可能陷入“种田无地、就业无岗、社保无份”的困境，影响社会和谐稳定。另外，违法占地进行非农建设的业主也有风险。如“小产权”房，一旦出现产权纠纷、经济纠纷或者面临清理，“小产权”房房主的利益也无法保证。其他各种非农建设，特别是工商企业包括一些外企非法占用农地，也会引发很多产权和经济纠纷。对这些问题必须敏锐地做出反应并严格依法整治，否则会影响社会和谐稳定。

（4）保持18亿亩耕地，关系到长远发展。实施可持续发展战略，要求当代人和后代人在占用土地资源上做到代际公平。近10年间，我国减少耕地1.24亿亩，长此下去，当代人的发展都难以为继。耕地资源是历代人开发保留下来的，也应该世代传承下去，不能“吃了祖宗饭，断了子孙路”，必须处理好当前和长远的关系，以土地的永续利用保障经济社会的可持续发展。

2. 国家实行占用耕地补偿制度

为保证占用耕地得到补偿，对非农业建设经批准占用耕地的，必须按照“占多少，垦多少”的原则，由占用耕地的单位负责开垦与所占用耕地数量和质量相当的耕地。没有条件开垦或者开垦的耕地不符合要求的，应当按照省、自治区、直辖市的规定缴纳耕地开垦费，专款用于开垦新的耕地。

《土地管理法》第三十一条规定“国家保护耕地，严格控制耕地转为非耕地，国家实行占用耕地补偿制度”，按照“占多少，垦多少”的原则，建设单位必须补充相应的耕地，以保证耕地不减少。国务院高度重视耕地保护工作，历来强调要实行最严格的土地管理制度。在这里“最严格”体现在如下四个方面：①必须依照法律和规划实行最严格的用途管制制度；②严格划定基本农田保护区；③必须严格执行耕地“占一补一”的规定；④严格控制农业结构调整对耕地的破坏，其中最重要的是贯彻执行耕地占补平衡制度。原国土资源部《关于进一步加强和改进耕地占补平衡工作的通知》指出，耕地占补平衡是占用耕地单位必须履行的法定义务，是地方各级人民政府的重要职责，也是实现耕地总量动态平衡总目标的基础。做好耕地占补平衡工作的关键是要两手抓：一要严格执行土地用途管制制度，依据土地利用规划和计划，控制新增建设用地，尽可能不占用或者少占用耕地；二要严格执行占用耕地补偿制度，对确实需要占用耕地的建设项目，明确补充耕地责任单位，按照“占一补一”的原则落实补充耕地方案，切实做到耕地占补平衡。开垦耕地用于占补平衡的土地开发整理复垦项目，要严格按项目管理程序和规定进行管理，以保证补充耕地数量、质量及完成期限。土地开发整理复垦项目新增加的耕地，不能用于建设项目的耕地占补平衡。多方筹集资金的土地开发整理复垦项目，应按资金渠道核算新增耕地面积，利用耕地开垦费新增加的耕地，才可用于建设项目的耕地占补平衡。

易地补充耕地要严格依据土地利用规划进行。《土地管理法》第三十三条规定：个别省、直辖市确因土地后备资源匮乏，新增建设用地后，新开垦耕地的数量不足以补偿所占用耕地的数量的，必须报经国务院批准减免本行政区域内开垦耕地的数量，进行易地开垦。《耕地占补平衡考核办法》第十一条规定：通过实施土地开发整理项目补充的耕地数量，不得少于挂钩的建设用地项目所占用的耕地数量；实施补充耕地的土地开发整理项目，应当与被占用的耕地等级相同或者高于被占用耕地的等级，按照占用耕地面积确定补充耕地面积；确实无法实现等级相同，难以保证补充耕地质量的，应当选择等级接近的项目，并按照数量质量等级折算方法增加补充耕地面积。易地补充耕地要符合生态环境保护的要求，指标应当在年度土地开发整理复垦计划分解时下达，或在实施易地补充耕地的过程中及时调整有关市、县年度计划，使易地补充耕地与土地开发整理复垦计划相衔接。

3. 节约用地，拓展土地利用的新空间

节约用地，挖掘建设用地潜力，减少耕地占用，除了要求用新开垦耕地冲减建设占用的耕地，使耕地的数量减少得到补偿外，国家还注重从其他相关的方面进行“节地挖潜”。《土地管理法》第三十六条规定：非农业建设必须节约使用土地，可以利用荒地的，不得占用耕地；可以利用劣地的，不得占用好地；禁止占用耕地建窑、建坟或者在耕地上建房挖沙、采石、采矿、取土等。

（1）科学规划，统筹安排。首先要科学编制各类交通基础设施和能源、水利规划，进一步压缩用地规模，降低用地标准，严格用地规范，避免盲目超前和低水平重复建设，浪费土地资源。1997—2006 年，全国高速公路里程从 4700 公里增加到 41000 公里。目前国家制定的高速公路发展规划提出，到 2030 年，全国高速公路里程为 85000 公里，但 31 个省（自治区、直辖市）的“十一五”高速公路规划总和就已经接近这个数，这样的规划显然是不合适的。近年来，相关部门正大力推进节约用地，提高桥隧比例，减少路基占地。

（2）控制城市盲目扩张用地。1999—2004 年，城镇建设用地从 13000 平方公里增加到 34000 平方公里，其中有 41 个城市的规模扩大了 50%。一定要优化用地结构，减少占地规模。现在的评比活动，如森林城市评比、生态城市评比，都要求参选城市的绿化面积要达到 33%、35%等，不完全符合我国的土地国情和各地实际。

（3）挖潜开源，节约集约用地。清理空闲地、闲置地和批而未供地，要充分开发利用地上和地下空间，鼓励提高土地容积率、建设强度和产出效率。鼓励各种工业区、经济开发区对建设用地进行周期性的再开发。现在东部地区的一些开发区用投入强度、建筑容积率和产出效率三个指标来衡量用地标准，大幅度提高了土地利用效率。农村地区要通过迁村并点、治理“空心村”，减少农村建设用地。

（4）鼓励开发利用未利用地和废弃地，目前我国有未利用地 39 亿亩，各类人为因素造成的废弃地 2 亿亩。一些省份通过土地开发复垦，挖掘未利用地和废弃地潜力，效果十分明显。如河南省的平窑复垦、河北省的“千矿万亩”工程，通过复垦整治废弃砖瓦窑和矿山，既恢复了环境，又增加了建设用地，还发展了相关产业，一举多得。“十五”期间通过土地开发整理复垦，每年可以增加 400 多万亩耕地。我们还将采取经济手段，鼓励有条件的地方开发整理复垦土地，增加耕地。

4. 严格监管禁止土地闲置和撂荒

《土地管理法》第三十七条规定：已经办理审批手续的非农业建设占有耕

地，1 年内不用而又可以耕种并收获的，应当由原耕种该耕地的集体或者个人恢复耕种，也可以由用地单位组织耕种；1 年以上未动工建设而闲置未用的，应当按照省、自治区、直辖市的规定缴纳闲置费；连续 2 年未用的，经原批准机关批准，由县级以上人民政府无偿收回用地单位的土地使用权，该土地原为农民集体所有的，应当交回原农村集体组织恢复耕种；承包经营耕地的单位或者个人连续两年弃耕撂荒的，原发包单位应当终止承包合同，收回发包的耕地。

要从建设用地审批、供应和利用的各个环节，充分利用现代信息技术手段，加强对建设用地特别是新增建设用地的监管。按照加强和改善宏观调控的要求，坚持从严从紧、有保有压，管住总量、严控增量、盘活存量，严把土地闸门。

各省、自治区、直辖市人民政府应当严格执行土地利用总体规划和土地利用年度计划，采取措施，确保本行政区域内耕地总量不减少。耕地总量减少的，由国务院责令在规定的期限内组织开垦与所减少耕地数量与质量相当的耕地，并由国务院土地行政主管部门会同农业行政主管部门进行验收。个别省、直辖市确因土地后备资源匮乏，新增建设用地后，新开垦耕地的数量不足以补偿所占用的耕地数量的，必须报国务院批准减免本行政区域内开垦耕地的数量，进行易地开垦。

5.《民法典》对耕地实行特殊保护规定

《民法典》第二百四十四条规定：国家对耕地实行特殊保护，严格限制农用地转为建设用地，控制建设用地总量，不得违反法律规定的权限和程序征收集体所有的土地。在我国，耕地减少最主要、最直接的原因就是征收农民的耕地进行非农建设。在控制地方政府的征地行为、征地冲动方面，我们一直没有找到特别有效的办法。虽然我们也一直在强调“要实行世界上最严格的土地管理制度”，可是国家每年都会有成千上万件土地违法案件。仅在我国制定“十一五”规划、提出 18 亿亩耕地红线的 2006 年 1—11 月，国家就清理出一大批违规用地项目，全国立案达 7.74 万件，涉案面积达 89.4 万亩。这些土地违法案件大多是由地方政府主导的。正因如此，《民法典》特别强调征收集体土地不得违反法律规定的权限和程序。虽然这只是一种原则性的规定，但在一部私法性质的《民法典》中做出这样的规定，至少表明保护耕地不仅仅只是政府的单方管理特权，同样也是农民的一项基本权利。当农民成为真正的权利主体而非管理对象时，农民才能用法律赋予的权利捍卫自己的利益；也只有当私权受到法律的充分重视和保护并且足够强大时，其才能成为遏制公权滥用的力量。这也许就是《民法典》此类原则性规定的意义所在。

耕地数量以《土地利用现状分类》（GB/T 21010—2007）中界定的耕地内涵为基础，通过每年的土地利用调查确定耕地数量，保护通过严格控制新增建设占用耕地、加强耕地开垦、耕地占补平衡及土地用途管制等途径落实。

（二）耕地质量的保护

按照《农用地质量分等规程》（GB/T 28407—2012）及《耕地质量等级》（GB/T 33469—2016）等，耕地质量是从农业生产角度出发，通过综合指数法对耕地地形、田面坡度、土壤、有机质、灌溉保证率和排水条件等构成的满足农产品持续产出能力进行评价划分等级来衡量，并通过高标准农田建设、农业综合开发、农田水利建设、耕作层剥离再利用等土地整治途径来实施耕地质量建设。

1. 耕地质量保护的法律规定

对耕地的保护不单单是数量方面的，耕地质量的保护同等重要。只有耕地质量不下降，对耕地数量的保护才有意义，才能从根本上保证耕地上的产出不减少。

综合《土地管理法》和其他有关土地保护的法规、规范文件，在耕地质量保护方面的规定主要有以下几点。

（1）严格禁止在耕地上开展建窑、建坟、建房、挖沙、采石、采矿、取土等严重破坏耕地种植条件的行为。对因开发土地造成土地荒漠化、水土流失的，责令限期治理。任何单位和个人不得破坏土地和毁坏农田。

（2）保护耕地，维护排灌工程设施，改良土壤，提高耕地肥力，防止土地荒漠化、盐渍化、水土流失，制止一切荒废耕地和破坏耕地的行为。

（3）在进行采矿、筑路、兴修水利或其他工程建设施工时，必须防止土地塌陷、沉降、荒漠化、水土流失、水源枯竭、泥石流、盐碱化、沼泽化、洪涝等不良后果的发生。凡是因工程建设致使土地资源遭到破坏，给群众生活、生产造成损失的，由设计、建设单位对受害单位给予合理赔偿，并负责治理恢复。

（4）积极广泛地采用高效低毒、低残留的农药，推广综合防治和生物防治措施，科学合理地利用污水灌溉，严格防止土壤和作物的污染。

（5）科学施肥，确定合理的、适当的化肥施用量，防止土壤板结。要大力提倡增施有机肥，改良土壤，提高土壤的有机质含量。

（6）在保护和改善生态环境、防止水土流失和土地荒漠化的前提下开发未利用土地时，适宜开发为农用地的，要优先开发成农用地。

2. 耕地质量保护的具体措施

（1）大规模建设高标准农田。

提升中低产田地力，强化耕地质量保护。应充分利用高标准农田建设与改良技术不断提高耕地质量和农业基础设施水平，促进农业生态环境的良性循环和可持续发展，如构建高标准农田地力监测评估技术体系、研制地力提升的有机肥及应用技术体系、构建高标准农田地力提升的工程技术体系、创建调控土壤微生物区系防控土传病害的技术体系等技术手段。目前，各省、自治区、直辖市根据全国高标准农田建设总体规划和全国土地整治规划的安排，逐级分解了高标准农田建设任务，统一建设标准、统一上图入库、统一监管考核。建立了政府主导、社会参与的工作机制，以财政资金引导社会资本参与高标准农田建设，充分调动各方积极性。同时，加强高标准农田后期管护，按照“谁使用，谁管护”和“谁受益，谁负责”的原则，落实高标准农田基础设施管护责任。高标准农田建设情况统一纳入了自然资源遥感监测“一张图”和综合监管平台，实行在线监管，统一评估考核。

（2）实施耕地质量保护与提升行动。

根据国务院部署，全国范围内开展耕地质量保护与提升行动，全面推进建设占用耕地耕作层剥离再利用，提高补充耕地质量。将中低质量的耕地纳入高标准农田建设范围，实施提质改造。探索形成了包括农业信息化监测与智慧农业关键技术、农田地力提升的关键技术研发、高标准农田地力提升技术集成与一整套高标准农田建设与改良工程技术创新示范管理体系。在确保补充耕地数量的同时，提高耕地质量，严格落实占补平衡、占优补优。

（3）加强耕地质量调查评价与全域综合整治。

各级政府建立健全了耕地质量和耕地产能评价制度，完善评价指标体系和评价方法，定期对全国耕地质量和耕地产能水平进行全面评价并发布评价结果。完善土地调查监测体系和耕地质量监测网络，开展耕地质量年度监测成果更新。

全域土地综合整治是耕地质量建设的重要路径。通过农用地整治、建设用地整治、生态保护修复和公共空间治理等综合治理，落实耕地数量、质量和生态“三位一体”保护，统筹推进高标准农田建设、宜耕后备资源开发、耕地提质改造、农田基础设施建设等，利用政策杠杆严格保证耕地数量不减少、质量有提升，增加有效耕地数量，改善农田质量与生态环境。

（三）耕地的生态保护

耕地数量、耕地质量在业界已形成相对明确的内涵、核算方法和实施途径，而耕地生态保护的内涵一直较为模糊，也缺乏明确可操作的实施途径。本书拟对耕地生态保护的内涵及实施途径进行深入探讨，界定耕地生态保护的内涵，同时从明确耕地生态保护责任机制，构建数量、质量、生态“三位一体”的耕地评价机制，完善耕地生态保护经济补偿机制，落实耕地生态保护的公众参与机制，落实保护性耕作制度等方面提出耕地生态保护的实施途径。

1. 耕地生态保护的内涵

1997 年发布文件对耕地保护和节约用地提出严格要求后，中共中央、国务院于 2017 年印发《关于加强耕地保护和改进占补平衡的意见》，强调“像保护大熊猫一样保护耕地”，要着力加强耕地数量、质量、生态“三位一体”保护。

学界对耕地生态保护有不同程度的探讨。王万茂等认为，耕地生态是指农作物的生活场所或居住环境即耕地生态环境，耕地生态保护的内涵就是协调种植作物与周围生态因子的关系，保护耕地生态系统结构和功能的稳定性[8]。张超等认为，耕地生态保护就是维持耕地生态平衡，使生态环境保持健康状态，以保证耕地可持续利用[9]。吴大放等对耕地生态安全的内涵进行界定，认为耕地生态安全是指耕地相对于生态威胁来说的特殊功能状态，它包括耕地资源环境、生态系统和社会经济的安全。其中，耕地资源环境安全是人类赖以生存和发展的耕地资源所处的耕地资源环境和生物环境，处于安全或不受威胁的健康、平衡状态[10]。郭荣中等基于改进的 PSR 模型构建指标体系进行耕地生态安全评价[11]。

基于对生态和耕地生态价值的本质的认知，笔者认为，耕地生态即为耕地与其周边环境的相互协调关系。耕地系统具有巨大的生态价值，在涵养水源、循环养分、调节气候等方面，具有重要的功能。耕地生态保护即为维护耕地与其周边环境的平衡关系，使耕地生态环境保持良好的状态，以保证耕地的可持续利用，包括维持耕地地力，防止耕地污染，预防耕地沙漠化与水土流失、土壤肥力下降等耕地退化现象，阻止耕作层表土损毁等耕地破坏现象，防止耕地过度利用、保护耕地赖以维系的周边设施与生态环境的连续性等。耕地生态安全本质上是在一定的时空尺度范围内，耕地数量、质量和生态环境三者的有机统一。耕地生态保护表层含义指耕地数量和质量的保护，数量保护是耕地保护的前提和基础，质量保护是耕地保护的核心；深层含义指耕地生态系统结构和功能的保护，以及耕地与周边环境的协调性，这是耕地保护的根本目的。因此，应以耕地生态保护为根本目标，实现耕地数量、质量、生态保护“三位一体”。

2. 耕地生态保护的制度实践——轮作休耕

（1）轮作休耕的制度安排。

耕地资源是中国实现社会经济可持续发展的空间基础，是关系人民福祉、美丽中国与生态文明建设和生态安全的基石。然而，我国土壤环境总体状况堪忧，耕地土壤重金属污染现象频生，粮食主产区的土壤污染点位超标率高达 21.49%[12]。《2019 年国民经济和社会发展统计公报》显示，我国人口总量已逾 14 亿，近 5 年全国粮食平均产量突破 6.6 亿吨，全年总用水量约占水资源总量的 21%，平均气温较上年上升 0.25℃，农作物 2.9 亿亩受灾面积中接近 15%处于绝收。可见，新时代中国耕地资源保护与可持续利用的综合环境发生变化，但以吃得饱、吃得好、吃得健康为需求导向的粮食安全与食品安全战略保持稳定，因而实施耕地休养生息战略成为必然。党的十八届五中全会通过的《中共中央关于制定国民经济和社会发展第十三个五年规划的建议》提出“实行耕地轮作休耕制度，重点在地下水漏斗区、重金属污染区、生态严重退化地区开展试点”。2016 年，农业部联合多部门制定出台《探索实行耕地轮作休耕制度试点方案》，聚焦轮作休耕制度的目标任务、试点区域、技术路径、补助与保障等内容。2017 年，党的十九大报告指出“扩大轮作休耕试点，健全耕地草原森林河流湖泊休养生息制度”是加强生态系统保护的重要路径；同年，《中共中央、国务院关于加强耕地保护和改进占补平衡的意见》提出“积极稳妥推进耕地轮作休耕试点，加强轮作休耕耕地管理，加大轮作休耕耕地保护和改造力度”。2020 年，党的十九届五中全会通过的《中共中央关于制定国民经济和社会发展第十四个五年规划和二〇三五年远景目标的建议》提出推行草原森林河流湖泊休养生息，加强黑土地保护，健全耕地休耕轮作制度[13]。

（2）国际上轮作休耕制度的借鉴。

目前，国际上休耕制度的实施背景存在一定差异，但休耕目标基本聚焦于粮食安全、生态环境保护、生物多样性等方面。20 世纪 20 年代末期，美国经济危机造成农产品价格下跌、产能过剩，部分地区水土流失与土壤侵蚀问题频发，经济发展与生态退化的现实矛盾倒逼政府不断调整完善相关政策，从而稳定土地市场、遏制农业生产过剩，减少土壤衰退、保护生态环境[14]。1985 年，美国通过保护储备项目（Conservation Reserve Program，CRP）实施休耕制度，该项目在生态恢复、水域保护、生物多样性、土壤质量和空气质量改善方面取得积极成效[15]。日本为解决粮食结构性过剩，调节水稻价格和产能水平，实施了稻田休耕转作计划（Rice Paddy Set-aside Program）[16]，并在乌拉圭回合谈判《农业协定》中提议增加生态环境提升与物种多样性保护的发展目标[17]。1998 年，欧盟为缓解农业激励引致的经济压力，调控粮食产出且保障农民收益，实施了休耕政策[18]。但随着粮食单产提升和人口老龄化加剧，欧盟各国的粮食压力也逐渐降低。为进一步提高农业环境治理水平，降低农业生产对土壤的过度耗用，先后实行了 NFSA 项目（Non Food on Set-aside Program）和绿色补贴（Greening Measure），鼓励农民休耕部分农田，致力于生态环境保护和经济协调发展[19-21]。休耕制度的政策目标具有较强的可持续导向，与可持续发展目标（SDGs）内涵一致，即注重资源永续利用下的土壤生态安全健康、水源地环境保护、生物多样性丰富以及生态系统的完整稳定。

（3）轮作休耕的生态意义和作用。

休耕制度的实施有利于优化调整农产品结构，提升农产品的市场竞争力，有序调控粮食生产的供应节奏。从成本—收益视角来看，休耕是效果较为显著的低碳保护措施，既能够防止耕地撂荒、培肥地力，也能减少化肥农药使用量，实现社会效益与农户收益的最优化。较为典型的是，采取多元治理式休耕对部分重金属污染耕地区域实施保护修复，也间接阻控了“有害”农产品进入市场，严重污染区域将直接退出生产领域。在生态效益层面，耕地在休耕期间可以调节土壤质地、结构、孔隙性、吸附性、土壤 pH 值等理化性状，促进蓄水保墒、保护生物多样性等功能，从而有效提升土地生产能力。因此，从社会和生态效益方面深度考察可知，耕地休耕在其结构和功能上表现出一定的“韧性”[22]，在抵抗力方面拥有抵抗外界（自然/人为）冲击而维持耕地内部结构稳定的能力，在恢复力方面具备被外部条件施加后而保持耕地资源赋存状态稳定的能力[23-25]。此外，当前休耕制度覆盖面较为广泛，政策目标与资源环境相适应，休耕类型侧重于保护和提升耕地地力，降低农业面源污染的内源性、结构性和趋势性风险，已成为解决资源环境生态问题的基础之策[13]。

2015 年联合国发展可持续峰会审议通过《改变我们的世界：2030 年可持续发展议程》，设定 17 个可持续发展目标（Sustainable Development Goals，SDGs），旨在解决可持续发展进程中社会进步、经济发展、环境保护问题[26]。

我国为落实绿色发展观，促进经济社会发展全面绿色转型，在《中共中央关于制定国民经济和社会发展第十三个五年规划的建议》中提出“探索实行耕地轮作休耕制度试点”，“十四五”时期将进一步“健全耕地休耕轮作制度”。从基础概念来看，耕地轮作强调在同一耕地系统空间内，通过在季节间/年度间轮换种植不同作物或是复种组合种植，改进作物的种植顺序，提升土壤利用的均衡性；而休耕是注重耕地资源的休养生息，力求在特定耕地系统的播种期间因地制宜实施耕作方式优化、作物籽种改良等“土地—劳动力—资本—技术”一体化调控措施，协调耕地生态系统中生物、非生物及其生物种群之间的关系，减轻土壤风蚀水蚀与农田生态系统胁迫，增加土壤肥力和保墒抗旱能力，提高农业生态和经济效益。二者均是基于土地资源可持续利用，主动转变利用方式、优化种植结构、降低土壤扰动，遵循生态环境自然秩序，实现耕地资源多功能保护与产能提升，保障农田生态系统完整与健康[27]。

当前，气候变化问题、国际格局重构、重大公共事件等对人类可持续发展带来巨大冲击，全球粮食安全与膳食营养面临前所未有的挑战[28]。耕地作为保障粮食安全与生态环境健康的重要载体，其可持续利用深刻关联着永续发展[4]。因此，轮作休耕制度的实施逻辑是以“不变”的耕地资源应对“变化”的人口、生产力/生产关系、生态环境、经济社会发展等，综合运用生态工程技术科学配置耕地利用的时空秩序，对一定时期、特定空间内的耕地资源进行治理、修复、养护，为耕地资源内部要素的信息聚合、能量流汇、物质耦合提供原生环境与外部支撑，从而恢复耕地的生态功能，提升耕地地力，实现耕地生态治理、科学保护与永续利用的良性循环。综上所述，面向可持续发展目标（SDGs）的休耕内涵，主要涵盖总量（休养多少）、结构（在哪休养）、强度（如何休养）三个方面，即依据我国耕地数量、质量、生态“三位一体”保护理念，基于全要素、全过程优化调控资源利用的时空秩序，科学统筹水土气热等要素的立体耗散节奏，匹配不同区域各类作物的种植结构，实现人口—资源—环境的系统均衡、经济—社会—生态的效益统一、生产—生活—生态的空间协同，进而将休耕制度优势转化为资源节约、环境保护、效益提升的生态治理效能[13]。

3. 耕地生态保护的实施途径

（1）明确耕地生态保护责任机制。

建立党委领导、政府负责、部门协同、公众参与、上下联动的共同责任机制，地方各级党委和政府要树立耕地数量、质量、生态“三位一体”保护的强烈意识，明确耕地生态保护的内涵及地位，以耕地生态保护为根本目标，担负起主体责任，确保本行政区域内耕地保护责任目标全面落实；地方各级政府主要负责人要承担起耕地保护第一责任人的责任，组织国土、农业、环境和水利相关部门按照职责分工履职尽责，充分调动农村集体经济组织、农民和新型农业经营主体保护耕地的积极性，形成保护耕地合力。

（2）构建数量、质量、生态“三位一体”的耕地评价机制。

在已有的耕地质量评价体系基础上，构建科学、可量化的耕地评价机制，建立健全以耕地数量为基础，集耕地自然质量、经济质量和生态质量于一体的耕地评价制度，完善评价指标体系和评价方法，定期对耕地生态情况进行全面评价并发布评价结果。其中耕地生态质量评价指标应包含土壤污染、功能退化、土层破坏、周边环境协调度及周边设施连续性等。完善土地调查监测体系和耕地质量监测网络，开展耕地质量年度监测成果更新。

（3）完善耕地生态保护经济补偿机制。

耕地生态保护补偿机制以经济手段调节耕地相关者之间的利益关系，保护耕地生态系统。例如，欧盟提出的农业环境管护制度、美国的耕地休耕和自然资源保护制度，皆是通过政府给予资金补贴，以农户为主体，实现了较为有效的耕地质量提升和管护。鼓励各地统筹安排财政资金，对承担耕地保护任务，且不使用化肥、农药，实施轮作休耕，或其他耕地生态保护效果显著的农村集体经济组织和农户给予奖补。奖补资金主要用于农田基础设施后期管护与修缮、地力培育、耕地保护管理等。

（4）落实耕地生态保护的公众参与机制。

除落实政府耕地保护责任机制和加强人大以及国家土地督察机构对耕地保护的监督管理外，积极推动社会主体，包括耕地产权主体、新闻媒体、研究机构或第三方机构等参与耕地生态保护，建立健全耕地生态保护的参与、监督反馈和举报机制，通过互联网、举报电话、匿名信等方式激发公众参与耕地生态保护的积极性，多渠道、全方位地落实耕地生态保护制度。

（5）落实保护性耕作制度。

积极稳妥推进耕地轮作休耕试点，加强轮作休耕耕地管理，不得减少或破坏耕地，不得改变耕地地类，不得削弱农业综合生产能力；加大轮作休耕耕地保护和改造力度，优先纳入高标准农田建设范围。因地制宜实行免耕少耕、深松浅翻、深施肥料、粮豆轮作套作的保护性耕作制度，提高土壤有机质含量，平衡土壤养分，实现用地与养地结合，多措并举保护提升耕地产能。

四、耕地保护制度体系存在的问题

实践过程中仍存在“重开发，轻整理”和“重数量，轻质量”等问题。同时受自然资源条件的客观限制，许多地区宜耕后备资源接近枯竭，有效落实“占一补一”“占优补优”“占水田补水田”的政策要求面临严峻挑战，个别地区甚至出现耕地补充造假、毁坏生态造地等问题。除占补平衡制度存在实施压力以外，我国耕地保护还面临诸如耕地质量总体不高、“非粮化”现象突出、耕地利用和产出效益不高等多重问题。此外，耕地保护红线、永久基本农田、农业“两区”等不同制度之间仍存在割裂关系，“三位一体”耕地保护格局一定程度上与充分发挥资源利用潜力存在矛盾。

（一）现有耕地保护法律制度体系尚待进一步健全

法律制度体系的重要性在于其是行政任务的扩展、行政行为范畴的扩容[29]，而法律制度体系是法律规范之间的纽带，耕地保护需要通过法律体系进行不同法律条文的选择。目前耕地保护制度仍无法达到保数量、保质量、保生态的多元目标与功能，根本原因应是稳定性与秩序性的法律体系还未建立[30]。

1. 制度内容上：尚未形成符合耕地保护本质要求的制度体系

部分耕地保护制度存在不符合现阶段耕地保护的内涵和目的的内容，耕地的非生产功能的保护没有在耕地保护制度中体现；同时耕地保护制度中没有调节好各方耕地保护的“利”，耕地利用的利益矛盾始终存在[31]。

现有耕地保护法律制度体系尚待进一步健全，不同法律之间涉及耕地保护的内容有冲突，如《土地管理法》规定，撂荒两年，原发包单位应当终止承包合同，收回发包的耕地。但《农村土地承包法》规定，承包期内，发包方不得收回承包地。耕地空间规划体系尚未建立，没有发挥国土空间规划的引领和约束作用[32]。在既往实施土地规划中，基本是宏观区域土地总体规划和微观的农业园区规划，缺乏中观层面的控制性规划，同时耕地红线在各个规划中是经常的博弈点，使政策制定互相冲突[33]。

2. 制度设计上：耕地保护法的缺失

制定耕地保护法非常必要。耕地数量和质量直接关系国家粮食安全和主要农产品有效供给，当前我国耕地面积为 19.18 亿亩，2009 年至 2019 年 11 年里下降 1 亿多亩，接近 18 亿亩耕地红线。

我国尚未出台专门保护耕地的法规。提到耕地保护的法规往往散落在各种法律之中，而在不同的法律规范中，耕地保护内容在表现上又经常出现相互冲突的现象，导致最后的执行结果大打折扣。同时，耕地保护立法范围覆盖不全面、手段强制单一，只限于农民集体土地而忽视了国家所有权项目下的耕地，比如农场和生产建设兵团的耕地。立法中耕地保护方面的法规只有惩罚的制度，缺少鼓励和激励的制度，没有正确理解耕地保护红线的真正意蕴，应是确保耕地不减少，而不是数量不变。

3. 制度措施上：注重行政手段运用，缺乏激励和监督机制

耕地保护激励机制有进一步提升的空间，应加强耕地补偿激励方面的制度建设。耕地保护制度制定的相关措施较偏重行政方法与命令的运用，没有形成约束激励并置的机制，无法有效平衡多方利益[31]。耕地保护主体关系的调节主要靠行政命令和监督检查，合法增加耕地的行为应该受到鼓励并保护合法增加耕地面积者的正当权益。经济激励机制缺失与运用不足，重行政处罚、轻民事补偿，经济补偿与生态补偿手段运用较少，无法做到耕地反哺经济。同时，制度执行缺乏配套的监督标准，难以形成有力的耕地保护工具，联合监督机制尚未建立，地方自然资源部门和农业农村部门在耕地保护监管中的职责尚未明确，观念有待统一[32]。

4. 参与主体上：治理主体单向管制，综合治理不足

耕地保护主体的多元性有待进一步增强，对农民的广泛参与规定不足。外出务工导致耕地撂荒、经济驱动导致耕地改种等问题的治理，需要调动农民参与的积极性，但现有法律缺乏这样的群众动员。现阶段耕地保护制度规定的治理主体仍倚重政府的单一力量，忽略了农民和其他社会主体的作用[33]。从内部治理上看，耕地保护共同责任机制运行不畅，中央政府和地方政府利益时常发生冲突，被动地、随机地和分散地进行耕地保护[34]；在外部治理上，政府单打独斗，没有充分发挥市场的决定性作用，存在农户和其他耕地经营主体内生功能缺乏的现象。同时农民缺乏参与权、信息权，也很难得到相应利益保护，无法激发耕地保护的内生动力，耕地的“非粮化”与“非农化”现象必然会出现[35]。

（二）耕地保护政策难以有效实现耕地保护的质量目标

我国现行有关立法多以耕地保有量为核心进行数量保护，在一定程度上有效减缓了耕地数量的减少。但从长远来看我国耕地利用和资源空间分布的异质性格局、时间变化波动性趋势依然严峻。第三次全国国土调查显示，

2019年我国耕地保有量持续下降，年均耕地的减少幅度不断增加，从每年减少约40万公顷到每年减少约67万公顷，再到减少约75万公顷。同时，从空间上看，由于我国东南部城市化工业化的加快发展，耕地“非农化”“非粮化”现象严重，东部地区的耕地减少，导致全国耕地重心在1996—2018年持续向耕地质量较差的西北方向转移，呈现逐渐“北移”的趋势，且移动速度在2008—2018年加快，现耕地重心移动到山西省境内，形成“北粮南运”的粮食流通格局。

我国既有的耕地保护政策难以有效实现耕地保护的质量目标，也带来土地发展权指标跨区配置的低效率。中央通过农地转用计划管理和分级审批的制度控制耕地占用，并划定了永久基本农田保护区，同时推动了“耕地占补平衡”政策。但整体上，“农地转用计划管理和分级审批制度”并未真正实现控制建设占用耕地的预期目标，“基本农田保护制度”刚性有余而弹性不足，地方政府缺乏对农田保护的激励并导致基本农田保护的效果不佳。

在既有体制下，中央一方面通过建设用地指标与“耕地占补平衡”政策限定了各个地区一定时期可以使用的农地转建设用地总量，另一方面通过“城乡建设用地增减挂钩”政策给地方政府除中央计划指标之外获得新增建设用地指标开了口子。实际上，“增减挂钩”政策很容易被地方过度使用，如产生农村“撤村并居”中不少农民“被上楼”的不利后果，而且通过宅基地复垦来增加耕地不仅成本很高，耕地质量也往往难以保障。

在土地指标的跨区交易上，我国虽然已开始逐步推动“城乡建设用地增减挂钩节余指标跨省域调剂”和“跨省域补充耕地”政策，但全面建立一个更有效率的全国性多种类土地指标市场体系还需时日。现有耕地保护制度仍然保留着明显的计划经济痕迹，不仅制度运行的效率低下，政策执行成本也相当高昂。未来全面完善耕地保护制度，通过跨省区的各类土地发展权指标交易来实现指标配置效率的提升和土地增值收益在全国范围内的更公平分配，是我国耕地保护制度改革必须要面对的重大政策挑战。

（三）耕地非农化问题仍需监管

《中华人民共和国国民经济和社会发展第十四个五年规划和2035年远景目标纲要》强调，坚持最严格的耕地保护制度，遏制耕地“非农化”、防止“非粮化”，严守耕地红线和永久基本农田控制线。这对增强农业综合生产能力、实施粮食安全战略提出更高要求。我国现行的土地管理制度在保障耕地安全方面起着举足轻重的作用，有关法律法规的健全与否直接影响到耕地的非农化。部分地区出现“非粮化”倾向。调查发现，个别地方违规占用永久基本农田绿化造林、扩大自然保护地，违规占用耕地在铁路公路、河渠两侧超标准建设绿化带；也有一些企业或个体占用永久基本农田从事林果业、挖塘养鱼等，一些工商资本流转耕地改种非粮食作物等。这些行为，不同程度地造成了耕地损毁和粮田减少，如果任其发展将对国家粮食安全构成威胁。

1. 耕地“非农化”规模扩大

研究表明，耕地边际化主要是由城市化和工业化不断发展，劳动力成本大量增加，从而促使大量农业劳动力脱离农业生产引起的。已有研究通常认为，平原区能够通过大规模的农业机械替代减少劳动投入，相较于山区耕地不易出现边际化现象。但是，笔者在黄淮海平原近期调查中发现，目前该区域小麦种植由于需要多次抽取地下水进行人工灌溉，成年男性劳动力数量十分紧缺，老年妇女劳动力价格为 8 元/小时，中年妇女劳动力价格为 10 元/小时，种粮大户处于赔本状态，需要再种植一季玉米才能回本，因此对于休耕轮作积极性并不高。可见，由劳动力析出和劳动力成本增加而导致的耕地“边际化”规模已由山区扩大到平原区，出现了新的变化。

“弃耕化”现象近年来受到学术界的广泛关注。但已有研究大多重点关注中国山区、丘陵区耕地“弃耕化”问题，忽视了平原区已经出现的“弃耕化”现象。研究表明，2014—2015 年全国山区耕地撂荒率为 14.32%；山区耕地撂荒率在省级尺度上呈现南高北低的空间格局。其中，长江流域一带的山区耕地撂荒率最高，东北的长白山区最低。然而，根据笔者调查，西南山区耕地撂荒面积达 10%左右，而西北黄土高原区的平坦、临近交通沿线的黄土塬也出现了弃耕，西北某省永久基本农田撂荒面积甚至高达 110 万亩。耕地“弃耕化”已从南方山区蔓延到北方平原区。

2. 严格禁止非农化的八种行为

2020 年 9 月 15 日，国务院办公厅印发了《关于坚决制止耕地“非农化”行为的通知》，严格禁止八种耕地非农业化的行为。

（1）严禁违规占用耕地绿化造林。

严禁违规占用耕地绿化造林。要严格执行《土地管理法》《基本农田保护条例》等法律法规，禁止占用永久基本农田种植苗木、草皮等用于绿化装饰以及其他破坏耕作层的植物。违规占用耕地及永久基本农田造林的，不予核实造林面积，不享受财政资金补助政策。平原地区要根据资源禀赋，合理制定绿化造林等生态建设目标。退耕还林还草要严格控制在国家批准的规模和范围内，涉及地块全部实现入库管理。正在违规占用耕地绿化造林的要立即停止。

植树造林无疑是利国利民的好事，但如果因为植树造林导致粮食生产受到严重不利影响就是本末倒置了。需要注意的是，国家在这里强调的是不得占用基本农田种植用于绿化装饰及其他破坏耕作层的植物。如果在基本农田上种的是一般果树或者其他的经济类作物，不影响种植层，就不在此条的禁止范围内。

与此同时，国家还强调退耕还林还草必须严格依照国家批准范围。如果当地要求退耕还林，不给补偿，也不愿意出示有关的公告和批准文件，农民有充分的理由拒绝。

（2）严禁超标准建设绿色通道。

严禁超标准建设绿色通道。要严格控制铁路、公路两侧用地范围以外绿化带用地审批，道路沿线是耕地的，两侧用地范围以外绿化带宽度不得超过5米，其中县乡道路不得超过3米。铁路、国道省道（含高速公路）、县乡道路两侧用地范围以外违规占用耕地超标准建设绿化带的要立即停止。不得违规在河渠两侧、水库周边占用耕地及永久基本农田超标准建设绿色通道。今后新增的绿色通道，要依法依规建设，确需占用永久基本农田的，应履行永久基本农田占用报批手续。交通、水利工程建设用地范围内的绿化用地要严格按照有关规定办理建设用地审批手续，其中涉及占用耕地的必须做到占补平衡。禁止以城乡绿化建设等名义违法违规占用耕地。

目前来说，超占绿化用地的情况并不罕见。笔者就遇见过道路本身占地60米宽，绿化带也要占地60米与道路等宽的情况。对农民的主要影响在于如果新修高速公路占用的土地超过确定的5米、3米的标准，农民有权拒绝征收土地。

（3）严禁违规占用耕地挖湖造景。

严禁违规占用耕地挖湖造景。禁止以河流、湿地、湖泊治理为名，擅自占用耕地及永久基本农田挖田造湖、挖湖造景。不准在城市建设中违规占用耕地建设人造湿地公园、人造水利景观。确需占用的，应符合国土空间规划，依法办理建设用地审批和规划许可手续。未履行审批手续的在建项目，应立即停止并纠正；占用永久基本农田的，要限期恢复，确实无法恢复的按照有关规定进行补划。

违规占用耕地挖湖建设公园的情况就现在来看不在少数。自然资源部在官网上公布了11起自然资源部挂牌督办的土地违法案件，其中就有两起是政府违规占用耕地挖湖建设公园的案例，分别是山西省临汾市尧都区涝洰河生态指挥部违法批地修建涝洰河湿地景观公园及古镇项目案和陕西省宝鸡市岐山县周公湖工程建设领导小组违法占地建设周公湖景观水系项目且敷衍整改案。

（4）严禁占用永久基本农田扩大自然保护地。

严禁占用永久基本农田扩大自然保护地。新建的自然保护地应当边界清楚，不准占用永久基本农田。目前已划入自然保护地核心保护区内的永久基本农田要纳入生态退耕、有序退出。自然保护地一般控制区内的永久基本农田要根据对生态功能造成的影响确定是否退出，造成明显影响的纳入生态退耕、有序退出，不造成明显影响的可依法依规采取措施妥善处理。自然保护地以外的永久基本农田和集中连片耕地不得划入生态保护红线，允许生态保护红线内零星的原住民在不扩大现有耕地规模前提下，保留生活必需的少量种植。

为了实现一定的政绩肆意扩大自然保护区这种现象也是目前土地利用的乱象之一。有朋友和笔者反映，其村子所有的上千亩山林被隔壁的国有农场和政府部门一并划入生态保护红线内，导致村集体不能利用林地。如果您所承包的耕地被划入生态保护红线范围内禁止利用，且数量较大的，您可以针对划定自然保护区的决定提起诉讼，要求撤销决定。即便无法撤销，您也可以依法要求补偿，并非拿着环保的“大棒”就可以不对农民进行补偿的，补偿应当参照当地征收土地的标准。

（5）严禁违规占用耕地从事非农建设。

严禁违规占用耕地从事非农建设。加强农村地区建设用地审批和乡村建设规划许可管理，坚持农地农用。不得违反规划搞非农建设、乱占耕地建房等。巩固“大棚房”问题清理整治成果，强化农业设施用地监管。加强耕地利用情况监测，对乱占耕地从事非农建设及时预警，构建早发现、早制止、严查处的常态化监管机制。

这其实是和农民权益关系最深的部分，但是本质还是老调重谈。广大农民朋友需要注意的是，不得在农用地上建设非农业用途的房屋，具体可以建设的房屋根据2019年发布的《关于设施农业用地管理有关问题的通知》，仅限于直接用于作物种植和畜禽水产养殖的设施。貌似用于农业，实则不然的“大棚房”不在其中。

作物种植的设施包括：作物生产和为生产服务的看护房、农资农机具存放场所等，以及与生产直接关联的烘干晾晒、分拣包装、保鲜存储等设施。

畜禽水产养殖设施包括：养殖生产及直接关联的粪污处置、检验检疫设施，不包括屠宰和肉类加工设施。上述可以建设的房屋仅限于一般耕地，基本农田是禁止建设任何建筑的。

（6）严禁违法违规批地用地。

批地用地必须符合国土空间规划，凡不符合国土空间规划以及不符合土地管理法律法规和国家产业政策的建设项目，不予批准用地。各地区不得通过擅自调整县乡国土空间规划规避占用永久基本农田。各项建设用地必须按照法定权限和程序报批，按照批准的用途、位置、标准使用，严禁未批先用、批少占多、批甲占乙。严格临时用地管理，不得超过规定时限长期使用。对各类未经批准或不符合规定的建设项目、临时用地等占用耕地及永久基本农田的，依法依规严肃处理，责令限期恢复原种植条件。

（7）全面开展耕地保护检查。

各省、自治区、直辖市人民政府要组织有关部门，结合2016—2020年省级政府耕地保护责任目标考核，对本地区耕地及永久基本农田保护情况进行全面检查，严肃查处违法占用和破坏耕地及永久基本农田的行为，对发现的问题限期整改。自然资源部要会同农业农村部、国家统计局按照《省级政府耕地保护责任目标考核办法》进行全面检查，并将违规占用永久基本农田开展绿化造林、挖湖造景、非农建设等耕地“非农化”行为纳入考核内容，加强对违法违规行为的查处，对有令不行、有禁不止的严肃追究责任。

（8）严格落实耕地保护责任。

各地区各部门要充分认识实行最严格耕地保护制度的极端重要性。地方各级人民政府要承担起耕地保护责任，对本行政区域内耕地保有量和永久基本农田保护面积及年度计划执行情况负总责。要健全党委领导、政府负责、部门协同、公众参与、上下联动的共同责任机制，对履职不力、监管不严、失职渎职的领导干部，依纪依规追究责任。各地区要抓紧制定和调整完善相关政策措施，对违反规定的行为立即纠正，坚决遏制新增问题发生。

各省、自治区、直辖市人民政府要在2020年底前将执行情况报国务院，并抄送自然资源部、农业农村部。各有关部门要按照职责分工，履行耕地保护责任。自然资源部、农业农村部要会同有关部门做好对执行情况的监督检查。

3. 非农化的原因

不明晰的土地产权制度加剧耕地“非农化”。我国现行的农用地制度存在着很大的问题，即集体土地的所有权界定不明确，耕地产权是整个产权制度的核心，产权不明晰会直接导致耕地的损失。我国的耕地属于集体所有，从法律上讲，村民小组、村民委员会、乡镇政府、集体经济组织都可以代表，但是由于没有明确的分工，致使农民对集体土地的所有权界定不清楚，从而加剧了建设用地对耕地的利用[36]。耕地非农化受到经济发展因素、社会发展因素、政策机制因素等多种因素综合作用的影响。

（四）耕地非粮化问题（必须遏制）

耕地非粮化是指在耕地上种植非粮食作物。耕地非粮化主要表现在四个方面：一是耕地被闲置荒芜；二是耕地被用来种植除粮食以外的其他植物；三是耕地被用来搞养殖项目；四是耕地建造建筑物。

我国城市化、工业化导致每年大约有 2.94×10^5 公顷耕地被转化，直接威胁“18 亿亩耕地保护红线”和国家粮食安全。事实上，除了这种显性的耕地减少外，一个隐性的粮食生产能力流失更不容忽视，即“非粮化”。由于农业比较收益相对低下，在经济利益的驱使下一些高收益经济作物被大规模种植，仅 2019 年粮食种植面积便下降了 9.70×10^5 公顷。这不仅严重威胁国家粮食安全，更触发了乡村社会失衡、农业景观破碎、生态系统退化等巨大风险。如何妥善解决非粮化问题已成为政府、学界与公众关注的焦点。此外，近几年工商业资本大量流入乡村也加速了耕地非粮化。耕地保护是粮食安全的基石，全球气候灾害加剧、粮食贸易封锁等突发事件更加彰显了遏制耕地非粮化已刻不容缓。2020 年 11 月国务院办公厅印发《关于防止耕地非粮化稳定粮食生产的意见》，要求防止耕地非粮化，稳定粮食生产，切实把握国家粮食安全主动权，建立非粮化情况通报机制，严控耕地非粮化。2021 年 3 月 1 日起开始施行的《农村土地经营权流转管理办法》也要求严格防止非粮化，明确土地经营权流转要确保农地农用，优先用于粮食生产。习近平总书记也对耕地非粮化问题做出重要指示批示：耕地是粮食生产的命根子，要扎实抓好耕地非农化、非粮化问题，保中华民族的铁饭碗。但地方政府和农户对控制非粮化行为缺乏积极性，主要是对非粮化定义和危害的认识不足。一般认为非粮化仅是在耕地上种植经济作物、林果或养殖的行为，它属于农业结构正常调整，不破坏耕地，又关乎千万农户利益，不应被限制。朱道林认为非粮化不仅包含种植经济效益更高的经济作物、林果或养殖，还包含撂荒和种树等行为。非粮化表面上没有造成耕地损失，但长期撂荒、养殖或种树必定破坏土壤质量和耕作条件，对未来国家粮食安全产生危害。

1. 耕地非粮化趋势明显

自然资源部近年来的耕地保护督察结果显示，耕地保护依然面临多方面压力，补充耕地数量不实、违法违规占用耕地、圈占闲置浪费耕地、违法违规审批建设占用耕地等问题比较普遍；此外，还出现苗头性、倾向性问题，如“景观工程”建设过度化而违法违规占用破坏耕地，城乡建设用地增减挂钩跨省域调剂指标不实。调查结果显示，耕地流失、破坏现象严峻，认为耕地占用破坏问题比较严重和很严重的占比超过16%，各方保护耕地的积极性并未得到有效调动甚至存在负向激励；其中农民占地建房现象相当严重，耕地保护存在的最大问题是“农民没有积极性”。

根据实地调查并结合统计数据研究分析得出，目前我国耕地非粮化率约为27%，但区域间耕地非粮化的类型、程度存在差异。其中，非粮化率最高的为西南地区，主要种植花卉、茶叶、烤烟、柑橘等，非粮化率约为46%；其次是华南地区，除种植橡胶外，主要种植甘蔗、香蕉、菠萝、火龙果等热带水果，非粮化率约为41%；第三是华中地区，主要种养稻田蟹、油料、茶叶等，非粮化率约为34%；第四是西北地区，主要种植苹果、香梨、哈密瓜等，非粮化率约为32%；第五是黄土高原地区，主要种植苹果，非粮化率为30%左右；第六是华东地区，主要种植茶叶、柑橘、油料等，非粮化率约为21%；第七是华北地区，主要在山区种植苹果、梨、板栗等，非粮化率约为10%；东北地区非粮化现象不明显，非粮化率约为7%。已有研究把非粮化成因归结于种植效益低、土地流转、工商资本逐利及不恰当的地方政策导向[37]。

从省级单元来看，2018年全国耕地非粮化面积达 54.47×10^6 公顷，占全部耕地的32.29%。但受自然资源禀赋、经济社会发展等因素影响，不同省份非粮化差异很大。数据显示，高非粮化率单元集中于东南沿海、贵州和新疆，新疆、海南、上海、浙江、广西、贵州6省份非粮化率超过50%。其中，新疆非粮化率最高（63.3%），主要归结于特殊的光热条件有利于棉花（占39.8%）和瓜果蔬菜（23.5%）种植。海南、广西和贵州的高非粮化率主要归结于特殊的光热条件和丘陵山地有利于发展热带特色作物，上海和浙江主要是蔬菜种植和特色农业。吉林非粮化率仅为7.91%，与该省耕地资源丰富、自然条件好、配套设施全、有利于机械化种植密切相关。山西非粮化率也非常低（<18.0%），与黄土高原气候适合一年一熟的旱作玉米、小麦或高粱等粮食作物有关。非粮化面积大的主要为新疆、黑龙江、河南、四川、广西和

两湖（湖北、湖南），2018 年非粮化面积均大于 3.0×10^6 公顷。除新疆外，其余均为粮食主产区，近年来工商资本大规模介入，加速了土地流转和规模化经营，非粮化形势十分严峻[38]。

（1）利用基本农田种植经济作物。

非粮化与经济、社会、资源和政策之间存在千丝万缕的联系，不同要素之间相互作用共同驱动了不同区域非粮化态势。宏观上经济增长会促进社会发展，并进一步对资源配置产生胁迫。同时，政策调控可引导乡村经济发展，并优化区域资源配置，从而保障社会发展。微观上 GDP 的增长往往会加大城乡居民可支配收入差距，导致种粮效益相对低下，从而影响农民的种植积极性，加剧非粮化风险。孔祥斌[39]、高晓燕等[40]分析了种粮效益低、工商资本逐利对非粮化的影响，认为非粮化必然危害国家粮食安全。“种粮收入偏低”是当前粮食生产上一个不争的事实，而果、林等经济作物相对粮食生产而言，收入要略高一些，所以农民为了增加收入，主动或被动地把耕地改种经济作物，既节省了劳力，又提高了收入。如近年来各地都在实施乡村振兴计划，各村都在探索支柱产业、规划产业基地，于是就有大量的耕地被用来种植羊角菜、花椒树、板栗等作物。

（2）资本介入“三农”领域，耕地被流转后却变为他用。

农地流转加速了非粮化，应防止耕地过度非粮化[41-44]。乡村的城镇化建设、乡村旅游的开发、观光农业的发展等，都吸引了很多资本进入“三农”领域，对农民手中的耕地进行流转。可是这些被流转的耕地不乏有基本农田，而这些基本农田被流转后，并没有用在种粮上，基本都通过“非农化”和“非粮化”手段，变成了他用，有的甚至在上面建造起了建筑物。不同生产规模的农户非粮化行为与经济发展水平密切相关，小型农户非粮化动机受农业生产条件的限制[45]。

（3）农业基础设施建设脆弱的地区，撂荒耕地的现象比较突出。

表现突出的是我国的西部丘陵山区，这些地方山高坡陡、地形险恶、耕地细碎，农业机械化作业具有困难，现代化农业生产模式很受制约，一些地方的农民还存在着肩扛背磨、刀耕火种的农业生产模式。所以这些地方的农业生产成本较高、效率较低，很多农民朋友为了生计，不得不外出打工，造成农村劳动力缺乏，所以不少条件恶劣的耕地就被撂荒了。

2. 耕地非食物化现象扩散

根据实地调查，耕地非食物化现象在全国范围扩散。一是部分地方政府对生态文明建设存在认识误区，认为生态文明就是简单的修建景观、造林、铺草，在耕地甚至是永久基本农田上进行伪生态化建设，尤其加重了北方地区地下水枯竭的问题。二是在城镇化背景下，农户会选择种植经济效益更高的林业作物，从而解放劳动力到城镇务工，因此导致了如北方部分地区在耕地或永久基本农田上种植速生杨树、景观草坪，南方部分地区在耕地或永久基本农田上种植桉树。耕地非食物化利用造成了耕地肥力下降、地下水污染等问题，对耕地生态系统造成了短期内不可逆的破坏。

土地流转制度导致耕地非粮化现象严重。制度政策是导致我国耕地非粮化的重要外在原因，如土地流转、农业结构调整、粮食补贴等，这些都会对耕地的非粮化产生直接或间接的影响。随着市场持续引导工商资本到外地追逐利润，土地流转租金也会随之上涨，而非粮食类农产品的市场需求日渐旺盛，使得农民在流转后不愿种粮。同时土地流转增加了经营成本，驱使转入方选择更高收益的非粮种植，而对流转耕地用途长期管控不足甚至是缺失亦将致使土地流转政策成为耕地非粮化的重要制度诱因。

3. 耕地非粮化的原因分析

非粮化不仅是理论上研究粮食安全不可回避的问题，也是耕地保护实践中面临的现实问题。究其原因有以下几个方面。

（1）耕地用途多样性为非粮化提供了可能。

耕地是农业中最早的高强度土地利用方式，自古以来都不仅限于粮食生产。一方面是人类食物需求的多样性；另一方面是作物生长的季节性。为充分利用耕地，多种作物间作、轮作等形成了丰富多样的粮油棉菜等农产品。最新的调查显示，我国耕地种植作物至少可以分为：粮油棉麻糖烟菜瓜果八大类，100 多种作物。但是，粮食播种面积一直占主导，占农作物播种面积的 70.0%（2020 年统计），其中又以谷物播种面积最多，如 2021 年谷物播种面积达 100177.4 千公顷，占粮食总面积的 85.2%。但种植结构地区间差别较大。如东北一些地区一年一季的多数为小麦或水稻、玉米等；水热丰富的南方作物构成复杂多样。

（2）作物间收益差距是非粮化的诱因。

由于农业生产周期长，粮食作为大宗消费品，虽然受到市场供给需求的影响，价格有一定的涨落，但是，由于其作为必需消费品，其价格、收益波动往往受到政府干预。粮食单位面积经济收益与棉花、油料等其他作物相差很大。所以，为追求较高的收益，土地经营者理性地扩大非粮作物不违背经济价值规律，符合资源高效利用的市场规律。

（3）非粮化是劳动力短缺的耕地利用表现。

城市化与工业化的发展推动了大量人口从农村转向城市地区非农业部门，农村土地也快速转向城镇建设用地和交通用地等。据最新资料，全国城区面积已达200569.5平方千米，其中建成区达60312.5平方千米，平均人口密度为2613人/平方千米。每年耕地被占用，农村人口、劳动力缺乏，2020年全国农村常住人口仅有5.1亿人，种粮农民比开放初期减少了56%。近20年农业劳动人口减少到2.85亿人，农业从业人员平均年龄达65岁，年轻的务农人员数量下降，大量耕地被撂荒或转包，部分转包地出现非粮化种植。

4. 非粮化整治法律依据不足，有损政府公信力和社会稳定

耕地种植粮食是国策所系的土地使用、经营行为。按照土地集体所有制的框架，它的主体不仅有承包耕地的农民、获得流转的农业合作社、农民企业和其他工商业，还应当包括农村集体组织（组、队、村）、乡镇政府等。按照现行政策，省长负责米袋子，市长负责菜篮子，县镇基层政府负粮、菜、耕地、永久基本农田、粮食生产功能区等所有责任。非粮化查处主要由用地农民承担具体、直接损失，村、乡镇政府组织的担责属于行政、政治责任。另外，非粮化查处是近年出台的新政策，没有明确的法律依据，基层执法清除非粮化种养产品与设施、恢复耕地面临政府失信的困境；同时，这直接挫伤了农民土地多种经营者、乡村振兴引进企业和其他投资者的积极性，可能造成一些农民收入减少，个别农民返贫，危及社会稳定。此外，清除耕地中苗木、花卉、填平鱼塘、基础设施等，主要由政府设法清除，加重了基层政府的财政负担。

中共中央、国务院高度重视耕地“非粮化”问题。2020年底，国务院办公厅印发《关于防止耕地“非粮化”稳定粮食生产的意见》（国办发〔2020〕44号），明确永久基本农田是依法划定的优质耕地，要重点用于发展粮食生产，特别是保障稻谷、小麦、玉米三大谷物的种植面积；一般耕地应主要用于粮食和棉、油、糖、蔬菜等农产品及饲草饲料生产。2021年中央“一号文件”进一步明确，永久基本农田重点用于粮食特别是口粮生产。2021年7月新颁布的《土地管理法实施条例》也进行了规定：一般耕地优先用于粮食和棉、油、糖、蔬菜等农产品的生产。为严格控制耕地非粮化，采取“长牙齿”的耕地保护硬措施，处置好耕地“非粮化”“非食物化”等问题。

五、中国耕地保护制度的优化策略

（一）摸清耕地现状，进行分类整治和管理

要对我们现有的耕地现状做到心中有数，在此基础上，可以按照永久基本农田、一般耕地、细碎边角地的分类进行整治和管控。原则上永久基本农田就只能用来种植粮食，不得变为他用，一经发现，应责令恢复并严肃处理；同时对在永久基本农田里进行套渔、套虾、套蟹等综合立体种养的，必须要以不破坏永久基本农田的主要用途为前提，才能予以实施。

优化耕地产权及生产方式，提高利用效益。综合采用多种手段，降低农民的种植成本，提高农民的生产积极性。各种补贴扶持的力度还应进一步加大，控制好各种农资产品的价格，并积极培育家庭农场、种粮大户、农村专业合作社等新型农业耕耘主体，达到提高农民种粮效率、让农民增产增收的目的。一是总结当前在广西“小块并大块”、广东“确权确地不确人”、陕西“一户一田”和“一组一田”等优化耕地产权和生产方式的先进经验，进行全国试点和推广。二是加快培育一批适应现代化农业发展需要的新型农业经营主体，重点培育能产生带头作用、有影响力的农业生产大户、专业合作社、现代家庭农场。三是借鉴国外先进经验，采取项目制、申请制的新型经营主体管理方式，有目标地加大政策扶持力度，促进适度规模化经营，降低生产成本，提高经营主体农业收入。

（二）科学调配产业结构，防止特色产业挤压粮食生产

一是应当遏制耕地“非食物化”生产，禁止农民或其他经营主体在耕地上种植桉树、杨树等乔木类经济林，严格禁止政府在耕地上建设“生态景观工程”等。二是加强对耕地“食物化”生产的监管，在保护优质耕作层、压实地方各级政府部门耕地保护目标的基础上，加强对进行食物化生产耕地土壤质地、土体构型、土壤养分、pH 等指标的检测和预警，确保不破坏耕地优质耕作层。三是加大对优质耕地“良田粮用”的监管，可以建立东北平原、华北平原和长江中下游平原等粮食主产区耕地“良田粮用”的监管和补偿机制，确保粮食播种面积不减少，粮食生产主体功能不动摇、不改变，保障端稳粮食饭碗。

农业特色产业是发展农村经济的一个重要手段，但是一定要秉持“粮食生产优先”的原则，科学调配好产业发展结构，不能出现“特色产业无序发

展、挤压粮食生产面积”的现象。

（三）实施全域土地综合整治，全面提升耕地质量和基础设施条件

加强丘陵山区的农业基础设施建设，改善农民耕作条件。可以对细碎的土地进行集中整治，让其连片成块；加强土壤改良、灌溉设施、人行道路等建设。一是加快实施6亿~7亿亩的中低产田的质量提升和改造工程，提升我国山区、丘陵区耕地质量建设投入，改善基础设施条件，提高耕地质量，降低种田成本，提高种田收益，降低“非食物化”“非粮化”发生率。二是结合浙江省“千村示范、万村整治”试点经验，因地、因时制宜，因村施策，加速推动实施全域土地综合整治。通过实施全域土地综合整治，优化我国南方区域农村用地结构、盘活农村存量建设用地、提高农村土地利用效率，实现耕地资源生态修复与补充耕地质量提升有机结合。

（四）建立纵横结合的耕地生态保护补偿机制

耕地保护必须坚持系统思维，统筹兼顾、整体施策、多措并举，关注耕地生态系统对周边生态系统的影响，以及周边生态系统对耕地功能的支撑作用。另外，耕地生态保护应协调好生产功能与生态功能的关系，耕地生产不能以破坏耕地生态环境为代价。耕地生态建设应有助于促进耕地健康，防止耕地退化和过度利用。此外，耕地生态保护还应实现耕地自然系统与耕地利用系统的耦合。要将耕作方式的优化纳入生态保护范畴，以创新保护性耕作技术推动形成绿色高效的耕地利用模式。

1. 建立耕地生态保护激励机制

当前，我国耕地生态补偿体系尚不完善，存在市场缺位、补偿“一刀切”等问题。过去以土地利用规划和建设用地指标配置为主要内容的用途管制制度带有浓厚的传统计划经济色彩，在价值取向上过于偏重公共利益，忽略或淡化了被管制者的利益诉求，对私权的保护和补偿有所不足。为此，需要从完善耕地生态补偿资金供给体系、建立差异化补偿机制和发挥市场作用等方面入手，加强耕地生态保护激励机制建设。

一是构建中央统筹下的多元化、跨区域的耕地生态补偿资金供给体系；明确耕地保护补偿是对土地发展权的补偿，提高补偿标准，建立公平合理的补偿制度。目前，我国部分地方建立了初步的耕地保护补偿机制，对农民按照耕地面积数量进行补贴，其中突出的问题就是补偿标准过低，和土地发展权补偿的本质相去甚远，难以达到制度目的，也难以发挥激励保护耕地、遏

制违法改变农业用途的功能。二是构建差异化补偿机制。以耕地生态功能为主要依据，通过评价不同地区不同类型耕地生态价值，划分耕地生态价值等别；采用条件支付方式，对实施特定耕地生态利用行为的耕地保护主体进行补偿，形成“以补偿促保护”的良性循环。三是发挥市场对耕地生态保护的激励作用。以市场手段推动农村生态产业发展，完善对农产品的生态认证制度，采取多元化的补偿方式，提升农业生态产品建设水平，保护参与者的积极性。

2. 完善耕地生态保护监督机制

当前，我国耕地生态保护监督机制尚不健全，难以对耕地生态保护的落实形成有效支撑。我们要从评价、考核、问责等方面建设耕地生态保护监督机制，做到早发现、早制止、严查处。

首先，将耕地生态状况指标纳入耕地数量和质量监测评价体系。着力完善耕地生态特征评价指标体系和评价方法，以遥感、定点监测、地面调查等方式获取耕地生态特征指标，开展耕地生态状况清查，建立耕地生态状况定期监测评价制度。其次，根据各地主要的耕地生态问题，统筹实施轮作休耕、农用地整治等耕地生态修复措施。最后，建立以政府为主体的考核与问责机制。由自然资源部、农业农村部等部门组成联合调研组，对已监测耕地的生态保护情况进行现场复核，并将评价结果纳入政府工作绩效。依据“村级发现、乡级制止、市县查处”的层级责任分工，根据调查结果对耕地生态退化严重地区的相关单位或人员展开问责，并及时进行查处。

一是建立纵向耕地生态保护补偿机制，加大国家层面耕地保护力度，积极推进中央和地方各类涉农资金整合，增加自上而下的对国家粮食主产区和耕地保护面积较大省份的耕地生态保护补偿力度，提高粮食输出区财政收入，鼓励实施保护性耕作技术，修复和提升耕地生态功能；根据“谁保护、谁受益”的原则，按照一定比例将补偿资金分配给承担耕地生态保护任务的地方政府、农村集体经济组织及微观主体（农地经营者），从而提高耕地保护动力。二是建立横向耕地生态保护补偿机制。通过跨区域耕地保护补偿解决区域间耕地保护与经济发展不协调、保护主体与受益主体利益不对称等问题从而推动区域协调发展。

3. 创新保护性耕作技术

解决耕地生态问题，需要创新并应用以绿色发展为导向的保护性耕作技术。一是要加强保护性耕作技术基础研究。加强对不同耕作技术下土壤理化性质、土壤生物活动状况等变化过程的研究，针对土壤酸化、土地板结、地力退化等实际性问题，研发成本低、可操作性强、易于推广的保护性耕作模式。二是以规模经营主体为载体，加快试点地区保护性耕作技术的试验应用。规模经营主体的土地较为集中，具备大规模实施保护性耕作技术的条件，可在保护性耕作技术试验和推广中扮演“媒介”角色。三是创新推广模式，提高农民自身生态保护意识。可指定专业技术人员根据区域内耕地生态状况差异，分区开展耕作技术指导与培训，加快实现保护性耕作技术应用的模式化、制度化。

（五）加快构建部门协同机制，党政同责，违法必究

进一步明晰自然资源部、农业农村部、国家林业和草原局的职责，加强部门之间的协同。林业部门的造林绿化工作要避开耕地尤其是永久基本农田，确保不侵占永久基本农田空间。自然资源部门应结合第三次全国国土调查结果，科学、合理地下达各地区耕地和永久基本农田保护任务并重新划定永久基本农田，明确永久基本农田保护空间；应成立专门权威的鉴定机构，明确耕地耕作层破坏的鉴定技术标准，对既有“非食物化”生产的耕地及时进行核实整改，对耕地“食物化”生产进行严格监管。农业农村部门应加强对耕地种植结构调整的管控，禁止在耕地上进行“非食物化”种植；以是否破坏耕作层为标准，细化耕地上禁止种植的作物清单；在保护耕地优质耕作层的前提下，指导农户合理进行食物化生产。

为落实最严格的耕地保护制度，中央要求实行党政同责、目标考核、一票否决、终身追责，国务院专门发布了坚决制止和遏制耕地“非农化”、防止耕地“非粮化”的意见，开展农村乱占耕地建房专项整治。2021 年底，自然资源部、农业农村部、国家林业和草原局印发通知，严格耕地用途管制，提出永久基本农田“四严禁”（禁止将永久基本农田转为其他农用地及农业设施用地，禁止占用永久基本农田发展林果业和挖塘养鱼以及种植苗木、草皮等，禁止占用永久基本农田挖湖造景、建设绿化带，禁止占用永久基本农田建设养殖和种植设施），耕地用途“五不得”（不得在耕地上挖湖造景、种植草皮，不得擅自扩大退耕还林还草还湖规模，不得违规占用耕地建绿化带，不得占用一般耕地实施国土绿化，工商资本不得将流转的耕地转为林地、园地等其他农用地）。对违法占用耕地的行为，2021 年 9 月 1 日起实施的《土地管理法实施条例》大幅提高违法占地罚款标准，破坏耕地情节严重的，可能构成非法占用农用地罪，将追究刑事责任。

参考文献

[1] JieYong W, ZiWen Z, YanSui L. Spatial shifts in grain production increases in China and implications for food security [J]. Land Use Policy, 2018 (74).

[2] 朱晶，臧星月，李天祥. 新发展格局下中国粮食安全风险及其防范 [J]. 中国农村经济，2021 (9): 2-21.

[3] Niu P, Zhou J, Yang Y, et al. Evolution and trade-off in the multifunctional cultivated land system in henan province, China: From the perspective of the social-ecological system [J]. Frontiers in Ecology and Evolution, 2022.

[4] 谷树忠，姚予龙，沈镭，吕耀. 资源安全及其基本属性与研究框架 [J]. 自然资源学报，2002 (3): 280-285.

[5] Bazzana D, Gilioli G, Simane B, et al. Analyzing constraints in the water-energy-food nexus: The case of eucalyptus plantation in Ethiopia [J]. Ecological Economics, 2021 (180).

[6] Yue S, Chenlu L, Ke W, et al. Quantifying the spatiotemporal dynamics and multi-aspect performance of non-grain production during 2000-2015 at a fine scale [J]. Ecological Indicators, 2019 (101).

[7] Yang L, Huang B, Mao M, et al. Sustainability assessment of greenhouse vegetable farming practices from environmental, economic, and socio-institutional perspectives in China [J]. Environmental Science and Pollution Research International, 2016, 23 (17).

[8] 王万茂，李志国. 关于耕地生态保护规划基本问题的探讨 [J]. 中国生态农业学报，2001 (4): 58-61.

[9] 张超，乔敏，郧文聚，等. 耕地数量、质量、生态三位一体综合监管体系研究 [J]. 农业机械学报，2017, 48 (1): 1-6.

[10] 吴大放，姚漪颖，刘艳艳，等. 广州市番禺区耕地生态安全动态变化研究 [J]. 生态科学，2016, 35 (5): 160-168.

[11] 郭荣中，杨敏华，申海建. 长株潭地区耕地生态安全评价研究 [J]. 农业机械学报，2016, 47 (10): 193-201.

[12] 尚二萍，许尔琪，张红旗，等. 中国粮食主产区耕地土壤重金属时空变化与污染源分析 [J]. 环境科学，2018, 39 (10): 4670-4683.

[13] 谷国政，高佳，邱政超. 可持续发展背景下休耕制度的价值意蕴及对我国的启示 [J]. 中国农业资源与区划，2022: 1-13.

[14] Hamdar B. An efficiency approach to managing Mississippi's marginal land based on the conservation reserve program (CRP) [J]. Resources Conservation and Recycling, 1999, 26 (1): 15-24.

[15] Timothy T L, Steven E K. Enrolling conservation buffers in the CRP [J]. Land Use

Policy，2003，20（1）.

［16］Masahiro F，James W A J，Hoshiko Y，et al. Value of fallow farmlands as summer habitats for waterbirds in a Japanese rural area［J］. Ecological Research，2001，16（3）.

［17］张建．WTO 多哈回合农业谈判近况及日本立场的考察［J］. 国际观察，2009（1）：74-79.

［18］Vapa T J，Stojsavljević M. EU common agricultural policy and pre-accession assistance measures for rural development［J］. Ekonomika Poljoprivrede，1979，2014，61（1）.

［19］饶静．发达国家“耕地休养”综述及对中国的启示［J］. 农业技术经济，2016（9）：118-128.

［20］石飞，杨庆媛，王成，等．世界耕地休耕时空配置的实践及研究进展［J］. 农业工程学报，2018，34（14）：1-9.

［21］杨庆媛，信桂新，江娟丽，等．欧美及东亚地区耕地轮作休耕制度实践：对比与启示［J］. 中国土地科学，2017，31（4）：71-79.

［22］Mccann K S. The diversity-stability debate［J］. Nature，2000，405（6783）.

［23］Holling C S. Resilience and stability of ecological systems［J］. Annual Review of Ecology and Systematics，1973（4）.

［24］Pendall R，Foster K A，Cowell M. Resilience and regions：Building understanding of the metaphor［J］. Cambridge Journal of Regions，Economy and Society，2010，3（1）.

［25］孟丽君，黄灿，陈鑫，等．曲周县耕地利用系统韧性评价［J］. 资源科学，2019，41（10）：1949-1958.

［26］Park Y H. Build capacity for international health agenda on the “transforming our world：The 2030 agenda for sustainable development”［J］. Health Policy and Management，2015，25（3）.

［27］吴宇哲，许智钇．休养生息制度背景下的耕地保护转型研究［J］. 资源科学，2019，41（1）：9-22.

［28］辛良杰．中国居民膳食结构升级、国际贸易与粮食安全［J］. 自然资源学报，2021，36（6）：1469-1480.

［29］杜辉．公私交融秩序下环境法的体系化［J］. 南京工业大学学报（社会科学版），2020，19（4）：19-29.

［30］谢忠洲，彭强．法政策视域下乡村振兴战略的制度供给［J］. 农村经济，2021（6）：69-78.

［31］卢艳霞，王柏源．耕地保护制度与政策的演进及其逻辑［J］. 中国土地，2022（2）：4-8.

［32］刘随臣，谭丽萍，樊笑英．耕地保护制度的创新思考［J］. 中国土地，2022（1）：11-12.

［33］张一鸣．耕地保护制度的转型与对策研究——构建以经济激励为核心的耕地保

护［J］. 中国农业资源与区划，2014，35（3）：26-31.

［34］Yanfen H，Chao Z，Wei L. Who drives the formation and adoption of the "increasing versus decreasing balance policy"？—Evidence from a policy process analysis［J］. Land Use Policy，2019（80）.

［35］郭珍. 制度变迁、认知偏差与农户耕地利用行为［J］. 南通大学学报（社会科学版），2020，36（6）：92-98.

［36］叶宇航. 我国耕地非农化的驱动因素研究［J］. 科学决策，2015（9）：33-50.

［37］祝洪章. 农地流转"非粮化"及对粮食安全影响研究述评［J］. 人民论坛，2016（17）：82-84.

［38］陈浮，刘俊娜，常媛媛，等. 中国耕地非粮化空间格局分异及驱动机制［J］. 中国土地科学，2021，35（9）：33-43.

［39］孔祥斌. 耕地"非粮化"问题、成因及对策［J］. 中国土地，2020（11）：17-19.

［40］高晓燕，祝凯月. 非农化、非粮化的潜在影响及治理［J］. 开发研究，2020（5）：141-147.

［41］廖富洲，廖婧怡，杨程. 耕地流转中的"非粮化"问题及对策研究［J］. 学习论坛，2015，31（7）：37-40.

［42］武舜臣，于海龙，储怡菲. 农业规模经营下耕地"非粮化"研究的局限与突破［J］. 西北农林科技大学学报（社会科学版），2019，19（3）：142-151.

［43］常伟，马诗雨. 农地规模流转中的"非粮化"问题研究［J］. 农业经济，2020（9）：3-5.

［44］陈美球. 耕地"非粮化"现象剖析与对策建议［J］. 中国土地，2021（4）：9-10.

［45］张藕香，姜长云. 不同类型农户转入农地的"非粮化"差异分析［J］. 财贸研究，2016，27（4）：24-31.

第六章

多目标驱动下的耕地利用动态平衡制度

粮食安全始终是关系我国国民经济发展、社会稳定和国家安全的重大战略问题。改革开放以来，我国农业发展取得了举世瞩目的成就，但随着我国人民生活水平的不断提高，直接和间接的粮食需求与消费也随之增加。因此，提高我国粮食供给能力，满足高质量发展的粮食需求，确保粮食安全，依然是我国不可放松的战略目标。现代农业高度依赖化石能源，粮食的生产和运输过程都不可避免产生大量的能源消费和碳排放。2020 年 9 月 22 日，习近平总书记在第 75 届联合国大会上承诺“中国二氧化碳排放力争于 2030 年前达到峰值，努力争取 2060 年前实现碳中和”等目标，粮食系统“碳减排”也将成为实现我国“双碳”目标的必然要求。耕地保护在实现乡村振兴战略，保障粮食安全、能源安全、生态安全等方面发挥着重要作用。

一、耕地利用动态变化

（一）耕地数量的变化

耕地面积总体增加。根据历年的农业统计资料，我国耕地面积 1949 年为 9788. 13 万公顷，经过 66 年的变化，至 2015 年底为 13499. 87 万公顷。从总体上看，耕地资源数量变化的幅度还是相当大的，其可以分为三个阶段。

1. 1949—1956 年耕地面积迅速扩大

这一时期耕地面积增长的主要原因是，军队参加生产建设工作，大办国营农场、军垦农场和鼓励知识青年志愿垦荒、移民开荒以及农民就地开荒等一系列恢复农业生产和鼓励垦荒的政策，提高了全社会的农业生产积极性，大量由于撂荒的耕地得到复耕，复垦和开荒面积迅速扩大。

2. 1957—1995 年耕地面积大幅减少

这一时期耕地面积减少的主要原因是受到自然灾害等因素影响，还有人民公社、大跃进等时期的政策因素以及工业化等影响。

3. 1995 年后耕地面积增加明显

这一时期耕地面积增加的主要原因是国家重视耕地的保护，先后出台了18 亿亩耕地红线、农业水利建设、取消农业税、农业生产补贴等一系列政策和制度，推动耕地保护和复垦，促进耕地面积增加。

从区域空间上看，东部地区耕地面积减少，中西部地区耕地面积增加。据相关文献和有关历史资料记载，在 20 世纪 30 年代以前的 20 年间，包括青藏高原在内的西南区和东南沿海区耕地面积和垦殖率有所增加，但是幅度不大；华北区和西北及黄土高原区稍有减少。此后到 1952 年间，西北及黄土高原区、华北区和东南沿海区的耕地面积和垦殖率均有较大幅度增加，西北及黄土高原区垦殖率平均增长幅度高达 40%，华北区达 35%左右，东南沿海区约为 20%。1952—1965 年，除蒙新区、西南区耕地面积和垦殖率有较大增加外，其他各区基本呈现较为明显的下降趋势。20 世纪六七十年代，东北区和青藏高原区的耕地面积均有所增加，但前者幅度较大。其他各区有不同程度的下降，其中，蒙新区和华北区的下降趋势明显。进入 21 世纪以来，东南沿海及黄海平原等传统耕作区耕地持续减少，东北、西北和华北等农林、农牧交错区和沙漠绿洲区耕地缓慢增加。

（二）耕地质量的发展方向

耕地质量是指构成耕地的各种自然因素和环境条件状况的综合，其质量内涵应该包括四个方面：一是耕地的土壤质量，指耕作土壤本身的优劣状态，包括土壤肥力质量、土壤环境质量及土壤健康质量；二是耕地的环境质量，指耕地所处位置的环境状况，包括地形地貌、地质、气候、水文等环境状况；三是耕地管理质量，指人类对耕地的影响程度，一般用耕地的平整化、水利化和机械化水平来反映；四是耕地的经济质量，指耕地的投入水平和耕地的区位条件。从已有的文献资料分析结果看，我国耕地质量总体偏低，但向好的方向发展。一是耕地土壤肥力指标总体上呈稳中有升的趋势；二是耕地管理质量明显提高；三是耕地经济质量明显提升；四是土壤环境质量有所下降，农田出现污染物种类增多，污染呈现扩展化、复杂化与不断加剧的趋势。

耕地环境质量下降的原因主要如下：一是大量氮、磷、钾化肥的使用，大量的秸秆还田，使得土壤中氮、磷、钾增加；二是农业机械化的发展使得耕地的管理质量提升，进而引起了耕地经济质量的提升；三是受水土流失、过度垦殖、忽视轮作、全球气候变暖等因素的影响，部分区域耕地环境质量退化。

二、耕地保护不平衡的现状及动因

（一）耕地保护不平衡的现状

1. 区域发展失衡

我国改革开放以来的经济增长，实施由东向西的梯度发展战略，这种不平衡的梯度发展战略，一方面使得东部沿海地区迅速发展，进而带动全国经济持续长时间高速增长，而另一方面也扩大了东部和中西部地区的发展差距，并在 20 世纪 90 年代后期呈现扩大趋势。如果说改革开放初期的梯度发展是一种发展战略的话，那么在后期更体现为地区间经济不公平发展的事实。在 20 世纪 90 年代以后 30 多年的经济发展中，我国东部沿海地区凭借各种历史或地理的条件，获得了初始的发展动力，在持续不断的外部推动力，也就是不平衡发展战略下的国家经济政策和经济制度的倾斜作用下，东部地区获得的建设用地指标远远高于中西部地区，非农利用耕地资源和其他各种生产要素的配置在空间和时间上均向东部沿海集中，规划建设用地规模不断扩大，工业化、城市化快速推进，使其成为我国目前经济最发达的地区。中西部地区的资源利用效率和经济发展水平都明显滞后于东部。

正是由于区域梯度发展战略使得土地资源在区域之间不平衡配置，区域发展水平的不平衡导致了区域经济发展水平呈现差距并引发了一系列问题。需要指出的是，虽然土地资源是一种非流动性生产要素，不可能在区域之间自由流动，但是，土地资源的利用方向和结构可以改变，不同区域的土地资源利用方向决定了该区域某一类型土地资源利用的数量。因此，土地资源的不平衡配置指的是非农利用的耕地数量指标在不同区域间的配置。

2. 耕地资源配置失衡

东部地区在过去率先实行的城市化进程中，大面积推动耕地非农化，并没有顾及粮食安全、生态环境安全和社会经济的可持续发展，土地资源配置的结构性失衡，导致东部地区优先获得扩大耕地非农化的权利，而中西部落后地区由于所处的经济地理位置尚未开始大规模的开发建设。因此，一个不可否认的事实是，东部地区的优先发展在一定程度上就是以大量耕地非农化而造成目前的一系列以生态社会危机为代价的不可持续性发展。由于土地资源的自然供给是有限的，东部地区大量土地低成本开发增加了未来土地资源经济供给的难度，中西部地区的经济发展必然要受到土地资源这一要素的影响。然而，东部地区推进工业化、城市化时，国家的耕地保护政策从未像今天这样严格，而当中西部地区发展之际，却遭到了国家最严格的耕地保护管制政策。东部地区过去谋取经济增长而大肆圈地用于非农建设所没有承担的成本代价，现在要由中西部落后地区来承担，东部地区经济增长所带来的生态环境恶化及粮食危机的后果，现在要由中西部落后地区来承担，这显然是不公平的，这种不公平使得中西部地区“吃饭”与“建设”的矛盾更为剧烈，东中西部不平衡发展也愈加严重。

国家基于如此快速的耕地面积下降速度，采取最严格的耕地保护管制政策，也是出于社会经济可持续发展的考虑，这样，耕地保护的责任“理所当然”地就落到了中西部地区的身上。然而，目前我国中西部经济增长中要素投入的贡献份额远远大于效益提高的贡献份额，中西部经济增长还主要由要素投入的增长来支撑。所以，当耕地非农利用受到限制后，中西部区域城市经济发展就会受到严格制约。作为中西部地区经济发展主体的地方政府，必然会对这种不公平采取消极抵抗，其行为可能直接表现为在国家耕地保护政策执行过程中偏离中央政府预定的制度目标，使得国家耕地保护政策难以收到预期的社会经济效果。由此看来，中西部地区经济发展和耕地保护的矛盾将更为尖锐。

3. 发展模式失衡

东部地区在过去的发展中，地方政府大肆圈占城市周边地区耕地，并设置各类开发区，“为开发区提供地方政府能够提供的一切服务和优惠，或者在投资者愿意去的任何其他地方提供各种条件”，带动整个区域的经济增长。因此，至少在土地利用方面，东部地区的发展模式为中西部地区的发展提供了绝好的例证。由于非农建设用地指标的优先配置，东部获得了远远高于中西部的发展资源而快速崛起。这种情况下，中西部地区着眼于本区域经济发展而偏离中央政府预定的制度目标，耕地保护政策的执行势必会大打折扣，“在地区间的模仿、攀比和竞争推动下，会使得这种不规范却很实用的制度供给（偏离国家整体制度）进一步加速”。因此，中西部地区发展必然会仿照东部地区的发展模式，尽可能不断完善基础设施建设，扩大城市用地规模，增加各类开发区建设，以吸引更多的投资，充分挖掘土地非农利用获取巨大收益的潜能。但是，如果后发展的中西部地区也按照东部地区的发展模式实行新一轮的圈地运动而不顾国家耕地保护制度供给的管制与约束，必然要付出极大的成本代价。中西部地区难以承担得起新一轮圈地运动所带来的生态成本，值得注意的是，西部地区的生态环境较为脆弱，若土地开发利用，特别是对耕地资源的利用不当，不仅浪费土地资源，而且将进一步加重水土流失、荒漠化等生态环境的恶化，西部脆弱的生态将受到极大的挑战。显然，因过度占用耕地资源而导致的生态环境恶化本身及其所引发的全国性粮食危机、社会经济的不可持续发展以及由此而带来的国家严厉的惩罚等社会成本和制度成本构成了中西部地区发展的最大抑制因素。这样的发展模式显然是扭曲的，是不符合中西部实现可持续发展战略的。

（二）多目标驱动下的耕地保护政策变化

聚焦于科学事实与制度规范层面的耕地保护命题，因相关规范设定的零散性与对策性，往往使得其释义学研究立场趋于碎片化与工具化。有必要立足于耕地保护行为的规范标准，以及相应的机构建制与治理事项，来设定耕地保护本原性研究的核心范畴。《土地管理法》第三十条和第三十二条，分别从占用耕地补偿和土地利用规划两个方面，明晰了我国耕地保护在数量和质量两个方面的规范要旨。耕地保护条款是一类存续于我国各位阶相关规范性文件中，具体设定耕地保护行为的规范标准，并就相应的机构建制与治理事项予以体系化干预的相关规范设定。

依据相应的规范来设定耕地保护目标，则更具有科学价值和实施价值。事实上，改革开放以来我国耕地保护的主导样态存在着较为明显的阶段性演进，“严控数量—数量与质量并举—生态发展”的三阶要义，为相应条款蕴含的价值目标变迁提供了必要的现实支撑。“规模化—效益化—优质化”的价值目标变迁不是承继替代关系，而是共生整合关系，旨在引领确立我国耕地数量、质量、生态“三位一体”的整体性保护立场和耕地管控、建设与激励的多维化保护举措。通过对耕地保护条款所蕴含价值目标的变迁性解构，可以为优化耕地保护机制提供体系化的概念分析工具，进而为我国土地法典的体系性重构乃至土地法治的渐进式变革提供必要的理念层面指引。

1. 严控数量主导下耕地保护的规模化价值目标

所涉耕地保护条款的价值目标旨在凸显严控数量主导下的规模化耕地保护理念，主要存续于从1978年改革开放伊始至1998年《土地管理法》全面修订这一时期。为了扭转耕地数量明显下降态势，其间主要通过创制相关法律、行政法规、部门规章、中央“一号文件”、国务院政府工作报告等规范性文件的静态规范载体形式，来阐明耕地保护的数量事项。具体以1986年《土地管理法》颁布为标志，可划分为消极量化型耕地保护与积极量化型耕地保护两个阶段。

一方面，消极量化型耕地保护阶段。在1986年《土地管理法》颁布之前，耕地保护条款主要存在于相关行政法规和重大政策性文件之中，相应的耕地保护目标为数量维持的单一化目标，保护手段也十分单一。其主要强调以制止违法利用作为解决耕地减少问题、维持耕地数量的关键手段，从而凸显释放粮食增产活力、保证粮食安全的必要性与可行性。相关耕地保护条款承载的措施手段主要围绕制止违法利用和保证粮食生产两方面动机取向而具体设定，所表征的规范体系尚未形成耕地数量保护的体系化管理秩序。

另一方面，积极量化型耕地保护阶段。在1986年《土地管理法》颁布之后至1998年全面修订之前，耕地保护条款主要承载于相关法律、行政法规、部门规章、中央"一号文件"之中，凸显通过多种手段来统筹兼顾各类建设用地行为、粮食生产与多种经营的必要性与可行性。这一阶段面对我国出现的非农建设用地乱占土地等突出问题，特别是为了响应中央强调在保障粮食面积的前提下主张统筹兼顾发展多种经营的号召，进而优化城乡土地资源配置、实现统筹协调发展。相关耕地保护条款承载的措施手段主要围绕保障农用耕地面积和促进多元化发展两方面动机取向而具体设定，所表征的规范体系处于耕地数量保护规范探索阶段。

2. 数量与质量并举主导下耕地保护的效益化价值目标

所涉耕地保护条款的价值目标旨在凸显数量与质量并举主导下的效益化耕地保护理念，主要存续于从1998年《土地管理法》全面修订伊始至2012年《国土资源部关于提升耕地保护水平全面加强耕地质量建设与管理的通知》发布这一时期。基于1998年修订的《土地管理法》所确立的用途管制制度和耕地占补平衡制度这两类耕地保护主体制度架构，为实现防范占优补劣、提高耕地质量的目标，使土地规划、基本农田、土地整治、耕地占补平衡、用地审批等耕地保护工作渐趋规范化，其间主要通过创制与修订相关法律、行政法规、部门规章、中央"一号文件"、国务院政府工作报告等规范性文件的静态、动态相结合的规范载体形式，来强化耕地保护的质量要义。具体以2004年《国务院关于深化改革严格土地管理的决定》发布为标志，可划分为数量先导效益型耕地保护与质量先导效益型耕地保护两个阶段。

一方面，数量先导效益型耕地保护阶段。在2004年《国务院关于深化改革严格土地管理的决定》发布之前，面对我国进入耕地快速流失期的客观现实，耕地保护条款旨在扭转耕地质量与产出能力的持续性下降态势。其主要强调以加强土地用途管制作为严守耕地数量要求、发挥耕地永续利用效益的关键手段，更为重视在土地用途管制过程中局部与整体利益的统筹，以确保补充耕地数量相等与质量相当、实现耕地占补平衡的必要性与可行性。这一阶段面对我国部分省市再次出现的“开发区热”所引发的耕地流失加剧问题，亦为履行 1998 年修订的《土地管理法》所确立的补充耕地之法定义务。相关耕地保护条款承载的措施手段主要围绕加强土地用途管制和严守耕地占补平衡两方面动机取向而具体设定，所表征的规范体系处于耕地数量保护规范体系的框架性完善阶段。

另一方面，质量先导效益型耕地保护阶段。在 2004 年《国务院关于深化改革严格土地管理的决定》发布之后至 2012 年《国土资源部关于提升耕地保护水平全面加强耕地质量建设与管理的通知》发布之前，以耕地占补平衡政策、土地用途管制制度、基本农田保护政策为核心，以耕地保护动态监测和责任目标考核为保障的耕地保护规范体系已初具规模。其主要强调围绕保障粮食安全来设定切实保护耕地、坚守 18 亿亩红线的价值目的，更为重视构建耕地质量管理框架体系，以凸显遏制耕地资源质量衰退、提升耕地质量的必要性与可行性。这一阶段囿于此前出现的耕地占优补劣现象，尤其是解决保护土壤安全、管护土壤健康等现实需求。相关耕地保护条款承载的措施手段主要围绕保障粮食安全和提高耕地质量两方面动机取向而具体设定，所表征的规范体系处于耕地数量保护逐步转为耕地质量保护的框架性调整阶段。

3. 生态发展主导下耕地保护的价值目标

耕地保护条款的价值目标旨在凸显生态发展主导下的优质化耕地保护理念，主要存续于从 2012 年《国土资源部关于提升耕地保护水平全面加强耕地质量建设与管理的通知》发布伊始至今。特别是伴随 2019 年修正的《土地管理法》将耕地轮作休耕、高标准农田、国土空间规划等内容以法律形式确定下来，使得优质化耕地保护理念被进一步固化。2022 年 6 月 24 日第十三届全国人民代表大会常务委员会第三十五次会议通过了《中华人民共和国黑土地保护法》，进一步彰显了国家保护黑土地资源、稳步恢复提升黑土地基础地力、促进资源可持续利用、维护生态平衡、保障国家粮食安全的决心。同时，根据《自然资源法治建设 2022 年工作要点》，耕地保护法被列为自然资源领域重点立法，使相应的规范体系更趋于成熟。但是只重数量保护、轻视耕地其他要素保护的管理理念仍然存在，则有必要通过法律、行政法规、部门规章、中央“一号文件”、国务院政府工作报告等相关规范性文件的创新性设定与动态调整，来不断充实耕地保护在数量、质量、生态、空间、时间等方面的综合性、体系化制度。具体以2017年《中共中央、国务院关于加强耕地保护和改进占补平衡的意见》发布为标志，可划分为生态辅助优质型耕地保护与生态系统优质型耕地保护两个阶段。

一方面，生态辅助优质型耕地保护阶段。在2012年《国土资源部关于提升耕地保护水平全面加强耕地质量建设与管理的通知》发布之后至2017年《中共中央、国务院关于加强耕地保护和改进占补平衡的意见》发布之前，伴随生态文明建设的持续推进，旨在确保耕地红线、提高耕地质量、改善耕地生态的耕地保护规范体系在科学性、合理性与可操作性等方面不断趋于完善。虽然生态保护理念在相关规范体系中被逐步确立，但更多地仍局限于其辅助、衍生乃至远期效应。在实践过程中，还是更多地强调以保证耕地数量和质量作为耕地提质增效、抓紧粮食生产的关键手段，本体性、系统化、统筹型的生态保护观有待全面践行。这一阶段囿于我国耕地保护中长期存在的环境外溢和生态效益损失之负外部性困境，则有必要在明晰耕地数量、质量、生态“三位一体”保护内涵的前提下，来凸显耕地的生态管护理念与实现保护的生态效益。相关耕地保护条款承载的措施手段主要围绕实现耕地质量与数量并重和促进生态文明建设两方面动机取向而具体设定，所表征的规范体系处于耕地质量保护规范体系的框架性确立阶段。

另一方面，生态系统优质型耕地保护阶段。伴随2017年《中共中央、国务院关于加强耕地保护和改进占补平衡的意见》发布，以用途管制为核心，以永久基本农田特殊保护、土地整治和高标准农田建设、农用地转用和土地征收为主要内容的耕地保护规范体系逐步将生态保护观确立为本体范畴。在严格土地管理、加强土地调控、推进土地节约集约利用，划定永久基本农田、深化土地有偿使用制度的重大战略决策引领下，更多地围绕耕地数量、质量、生态“三位一体”保护要求，来统筹实施标准化、信息化与制度化的系统优质型生态管护。这一阶段为了实施差异化耕地保护政策，有效提升耕地适宜性，往往通过政府相关职能部门对耕地占补、耕地修复、土地整治、轮作休耕等事项进行积极引导和控制，来促进耕地产能效益的平衡保护。相关耕地保护条款承载的措施手段主要围绕落实耕地数量、质量、生态“三位一体”保护的动机取向而具体设定，所表征的规范体系开始逐步强调彰显耕地生态服务功能的“三位一体”全方位生态保护要义。

（三）全国耕地位移变化情况

1. 耕地位移的内涵与特征

耕地位移是指耕地资源在一些地区流失而在其他地区补充，从而造成宏观上耕地位置发生变化的现象，包含一定时间和空间范围内耕地流失和耕地补充两个过程。21 世纪以来，我国耕地资源数量变化得到了较好的控制，但受建设用地占用以及林、草地开垦的影响，新增耕地与流失耕地数量相近，形成了耕地资源数量变化较小但耕地位置变化较为明显的基本特征。据统计，2000—2018 年我国耕地面积净减少 81 万公顷（期间耕地流失数量为 2044 万公顷，耕地补充数量为 1963 万公顷）。如果将耕地利用变化分解为数量变化和位置变化，可以发现 2000—2018 年，我国耕地位移对耕地利用变化的贡献率达 96%，而耕地数量变化的贡献率仅为 4%。因此，耕地位移已成为近年来我国耕地利用变化的一个重要特征。

我国在基本实现了耕地数量占补平衡的同时，也产生了以“东减西增、南减北增”为主要特征的耕地位移。一方面，耕地流失主要集中在我国东部地区，如长三角、京津冀、珠三角等快速城市化地区，表现为建设用地大量占用耕地。另一方面，以林、草地为主要补充来源的新增耕地大多集中在东北及西北地区，尤其以黑龙江和新疆耕地补充的数量居多。因此，在快速城市化以及严格耕地保护政策等共同影响下，我国的耕地位移现象十分显著。

2. 第二、第三次全国土地调查数据分析

第三次全国土地调查显示，全国有耕地 191792. 79 万亩、园地 30257. 33 万亩、林地 426188. 82 万亩、草地 396795. 21 万亩、城镇村及工矿用地 52959. 53 万亩、交通运输用地 14329. 61 万亩、水域及水利设施用地 54431. 78 万亩（见表 6-1）。

在 191792. 79 万亩耕地中，水田有 47087. 97 万亩，占 24. 55%；水浇地有 48172. 21 万亩，占 25. 12%；旱地有 96532. 61 万亩，占 50. 33%。

表 6-1　第二次、第三次全国土地调查面积　单位：万亩

	耕地	园地	林地	草地	城镇、村及工矿用地	交通运输用地	水域及水利设施用地
第二次	203077	22218	380925	430970	43109	11913	64036
第三次	191792. 79	30257. 33	426188. 82	396795. 21	52959. 53	14329. 61	54431. 78

“二调”以来的 10 年间，全国耕地净流向林地的面积有 1. 12 亿亩，净流

向园地的面积有 0.63 亿亩。

在全国的耕地流向园地等农用地中，有的破坏了耕作层，有的没有破坏，全国可恢复为耕地的农用地共有 8700 多万亩，可以通过工程措施恢复为耕地的农用地有 1.66 亿亩。

3. 耕地位移带来的挑战

（1）耕地位移对粮食安全的挑战。

粮食安全是国家安全的重要基础。习近平总书记在多次重要讲话中明确指出“牢牢抓住粮食这个核心竞争力”“把中国人的饭碗牢牢端在自己手中”“确保粮食供给是实施乡村振兴战略的首要任务”。粮食生产的根本在耕地，耕地位移直接影响耕地产能。一方面，区域耕地产能取决于耕地面积与单位面积耕地生产力。当耕地面积较为稳定时，区域耕地产能则主要受单位面积耕地生产力的影响，而单位面积耕地生产水平随着社会经济条件与自然环境的变化表现出显著的区域差异，进而影响耕地的产出水平。另一方面，受气候、土壤、利用强度、管理水平等因素的影响，我国耕地生产力存在显著的区域差异。我国东部平原地区耕地生产力水平最高，而西部及西北地区则相对较低。因此，以“东减西增、南减北增”为主要特征的耕地位移，造成了我国耕地生产力的损失。若将耕地产能变化归因于耕地位移与耕地数量变化，则 2000—2018 年耕地位移对我国耕地产能变化的贡献显著高于对耕地数量变化的贡献。因此，尽管严守 18 亿亩红线仍是我国耕地保护工作需长期坚持的重点，但耕地位移同样值得关注，耕地位移给粮食安全带来的挑战不容忽视。

（2）耕地位移对生态安全的挑战。

生态文明建设是关系我国社会经济可持续发展的全局性战略。党的十九大将生态文明建设作为新时代坚持和发展中国特色社会主义的基本方略之一。然而，在耕地位移的过程中往往忽视生态保护问题，从而引发一系列负面生态效应。首先，随着城镇化的快速发展，城市扩张占用其周边大量优质耕地这一过程直接导致了耕地生态功能的流失。耕地作为一种社会—生态系统，除生产功能与社会保障功能外，还具有净化空气、水源涵养、水土保持、气候调节、生物多样性维持等多种重要的生态系统服务功能。其次，由于后备资源匮乏，林地、草地、湿地等生态用地成为耕地补充的主要来源，加剧了生态用地的流失。据测算，2000—2015 年耕地位移导致的生态用地流失数量约为城市扩张所导致的 12 倍，且主要发生于我国西北、东北等生态脆弱地区。最后，生态用地流失加剧了区域生态景观结构改变、生态系统服务退化、生态风险上升、生态灾害频发。2000—2015 年耕地位移导致我国部分地区环境质量严重下降，是城市扩张所导致损失的 8 倍。此外，碳储存、水土保持、水质净化等生态系统服务功能均遭受不同程度的损失。以上现象折射出耕地位移对生态安全的威胁日益加剧。因此，耕地位移对生态安全的影响是耕地保护与生态文明建设进程中不可回避的挑战。

（3）耕地位移的负面效应。

近年来，耕地位移在耕地产能变化中起主导作用。随着耕地占补平衡等耕地保护政策的有力实施，我国耕地数量减少的势头得到了有力遏制，但与耕地数量保护相比，耕地位移对国家粮食安全的影响更为突出，应给予足够的重视。一直以来，党中央、国务院高度重视耕地保护，严格的耕地保护制度的施行使我国在近 40 年的经济高速发展和快速城市化进程中守住了“18 亿亩耕地红线”。然而，耕地保护形势依然不容乐观：首先，耕地位移导致大量优质的耕地流失，例如平原地区特别是城市周边土层深厚和有灌溉排水条件的优质耕地“非农化”“非粮化”现象凸显，而同期补充的耕地朝生产潜力较低的北方地区移动，造成耕地生产能力下降，威胁国家粮食安全；其次，耕地位移还可能加剧生态风险、推高种粮成本，例如耕地重心北移不仅对生态系统服务功能、生态用地流失产生影响，还可能导致农业用水效率降低和农业生产碳排放强度的增加，对水资源消耗和“双碳”目标的实现构成威胁。因此，当前我国耕地资源保护不仅要解决耕地数量减少、局部质量下降等突出问题，还要警惕耕地位移导致的粮食产能变化、生态环境问题等一系列负面效应。

（4）跨省域补充耕地国家统筹对生态安全的威胁。

耕地位移是快速城市化与严格耕地保护政策等多种因素耦合作用的结果。2018 年，国务院出台了《跨省域补充耕地国家统筹管理办法》（简称《办法》），这是对以往耕地占补平衡政策的一次重大调整。由于部分省、直辖市耕地后备资源严重匮乏，《办法》规定省域内无法实现耕地占补平衡的地区在建设占用耕地后可实施跨省域补充耕地。然而，跨省域的耕地占补平衡可能会加剧生态用地的流失，对我国生态脆弱区及生态敏感区的影响尤为显著。因此，在生态文明建设的时代背景下，推行“补充耕地国家统筹”策略应当充分考虑此政策是否进一步加剧了耕地保护所产生的生态代价，并据此完善跨省域补充耕地国家统筹的实施机制。

三、耕地利用动态平衡制度

耕地利用动态平衡制度是指在某一时段、一定区域范围内，随着区域社会经济的发展，耕地利用的总量、数量、质量、进出均保持在相应的平衡稳定状态。

（一）总量动态平衡制度

耕地总量动态平衡是指在某一行政区域内一定时期耕地增加和减少的数量相抵消，耕地总量不得减少。按照《土地管理法》的规定，保持耕地总量动态平衡是以省级行政区为单位进行的。因此，各省、自治区、直辖市人民政府有义务保持本行政区域内的耕地总量动态平衡。

耕地总量动态平衡会逐步提高耕地的质量。实现耕地总量不减少是党中央、国务院根据我国耕地的基本状况和社会经济可持续发展的要求提出的，一是在全国和省级土地利用总体规划中必须保证耕地总量不减少；二是实行耕地总量不减少的省级政府负责制；三是加强土地开发、复垦和整理，增加有效耕地面积；四是加强土地利用动态监测。

1. 耕地总量动态平衡的意义

耕地总量动态平衡制度是党中央、国务院在对我国土地管理特别是耕地保护工作进行了认真、细致的分析研究之后明确提出的耕地保护目标，是《土地管理法》确定的一项重要的法律制度。1997 年 4 月 15 日中共中央 11 号文件明确指出："在我国必须实行占用耕地与开发、复垦挂钩政策。""非农业建设确实需要占用耕地的，必须开发、复垦不少于所占面积且符合质量标准的耕地。开发耕地所需的资金作为建设用地成本列入建设项目总投资，耕地复垦所需资金列入生产成本或建设项目总投资。占用耕地进行非农业建设，逐步实行由建设单位按照当地人民政府的要求，将所占耕地地表的耕作层用于重新造地。""各省、自治区、直辖市必须严格按照耕地总量动态平衡的要求，做到本地区的耕地总量只能增加，不能减少，并努力提高耕地质量。"

落实耕地总量动态平衡的措施主要有严格控制耕地转为非耕地，实行耕地的占补平衡，建设占用耕地时将耕作层的土壤用于造地以及省级人民政府履行保护耕地的责任等。根据耕地资源状况及国民经济可持续发展要求，我国政府提出了耕地保护的目标——耕地总量动态平衡。

2. 耕地总量动态平衡的内涵

耕地总量是耕地面积总数、耕地质量水平和耕地产量水平的总和。平衡是指耕地总量的总体平衡、区域平衡、质量平衡和时间平衡。

（1）总体平衡。

总体平衡就是在全国范围内稳定现有耕地面积，保证人均耕地面积和粮食播种面积不再减少。它属于数量动态平衡类型之一，是为保证全国耕地总量动态平衡而提出的。

（2）区域平衡。

我国幅员辽阔，地域差异极大，这就决定了“耕地总量动态平衡”（或称总体平衡）必须在总量控制的前提下，各区域（省、自治区、直辖市等）依据自身的自然及社会经济条件、经济发展阶段，按照发展区域、兼顾整体的原则，实施本区域的耕地数量动态平衡战略，即区域平衡。它是服务于总体平衡的数量平衡类型，且受行政区划的制约，具有不同的等级层次。

（3）质量平衡。

基本建设占用耕地“占一补一”的原则，既是面积概念，又是质量概念，即建设占用耕地与要求开发复垦出的耕地必须是等面积、等质量的，由此才能达到占补平衡的目的，实现耕地动态平衡。从某种意义上说，耕地质量的供需平衡比耕地数量的平衡更显重要。因此，在实施耕地动态平衡的过程中，首先必须采取行之有效的措施，保护好优质耕地。基本建设确需占用耕地的，要视其质量等级水平，严格执行质量等级造补有余的政策。只有这样，才能实现真正意义上的耕地动态平衡。

（4）时间平衡。

人口的增加，生活水平的提高，以及经济建设发展的需要，都将加剧对耕地的需求。因此，耕地动态平衡不仅仅是现状数量与质量的静态平衡，还应使耕地数量与质量随之增加与提高，以满足社会经济持续发展的时间平衡需要。据预测，我国人口每年以 1500 万的速度增加，建设占用耕地（1997—2010 年）年均达 20.3 万公顷，每年耕地减少总量达 50 万～100 万公顷。因此，划定基本农田保护区，严格区域管制和用途管制，加大土地整理、复垦与开发的力度，实行建设用地总量控制等是实现耕地时间平衡的主要途径，也是社会经济持续发展的有力保障。

耕地总量动态平衡实际上是一个涉及社会、经济和自然的复合系统，该系统同时又是一个多目标系统。因此，耕地总量动态平衡不仅仅是就耕地论耕地，而是在讨论耕地动态平衡的同时，也要将社会子系统、经济子系统、自然子系统一起考虑。实现耕地总量动态平衡不能影响经济的发展，不能影响人们生活水平的提高，不能影响生态系统的平衡。所以，对于耕地总量动态平衡，不能仅仅理解为耕地面积的不减少，而应该依据系统工程的原理、生态学的思想来进行系统思考。耕地子系统的变化主要是由自然生态子系统和社会经济子系统的变化引起的。土地后备资源开发可以增加耕地数量，自然灾害的发生将减少耕地的数量和降低土地的质量和产出水平；水资源和能源的供应状况将直接对耕地的产出水平产生影响；人口的增加使人均占有耕地的数量、人均占有耕地产出的数量发生变化，从而影响整个系统的平衡；城市化、居住用地、工业、交通等的发展使耕地的数量减少，同时环境的污染使耕地的质量降低，或者因为占用高质量的耕地而使耕地的产出水平降低；国民总产值的增加和科学技术的发展，可以为耕地的保护和利用提供资金和技术等的支持，从而提高耕地的质量和产出水平。在耕地总量动态平衡大系统内，任何一个子系统或子系统内的任何一个因素发生变化都将影响耕地的总量动态平衡状况，或是促进系统向高层次的良性循环发展，或是使系统向低层次的恶性循环转化。所以，要实现耕地总量动态平衡，需要将上述系统内的因素综合考虑，减少不利因素的影响，促进有利条件的发展。

（二）占补平衡制度

耕地占补平衡作为我国耕地保护制度的重要组成部分，是对工业化、城镇化建设占用耕地不断扩大的重要补救措施。自 1997 年我国耕地占补平衡制度实施以来，一定程度上遏制了耕地数量快速下降的势头，实现了保护耕地资源与保障经济发展的协调统一。

1. 耕地占补平衡的概念

耕地占补平衡制度简单地说就是住房建设、旅游经济、交通发展、水利电力、工业开发等建设项目的主管部门建设占用了多少耕地，相关单位就应补充多少数量与质量相当的耕地的制度。依据 1998 年《土地管理法实施条例》，耕地占补平衡的内涵是城镇建设占用多少耕地，政府部门应补充相应数量和质量耕地的行为。耕地占补平衡制度实施的前期，政策上多强调补充的耕地与建设项目占用的耕地“数量平衡”；之后逐步延伸到占用单位负责开垦与所占用耕地的数量和质量相当的耕地。如无条件开垦的，应当依法依规缴纳足额的耕地开垦费，专款专项用于开垦新的耕地。耕地的占补平衡制度即占用耕地补偿制度，是指非农业建设经批准占用耕地的单位，要负责开垦与所占用耕地的数量与质量相当的耕地作为对减少耕地的补偿。这是落实耕地总量动态平衡的重要措施之一。

《土地管理法》第三十条第二款规定：国家实行占用耕地补偿制度，非农业建设经批准占用耕地的，按照“占多少、垦多少”的原则，由占用耕地的单位负责开垦与所占用耕地的数量和质量相当的耕地；没有条件开垦的或者开垦的耕地不符合要求的，应当按照省、自治区、直辖市的规定缴纳耕地开垦费，专款用于开垦新的耕地。

1998 年 8 月 29 日第九届全国人民代表大会常务委员会第四次会议通过修订的《土地管理法》，开始实行耕地占补平衡政策。20 年来，我国连续实现了耕地占补平衡，坚守住了耕地红线，但是耕地占补平衡在耕地后备资源尤其是优质后备资源越来越缺乏的情况下，存在着补充质量不到位等问题。2016 年 7 月 25 日，原国土资源部下发了《关于补足耕地数量与提升耕地质量相结合落实占补平衡的指导意见》（国土资规〔2016〕8 号）。该意见明确了在补足耕地数量的前提下，通过对现有耕地“提质改造”“以补充耕地与改造耕地”相结合的方式实现耕地占补平衡。

2. 占补平衡的内容

非农业建设项目经批准占用耕地的，要按照“占多少、垦多少”的原则，由占用耕地的单位负责开垦与所占耕地数量和质量相当的耕地。没有条件开垦或者开垦的耕地不符合要求的，应当按照省、自治区、直辖市的规定缴纳耕地开垦费，专款用于开垦新的耕地。

（1）任何建设占用耕地都必须履行开垦耕地的义务。无论是国家重点工程、城市建设，还是企业、农村居民建住宅，占用耕地的都必须履行开垦耕地的义务。

（2）开垦耕地的责任人是占用耕地的单位。根据目前建设用地的情况，责任人分为三种情形：一是城市建设用地统一征地后供地的，承担造地义务的责任人为县、市人民政府，造地的费用计入建设用地成本，但是责任必须由县、市人民政府承担；二是对于城市建设用地以外建设项目用地的，承担开垦耕地义务的责任人是建设单位，县、市人民政府土地行政主管部门负责监督和验收；三是村庄、集镇建设占用耕地的，承担开垦义务的责任人是农村集体经济组织或村民委员会，县、市人民政府土地行政主管部门负责监督和验收。

（3）建设单位和地方人民政府都必须根据需要落实开垦耕地的资金。

（4）开垦耕地的地块应当落实。各地制定土地利用总体规划时，应当根据土地资源的状况，使建设单位有地可开。开垦还应该与保护生态环境相结合，防止乱垦滥伐，预防不正确的开垦可能带来的不良后果。

（5）没有条件开垦，或者开垦的耕地不符合要求的，建设单位可以缴纳耕地开垦费，由地方政府的土地行政主管部门履行造地义务。开垦耕地不符合要求是指所开垦耕地的数量和质量没有达到规定的指标；没有条件开垦是指建设单位没有开垦的人力和机械，从而无法从事这项工作。

3. 耕地“占补平衡”的质量落实

耕地占补平衡制度的落实，主要通过土地整治工程的实施，因地制宜，采取耕作层剥离和移土培肥技术，对田、水、路、林、村进行综合治理等多种方式，使新补充与被占用的耕地数量质量相匹配。耕地占补平衡在数量质量要求上严格立足“占一补一、占优补优”，对于确因自然条件无法达到被占用耕地质量的，实行数量质量按等级折算，通过增加一定的面积，达到占补耕地的产能综合平衡。

2016年原国土资源部《关于补足耕地数量与提升耕地质量相结合落实占补平衡的指导意见》表明：“落实和完善耕地占补平衡制度，坚决防止占多补少、占优补劣、占水田补旱地”的规定要求，规范开展“提质改造”和“补改结合”方式，以落实占补平衡工作。其中，“提质改造”即针对现有劣质、等级低的耕地，通过改善土壤、排灌等农业生产条件，提高耕地质量，或者通过改造农田水利等设施，将旱地改为水田的土地整治行为；“补改结合”就是在新开垦了耕地、落实了补充耕地数量的基础上，补充耕地质量和水田没有达到规定要求的，通过对现有耕地提质改造的途径，总体实现耕地占一补一、占优补优、占水田补水田。

充分发挥耕地占补平衡对工业化、城镇化建设占用耕地的补救作用，大力推进土地整治，实施耕地提质改造，通过耕地补改结合，既实现建设占用耕地占一补一、占优补优、占水田补水田，确保耕地占补平衡、数量质量双到位，又确保工业化、城镇化用地需要，支持稳增长重点建设项目及时落地，为经济社会发展提供用地服务和保障。

坚持政府主导，在政府统一组织领导下，充分发挥国土、农业、水利、林业、财政等相关部门作用，协同推进；坚持因地制宜，从自然条件和生态建设要求出发，科学合理安排提升耕地质量，将旱地改造为水田建设；坚持尊重农民意愿，提质改造前必须充分征求农村集体经济组织和农民意见，要确保改造后的耕地和由旱地改造出的水田能够得到及时耕种，及时发挥效益；坚持审慎稳妥推进，补改结合是在受资源约束条件下落实耕地占补平衡的创新举措，是实现占优补优、占水田补水田新途径的实践探索，必须审慎稳妥推进，不断总结提升。

加强规划统筹，将耕地提质改造纳入土地整治规划。耕地提质改造是土地整治的重要内容，各地在开展土地整治工作中，要对推进提质改造做出统筹规划和部署。要在全面开展提质改造耕地摸底调查的基础上，结合农业发展和生态建设，对提质改造耕地进行充分论证分析，提出利用原则和方向。要将提质改造纳入土地整治规划，对提质改造规模、布局做出合理安排。要结合高标准农田建设，统筹实施耕地提质改造项目。为防止重复投资，“十二五”以来已经实施过土地整治的耕地不再纳入提质改造范围。实施旱改水的旱地必须是第二次全国土地调查以来最新年度变更调查成果确认的旱地。

（1）依据规划实施“提质改造”。

实施提质改造必须符合土地利用总体规划、土地整治规划和其他相关规划，有利于保护生态环境，有利于现代农业建设。严禁违反规划擅自毁林开荒造地，擅自填海、填湖、填湿地垦造耕地，破坏生态环境。不得违背当地农业生产和水资源客观条件，将不适宜改造的旱地强行改造为水田；未经农村集体经济组织和大多数农民同意，不得实施旱改水土地整治。

严格提质改造项目管理。一是从严掌握实施条件，实施提质改造的土地整治项目要具有一定建设规模，实现集中连片，统一规划、统一设计、统一实施，发挥规模效益；要根据最新年度土地变更调查成果等核定项目建设范围，确保地类、面积、权属准确。要优化项目规划设计，按照高标准建设农田，完善田、水、路、林等农田设施；要充分利用建设占用耕地的耕作层剥离土壤，改良新开垦耕地，提高耕地质量。二是严格项目验收。提质改造土地整治项目竣工验收，负责验收的地方政府要组织有关部门，按照项目管理、土地变更调查、农用地分等定级等相关规定和标准规范，明确新增耕地面积、水田或旱地等耕地类型，统一评定耕地质量提升程度，确保项目真实性、准确性，并及时通过监管平台上图入库。实施旱地改造并经过验收的新增水田，应及时纳入年度土地变更调查，在今后年度变更调查中不得擅自变更为旱地或其他地类。

（2）规范“补改结合”落实耕地占补平衡。

明确补改结合适用范围。单独选址建设项目涉及占用耕地，受资源条件限制，难以做到占优补优、占水田补水田的，可通过补改结合方式，在确保补足耕地数量的基础上，落实耕地占优补优、占水田补水田。按照有关规定，铁路、高速公路和大中型水利水电等稳增长重点建设项目，可对补充耕地和提质改造进行承诺；其他建设项目在完成补充耕地数量的前提下，可对通过提质改造落实占优补优、占水田补水田进行承诺。鼓励各地采取措施，先行实施提质改造，实现“先改后占”。

各类城市建设涉及占用耕地的，必须落实先补后占和直接补充优质耕地或水田要求，实现耕地占补平衡，充分发挥耕地占补平衡制度约束作用，倒逼城市利用存量土地、节约集约用地。

做好用地审查把关。市县国土资源主管部门在申报建设用地时，拟定补充耕地方案应首先注明建设拟占用耕地面积（涉及水田的应注明水田面积）及耕地质量等别（涉及多个等别的，采用面积加权方法确定等别）；在此基础上，按照耕地占补平衡要求，安排对应的补充耕地项目和提质改造项目，做到补充耕地数量占一补一，耕地质量等级相当，水田面积不减少。提质改造项目应为2016年1月1日以后实施的土地整治项目，此前实施的土地整治项目不得用于补改结合。省级国土资源主管部门应对补充耕地方案严格审查把关，确保补充耕地落实。对于农用地转用需报国务院批准的单独选址建设项目用地，省级国土资源主管部门应在审查报告中说明情况，明确审核意见。

4. 省级人民政府在耕地占补平衡中的职责

根据新《土地管理法》的有关规定，保持耕地总量不减少实行省级政府负责制，国务院负责监督。《土地管理法》第十六条规定：省、自治区、直辖市人民政府编制的土地利用总体规划，应当确保本行政区域内耕地总量不减少。第三十二条规定：省、自治区、直辖市人民政府应当严格执行土地利用总体规划和土地利用年度计划，采取措施，确保本行政区域内耕地总量不减少；耕地总量减少的，由国务院责令在规定期限内组织开垦与所减少耕地的数量与质量相当的耕地，并由国务院土地行政主管部门会同农业行政主管部门验收；个别省、直辖市确因土地后备资源匮乏、新增建设用地后，新开垦耕地的数量不足以补偿所占用耕地数量的，必须报经国务院批准减免本行政区域内开垦耕地的数量，进行易地开垦。这应从以下几个方面理解。

（1）以省、自治区、直辖市为单位实行耕地总量平衡，明确了省级人民政府保护耕地的目标和责任。这是针对地方政府热衷于搞开发区而大量占用耕地，造成土地大量占用和闲置浪费而决定加大地方政府保护耕地的责任。

（2）经测算，各省、自治区、直辖市的耕地总量平衡，除个别省、市外，经努力是可以达到的。沿海开放地区耕地后备资源较少，但现有建设用地数量较大，今后应注重利用现有建设用地，严格控制耕地占用。东北、西北地区现有建设用地较少，但耕地后备资源比较丰富，今后建设占用耕地要落实耕地开垦措施和生态环境建设，用开垦耕地来补偿。

（3）保护耕地总量不减少是最低要求，有些省、自治区的耕地还应当增加。为实现这一目标，通过制定土地利用总体规划，层层分解下达，使耕地保护的责任落实到各级人民政府。

（4）关于生态建设退耕和灾害毁损等原因减少的耕地，各级政府应结合当地实际情况，集中组织对耕地后备资源的开发，并根据开垦情况有计划地做出安排。国家可从中央收缴的土地有偿使用收益中对退耕和灾毁耕地较多的省、自治区予以开垦耕地经费上的补贴。

（5）如省级人民政府没有切实履行耕地保护责任，国务院将及时采取措施，责令其组织开垦耕地，并进行验收。为掌握耕地变动情况，应利用现代化手段对耕地变动情况进行监测。

（6）经严格审查、专家论证，确实难以实现耕地总量平衡的个别省、直辖市，国务院批准的可以进行易地开发和核减该省、直辖市的耕地保护指标。

（三）进出平衡制度

耕地“进出平衡”是继耕地“占补平衡”制度后，耕地用途管制制度的又一次制度创新，实现了对耕地转为林地、园地等其他农用地及农业设施建设用地的管控。随着乡村振兴、农业农村现代化的深入推进，各地仍然不可避免地产生转变农业发展方式、调整产业结构、优化农业农村空间布局等需求，通过耕地“进出平衡”确保耕地保有量不减少、耕地质量不下降显得尤为重要。

1. 耕地“进出平衡”概念

耕地“进出平衡”是指对一般耕地转为林地、草地、园地等其他农用地及农业设施建设用地的区域，按照年度耕地“进一出一”“先进后出”的方式，通过统筹开展林地、草地、园地等其他农用地及农业设施建设用地整治，补足同等数量、质量的可以长期稳定利用的耕地，以实现区域范围内可以长期稳定利用的耕地不再减少。耕地进出平衡是农用地内部的耕地“转出”为园地、林地、草地及农业设施建设用地时，应补充“进入”相应数量和质量的耕地。这是国家进一步在从严落实耕地转为建设用地“占补平衡”的基础上，提出的严格管控耕地与其他农用地、农业设施建设用地内部结构调整的“进出平衡”的耕地保护制度。为确保长期稳定利用的耕地不再减少，国家需对一般耕地转为其他农用地及农业设施建设用地实行年度“进出平衡”和

“先进后出”的机制。

2. 耕地“进出平衡”提出的背景

“进出平衡”制度与“占补平衡”制度都是耕地用途管制制度的重要内容，都是为严格保护耕地而设立的。1998 年修订的《土地管理法》确立了以“占补平衡”为核心的土地用途管制制度，其重点是针对当时建设大量占用农地导致我国耕地面积急剧减少、“口粮田”受到严重威胁的现状，对农用地转为建设用地进行严格管控。长期以来，我国一直实行最严格的耕地保护制度，始终严守 18 亿亩耕地红线，确立了建设占用耕地“占一补一”的“占补平衡”制度，取得了显著成效。“占补平衡”制度的实施不仅有效减少了盲目占用耕地或乱占滥用耕地搞建设的现象，而且在总量上保证了耕地的“补大于占”，为推动实现我国耕地的总量平衡发挥了积极重要的作用。然而，由于种粮收益低等原因，近年来耕地“非粮化”问题日益突出，大量耕地甚至永久基本农田种植经济作物、苗木林果，甚至挖塘养鱼等，在一定程度上威胁了国家的粮食安全。

2021 年 8 月 25 日发布的《第三次全国国土调查主要数据公报》显示，我国共有耕地 19. 18 亿亩，不断逼近 18 亿亩耕地红线，虽然完成了国家确定的 2020 年 18. 65 亿亩耕地保有量任务，但是相比此前的“二调”，10 年间耕地减少了 1. 13 亿亩。在非农建设占用耕地严格落实了“占补平衡”的情况下，耕地减少的主要原因是国土绿化和农业种植结构调整，其中耕地净流向林地 1. 12 亿亩，净流向园地 0. 63 亿亩。

这主要是因为 1998 年修订的《土地管理法》及《土地管理法实施条例》均将控制农用地转为建设用地作为土地用途管制的核心和重点，而对农用地内部的耕地、园地、林地、草地之间的转化缺乏制度性的约束，导致实践中耕地转为林地、草地、园地等现象大量存在。

在此背景下，2020 年以来，党中央、国务院连续做出了坚决制止耕地“非农化”、防止耕地“非粮化”的决策部署。2021 年 9 月 1 日新施行的《土地管理法实施条例》更是首次在法规层面对耕地转为其他农用地做出规定，明确“国家对耕地实行特殊保护，严守耕地保护红线，严格控制耕地转为林地、草地、园地等其他农用地”，进一步拓展了土地用途管制的重点和内容。

2021 年 11 月 27 日，自然资源部、农业农村部、国家林业和草原局印发《关于严格耕地用途管制有关问题的通知》（自然资发〔2021〕166 号），首次提出耕地“进出平衡”的概念，对一般耕地转为林地、草地、园地的，要实行耕地“进出平衡”，并要求各省市结合本地实际情况出台具体办法，细化管制措施，全面实施耕地用途管制。

3. 耕地“进出平衡”与耕地“占补平衡”的区别与联系

耕地“进出平衡”是指对一般耕地转为林地、草地、园地等其他农用地及农业设施建设用地的方式，是在农用地内部通过统筹开展林地、草地、园地等其他农用地及农业设施建设用地整治，补足同等数量、质量的可以长期稳定利用的耕地，实现区域范围内可以长期稳定利用的耕地不减少。

耕地“进出平衡”与耕地“占补平衡”都是耕地用途管制制度的重要内容，都是为严格保护耕地而设立，但是管控的对象有所差异，前者是对耕地转为林地、草地、园地等其他农用地或者农业设施建设用地等“非粮化”行为实行的严格管控，是农用地内部用途之间的用途转变；而后者是针对建设占用耕地的“非农化”行为实行的严格管控，是农用地与建设用地之间的用途转变。

二者在耕地流向以及补充来源方面有着本质区别，以“三调”成果为基础，具体如表 6-2 所示。

表 6-2 耕地“占补平衡”与“进出平衡”的区别

政策对象	耕地“占补平衡”	耕地“进出平衡”
出台背景	耕地数量减少	耕地“非粮化”现象增加
主要概念	非农业建设经批准占用耕地的，按照“占多少，垦多少”的原则，由占用耕地的单位负责开垦与所占用耕地的数量和质量相当的耕地	林地、草地、园地等其他农用地及农业设施建设用地整治为耕地与耕地转为其他农用地及农业设施建设用地实行年度“进出平衡”
耕地流向	建设用地	林地、园地、草地等其他农用地及农业设施建设用地
指标来源	农用地、未利用地 “二调”非耕地	林地、草地、园地等其他农用地及农业设施建设用地（重点为即可恢复、工程可恢复地类）
使用范围	结余的“占补平衡”指标可用于耕地“进出平衡”	只能用于耕地“进出平衡”，不得用于耕地“占补平衡”

此外，由于耕地“进出平衡”和“占补平衡”是并列的两套用途管制制度，指标实行独立管理，因此，虽然即可恢复、工程可恢复地类以外的非耕农用地开发补充为耕地，既可以用于“进出平衡”，也可以用于“占补平

衡”，但二者只能选择一种，不可兼用。

4. 耕地“进出平衡”的适用范围

耕地的“进出平衡”仅适用于一般耕地（即永久基本农田以外的耕地）确需转为林地、草地、园地等其他农用地及农业设施建设用地的情况，而永久基本农田则不得用于耕地“进出平衡”，即不得将永久基本农田转为林地、草地、园地等其他农用地及农业设施建设用地。

具体而言，一般耕地改变耕地地类且需要开展耕地“进出平衡”的情形包括：

第一，经批准实施的国土绿化（含绿化带）工程。

第二，经批准实施，在耕地上建设的农田防护林、沟渠、农村道路等工程。

第三，经批准实施，将通过流转获得土地经营权的一般耕地转为林地、园地等其他农用地的项目。

第四，经批准实施的新增设施农业建设项目。

第五，在 2020 年 9 月 10 日《国务院办公厅关于坚决制止耕地“非农化”行为的通知》（国办发明电〔2020〕24 号）和 2020 年 11 月 4 日《国务院办公厅关于防止耕地“非粮化”稳定粮食生产的意见》（国办发〔2020〕44 号）印发之后，未经批准将一般耕地转为林地、草地、园地等其他农用地，且确实难以恢复的情形。

第六，其他应认定属于改变耕地地类，需开展耕地“进出平衡”的情形。

但是，因国家安排的生态退耕、自然灾害损毁难以复耕、河湖水面自然扩大造成耕地永久淹没等原因造成一般耕地改变耕地地类的，则不需要开展耕地“进出平衡”。

5. “进出平衡”的耕地来源

“进出平衡”的耕地来源理论上可以是适合整治恢复为耕地的所有非耕地地类，即上一年度变更调查成果中为非耕地的农用地或农业设施建设用地。

但是，“二调”以来的 10 年间，已有大量耕地流向林地、园地等农用地。根据“三调”结果，对“二调”时的耕地以及以后年度从其他地类变化来的耕地，全国共有 8700 多万亩即可恢复为耕地的农用地，还有 1.66 亿亩可以通过工程措施恢复为耕地的农用地。2021 年自然资源部发布的 166 号文已明确在平原地区原地类为耕地，却种植果树、植树造林的地块，应当逐步退出，恢复耕地属性。

因此，在实践中，应当优先将即可恢复、工程可恢复地类作为耕地“进出平衡”的最大潜力来源。其中，对于林地、草地整治为耕地的，需经依法依规核定后纳入方案。

目前，以广东省为代表的部分地区已经开展了耕地恢复潜力调查评价工作，例如广东省于 2021 年印发《广东省耕地恢复潜力调查评价工作方案》，明确在国土“三调”中的即可恢复、工程可恢复地类基础上，扣除 25 度以上坡、河道湖区范围内、批而未用、生态保护红线范围内、试划城镇开发边界范围内等不符合要求地块后，以剩余的恢复类地块作为主要调查评价对象，形成全省容易恢复、较难恢复、难以恢复三类潜力地块数据成果，并与国土调查数据库实现集成，为广东省后续按照国家统一部署实施耕地恢复工作、落实新一轮规划期耕地保护任务奠定基础。

6. 耕地“进出平衡”的实施监督

（1）耕地“进出平衡”的动态监督。

2021 年自然资源部的 166 号文明确将通过卫片执法监督等方式定期开展耕地的动态监测监管，及时发现和处理问题；每年末利用年度国土变更调查结果，对各省（区、市）耕地“进出平衡”落实情况进行检查，检查结果纳入省级政府耕地保护责任目标检查考核内容。

2021 年 11 月 26 日，自然资源部办公厅印发《关于开展 2021 年违法违规占用耕地重点问题整治的通知》（自然资办函〔2021〕2206 号），提出对未能达到耕地“进出平衡”的地区，或者耕地流失数量较大的地区，将暂停新增建设用地审批。

因此，各地方政府应当认真开展耕地的动态监测监管，采取措施强化耕地年度“进出平衡”的落实，切实实现耕地年度“进出平衡”。

（2）耕地“进出平衡”的实施举措。

一是及时组织编制年度耕地“进出平衡”总体方案。根据 2021 年自然资源部的 166 号文要求，县级人民政府应及时组织编制年度耕地“进出平衡”总体方案，充分考虑区域内养殖用地、农村道路、沟渠等项目的合理需要，明确耕地转为林地、草地、园地等其他农用地及农业设施建设用地的规模、布局、时序和年度内落实“进出平衡”的安排，并及时组织实施。

二是重视耕地“进出平衡”的供需分析与预测。建议各地在做好与国土空间总体规划、土地综合整治等专项规划、村庄规划等详细规划的衔接基础上，做好耕地“进出平衡”的供需分析与预测。一方面是需求端分析，根据历年耕地与其他农用地之间用途转变规律，结合本地区国土绿化、设施农业项目建设、农田水利设施建设、农业结构调整等项目需求，做好耕地“进出平衡”需求预测。另一方面是供给端分析，根据“三调”及国土变更调查数据做好即可恢复和工程可恢复地类分析，结合规划用途、土地质量、已有项目情况、权利人意愿等因素，综合研判恢复为耕地的难度与潜力，确保耕地足额优质补入。

三是转出应优先使用难以长期稳定利用的耕地。2021 年自然资源部的 166 号文要求耕地转变耕地地类后，应当补足同等数量、质量的可以长期稳定利用的耕地，实现区域范围内可以长期稳定利用的耕地不减少的目标。因此开展耕地“进出平衡”应当按照新《土地管理法实施条例》规定，将耕地转为林地、草地、园地等其他农用地时优先使用难以长期稳定利用的耕地。此外，应加强耕地转为其他农用地的审批把关，确保转变耕地地类符合相关标准并得到批准，并在“三调”底图和年度国土变更调查结果上明确实施位置。

四是提前做好耕地“进出平衡”指标储备工作。由于耕地“进出平衡”转入耕地的最大潜力来源是即可恢复为耕地、工程可恢复为耕地的农用地，而这些农用地的分布区域可能与耕地转出项目所在区域并不一一对应，且耕地恢复工作会涉及耕地地类的认定和审批，可能需要较长时间。

建议各地政府主动发挥统筹作用，预测未来一段时间的耕地转出需求量，提前开展耕地恢复工作，储备一批耕地“进出平衡”指标，确保在实施耕地转换的年度内及时补充相应的耕地，落实年度耕地“进出平衡”，以便在年度国土变更调查中依法对地类予以变更，同时也为跨镇街、跨区县的统筹调剂预留空间。

五是加强耕地“进出平衡”的资金保障。耕地“进出平衡”的垦造耕地费用原则上应来源于耕地“进出平衡”的需求申报主体，实施资金保障是制度能够顺利运行的关键。为了提前储备耕地“进出平衡”指标，基层政府可以加大资金统筹力度，从新增建设用地土地有偿使用费、用于农业土地开发的土地出让金以及其他财政资金中统筹安排专项资金，组织实施耕地恢复，并按照拟恢复耕地的现状地类、青苗、附着物情况制定补偿标准，加大对恢复耕地的管护激励力度，实现耕地“先进后出”，确保有关项目及时落地。

（四）耕地利用中规划平衡和利益平衡

土地本身是自然产物，经投入社会生产活动之后，就成为社会物质生产必备的物质条件，为了保证国民经济各部门的协调发展，客观上要求提供适合用途的土地，但土地总面积相对是一个常数，土地利用规划时要满足各部门的用地要求，使规划区域内土地总面积达到平衡，合理地进行部门间的土地分配和再分配，实现耕地总量动态平衡。

在社会主义国家中，平衡是一个全局的问题，它不是主观的设想，而是客观的必然。在新中国成立以来的很长一段时间里，整个土地处于无人问津的状态，忽视土地利用的综合平衡工作。土地作为一项资源和国民财富，理应纳入整个国民经济综合平衡体系之中。土地综合平衡与人民生活和基本建设密切相关，是搞好综合平衡工作的出发点和归宿。

土地综合平衡是国民经济范围内土地利用的宏观动态平衡，它要求社会对土地的总需求和社会所能提供利用的土地总供给持平。土地综合平衡受制于社会经济综合平衡，是其在土地利用方面的具体体现。也就是说，土地综合平衡是随着社会经济不断发展而实现的一种平衡，与社会经济、社会效益综合平衡同步进行。

土地规划中的动态平衡原则要求在规划时在分析过去、摸清现状的基础上，估算计划期内可能新增加的土地资源量和土地需求量，从供需双方进行反复平衡，一方面应根据计划安排的投资和消费需求来估算所需土地数量，另一方面从土地开发和节约以及调整土地利用结构上，提高其生产力来估算土地资源可能供给的数量，直到两方面平衡。实质上，制定规划需要反复平衡土地利用相关者各方的利益，实施规划仍然需要不断进行反复的“利益”平衡，从这个意义上讲，综合平衡是动态的“利益”平衡，只不过土地利用相关者各方的“利益平衡”是相对的，不平衡是绝对的。

控制社会对土地的总需求是搞好土地综合利益平衡的关键。耕地数量、质量和生态“三位一体”保护，需要以政策约束和经济激励为支撑建立利益平衡机制，调动政府、集体、农户、社会主体合理利用与保护耕地的意愿。本着一要吃饭、二要建设、三要保生态的原则，在既定生产力水平下应保证区域主体所需农业用地规模，重点在于控制建设占用的土地。妥善地处理好各种比例关系，如经济结构与土地利用结构、农业用地与建设用地、农业用地内部各种用地、建设用地内部各种用地之间的关系。

完善生态补偿和利益调节机制，强化生态保护，一是探索建立多元化的生态补偿制度。统筹考虑生态产品价值、生态保护红线与生态保护成效等因素，建立多元化生态补偿制度，打通从“绿水青山”到“金山银山”的转化路径。鼓励相关省（市）建立省内流域上下游之间、不同自然生态空间之间的生态补偿机制，对省以下生态红线规模比例较高、管制效果较好的地区，通过转移支付给予适当奖励。探索采取土地征收方式，强化对各类自然资源要素，尤其是生态价值较高的资源的保护。二是探索建立市场化的利益协调机制。充分发挥市场机制在自然资源配置中的基础性作用，建立健全自然资源和生态产品的价格形成机制及市场交易机制；探索将生态保护红线和生态空间纳入政府购买公共产品范围，建立生态保护专项基金和对产权人的直接补偿机制；探索通过赎买、租赁、置换、改造提升、入股及合作经营等多种方式进行利益补偿。

完善指标价格交易机制，结合地方实际情况，综合考虑耕地管护费用等因素，制定指标指导价格，对于耕地指标市场化后的收益分配问题，按照“谁实施，谁受益”原则，切实保护农民集体和农户的利益。

（五）“大食物观”下的耕地功能平衡

“大食物观”是对传统以粮为纲观念的拓展升级，树立“大食物观”，意味着要全方位、多途径开发食物资源，推出丰富多样的食物，在保障粮食供给的同时，实现各类食物供给平衡，让“中国饭碗”里不仅盛满“中国粮”，还要有肉类、蔬菜、水果、水产品等。树立“大食物观”，就是要满足人民群众日益多元化的食物消费需求。随着经济社会的发展，百姓生活水平不断提高，膳食结构也发生了很大改变。2022 年全国“两会”期间，习近平总书记在看望参加全国政协十三届五次会议的农业界、社会福利和社会保障界委员并参加联组会时指出，要树立“大食物观”。悠悠万事，吃饭为大，解决百姓吃饭问题一直都是治国安邦的头等大事。从吃得饱到吃得好、吃得健康，“大食物观”彰显了为百姓创造高品质生活的决心。

“大食物观”是对传统以粮为纲观念的拓展升级，在传统理念中，粮食通常指食用的谷物、豆类和薯类，即大米、小麦、大豆、红薯等，而“大食物观”的种类则更为丰富，它包括肉类、蔬菜、水果、水产品等。随着经济社会的发展，百姓生活水平不断提高，膳食结构也发生了很大变化。当下，人们更加注重膳食营养搭配，对高质量蛋白、高质量碳水化合物等有了更多需求。“大食物观”强调不仅要向耕地要食物，还要向森林、江河湖海、设施农业要食物，从传统农作物和畜禽资源向更丰富的生物资源拓展，发展生物科技、生物产业，旨在通过供给侧顺应大众食物结构变化趋势，回应百姓对多元、营养、健康食品消费的需求。

“大食物观”下，单纯“耕地”上的产出已经很难满足现代人对高品质食物的需求，人们更期望向森林、草原、设施农业要更多更好的生态产品和有机产品，向江河湖海要更鲜美的海产品，因此，耕地利用平衡的内涵应该扩展到山水林田湖草海的综合平衡中。这就要求，不仅要有足够数量、生态稳定、质量健康的耕地提供粮食安全的保障，同时还要有更大面积、更高质量、更具多元功能的稳定的农林牧渔生态系统做保障。要在保护好生态系统的前提下，从耕地资源向整个国土拓展，宜粮则粮、宜经则经、宜牧则牧、宜渔则渔、宜林则林，形成同市场需求相适应，同资源环境承载力相匹配的现代农业生产结构和区域布局。拓展食物生产的用地资源基础，利用好草原、森林、湖海（淡水和浅海）等可用于食物生产的一切国土空间。

四、耕地利用动态平衡制度的落实措施

（一）统筹区域耕地“占补”与“进入”的来源

各省（自治区、直辖市）政府负责统筹落实本地区年度补充耕地任务，确保省域内建设占用耕地及时保质保量补充到位。2017 年 1 月 9 日中共中央、国务院《关于加强耕地保护和改进占补平衡的意见》明确了以区域统筹为主，以县域自行平衡为主、省域内调剂为辅、国家适度统筹为补充，落实补充耕地任务。规范省域内补充耕地指标调剂管理。县（市、区）政府无法在本行政辖区内实现耕地“占补平衡”的，可在市域内相邻的县（市、区）调剂补充，仍无法实现耕地“占补平衡”的，可在省域内资源条件相似的地区调剂补充。

根据各地资源环境承载状况、耕地后备资源条件、土地整治新增耕地潜力等，分类实施补充耕地国家统筹。耕地后备资源严重匮乏的直辖市，新增建设占用耕地后，新开垦耕地数量不足以补充所占耕地数量的，可向国务院申请国家统筹；资源环境条件严重约束、补充耕地能力严重不足的省份，对由于实施国家重大建设项目造成的补充耕地缺口，可向国务院申请国家统筹。经国务院批准后，有关省份按规定标准向中央财政缴纳跨省补充耕地资金，中央财政统筹安排落实国家统筹补充耕地任务所需经费，在耕地后备资源丰富省份落实补充耕地任务。跨省补充耕地资金收取标准综合考虑补充耕地成本、资源保护补偿、管护费用及区域差异等因素而确定，具体办法由财政部会同自然资源部另行制定。

耕地补充来源主要是拓展补充耕地途径，通过采取土地整治的方式获取耕地，统筹实施土地整治、高标准农田建设、城乡建设用地增减挂钩、历史遗留工矿废弃地复垦等，通过土地整理、复垦、开发等增加耕地数量、提升

耕地质量，新增耕地经核定后可用于落实补充耕地任务。“进入”渠道，则是通过林地、园地、草地、其他农用地和农业设施建设用地的整治获取耕地指标。国家林业和草原局、自然资源部、农业农村部联合发布《关于加强农田防护林建设管理工作的通知》（林生发〔2022〕65号），强调农田防护林建设要严格落实耕地年度“进出平衡”，其中涉及将耕地变为林地的，应当从耕地面积中扣除，补足同等数量、质量的可以长期稳定利用的耕地，不能补足的不得进行建设。

（二）严控新增耕地的“数量”与“质量”

2021年8月，国务院第三次全国国土调查领导小组办公室、自然资源部、国家统计局发布的《第三次全国国土调查主要数据公报》显示，2019年末，全国耕地总量为19.18亿亩，目前的耕地数量控制在国家规划确定的耕地保有量目标任务内。但综合考虑生态建设、经济社会发展用地需求等因素，在耕地保护方面，我国生态建设格局在局部地区还不稳定，还必须坚持最严格的耕地保护制度。

（三）严格评估全国耕地后备资源总量

2000年至2003年，原国土资源部按照“西部—中部—东部”三个阶段，完成了全国31个省（自治区、直辖市）耕地后备资源调查评价，基本查清了相对集中连片的耕地后备资源类型、数量和分布情况。但经过多年的土地利用与整治开发，全国耕地后备资源已发生了较大的变化。随着近年来国家推进生态文明建设，国家要统筹协调好后备资源开发利用和生态环境保护之间的关系，于2014年启动开展了新一轮全国耕地后备资源调查评价工作。

以第二次全国土地调查及年度土地变更调查结果为基础，用最新遥感影像制作调查评价底图，地方按照生态环境、立地条件、气候条件、区位条件等方面11个指标和标准，开展调查评价工作，经逐级检查汇总上报调查评价结果，汇总结果显示，全国耕地后备资源总面积为8029.15万亩。其中，可开垦土地有7742.63万亩，占96.4%，可复垦土地有286.52万亩，占3.6%。全国耕地后备资源以可开垦荒草地（5161.62万亩）、可开垦盐碱地（976.49万亩）、可开垦内陆滩涂（701.31万亩）和可开垦裸地（641.60万亩）为主，占耕地后备资源总量的93.2%。全国集中连片的耕地后备资源有2832.07万亩，占耕地后备资源总量的35.3%；零散分布的耕地后备资源有5197.08万亩，占耕地后备资源总量的64.7%。

结合当前水资源利用限制等条件分析，全国近期可开发利用耕地后备资源有 3307.18 万亩。其中，集中连片耕地后备资源有 940.26 万亩，零散分布耕地后备资源有 2366.92 万亩。其余 4721.97 万亩耕地后备资源受水资源利用限制，短期内不适宜开发利用。

（四）差异化利用不同特征的耕地后备资源

1. 全国耕地后备资源的区域分布不均衡

从区域分布看，耕地后备资源主要集中在中西部经济欠发达地区，其中新疆、黑龙江、河南、云南、甘肃等 5 个省份后备资源面积占到全国近一半，而经济发展较快的东部 11 个省份之和仅占到全国的 15.4%。集中连片耕地后备资源集中在新疆（不含南疆）、黑龙江、吉林、甘肃和河南 5 个省份，占全国集中连片面积的 69.6%，而东部 11 个省份之和仅占 11.0%。这反映出，经过多年持续开发利用，经济发展快的地区后备资源稀缺甚至枯竭，在省域内实现占补平衡越来越难。

2. 集中连片的耕地后备资源减少明显

调查评价结果显示，本轮耕地后备资源总面积相比上一轮减少了近 3000 万亩，同口径集中连片耕地后备资源减少了 8183.77 万亩，减幅达到 74%。全国仅除黑龙江、河南和贵州 3 个省份同口径较上一轮有适当增加外，其余 28 省份均在减少，其中北京、天津、江苏、福建等 10 个省份减少幅度超过 90%。这反映出，随着多年来土地开发，大部分成规模的连片耕地后备资源已经被开发为耕地、园地、林地等。据土地变更调查统计，2002—2014 年，全国未利用地开发为耕地的有 3177 万亩，开发为园地的有 317 万亩，开发为林地的有 2506 万亩。这也说明，前期容易开发的后备资源大多已开发，当前再继续全面推行大规模土地开发利用的工作基础已经不再具备。

3. 耕地后备资源大多数呈零散破碎

调查结果显示，全国零散耕地后备资源面积为 5197.08 万亩，占后备资源总量的 64.7%，且分布较为广泛。从图斑分级看，后备资源总面积中图斑面积小于 300 亩的占近三成，小于 100 亩的图斑面积占到近两成。这都说明经过多年重大开发项目实施，现余耕地后备资源以破碎、零散为主，其开发利用成本较高，大规模开发利用方式已不能适用这部分后备资源，应以综合整治为主要途径。

4. 耕地后备资源利用受生态环境制约大

从调查评价结果看，全国耕地后备资源仍以荒草地（占后备资源总面积的 64.3%)、盐碱地（占 12.2%)、内陆滩涂（占 8.7%）和裸地（占 8.0%）为主。其中，荒草地、盐碱地和裸地的开发，因区域不同对水土条件的要求有别。如在南方，降水丰富，但土质和地形条件差，主要以土质为制约；在北方，土壤条件好，但季节性缺水严重，以水资源制约较明显。从分布区域看，集中连片的后备资源也主要分布于中西部经济欠发达地区，本身生态环境比较脆弱，在开发利用过程中，稍有不当极易引起水土流失、土地沙化等严重后果。

5. 当前可供开发利用的耕地后备资源数量有限

综合分析结果显示，全国近期可供开发利用的耕地后备资源面积为 3307.18 万亩，占耕地后备资源总量的 41.1%。其中，集中连片耕地后备资源仅有 940.26 万亩，且分布极不均衡，新疆（268.21 万亩)、黑龙江（197.01 万亩）两个省区之和占集中连片耕地后备资源总量的 49.5%，而东部 11 个省（市）之和仅占 11.7%，每省（市）平均不足 10 万亩。零散分布耕地后备资源为 2366.92 万亩，且分布相对均匀，湖南（311.77 万亩)、黑龙江（304.20 万亩)、贵州（223.81 万亩）和河南（202.36 万亩）较多。

耕地后备资源的上述特点充分显示耕地占用补充的年度加大，新开发整理的可用耕地面积小、区域分散、整理难度大、技术和资金投入高。然而，2021 年 8 月公布的第三次全国国土调查主要数据公报显示，2019 年末全国耕地为 19.18 亿亩。“二调”以来的 10 年间，全国耕地减少了 1.13 亿亩，年均减少 1000 多万亩，逼近 18 亿亩耕地保护红线。据初步统计，我国荒山荒地有 0.3 亿多公顷，其中宜于耕种的只有 0.13 亿多公顷，因此，2021 年 7 月自然资源部办公厅发布《关于开展全国耕地后备资源调查评价工作》的通知，再次启动全国耕地后备资源调查工作。

（五）抓实新增耕地项目的核实认定

2022 年 11 月 22 日，自然资源部办公厅《关于进一步加强补充耕地项目管理严格新增耕地核实认定的通知》（自然资办发〔2022〕36 号）中对补充耕地项目严格新增耕地核实认定，做了进一步的规定。

1. 加强补充耕地项目选址论证

各地要加强补充耕地源头控制，项目实施前，要在年度国土变更调查成果基础上，明确标识项目实施区域和计划新增耕地地块位置。对于实地地块细碎，现有国土调查成果未能全面反映实际现状的，要制作符合测绘产品质量要求的项目区分辨率优于 0.2 米的高清正射影像图，按照本省（区、市）

第三次全国国土调查最小上图面积标准逐地块实地细化调查土地利用现状，通过日常变更机制报部委核查通过后，形成位置、地类、面积准确的立项阶段土地利用现状图。涉及田坎新增耕地的，必须对计划整治区域田坎全部实测落图，不得以国土调查数据库中的田坎系数代替实测数据。

各地要依据立项阶段土地利用现状图做好可行性论证，确保新增耕地地块在立项前为非耕地，且符合生态建设、空间管控和占补平衡要求。县级自然资源主管部门要及时在全国耕地占补平衡动态监管系统填报项目立项基本信息和相关图件，市、省两级自然资源主管部门要基于国土空间规划“一张图”做好选址审核和复核，发现选址不当、来源不清的，要及时纠正规范。

2. 严格补充耕地项目实施和验收

各地要依据土地整治及高标准农田建设等标准，结合实际采取土地清理平整、田块归并、客土回填、改良培肥等工程措施，根据需要修建灌排工程和田间道路等基础设施，切实增加耕地数量、提升耕地质量。项目主管部门要加强对项目实施的全程管理，强化日常监管，不得将施工监理、面积测量和质量评价等工作交由工程施工单位自行组织。

项目竣工后，要制作项目区分辨率优于 0.2 米的高清正射影像图，按照国土变更调查技术规程，逐地块调查测量新增耕地位置、面积和利用状况，通过日常变更机制报部委核查通过后核定新增耕地面积，并按规定评定新增耕地质量，形成明确验收意见。未达到国土变更调查耕地标准的地块，不得认定为新增耕地。对于归并田块、削减田坎新增耕地地块，以整理前后实测田坎净减少面积作为新增耕地面积。对于农村道路、沟渠等线状地物，未进行实质性工程整治的，不得以精度变化为由变更地类。

3. 规范补充耕地项目报备

省、市、县三级自然资源主管部门要严格新增耕地指标审核与报备工作，严格落实县级初审、市级审核、省级复核要求。县级自然资源主管部门要会同农业农村相关部门，根据项目立项和验收资料，结合项目实施前和竣工后土地利用现状图和高清正射影像，通过内业比对和外业核实，逐地块核定新增耕地数量指标，评定新增耕地质量。补充耕地项目通过全国耕地占补平衡动态监管系统备案，逐地块录入新增耕地坐标和实地现状照片，上传标识项目区和新增耕地位置的高清正射影像图。

市级和省级自然资源主管部门分别负责审核和复核工作，要采取国土变更调查数据比对、高清影像分析判读、实地踏勘核实验证等方式开展全面内外业检查核实，严格审核确认新增耕地数量和质量，逐项目形成审核和复核意见。为确保新增耕地“地、数、图”一致，原则上新增耕地备案时应已纳入年度国土变更调查，完成耕地地类变更。

4. 强化补充耕地项目后期管护

补充耕地项目产生的新增耕地，应及时交付相关土地权利人使用，并落实管护责任与经费，确保新增耕地稳定利用，用于占补平衡时应保持耕地用途不变。省、市、县三级自然资源主管部门要利用遥感监测、实地核查等方式对报备入库的补充耕地项目进行定期检查，确保储备新增耕地保持稳定耕种状态。新增耕地用于占补平衡后纳入耕地日常管理和国土空间规划实施监督管理，使用时严格落实耕地进出平衡和占补平衡规定要求。

各级自然资源主管部门要高度重视补充耕地项目的实施与监管，带着强烈的耕地保护意识，不断规范耕地占补平衡管理，完善制度加强监管，确保新增耕地数量真实、质量可靠。

（六）探索促进粮食与生态安全的耕地空间优化布局策略

长期以来，党中央把粮食安全作为治国理政的头等大事。同时，生态安全作为国家安全的重要组成部分，自党的十八大以来也成为党中央关注的重点问题之一。针对我国快速城市化进程中耕地位移对粮食与生态“双安全”造成的威胁，有必要将耕地位移及其效应纳入国土空间优化体系中，探索促进“双安全”的耕地空间优化布局策略。权衡粮食安全与生态安全的耕地空间优化布局应以社会经济发展水平和自然资源禀赋的区域差异为前提条件，以城市用地满足社会经济发展需求、耕地生产力总量不下降为约束条件，以生态系统服务损失最小、粮食生产能力最大为优化目标。具体来说：①根据社会经济发展的区域差异，综合考虑耕地非农化压力与粮食安全，开展耕地空间优化布局，协调城市扩张与耕地保护的矛盾；②根据自然资源禀赋的区域差异，在尽可能避免占用优质耕地的同时优先补充高质量的耕地，并且在耕地补充端进行优化效果更为明显，减轻耕地位移对粮食安全的威胁；③根据生态系统脆弱性和敏感性的区域差异，考虑耕地位移的生态代价，开展耕地空间布局优化，协调耕地保护与生态安全冲突。

五、耕地生态补偿制度

耕地作为重要的自然要素，在调节气候、净化环境、维持生态多样性、涵养水源等多方面发挥着不可或缺的作用，是生态系统的重要组成部分。近年来，我国在耕地领域积极探索生态保护补偿机制建设，既为有效保护生态环境注入了新活力，也有效促进了欠发达地区的转型发展。2016 年，国务院办公厅发布了《关于健全生态保护补偿机制的意见》，从国家层面正式提出建立多元化生态补偿机制；同年，多部委联合发布了《探索实行耕地轮作休耕制度试点方案》。2020 年 9 月，中共中央办公厅、国务院办公厅印发了《关于深化生态保护补偿制度改革的意见》，并发出通知，要求各地区各部门结合实际认真贯彻落实。该意见指出，生态保护补偿制度作为生态文明制度的重要组成部分，是落实生态保护权责、调动各方参与生态保护积极性、推进生态文明建设的重要手段。要加快健全有效市场和有为政府更好结合、分类补偿与综合补偿统筹兼顾、纵向补偿与横向补偿协调推进、强化激励与硬化约束协同发力的生态保护补偿制度。这些政府文件的出台，为耕地生态补偿制度的建立提供了政策依据。

（一）耕地生态补偿概念

1. 生态补偿和耕地生态补偿的概念

生态补偿（Eco-compensation）研究和实践探索由来已久，但目前尚没有关于生态补偿的较为公认的定义。综合国内外学者的研究并结合我国的实际情况，对生态补偿的理解有广义和狭义之分。广义的生态补偿既包括对生态系统和自然资源保护所获得效益的奖励或破坏生态系统和自然资源所造成损失的赔偿，也包括对造成环境污染者的收费。狭义的生态补偿主要是指：以保护和可持续利用生态系统服务为目的，以经济手段为主调节相关者利益关系，促进补偿活动、调动生态保护积极性的各种规则、激励和协调的制度安排。耕地生态补偿是中国生态补偿制度的构成部分，主要通过经济补偿的方式将耕地生态保护的外部性内部化，增强利益相关者保护耕地的积极性和主动性，其目的在于通过调整耕地资源配置的利益关系，以改善生态系统服务供给。耕地系统的生态补偿相较于其他系统的补偿更为复杂，因为耕地权利多元性以及生态系统服务的公共属性，耕地生态补偿往往涉及多元利益相关者。耕地生态补偿的内涵与理论、利益主体、补偿标准、区域协调机制、耕地保护生态补偿标准等都处于不断探索和反复实践验证的过程中。

2. 耕地保护补偿三种模式

总体来看，我国耕地保护补偿实践主要包括传统补偿、综合补偿和单独补偿三种模式。传统补偿模式，指未建立耕地保护生态补偿制度，但现有耕地保护补偿工作或多或少地体现了生态保护内容。例如广东省，早在 2012 年就率先建立了全省范围的基本农田保护经济补偿制度，省级财政按照30元/亩·年（部分经济较发达地区按照15元/亩）标准，每年从预算里拿出一部分资金引导市级、县级政府结合实际，配套投入补助资金。其中，佛山永久基本农田补贴标准为800元/亩·年（含省级补贴资金15元/亩·年）。此外，广东省还大力推进高标准农田建设。2020年全省高标准农田建设确保任务为2556万亩，占全省耕地总量的65.6%。从实践来看，大部分地区采取这种补偿模式，其中虽然基本农田保护经济补偿和高标准农田建设性补偿仍以耕地经济价值为主要出发点，未充分考虑耕地的生态价值，但在资金使用上明确规定需用于农田生态环境建设，间接地促进了耕地生态保护。

综合补偿模式与传统补偿模式略有不同，提出了“耕地生态保护补偿”概念，但实际操作中是将耕地生态与经济、社会功能融合，不单独评估或者核算耕地的生态价值，统一纳入生态补偿的范畴。其中最有代表性的是江苏省苏州市，早在2010年就出台了《关于建立生态补偿机制的意见（试行）》，截至2019年已经实施四轮生态补偿，水稻田按照420元/亩·年予以生态补偿，生态补偿资金由市、区两级财政承担。《苏州市生态保护补偿条例》提出生态补偿，主要通过财政转移支付方式，对因承担生态环境保护责任使经济发展受到一定限制的区域内有关组织和个人给予补偿。补偿资金用于维护生态环境、发展生态经济、补偿集体经济组织成员等。昆山市也出台了基本农田生态补偿实施的相关办法，每年都将生态补偿资金纳入市级财政部门预算。这种模式不仅考虑了耕地生态价值，而且在资金使用上更加向保护耕地生态环境倾斜，但是由于过于综合，难以判断耕地经济和生态的补偿比例，可以看作传统补偿模式的升级版。在实践中，采取该补偿模式的地区不多，主要以江苏省、上海市为主。

单独补偿模式，明确将耕地生态保护补偿与传统的耕地保护补偿区分开来，不仅进行耕地经济价值补偿，而且还会对符合条件的耕地额外进行生态保护补偿。最有代表性的是北京市海淀区，对永久基本农田除了进行农田保护补贴，对符合条件的还额外进行农田生态补贴。永久基本农田保护补贴标准为1000元/亩·年，农田生态补贴的标准为1500元/亩·年，农田生态补偿机制资金由区财政预算和市级资金统筹安排，纳入年度部门预算。

（二）耕地生态补偿理论

耕地生态补偿的关键理论主要包括：耕地资源生态补偿价值核算、利益主体、补偿标准、区域协调机制等。

1. 耕地资源生态补偿价值核算

耕地资源的价值应包括经济价值、生态价值和社会价值。耕地资源的经济价值主要是指耕地用于农业生产所获得的农产品的价值或者土地资源开发所产生产品的经济价值等；生态价值指耕地及其上的生物构成的生态系统所具有的调节气候、净化环境、维持生物多样性等方面的价值；社会价值是指经济价值和生态价值等转化为社会功能的间接价值，主要包括提供就业保障、粮食安全保障和维护社会稳定等方面的价值。

在传统的发展模式中，由于耕地资源的生态价值往往不被考虑，因此尽管耕地资源能够产生巨大的生态和社会效益，但无论是主动或被动的生态保护者一般都不能从市场上自动获得生态效益的经济补偿，生态受益地区的经济发展又未考虑应承担的环境生态成本，从而助长了资源开发者把开发造成的生态破坏的外部不经济性转嫁给整个社会。随着可持续发展理念的深入人心，耕地资源生态补偿作为一种促进环境资源保护的经济和法律手段日益受到重视。

从理论逻辑来看，耕地生态价值核算应遵循的生态服务价值理论、公共产品理论、外部性理论、利益均衡理论、产权理论与资源价值理论为耕地生态补偿价值核算提供了理论支撑。耕地价值核算的方法有多种，主要包括市场比较法、数学模型法、收益还原法和土壤潜力估价法；其中耕地资源资产生态价值核算具体方法可分为主观评价法、能值分析法和生态系统服务功能价值评估法；耕地社会价值核算主要采用市场替代或功能替代的方式进行价值评估（钟骁勇，2020）。

2. 耕地生态补偿主体

目前我国耕地生态补偿主体从国家及政府为主转向国家及政府与受益主体协同一致，我国耕地面积较大区域多被划入限制开发或禁止开发功能区，其发展权利和发展机会受损，需要一种补偿政策。一直以来，耕地保护主要依靠国家政策资金扶持，但是生态效益却被全体社会成员所共享，受益者付费原则并未得到充分体现。从补偿的给付主体来看，依据不同的补偿类型及模式，耕地生态补偿的给付主体会有所差异。由于耕地生态效益的社会性和公益性，国家或政府作为补偿的主要给付主体已达成共识。我国的区域耕地资源生态补偿应当通过规范化的制度建设，在区域耕地资源管理协调机构主导下，实现产业和生态利益在地区之间和不同人群之间的合理分配，促进区域生态环境的进一步改善。依据“谁受益，谁补偿”的原则，耕地生态补偿主体包括：区域耕地资源管理协调机构和地方政府，区域耕地资源管理协调机构应当处于主要义务人的地位；政府（包括区域土地资源管理协调机构和地方政府）与因生态保护而利益受到损失或者付出经济代价的主体，政府应当处于义务人的地位；区域耕地资源管理协调机构作为土地资源产权代表与全体生态受益人也是补偿主体。受偿主体是承担耕地保护任务和责任的农村集体经济组织。

3. 耕地生态补偿范围和标准

目前，耕地生态补偿范围是依据国土空间规划（或国土空间规划未实施前原土地利用总体规划）确定的永久基本农田及永久基本农田外的其他一般耕地。下列耕地不纳入补偿范围：已作为畜牧（水产）养殖使用的耕地、发展林果业的耕地、成片粮田用于设施农业用地的耕地（简易大棚设施蔬菜用地除外）、被征（占）用进行非农业建设等已改变土地用途的耕地、长年抛荒的耕地，以及耕地占补平衡中补充耕地的质量达不到耕种条件的耕地等。以上不纳入补偿范围的耕地，在规定时间内完成恢复整改的可纳入补偿范围。

补偿标准：奖补资金视耕地保护重要程度实行分级补偿，建立耕地保护补偿标准动态调整机制，适时调整补偿标准。

探索耕地生态产品价值实现的多元路径。从生态补偿、发展权交易、经营开发利用、绿色金融支持等方面探索耕地生态产品价值实现差异化路径。完善以耕地地力保护补贴、生态农业补贴、特色农产品支持补贴、农机购置补贴等绿色生态为导向的农业补贴约束激励手段。利用耕地保有量指标交易、耕地占补平衡及进出平衡指标交易等手段，探索耕地保护的长效市场化路径。研发耕地内的农作物秸秆、米糠、麸皮等废弃生物的再利用技术，开发推广农业生态旅游的典型模式，促进耕地生态产品的“产业化”。探索绿色债券、绿色保险、绿色基金等绿色信贷的金融体系，实现耕地生态产品的“市场化”。

（三）耕地生态补偿机制

1. 健全耕地生态保护机制的必要性

健全耕地生态保护补偿机制将更大地调动人们对耕地保护的积极性。耕地具有生产、生活、生态等多重属性，还是重要的战略资源，一旦开发建设，以上多数功能将会丧失，但对将耕地开发为建设用地的开发者而言，获得的将是比耕地价值翻了数十倍乃至数百倍的经济收益。因此，保护耕地的积极性不高，开发建设的热情高涨。建立耕地保护补偿机制类似于美国的购买土地发展权，强调了对耕地保护者发展机会丧失的补偿，可以让耕地保护者在不开发耕地的情况下，也可以得到耕地应有的价值体现，从而让耕地保护者更有保护耕地的积极性，从原来的被动保护，变为积极主动保护。

健全耕地保护补偿机制可以促进土地资源的可持续利用。霍特林（Hotelling）在1931年就讲过，考虑到世界范围内能够供给的矿产、森林及其他可耗尽资源正在逐步消失，人类必须调整对资源的开发战略。与这些资源的未来价值相比，今天的资源价格过于便宜，人类出于自私动机以过快的速度进行开发，并且由于过度廉价的缘故使得资源的生产和消耗极其浪费。以上这些想法导致了保护运动的产生。建立健全耕地保护补偿机制，通过对土地资源收益的再分配，加大开发建设的资源成本，从而防止不计成本的经济发展造成对土地资源的过度消耗，削弱土地资源对社会经济可持续发展的支撑能力，可以促进土地资源的可持续利用。

健全耕地保护补偿机制可以促进区域协调发展。通过土地收益在地区间的利益调整和再分配，减少地区间发展对土地指标的不良博弈，防止区域之间对用地指标的恶性竞争，造成资源浪费和区域发展不平衡。尤其对于粮食净调出省份而言，这些地区为了保障国家粮食安全，每年需向国家和其他地区提供一定数量的粮食，因而必须保有一定数量的耕地面积，为此这些地区丧失了进行经济建设的机会，产生了资源保护与实现当地经济利益最大化的矛盾。因此，其他粮食进口省份自然应该向牺牲自己的发展机会而保护耕地的粮食输出省份给予相应的经济补偿。健全耕地保护补偿机制正是通过经济补偿的手段，促进区域之间的协调发展。

2. 完善现有保护机制

建立耕地保护补偿机制既是党的十七届三中全会提出的政策方向，也是中央“一号文件”的明确要求。按照“谁受益、谁付费，谁保护、谁受偿”的资源补偿原则，也就是说，谁开发占用了耕地、谁支付经济成本，谁保护了耕地、谁受到补偿，建立健全耕地保护补偿机制。其核心问题一是明确补偿主体；二是补偿方式多元化；三是补偿标准精细化。

第一，加快生态补偿立法。将耕地生态补偿纳入2010年国务院组织起草的《生态补偿条例》草案调整范围，在该条例中增加对耕地生态补偿的基本内容及相关配套制度措施等具体规定。明确耕地生态补偿的主体、范围、资金来源、补偿标准等事项，并加强监督，尤其是对资金使用进行有效的监督。建立长效预警机制和有效的监测体系，对耕地污染情况及发展趋势、耕地质量变化情况进行及时监控，以便有针对性地制定修复污染损害方案，预防新“毒耕地”的出现。

第二，建立耕地生态补偿基金。将耕地生态补偿基金用于预防出现新“毒地”、修复现有“毒耕地”以及救济“毒地”损害，包括补偿受害人、鼓励对耕地生态保护较好的农民等。耕地生态补偿基金的来源有以下三方面：按照“污染者负担原则”，由工矿企业等污染者付费，承担污染治理和修复耕地的法定义务；政府的公共财政投入，以提供公共技术服务为后盾的生产支持服务体系；金融机构、民间组织、环保社团、公民个人的社会捐助。此外，还应多方吸纳社会资金，不断拓展资金来源渠道，形成多元化的融资机制。

第三，鼓励受害粮农自救与互助，转变农业发展方式。发展生态农业和循环农业。鼓励粮农主动地运用现代农业生产方式，科学合理地使用农药、化肥、农用薄膜等化学投入品，增施有机肥减少化肥施用量，积极使用低毒、低残留农药和生物农药，实现耕地资源利用集约化、生产过程清洁化、畜禽养殖粪便农业废弃物处理无害化等，保护耕地质量，防止污染。同时，积极开展生态产品认证（认证费用从耕地生态补偿基金里支付），推动农业发展以追求产量为主转向追求产量与质量安全并重。鼓励粮农通过与掌握环境友好技术的机构（企业）合作，利用其新型技术对循环耕作方法进行指导等，不断提高农业科技和物质装备水平以改善耕地的生态状况，转变农业生产方式，促进农业可持续发展。国家则对有效提升耕地地力的粮农给予直接的补贴。

（四）建立统一的耕地补偿法律法规机制

1. 明确耕地保护的补偿主体

对耕地保护进行补偿，其实质是在耕地保护的实施者与受益者之间，重新分配耕地保护产生的社会净效益。补偿主体、受偿主体，结合政府和市场双重手段开展补偿。按照“谁提供、谁受益，谁受益、谁补偿”的原则，耕地保护补偿的给付主体是分享了耕地保护效益，但未承担耕地保护任务的地区、部门及个人，具体包括中央政府、粮食主销区地方政府、非农产业部门及其他社会组织和公民，耕地保护补偿的受偿主体主要包括农户、新兴农业生产经营组织、耕地未承包到户的农村集体经济组织、粮食主产区地方政府。

（1）对保护耕地者给予补偿。这是耕地保护者因国家公共利益（粮食安全）而放弃获益更高的利用方式从受益方得到的回报。补偿对象：一是保护耕地的地方政府，因保护耕地而放弃了本地区开发建设获取更高经济收益的机会；二是补贴那些进行耕地保护的单个经济主体，为国家提供了粮食安全保障的单个经济主体，激励其实施耕地保护的积极性。

（2）对减少破坏耕地者的补偿。对建设过程中尽量避让耕地、提高土地节约集约利用率的行为进行鼓励，在节约集约用地方面要有鼓励机制。节约集约用地要有合理的补偿，建立有利于土地资源科学配置的利益调节机制，不让老实人吃亏。对有利于改善耕地质量的行为进行补贴。

（3）在法律法规的制定、宏观调控、资金辅助、维护社会公平等方面，政府是主导的力量。政府应充分发挥其组织与管理职能，通过各部门之间的协调来更好地完成耕地生态保护的建设。同时要加大对生态脆弱区的生态补偿力度，探索多样化的耕地生态补偿方式，培育完善的市场。在确定补偿标准时，利用市场手段来确定合适的补偿金，而不是政府统一规定的标准，使得确定下来的补偿金更符合当地的实际情况，增加农民的可接受程度。市场机制可以解决单纯的政府运作所产生的一些弊端，耕地生态补偿机制的运行需要发挥政府与市场的共同作用才能取得预期效果。应该适当引入美国等国家在生态补偿中的市场机制和竞争机制，充分发挥生态补偿税费、生态补偿国内外基金、价格机制、环境产权机制等市场手段的激励作用，提高我国公民参与耕地生态环境保护的热情。

2. 制定完善的补偿标准

补偿标准的制定需要综合考虑耕地的综合价值，耕地资源的非市场价值以及耕地资源的机会成本。由中央相关部门制定各种类型耕地的最低标准和最高标准，明确补偿年限，包括生态退耕的标准、农转用的标准、耕地生态建设工程补偿标准等。结合农户自己理想的补偿额度和能够接受的最低补偿金额，各地根据实际补偿情况，充分考虑到区域自然条件、区域价格和成本的高低等重要因素区别对待，制定不同的补偿标准，充分将政府制定和农户意愿相结合，适当细化经济补偿标准，以使其能够更符合当地的情况，从而保证补偿资金使用的生态环境效益水平。另外，国家应该将耕地生态补偿标准与当地经济发展相结合，适当对贫困地区给予政策、资金上的倾斜，保护耕地生态环境的同时也有利于生态扶贫。今后，在耕地占补平衡、指标交易中也应当考虑耕地生态价值，不断完善补偿标准。

3. 制定耕地生态保护补偿的效益评价指标体系，完善评价流程

我国如今没有制定出有关耕地生态保护补偿效益的评价指标体系，为了确保耕地生态保护补偿项目从选择到实施都符合效益最大化的原则，当务之急就是收集资料，将耕地的经济效益、生态效益和社会效益纳入评价体系中，

设计衡量各项绩效的指标体系，并根据实际情况做出动态的调整，确保耕地生态保护补偿资金能够得到更合理的分配。

4. 加强构建补偿管理体系

耕地资源保护和耕地生态补偿涉及农业、环保、自然资源、财政等多个部门，各部门之间需要加强协调合作，建立耕地生态保护补偿组织管理体系，制定补偿的征收和发放机制，实现补偿金在支付方和受偿方之间的合理分配。生态补偿组织管理体系应由补偿计量机构、补偿政策制定机构、补偿征收与发放机构、补偿监管机构等构成，补偿计量机构通过耕地生态效益评价体系核算确定合理的补偿标准，补偿政策制定机构结合实际，从法律和政策角度出发，将耕地生态保护补偿的方式、标准、资金来源等规定下来，补偿征收与发放机构保证耕地生态补偿资金的合理分配和落实。补偿监管机构依据耕地生态补偿的相关法律法规，对政策的实施、资金的使用、项目的落实等进行监督管理。耕地生态补偿组织管理体系的建立健全是耕地生态补偿得以顺利实现、持续发展的保障。

5. 建立耕地生态保护补偿约束机制

耕地生态保护补偿的约束机制主要有保证金制度和生态税费制度，严格的约束机制可以避免人类过度向自然界索取和加速破坏生态系统的平衡，同时还能激励人们去保护环境。凡是开发活动可能导致耕地生态环境损害的，在开发前都应该预先缴纳一部分资金作为恢复被损害地区的生态环境保护费用，为生态环境的恢复提供稳定的资金来源。征收的耕地生态补偿费应该专门用于耕地生态系统的恢复和补偿，为耕地生态保护建立完善的激励机制和约束机制。

6. 拓宽耕地生态保护补偿资金来源渠道，补偿方式多元化

从世界各国进行的生态补偿运行情况看，资金不足是制约瓶颈。因此稳定、充足的资金来源是构建耕地保护补偿机制的首要问题。建议采取以下几种方式。

（1）提高耕地占用税和费。

提高建设占用耕地的耕地占用税和新增建设用地有偿使用费标准。2006年为进一步通过税收手段调节占地、加大保护耕地的力度，中央“一号文件”明确提出了“提高耕地占用税税率”的要求。同年8月，国务院下发的《国务院关于加强土地调控有关问题的通知》（国发〔2006〕31号）中提出，要提高耕地占用税征收标准，加强征管，严格控制减免税。2007年12月1日，

国务院公布了新修订的《中华人民共和国耕地占用税暂行条例》，国家实施了最严格的耕地保护制度。提高耕地占用税和新增建设用地有偿使用费，实际上是提高了建设用地的取得成本，从经济上遏制用地者浪费土地的冲动，降低了地方政府新增建设用地的收益。从根本上讲是控制了县市政府多占耕地、扩大建设用地规模的好处，从利益机制上“严控增量”。提高标准后，新增建设用地有偿使用费仍然用于耕地，专项用于基本农田建设和保护、土地整理、耕地开发，并向粮食主产区倾斜，可谓取之于土，还要用之于土。

（2）加大对耕地保护的财政转移支付力度。

一是财政纵向补贴，加大中央对耕地保护区，尤其是对粮食净调出省份的财政转移支付；二是横向补贴，增加粮食进口省份对粮食输出省份的补贴。

补偿资金的筹集和管理关系到耕地生态保护经济补偿的可行性和效力。资金筹集渠道主要有两条：一是财政筹集渠道。财政转移支付制度是落实科学发展观、优化经济社会结构、促进基本公共服务均等化和区域协调发展的重要制度安排。在进行财政转移支付的过程中，国家应加大对重要粮食生产基地和商品粮基地的耕地保护补偿力度，实现耕地保护区因保护耕地而牺牲经济发展的机会成本。因为这些地区生产的粮食不仅仅满足了本地区居民的需要，更多地满足了全国其他地区居民的生产、生活和生存需要，从这个角度讲，保护本地区的耕地也就是保护公共利益。耕地保护补偿，属于地区间具有受益外溢性特点的公共品的供给。因此，在今后的财政转移支付制度改革中，建议将耕地保护指标纳入财政转移支付的指标要素，加强对耕地保护区的财政支持，尤其是对东北黑土区等优质耕地保护区和粮食净出口省份的财政支持。

可以利用地方政府的配套资金和中央专项财政资金投入。地方政府的配套资金可来源于地方政府的财政一般预算收入和地方政府的土地收益，如土地出让金、耕地开垦费、耕地占用税等；中央专项财政资金投入包括中央对农业投资、新增建设用地有偿使用费返还以及中央新增财政资金等。另外，也可从财政预算中设立耕地生态保护补偿专项资金；还可以建立类似德国的生态账户的耕地生态保护账户，使用指标购买制度，实现区域间的协调发展。

二是社会筹集渠道。耕地源保护具有公共性，需要以国家为主体来实施，同时，耕地保护提供的服务又具有地域性和层次性，其收益在不同的人群、地区、部门之间分配是不均匀的，因此，又需要实施耕地保护补偿的横向转移支付。按照资源补偿“谁受益、谁支付”的原则，耕地保护有利于本地区经济社会的可持续发展，因此，该地区本身应承担一定的费用。同时，由于资源保护能使整个国家所拥有的资源存量得到增加，所以中央政府始终处于补偿的核心地位。此外，由于耕地保护的溢出效应，受益地区也应该承担一部分补偿资金，因为保护耕地也会使其他粮食输入地区受益，因此，这些地区也应该承担一部分费用。但目前这部分是缺位的，需要建立区域协调机制。可通过纯公益性质的社会捐赠和受利益因素购买的“耕地生态保护彩票”筹集。还可通过公布各级耕地生态保护补偿捐赠资金的账户信息，鼓励企业、非政府组织和民间个人捐助。另外，可以拓宽补偿资金来源渠道、创新整合社会资金，如推进土地信托流转、发行耕地保护福利彩票、从高收益行业开拓耕地保护基金和申请国际组织的资金支持。两条筹资渠道在不同的地区使用侧重不同，在经济发展水平较高、财力雄厚、财政可长期供给的地区，补偿资金来源在公共财政补贴为主导的基础上辅以社会资金资助；在经济发展落后、财政供给不足的地区，以上级政府的公共财政补贴为主，更大范围的社会资金为辅。

如果说提高耕地占用税和新增建设用地有偿使用费是从经济上遏制用地者浪费土地的冲动的话，提高征地补偿费则是进一步提高了地方政府的土地扩张成本，从而减少适宜耕种的耕地被大量地转为建设用地。更合理地调整供地者和用地者之间的利益分配，建立相对公正、公平的国土资源收益分配机制。

7. 构建多层次耕地生态补偿监督机制

合理的耕地生态补偿监督机制是保障，我国需构建政府监督、内部监督以及社会监督的多层次监督机制。在对耕地生态补偿实践进行有效监督的同时，明确补偿程序限制权利滥用，对耕地生态补偿专项资金的使用情况和动态进行监督。可以参考德国将监督纳入国家法的方式，来保证监督运行的强制性。也可以在制度出台之前先进行监督机制的试点，试点内容包括具体审核部门的确定、所检查区域的界定以及资金流动的具体监督方式等。从而为我国耕地生态补偿实践提供进一步的保障，使得用于生态环境恢复的资金运作更具有稳定性，耕地的生态性保护更具有可持续性。

8. 建立基于布局优化的耕地保护区际补偿机制

建立耕地保护区际补偿机制，通过区域耕地保护目标责任和耕地保护区际补偿价值标准实现区域之间耕地保护利益的协调，是保证我国耕地保护政策实施效果的重要手段。应在保证粮食安全与生态安全的前提下，建立基于布局优化的耕地保护区际补偿机制。具体来说：①根据耕地布局优化的结果确定各区域耕地保护目标，并根据此目标测算区域耕地赤字/盈余水平；②以耕地非农化收益和生态系统服务价值等为基础，结合区域耕地赤字/盈余水平确定耕地保护区际补偿价值标准，以此约束和激励各区域耕地保护行为；③从耕地保护区际补偿资金管理、法律保障、制度保障、技术保障等方面建立耕地保护区际补偿的实施保障机制，实现“以布局引导补偿，以补偿实现保护”。

参考文献

[1] 晓叶．从“占补平衡”到“进出平衡”[J]．中国土地，2022，(1)：1.

[2] 新华社．第三次全国国土调查主要数据成果发布 [EB/OL]．自然资源部官方网站，2021-08-26.

[3] 魏莉华．新《土地管理法实施条例》权威解读 [EB/OL]．自然资源部官方网站，2021-07-31.

[4] 崔吕萍．委员谈耕地进出平衡：“进”要通过验收确认，“出”要符合国土空间规划 [N]．人民政协报，2022-03-22.

[5] 陆雄文．管理学大辞典 [M]．上海：上海辞书出版社，2013.

[6] 中华人民共和国国务院．中华人民共和国土地管理法实施条例[EB/OL]．(1998-12-27) [2019-06-15]．http：//www. people. com. cn/item/faguiku/jjf/T1070. html.

[7] 刘洋，蒋海宁．耕地“进出平衡”的实施难点和建议 [J]．自然资源社圈，2022-08-31.

[8] 黄文娟．我为耕地保护献一策 | 探索多目标平衡下的耕保“进出平衡”路径 [N]．中国自然资源报，2022-03-22.

[9] 黄贤金．十年磨一剑，直面我国耕地保护难题——《我国耕地保护的农户行为与社会责任》书评 [J]．农林经济管理学报，2018，17 (1)：119-120.

[10] 刘随臣，谭丽萍，樊笑英．耕地保护制度的创新思考 [J]．中国土地，2022 (1)：11-12.

[11] Deng X，Huang J，Rozelle S，et al. Impact of urbanization on cultivated land changes in China [J]．Land Use Policy，2015 (45)：1-7.

[12] 王静怡，李晓明．近 20 年中国耕地数量变化趋势及其驱动因子分析 [J]．中国农业资源与区划，2019，40 (8)：171-176.

[13] 孔祥斌，张蚌蚌，温良友，等．基于要素—过程—功能的耕地质量理论认识及其研究趋势 [J]．中国土地科学，2018，32 (9)：14-20.

[14] 包贵萍，梁小亮，梁颖，等．南方红壤丘陵耕地生态修复补偿标准研究 [J]．资源科学，2019，41 (2)：247-256.

［15］Guo B B，Fang Y L，Zhou Y K. Influencing factors and spatial differentiation of cultivated land abandonment at the household scale［J］. Resour. Sci，2020（42）696-709.

［16］辛良杰，王佳月，王立新．基于居民膳食结构演变的中国粮食需求量研究［J］. 资源科学，2015，37（7）：1347-1356.

［17］蒋含明，谢仁非．疫情背景下贸易冲突常态化与我国全球价值链嵌入［J］. 国际贸易，2020，（12）：75-84.

［18］党昱譞，王倩，孔祥斌．落实最严格耕保制度的政策措施研究［J］. 中国土地，2021（10）：27-28.

［19］吴绍洪，刘路路，刘燕华，等．“一带一路”陆域地理格局与环境变化风险［J］. 地理学报，2018，73（7）：1214-1225.

［20］漆信贤，张志宏，黄贤金．面向新时代的耕地保护矛盾与创新应对［J］. 中国土地科学，2018，32（8）：9-15.

［21］吴九兴，黄征学．构建多维度耕地保护制度体系的探讨［J］. 中国土地，2021（11）：12-13.

［22］谭荣．建立健全耕地保护长效机制需要优化治理体系［EB/OL］.（2021-3-15）. https：//theory. gmw. cn/content_ 34687560. htm.

［23］North D C. Institutions，institutional change and economic per-formance［M］. Cambridge：Cambridge University Press，1990.

［24］道格拉斯·C. 诺斯．制度、制度变迁与经济绩效［M］. 刘守英，译．上海：上海三联书店，1994：111-123.

［25］North D C. Economic performance through time［J］. The American Economic Review，1994，84（3）：359-368.

［26］刘蒙罢，张安录．建党百年来中国耕地利用政策变迁的历史逻辑及优化路径［J］. 中国土地科学，2021，35（12）：19-28.

［27］郑耀群．路径依赖与产业集群演进中的制度锁定效应研究［J］. 商业时代，2012（5）：109-110.

［28］道格拉斯·C. 诺斯．制度变迁理论纲要［J］. 改革，1995（3）：52-56.

［29］牛善栋，方斌．中国耕地保护制度70年：历史嬗变、现实探源及路径优化［J］. 中国土地科学，2019，33（10）：1-12.

［30］刘彦随，乔陆印．中国新型城镇化背景下耕地保护制度与政策创新［J］. 经济地理，2014，34（4）：1-6.

［31］黄忠．迈向均衡：我国耕地保护制度完善研究［J］. 学术界，2020（2）：122-135.

［32］刘桃菊，陈美球．中国耕地保护制度执行力现状及其提升路径［J］. 中国土地科学，2020，34（9）：32-37+47.

［33］郭珍．中国耕地保护制度的演进及其实施绩效评价［J］. 南通大学学报（社会

科学版)，2018，34（2）：67-73.

［34］张一鸣．耕地保护制度的转型与对策研究——构建以经济激励为核心的耕地保护［J］．中国农业资源与区划，2014，35（3）：26-31.

［35］杜辉．公私交融秩序下环境法的体系化［J］．南京工业大学学报（社会科学版），2020，19（4）：19-29+115.

［36］谢忠洲，彭强．法政策视域下乡村振兴战略的制度供给［J］．农村经济，2021（6）：69-78.

［37］卢艳霞，王柏源．耕地保护制度与政策的演进及其逻辑［J］．中国土地，2022（2）：4-8.

［38］吴宇哲，许智钇．休养生息制度背景下的耕地保护转型研究［J］．资源科学，2019，41（1）：9-22.

［39］吴克宁，郝士横，吕欣彤．“田长制”相关问题分析［J］．中国土地，2021（12）：10-11.

［40］孙宪忠．制定耕地保护法的紧迫性和立法建议［EB/OL］．（2022-6-13）．https：//mp. weixin. qq. com/s/MbC2F2ZDjpN9A8LzxY0tKA.

［41］Huang Y，Zhang C，Liu W. Who drives the formation and adoption of the “increasing versus decreasing balance policy”？—Evidence from a policy process analysis［J］. Land Use Policy，2019（80）175-184.

［42］郭珍．制度变迁、认知偏差与农户耕地利用行为［J］．南通大学学报（社会科学版），2020，36（6）：92-98.

［43］赵玉领．中国近10年耕地资源变化情况统计分析［J］．国土与自然资源研究，2020（1）：53-57.

［44］袁承程，张定祥，刘黎明，叶津炜．近10年中国耕地变化的区域特征及演变态势［J］．农业工程学报，2021，37（1）：267-278.

［45］程维明，高晓雨，马廷，徐新良，陈印军，周成虎．基于地貌分区的1990—2015年中国耕地时空特征变化分析［J］．地理学报，2018，73（9）：1613-1629.

［46］Liu Y，Zhou Y. Reflections on China's food security and land use policy under rapid urbanization［J］. Land Use Policy，2021（109）105699.

［47］刘克春．粮食生产补贴政策对农户粮食种植决策行为的影响与作用机理分析——以江西省为例［J］．中国农村经济，2010（2）：12-21.

［48］陈浮，刘俊娜，常媛媛，张琦，于昊辰，张绍良．中国耕地非粮化空间格局分异及驱动机制［J］．中国土地科学，2021，35（9）：33-43.

［49］曹宇，李国煜，王嘉怡，方晓倩，孙凯颖．耕地非粮化的系统认知与研究框架：从粮食安全到多维安全［J］．中国土地科学，2022，36（3）：1-12.

［50］韦素琼，陈健飞．闽台耕地非农化及关联因子的比较研究［J］．自然资源学报，2004，19（5）：568-576.

[51] 周长江，刘新平．基于多驱动力的乌鲁木齐市耕地非农化因素分析［J］．新疆农垦经济，2012（7）：13-16.

[52] 叶宇航．我国耕地非农化的驱动因素研究［J］．科学决策，2015（9）：33-50.

[53] 李宁，陈利根，孙佑海．现代农业发展背景下如何使农地“三权分置”更有效——基于产权结构细分的约束及其组织治理的研究［J］．农业经济问题，2016，37（7）：11-26+110.

[54] 段龙龙，李涛，叶子荣．中国式耕地质量保护之谜：从市场逻辑到政策规制［J］．农村经济，2016（4）：25-31.

[55] 李博，王瑞梅，卢泉．经营权不稳定是否阻碍了农户耕地质量保护投资［J］．农业技术经济，2022（5）：105-116.

[56] 蒋瑜，濮励杰，朱明，黄思华，刘荣娟．中国耕地占补平衡研究进展与述评［J］．资源科学，2019，41（12）：2342-2355.

[57] 汤怀志，桑玲玲，郧文聚．我国耕地占补平衡政策实施困境及科技创新方向［J］．中国科学院院刊，2020，35（5）：637-644.

[58] 党昱譞，廖宇波，孔祥斌，赵晶．耕地占补平衡制度的顶层设计及优化探讨［J］．中国国土资源经济，2022，35（6）：43-48+88.

[59] 韩璐，孟鹏，蒋仁开，徐保根，张冰松，陈美景．新时代耕地占补平衡的逻辑根源、模式探索与管理创新——基于“新时代耕地占补平衡方式改进与管理创新研讨会”的思考［J］．中国土地科学，2018，32（6）：90-96.

[60] 杜国明，刘国权，陶军德．富锦市不稳定耕地调查与处理对策［J］．中国农业资源与区划，2011，32（6）：22-25.

[61] 张树峰，刘雅楠．我国耕地生态补偿法治化的困境与出路分析［J］．人民论坛·学术前沿，2021（8）：124-127.

[62] 贾克敬，陈宇琛，祁帆．新时期建立健全国土空间用途管制制度的建议［J］．规划师，2020，36（11）：21-26.

[63] 钟骁勇，李洪义．耕地资源价值核算方法研究综述［J］．中国国土资源经济，2020（9）：41-47.

[64] 崔宁波，生世玉．基于公平视角的耕地生态补偿标准量化研究［J］．水土保持通报，2021，41（1）：138-143.

[65] 何琼，杨敏丽．我国耕地资源生态补偿机制的框架构建及对策研究［J］．价格月刊，2015（12）：86-89.

[66] 唐忠，魏素豪．我国耕地保护补偿：研究进展、主要争论与理论解释［J］．农村经济，2018（5）：1-7.

[67] 崔宁波，张正岩，刘望．国外耕地生态补偿的实践对中国的启示［J］．世界农业，2017（4）：35-40.

[68] 赵亚莉，龙开胜．农地“三权”分置下耕地生态补偿的理论逻辑与实现路径［J］．

南京农业大学学报（社会科学版），2020，20（5）：119-127.

[69] 刘利花，刘向华，杨洁．粮食安全视角下的耕地生态补偿标准研究 [J]. 学习与实践，2020（8）：38-47.

[70] 张燕，王莎．耕地生态补偿标准制定进路选择——基于耕地生态安全视角 [J]. 学习与实践，2017（2）：21-28.

[71] 刘明厚．论多元社会的共识基础——兼论我国和谐社会的共识建设 [J]. 理论与改革，2011（02）：5-8.

[72] 田双清，姜海，陈磊．制度变迁与社会共识的分析框架——基于对土地增值收益分配制度的分析 [J]. 华中农业大学学报（社会科学版），2021（3）：162-171+191-192.

[73] 秦舒展．新时代全面深化改革的共识维度与实现路径 [J]. 郑州大学学报（哲学社会科学版），2020，53（2）：14-19.

[74] 吴群，曹春艳．我国耕地保护的体制障碍探析 [J]. 农村金融研究，2011（12）：16-20.

[75] 崔新蕾，赵燕霞．中国土地市场化程度非均衡发展及收敛性研究 [J]. 中国农业资源与区划，2021，42（9）：72-80.

[76] 周业安，冯兴元，赵坚毅．地方政府竞争与市场秩序的重构 [J]. 中国社会科学，2004（1）：56-57.

[77] Dennis C. Mueller. Public Choice [M]. Beijing: China Social Sciences Press, 1999.

[78] 刘守英．以地谋发展模式的风险与改革 [J]. 国际经济评论，2012（2）：92-109.

第七章

永久基本农田和黑土地保护制度

一、永久基本农田保护制度

永久基本农田作为保障国家粮食安全和重要农产品供给的“饭碗田”“保命田”，是农业农村发展不可或缺的一部分，对其进行保护是确保我国粮食安全与生态文明体制改革的重要措施。永久基本农田作为耕地保护和刚性管控的核心，对其保护既是土地集约利用下耕地保护的特殊需求，也是将最为严格的耕地保护制度落到实处，以实现国家对永久基本农田保护制度进行系统性创新和永久保护目标的重要战略导向。如何正确认识永久基本农田，如何科学划定、严格管控、高效利用永久基本农田，是确保粮食安全的关键所在。

（一）永久基本农田制度概述

1. 基本农田和永久基本农田的含义

为了对基本农田实行特殊的保护，促进农业和社会经济的可持续发展，国家依据《中华人民共和国农业法》《土地管理法》和 1994 年 8 月 18 日国务院发布的《基本农田保护条例》，总结以往基本农田保护的经验，于 1998 年 12 月 24 日制定了新的《基本农田保护条例》。依据《基本农田保护条例》的规定，基本农田是指按照一定时期人口和社会经济发展对农产品的需求，依据土地利用总体规划确定的不得占用的耕地。

基本农田有以下特点：第一，基本农田有一定的时间性。它由长期不得占用的耕地和规划期内不得占用的耕地组成。所谓长期不得占用的耕地，老百姓称之为“吃饭田”“保命田”“永久性耕地”。为了保障生存需要，这部分耕地是不能占用的。所谓规划期内不得占用的耕地，是指土地利用总体规划和基本农田保护区规划中规划为在一个阶段内必须保持相对稳定的耕地。第二，基本农田是根据人口和国民经济对农产品的需求和对建设用地的预测而确定的。基本农田一般都应划入基本农田保护区。也就是说，划入基本农田保护区内的耕地都称为基本农田。基本农田是国家为保持农业基本生产能力而对农村土地实行的一种保护制度，也可以说是一个保护区的概念。基本农田保护区是指为对基本农田实行特殊保护，而依据土地利用总体规划和依照法定程序确定的特定保护区域。基本农田保护区以乡（镇）为单位进行划区定界，由县级人民政府土地行政主管部门会同同级农业行政主管部门组织实施。

耕地与基本农田的主要区别在于：耕地是指种植农作物的土地，包括熟地、新开发整理复垦地、休闲地、轮歇地草田轮作地；以种植农作物为主，间有零星果树、桑树或其他树木的土地；平均每年保证收获一季的已垦滩涂和海涂。耕地中还包括南方宽小于 1 米，北方宽小于 2 米的沟、渠、路和田埂。耕地又可分为灌溉水田、望天田、水浇地、旱地和菜地五种。耕地的概念比基本农田的概念要大，基本农田只是耕地的其中一部分，而且主要是高产优质的那部分耕地，并不是所有的耕地都是基本农田。一般而言，只有那些划入基本农田保护区内的耕地，才被视为基本农田。

2018 年 2 月 26 日原国土资源部发布的《关于全面实行永久基本农田特殊保护的通知》（国土资规〔2018〕1 号）加上“永久”两字，2019 年的《土地管理法》第十七条第二款把“严格保护永久基本农田”中的“基本农田”改为“永久基本农田”。永久基本农田就是我们常说的基本农田，对基本农田实行永久性保护，即无论什么情况下都不能改变其用途，不得以任何方式挪作他用。对永久基本农田实行特殊保护，体现了党中央、国务院对耕地特别是基本农田的高度重视，体现的是严格保护的态度。

2. 永久基本农田保护制度的确定

20 世纪 90 年代，在我国建立基本农田保护制度，对划入基本农田保护区的耕地实行特殊保护的措施，是党中央、国务院根据我国耕地资源和建设占用耕地的状况而提出的保护耕地的一项重大措施。划定基本农田保护区的任务是在县级土地利用总体规划确定的目标、方针和耕地保护的控制指标下，确定必须保护的基本农田的面积，划定保护区的范围并落实到地块，建立起相应的保护措施。

人均耕地少、耕地后备资源匮乏是我国的基本国情。20 世纪 90 年代初，我国建设规模扩大，各项建设占用耕地造成耕地面积不断下降，同时人口不断增加使人均耕地占有量不断减少。尤其是城镇周边的耕地，多是长期形成的高产田，在城镇发展的过程中最容易被钢筋水泥覆盖，被不断扩张的城市侵吞。为了保证国民经济的发展和解决我国的粮食问题，必须采取果断措施控制耕地的占用。1988年，在湖北荆州地区试行基本农田保护区工作。取得成功后，1989年5月原国家土地管理局和农业部在荆州地区联合召开了“全国基本农田保护工作现场会”，推广荆州的经验，并部署在全国开展划定基本农田保护区的试点工作。一年后，两个部门再次联合在济南召开了各地基本农田保护工作座谈会，会后向国务院提出了《关于在全国开展基本农田保护工作的指示》。这项工作得到了党中央和国务院的重视。1991年11月党的十三届八中全会通过了《中共中央关于进一步加强农业和农村工作的决定》。该决定指出：“我国人口多耕地少，要十分珍惜耕地，依法加强土地管理，建立基本农田保护区。”1992年7月全国人大常委会通过的《中华人民共和国农业法》规定：“县级以上各级地方人民政府应当划定基本农田保护区，对基本农田保护区内的耕地实行特殊保护，具体办法由国务院规定。”1994年7月4日国务院发布了第一部《基本农田保护条例》，标志着我国正式确定了基本农田保护制度。

21世纪之初，我国城镇化、工业化建设的步伐逐步加快，全国掀起了新一轮的开发区热，城市周边、交通沿线的大量优质耕地被占用，特别在复种指数高的南方、中部区域，优质农田被大量占用。1998—2003年，全国有53.33%的新增建设用地来源于耕地。在地方大量占地发展的背景下，中央提出“永久基本农田”概念，遏制城镇化、工业化盲目占用优质耕地，保障农民的收入来源，形成了中央政府与农户的保护合力。2003年，原国土资源部要求“坚决守住基本农田这条红线”，提出基本农田“五不准”，即不准占用基本农田进行植树造林、发展林果业和搞林粮间作以及超标准建设农田林网；不准以农业结构调整为名，在基本农田内挖塘养鱼、建设用于畜禽养殖的建筑物等严重破坏耕作层的生产经营活动；不准违法占用基本农田进行绿色通道和城市绿化隔离带建设；不准以退耕还林为名违反土地利用总体规划，将基本农田纳入退耕范围；除法律规定的国家重点建设项目以外，不准非农建设项目占用基本农田。这“五不准”在国务院《关于坚决制止占用基本农田进行植树等行为的紧急通知》中得到强化。2006年，116个县（市、区）被正式确定为国家基本农田保护示范区，总面积达1.33亿亩。2008年，党的十七届三中全会正式提出划定永久基本农田，确保永久基本农田总量不减少、用途不改变、质量有提高，基本农田第一次加上“永久”界定，开启我国永久基本农田保护时代。

伴随我国市场改革的进一步深入，农作物种植受到市场价格波动的影响越来越明显，成本—收益比值不断扩大，极大地影响了农民保护耕地、种植粮食的积极性。相关数据显示，华南地区稻谷收益为 624 元/亩，而甘蔗收益为 1316 元/亩，柑橘收益为 2931 元/亩，桉树收益为 2500 元/亩，桑树收益为 4634 元/亩，养虾收益最低也能达到 5000 元/亩。党的十八大后，我国高度重视生态文明建设，一些地方政府将生态文明片面理解为绿化种树。企业侵占永久基本农田从事草坪、林木生产，导致耕地流失进一步加重，威胁国家粮食安全。与此同时，农民、地方的耕地保护动力进一步弱化。

新时代以来，永久基本农田保护制度不断强化。2014 年 10 月 18 日多部委联合下发《关于进一步做好永久基本农田划定工作的通知》，要求在已有划定永久基本农田工作的基础上，将城镇周边、交通沿线现有易被占用的优质耕地优先划为永久基本农田。划定永久基本农田保护“红线”，先从 500 万以上人口特大城市、省会城市、计划单列市开始，要与城市开发边界和生态保护“红线”划定等工作协同开展，与经济社会发展规划、土地利用总体规划、城乡规划等多规合一工作相衔接。

2015 年 1 月 5 日，原国土资源部、农业部联合部署划定永久基本农田，要按照规模上从大城市到小城镇，空间上从城镇周边到广阔农村的步骤时序，将核定的基本农田保护目标任务及时落地到户、上图入库，重点是尽快将城镇周边、交通沿线现有易被占用的优质耕地优先划为永久基本农田，将已建成的高标准农田优先划为永久基本农田。永久基本农田一经划定，不得随意调整或占用。除法律规定的国家能源、交通、水利、军事设施等重点建设项目选址无法避开外，其他任何建设项目都不得占用。城市建设要跳出已划定的永久基本农田，实现组团式、串联式发展，不得侵占基本农田建新区，也不能以各种园区、开发区名义非法圈地、占用基本农田。各地要进一步摸清底数、查清潜力、明确任务，依据调整完善后的土地利用总体规划，结合农村土地确权登记，同步推进永久基本农田“落地块、明责任、设标志、建表册、入图库”，同步将这项工作纳入年度土地利用变更调查和耕地保护目标责任考核，确保永久基本农田划定工作划得准、建得好、保得住。

实践证明，基本农田保护制度是实行耕地保护的有效办法。一是制止了乱批乱占耕地，保住了高产稳产农田和人口增长所需要的耕地；二是稳定了耕地承包者的思想，调动了农民对耕地增加投入的积极性，提高了农作物的产量；三是通过划定保护区，协调安排了今后若干年的各类建设用地。

2016 年《关于全面划定永久基本农田实行特殊保护的通知》提出，全国 15.46 亿亩基本农田的保护目标任务落实到用途管制分区，落实到图斑地块。2018 年 2 月原国土资源部印发《关于全面实行永久基本农田特殊保护的通知》，提出对永久基本农田实行特殊保护制度。以守住永久基本农田控制线为目标，以建立健全“划、建、管、补、护”长效机制为重点，巩固永久基本农田划定成果，完善保护措施，提高监管水平，确保到 2020 年，全国永久基本农田保护面积不少于 15.46 亿亩，基本形成保护有力、建设有效、管理有序的永久基本农田特殊保护格局。

《关于全面实行永久基本农田特殊保护的通知》提出，巩固永久基本农田划定成果。守住永久基本农田控制线，已经划定的永久基本农田特别是城市周边永久基本农田原则上不得随意调整和占用。重大建设项目、生态建设等经国务院批准占用或调整永久基本农田的，按照有关要求补划相当数量和质量的永久基本农田。统筹永久基本农田保护与各类规划衔接，协同推进生态保护红线、永久基本农田、城镇开发边界三条控制线划定工作。

3. 积极推进永久基本农田建设和管理

推进永久基本农田建设。开展永久基本农田整备区建设，各省（区、市）国土资源主管部门要在划定永久基本农田控制线基础上，结合当地实际，组织开展零星分散耕地的整合归并、提质改造等工作。加强永久基本农田的质量建设，优先在永久基本农田保护区和整备区开展土地综合整治、高标准农田建设，推动土地整治工程技术创新和应用。全面推行建设占用永久基本农田耕作层剥离再利用工作。

加强永久基本农田管理，应从严管控非农建设占用永久基本农田，永久基本农田一经划定，任何单位和个人不得擅自占用或者擅自改变用途，严禁通过擅自调整县乡土地利用总体规划规避占用永久基本农田的审批，严禁未经审批违法违规占用。坚决防止永久基本农田“非农化”，永久基本农田必须坚持农地农用，禁止破坏永久基本农田活动，禁止占用永久基本农田植树造林，禁止闲置、撂荒永久基本农田，禁止以设施农用地为名乱占永久基本农田，合理引导利用永久基本农田进行农业结构调整，规划临时用地、设施农用地占用永久基本农田管理。

对于永久基本农田的补划工作，不仅仅强调补划数量，应量质并重做好永久基本农田补划。明确永久基本农田补划要求，重大建设项目占用或因依法认定的灾毁等原因减少永久基本农田的，按照“数量不减、质量不降、布局稳定”的要求开展补划，占用或减少城市周边范围内的，原则上在城市周边范围内补划。做好永久基本农田补划论证，省级国土资源主管部门按照永久基本农田划定和补划要求，组织对占用或调整永久基本农田必要性、合理性和补划方案的可行性论证。

4. 建立健全永久基本农田保护机制

在健全永久基本农田保护机制方面，要强化永久基本农田保护考核机制，落实地方各级政府保护耕地的主体责任，将永久基本农田保护情况作为省级政府耕地保护责任目标考核、粮食安全省长责任制考核、领导干部自然资源资产离任审计的重要内容。完善永久基本农田保护补偿机制。总结地方经验，积极推进中央和地方各类涉农资金整合，按照“谁保护、谁受益”的原则，探索耕地保护激励性补偿和跨区域资源性补偿。构建永久基本农田动态监管机制，永久基本农田划定成果纳入国土资源遥感监测“一张图”和综合监管平台，作为土地审批、卫片执法、土地督察的重要依据。结合土地督察、全天候遥感监测和土地卫片执法检查等方式，对永久基本农田数量和质量变化情况进行全程跟踪，实现永久基本农田全面动态管理。

5. 强化永久基本农田保护措施

强调全面强化永久基本农田特殊保护保障措施。各级国土资源主管部门要在地方政府领导下，增强大局意识和责任意识，全面贯彻执行永久基本农田特殊保护政策，积极探索符合地方实际的保护措施，推动永久基本农田保护“责任到人、落到地块”。各省（区、市）国土资源主管部门要根据要求，结合实际情况，抓紧制定具体实施办法，强化土地执法监察，及时发现、制止和查处违法乱占耕地特别是永久基本农田的行为。

2019 年《土地管理法》修改，将第三十四条第一款、第二款改为第三十三条：国家实行永久基本农田保护制度，并将符合土地利用总体规划的经国务院农业农村主管部门或者县级以上地方人民政府批准确定的粮、棉、油、糖等重要农产品生产基地内的耕地；有良好的水利与水土保持设施的耕地，正在实施改造计划以及可以改造的中、低产田和已建成的高标准农田；蔬菜生产基地；农业科研、教学试验田；国务院规定应当划为永久基本农田的其他耕地五类耕地划为永久基本农田，实行严格保护。同时规定，各省、自治区、直辖市划定的永久基本农田一般应当占本行政区域内耕地的百分之八十以上，具体比例由国务院根据各省、自治区、直辖市耕地实际情况规定；永久基本农田划定以乡（镇）为单位进行，由县级人民政府自然资源主管部门会同同级农业农村主管部门组织实施，永久基本农田应当落实到地块，纳入国家永久基本农田数据库严格管理。乡（镇）人民政府应当将永久基本农田的位置、范围向社会公告，并设立保护标志。永久基本农田经依法划定后，任何单位和个人不得擅自占用或者改变其用途。国家能源、交通、水利、军事设施等重点建设项目选址确实难以避让永久基本农田，涉及农用地转用或者土地征收的，必须经国务院批准。禁止通过擅自调整县级土地利用总体规划、乡（镇）土地利用总体规划等方式规避永久基本农田农用地转用或者土地征收的审批。各级人民政府应当采取措施，引导因地制宜轮作休耕，改良土壤，提高地力，维护排灌工程设施，防止土地荒漠化、盐渍化、水土流失和土壤污染。

6. 推进永久基本农田保护，严控耕地占为他用

2019 年 1 月，全国在完成永久基本农田划定工作的基础上，自然资源部、农业农村部颁布了《关于加强和改进永久基本农田保护工作的通知》（自然资规〔2019〕1 号），进一步强调对永久基本农田实行特殊保护的战略措施。2020 年，国务院办公厅印发《关于坚决制止耕地“非农化”行为的通知》，明确禁止占用永久基本农田种植苗木、草皮等用于绿化装饰以及其他破坏耕作层的植物，禁止以河流、湿地、湖泊治理为名擅自占用耕地及永久基本农田挖田造湖、挖湖造景等。明确耕地利用优先序，2020 年，国务院办公厅印发《关于防止耕地“非粮化”稳定粮食生产的意见》中提出，严格控制耕地转为林地、园地等其他类型农用地，禁止占用永久基本农田从事林果业以及挖塘养鱼、非法取土等破坏耕作层的行为，并明确耕地利用优先序，永久基本农田重点用于发展粮食生产，一般耕地主要用于粮食和棉、油、糖、蔬菜等农产品及饲草饲料生产。规范发展稻渔综合种养，明确永久基本农田的“禁止清单”。2022 年 1 月 4 日，《中共中央、国务院关于做好 2022 年全面推进乡村振兴重点工作的意见》中再次重申永久基本农田重点用于粮食生产，提出落实“长牙齿”的耕地保护硬措施。实行耕地保护党政同责，严守 18 亿亩耕地红线。按照耕地和永久基本农田、生态保护红线、城镇开发边界的顺序，统筹划定落实三条控制线，把耕地保有量和永久基本农田保护目标任务逐级分解下达，由中央和地方签订耕地保护目标责任书，作为刚性指标实行严格考核、一票否决、终身追责。分类明确耕地用途，严格落实耕地利用优先序，耕地主要用于粮食和棉、油、糖、蔬菜等农产品及饲草饲料生产，永

久基本农田重点用于粮食生产，高标准农田原则上全部用于粮食生产。

永久基本农田保护制度的主要内容包括永久基本农田的划定、保护、监督管理以及违反基本农田保护规定所需承担的法律责任和处罚的办法等，将永久基本农田置于空间保障的首位。

（二）永久基本农田保护区的划定方法

永久基本农田是粮食安全保障的资源承载空间，其划定不仅应考虑耕地现状布局及质量，还应考虑耕地种植结构、要素投入等农户行为，基于粮食实际产能对永久基本农田布局进行优化。

现实中永久基本农田划定过程烦琐、任务量巨大，大量学者探索基本农田划定的技术方法，如将农用地分等定级成果用于基本农田保护区划定，以耕地质量等级结果按其优劣次序划入；综合考虑耕地质量与空间分布形态、立地条件等因素，并结合生态红线、城镇开发边界等综合划定永久基本农田保护红线，使结果具有现实可操作性。在国土空间规划中，主流做法是“三线”划定不重叠，“三区”根据主体功能区确定主体功能，通过资源环境承载力评价与国土开发适宜性“双评价”，结合主体功能、地方特点以及空间发展战略，形成以城镇、农业、生态功能为主导、互不重叠的空间。但部分省市对于“三区”重叠的区域进行了弹性预控，未来可实现功能的转换。

“三线”中的永久基本农田保护红线由国土部门划定，指按照一定时期人口和社会经济发展对农产品的需求，依法确定的不得占用、不得开发、需要永久性保护的耕地空间边界。由国土资源主管部门划定，从 2014 年《国土资源部、农业部关于进一步做好永久基本农田划定工作的通知》到 2018 年《国土资源部关于全面实行永久基本农田特殊保护的通知》两项通知发布，目前全国各地已基本完成永久基本农田划定工作。

“三区”中的农业空间指以农业生产和农村居民生活为主体功能，承担农产品生产和农村生活功能的国土空间，主要包括永久基本农田、一般农田等农业生产用地以及村庄等农村生活用地。

1. 永久基本农田划定原则

依据《国土资源部〈关于全面实行永久基本农田特殊保护〉的通知》规定，永久基本农田划定应遵循如下原则。

（1）坚持保护优先。永久基本农田的保护和管理适用法律中关于基本农田保护和管理的规定。牢固树立山水林田湖草是一个生命共同体的理念，实现永久基本农田保护与经济社会发展、乡村振兴、生态系统保护相统筹。

（2）坚持从严管控、底线管控原则。遵循自然资源供给上限、粮食安全与生态环境安全的基本底线，坚守生态保护红线和永久基本农田刚性约束。强化用途管制，加强永久基本农田对各类建设布局的约束和引导，建立健全占用和补划永久基本农田踏勘论证制度，严格控制非农建设占用永久基本农田。

（3）坚持补建结合。落实质量兴农战略，加强农村土地综合整治和高标准农田建设，建立和建设永久基本农田整备区，保障永久基本农田综合生产能力。

（4）坚持权责一致。充分发挥市场配置资源的决定性作用和更好发挥政府的作用，强化永久基本农田保护主体责任，健全管控性、建设性和激励性保护机制，完善监管考核制度，实现永久基本农田保护权责统一。

2. 划定永久基本农田保护区的依据及数量要求

划定永久基本农田保护区的依据是土地利用总体规划。土地利用总体规划是协调各业用地的最高规划。各级人民政府在编制土地利用总体规划时，应当将永久基本农田保护作为规划的一项重要内容，明确永久基本农田保护的布局安排、数量指标和质量要求。到2020年，全国永久基本农田保护面积不少于15.46亿亩，特别是县（市）、乡（镇）两级土地利用总体规划应当明确确定基本农田保护区。省、自治区、直辖市划定的基本农田应当占本行政区域内耕地总面积的80%以上，具体数量指标根据全国土地利用总体规划逐级分解下达80%。这个目标是根据国民经济和今后对粮、棉、油的需要来确定的。

3. 划入永久基本农田保护区的耕地范围

2019的《土地管理法》、2022的《黑土地保护法》和《基本农田保护条例》等法律法规对永久基本农田划定做出了明确规定，国土空间的“三区三线”规划提出划定永久基本农田的技术要求。根据法律法规规定和工作要求，明确应当优先划为永久基本农田的六种情形，下列六种耕地应当根据国土空间规划的要求划为永久基本农田实行严格保护。

（1）经国务院农业农村主管部门或者县级以上地方人民政府批准确定的在粮、棉、油、糖等重要农产品生产基地内的耕地。

（2）黑土层深厚、土壤性状良好的黑土地。

（3）蔬菜生产基地。这部分耕地主要是指为了解决城市居民吃菜的问题，在进行“菜篮子”工程建设时必须给予保护的耕地。

（4）在农业科研、教学试验田内的耕地。农业科研、教学试验田虽然直接产粮并不多，但对农作物产量的提高、新品种的推广等都具有特殊的意义。

农业科研、教学试验田对耕地的土壤、气候、水利等都有特殊的要求，占用之后重新建设要经过一定的时间，这就会影响到农业科研的正常进行。因此，这一类数量不大的耕地也应该划入永久基本农田保护区。

（5）有良好的水利与水土保持设施的耕地，正在实施改造计划以及可以改造的中低产田和已建成的高标准农田内的耕地；将这部分耕地划入永久基本农田保护区，主要是考虑到我国耕地总体质量较差，有些耕地因为生态的要求还必须进行退耕，为了保证粮食产出不减少，必须将这一部分耕地作为潜在的资源加以保护。

（6）国务院规定应当划为永久基本农田的其他耕地。各省、自治区、直辖市划定的永久基本农田一般应当占本行政区域内耕地的百分之八十以上，具体比例由国务院根据各省、自治区、直辖市耕地实际情况规定。

为进一步统筹耕地保护和生态建设，明确了不得划入永久基本农田的范围的六类耕地：①根据国家规定需要退耕还林、还牧、还草、还湖的耕地；②坡度大于25度且未采取水土保持措施的耕地；③因生产建设或者自然灾害严重损毁且不能恢复耕种的耕地、河道两岸堤防范围内不适宜或者难以稳定利用的耕地；④严重污染纳入农用地严格管控且无法恢复治理的耕地；⑤位于自然保护地核心保护区的耕地；⑥国务院规定不得划为永久基本农田的其他耕地。

4. 永久基本农田保护区的规划与划定

永久基本农田保护区的划定，应从实际情况出发，对本地区的社会经济发展以及人口增长对耕地的需求进行科学的预测和论证，编制基本农田保护区规划，经批准后方可实施。主要法律规定如下。

（1）国务院土地行政主管部门和农业行政主管部门会同其他有关部门编制全国永久基本农田保护区划，并报国务院批准。县级以上土地行政主管部门和同级农业行政主管部门应当会同其他有关部门，根据上一级人民政府的永久基本农田保护区规划，编制本行政区域的基本农田保护区规划，经本级人民政府审定，报上一级人民政府批准。经过批准的永久基本农田保护区划需要调整的，必须报原审批部门同意。

（2）各级人民政府编制永久基本农田保护区规划时，应当确定永久基本农田保护的数量指标和布局安排，并逐级分解下达。永久基本农田保护区的划区定界工作，以乡（镇）为单位进行，由县级人民政府土地行政主管部门会同同级农业行政主管部门组织实施。

（3）永久基本农田保护区规划应当以土地利用总体规划和农业资源调查区划为依据，并与城市规划、村镇建设规划相协调。

（4）凡是划定的永久基本农田保护区，由县级人民政府设立保护标志并予以公告，由县级人民政府土地行政主管部门建立档案并报送同级农业行政主管部门。任何单位和个人不得擅自改变永久基本农田保护区的标志，也不得擅自改变原承包者的承包经营权。

（5）永久基本农田保护区划定后，由省、自治区、直辖市人民政府组织土地行政主管部门和农业行政主管部门验收确认，或者由省、自治区人民政府授权设区的市、自治州人民政府组织土地行政主管部门和农业行政主管部门验收确认。

（三）国土空间规划中永久基本农田划定流程

依据自然资源部发布的《关于在全国开展“三区三线”划定的函》（自然资函〔2022〕47号），永久基本农田是按照一定时期人口和经济社会发展对农产品的需求，依法确定的不得占用、不得开发、需要永久性保护的耕地空间边界。

（1）基础数据收集整理。

收集划定的永久基本农田、最新的土地利用变更调查、耕地质量等别评定、耕地地力调查与质量评价等成果数据。

（2）基本农田划出。

市县根据国家、省级重点建设项目占用需求和生态退耕要求等进行基本农田划出。依据土地利用变更调查、耕地质量等别评定、耕地地力调查与质量评价等成果数据，统计分析划出基本农田的数量和质量情况。

（3）确定基本农田补划潜力。

根据最新的土地利用变更调查数据，充分考虑水资源承载力约束因素，明确在已划定基本农田范围外、位于农业空间范围内的耕地现状，作为规划期永久基本农田保护红线的补划潜力空间。依据土地利用变更调查、耕地质量等别评定、耕地地力调查与质量评价等成果数据，明确补划潜力的数量和质量情况。

（4）形成划定方案。

校核划出永久基本农田和可补划耕地的数量和质量情况，按照数量不减少、质量不降低要求，确定永久基本农田划定方案。最终形成市县永久基本农田划定情况表、市县永久基本农田调整补划情况表、永久基本农田调整补划分析图、永久基本农田数据库等划定成果。

（四）永久基本农田的法律保护规定

1. 永久基本农田数量的保护

（1）永久基本农田保护区依法划定后，任何单位和个人不得改变或占用。国家能源、交通、水利、军事设施等重点建设项目选址确实无法避开永久基本农田保护区需要占用的，必须经过国务院批准。

（2）经国务院批准占用永久基本农田的，当地人民政府应当依法修改土地利用总体规划，并补充划入数量和质量相当的永久基本农田。

（3）禁止在永久基本农田保护区内建窑、建房、建坟或者擅自挖沙、采矿、取土、堆放固体废弃物。禁止任何单位和个人闲置、荒芜永久基本农田。经批准占用的永久基本农田，满 1 年未使用而又可耕作并收获的，由原耕种的单位或个人恢复耕种，也可由用地单位组织耕种。1 年以上未动工建设的，应当按省级人民政府的规定缴纳闲置费。连续 2 年未使用的，经国务院批准，由县级以上人民政府无偿收回用地单位的土地使用权。该幅土地若原为农民集体所有，交由原集体经济组织恢复耕种，重新划入永久基本农田。承包经营永久基本农田的单位或个人，连续 2 年弃耕撂荒的，由原发包单位收回承包经营权。

2. 基本农田质量的保护

（1）利用永久基本农田从事农业生产的单位和个人应当保持和培肥地力。国家提倡和鼓励农业生产者对其经营的永久基本农田施用有机肥料，合理施用化肥和农药。

（2）县级人民政府应当根据当地实际情况制定永久基本农田地力分等定级办法，由农业行政主管部门会同土地行政主管部门组织实施，对基本农田地力实行分等定级，并建立档案。农村集体经济组织或者村民委员会应当定期评定永久基本农田地力等级。县级以上地方各级人民政府农业行政主管部门应逐步建立永久基本农田地力与施肥效益长期定位监测网点，定期向本级人民政府提交永久基本农田地力变化状况报告及地力保护措施。

（3）凡是向永久基本农田保护区提供肥料和作为肥料的城市垃圾、污泥的，应当符合国家标准。因发生事故或其他突然性变故造成或者可能造成永久基本农田污染事故的，当事人必须立即采取措施处理，并向当地环境和农业行政主管部门报告以及接受调查处理。

3. 基本农田保护的监督管理

（1）在建立永久基本农田保护区的地方，县级以上地方人民政府应当与上下级人民政府签订永久基本农田保护责任书。乡（镇）人民政府应当根据与县级人民政府签订的永久基本农田保护责任书的要求，与农村集体经济组织或者村民委员会签订永久基本农田保护责任书，这就是层层负责制。永久基本农田保护责任书应包括的内容有：永久基本农田的范围、面积、地块，永久基本农田的地力等级、保护措施，当事人的权利与义务、奖励与处罚等。

（2）县级以上地方人民政府应当建立永久基本农田保护监督检查制度，定期组织土地行政主管部门、农业行政主管部门以及其他有关部门对永久基本农田保护情况进行检查，将检查情况报告上一级人民政府。被检查的单位和个人应当如实提供有关情况和资料，不得拒绝。

（3）县级以上地方人民政府土地行政主管部门、农业行政主管部门对本行政区域内发生的破坏永久基本农田的行为，有权责令纠正。

同时，提出基本农田保护五不准。第一，不准占用基本农田进行植树造林、发展果林业和搞林粮间作。由于近些年许多农民开始外出务工，留在农村的劳动力越来越少。但是为了避免土地的荒废，许多农民将土地用来栽种果树或者其他的树种，而这种行为是不被政策所允许的。第二，不准以农业结构调整为名，在基本农田内挖塘养鱼、建设用于畜禽养殖的建筑物等破坏耕地耕作层的生产经营活动。有些农民将自己家的田挖成塘，用来栽藕或者养鱼。也有农民将自己的土地用来搭建鸡舍或者建养猪场。确实这样能让土地的产值最大化，但是需要注意的是不能改变基本农田的使用性质。第三，不准违法占用基本农田进行绿色通道建设。老百姓都希望道路能修到自己的家门口，但是在修路的时候不能占用任何的基本农田。第四，不准以退耕还林为名，违反土地利用的总体规划，将基本农田纳入退耕范围。退耕还林可以改善生态环境，保持水土，但并不是任何地方都可以退耕还林的，尤其是基本农田更是不允许用来栽种树木。第五，除法律规定的国家重点建设项目以外，不准非农业建设项目占用基本农田。除了国家重点建设项目之外，任何非农业建设项目都不能占用基本农田。所有占用基本农田用作其他用途的，都是违法行为。

（五）永久基本农田保护存在问题识别

1. 数量配置不合理导致区域永久基本农田整体保护效果较差

永久基本农田数量配置不合理导致区域永久基本农田整体保护效果较差。

在国家层面永久基本农田数量配置存在失衡现象，有些省份“超负荷”，而有些省份则“未饱和”。永久基本农田指标设置过多，会影响农业结构调整空间，制约城乡建设发展；反之，如果永久基本农田指标设置太少，未达到耕地数量的要求，则需要重新进行耕地系统布局优化调整。因此，来自以年度计划为分配指标的永久基本农田任务分配失衡，不仅对各省份发展不公平，还会降低全国基本农田保护效果。

2. 空间上存在错配，未做到“应划尽划”

永久基本农田普遍存在“空间”错配现象，空间上未兼顾地块集中连片度，质量上存在低等耕地被划入而部分高等耕地未划入现象。空间分析发现，市县级永久基本农田实际划定中不同程度地存在“划劣不划优”现象，仅从数量上达到要求，在质量上未完全满足永久基本农田的优质等级要求，出现“应划未划或不应划而划入”情形。比如目前永久基本农田内低等耕地面积占比较高，与“三调”耕地质量等级数量分布对比，发现还有一定数量的优质耕地未划入永久基本农田，尤其是在城市、县城所在地周边区域，保留了一定数量的优质耕地。这不仅是因为要避让发展空间与建设项目，最主要的原因是在永久基本农田划定时对耕地质量考虑不足，缺少一种有效的技术工具去筛选耕地质量较优的地块划入保护区。使永久基本农田空间布局优化尚具有潜力，需进一步调整，释放空间潜力，切实按优质与集中连片进行空间划定。

3. 农业结构调整带来的基本农田流失严重

由于消费市场对农产品需求发生改变，由农粮温饱向果品等多元化高品质需求转变，导致永久基本农田转向种植其他经济作物。据“三调”数据分析，全国耕地被占用的去向各有不同，但全市永久基本农田主要流失是因为农业结构调整，且区域内农业结构调整带来的永久基本农田流失比例差异巨大，如年降水量 400 毫米（含 400 毫米）以上的地区，福建、浙江、云南、贵州等生态环境较好的地区，耕地面积更多流向林地；而在秦岭—淮河以南地区耕地流向园地的比例较大，而设施农业、经济作物和更多比较收益较高的耕地利用方向也占据一定比例的优质耕地，致使耕地“非粮化”现象严重。因为市场需求等引导了农业结构调整，因此应进一步研究农业结构调整所带来的基本农田流失的可恢复性与恢复成本等问题，对永久基本农田流失进行差别管制有重要意义。

4. 城乡建设占用基本农田未得到遏制

尽管建设用地占用基本农田成本高、程序复杂，需多方论证，但分析发现非农建设占用永久基本农田数量较大、分布较广。城镇建设占用主要是因为对基本农田与城市扩张空间矛盾的预判不足，加之监测手段滞后。此外，还有相当一部分基本农田占用是农村建设占用，说明农户对永久基本农田保护的政策法律意识不强。圈内永久基本农田被占用较之圈外更为严重，尤其对于城乡建设占用永久基本农田，占用风险更高，保护任务更加艰巨。

（六）以农民为中心的永久基本农田保护制度与路径设计

永久基本农田划定的目的是优先把城镇周边易被占用的优质耕地划为永久基本农田，严控城市化进程对耕地尤其是对城市周边地区优质耕地的挤占，给子孙后代留下良田沃土。基于这一目标，保护永久基本农田时，应充分尊重农民的意愿，充分考虑农民的利益。

1. 完善以农民为中心的基本农田保护制度

基本农田保护制度作为耕地保护政策体系的核心之一，承担着保护耕地精华部分的重要职能。通过经济、行政、技术等手段完善巩固现有的基本农田保护制度，使之成为划定永久基本农田的坚实基础。为有效保护耕地，必须转变观念，运用法治思维，主张有限政府、强化有为市场，尊重耕植规律，创新激励约束机制，必要时联动协同脱贫攻坚工作，有效激发农民保护耕地的内生动力。完善耕地保护政策体系，构建适合耕地保护与高效利用的监管支撑体系。以永久基本农田永续利用为核心，构建以水稻、小麦、玉米等口粮绝对安全为目标的永久基本农田数量、质量、生态以及布局的政策保障体系。

（1）畅通农民有效参与国土空间规划的渠道。规划也是耕地保护存在的重要问题，因此必须增强规划编制的科学性、民主性，强化用途管制的刚性。

（2）在土地督察制度方面要借用或吸收农民力量。发挥农民分布广、零距离、有经验的突出优势，让广大农民成为土地督察的“千里眼、顺风耳”，在耕地违法行为发生的第一时间“吹哨”。打造网络大数据违法信息搜集平台，畅通违法信息传送渠道，健全违法情况处置反馈机制。

（3）鼓励、总结农民集体珍惜、保护耕地的实践探索经验。中央立法应为相关地方立法留出空间，鼓励地方特色立法，适时吸收实践经验做法。

2. 做好四个结合

一是与各类规划相结合。永久基本农田的划定要科学结合国民经济和社会发展规划、土地利用总体规划、城乡建设规划、农业发展规划、生态环境建设规划、基本农田专项规划等规划成果，在各类规划协调统一的基础上划定永久基本农田范围，使其能得以长久保护。二是与农用地分等定级的成果以及第三次土地调查的数据相结合。划定永久基本农田必须根据农用地分等定级的成果，同时利用第三次土地调查成果，在精准地籍的基础上划定永久基本农田，使永久基本农田落位准确，方便管理。三是健全永久基本农田保护制度，完善划定、建设和维护规则，创新资金筹集、运用方式，强化农业技术推广及其保障措施。四是与土地整理项目相结合。土地整理项目的实施是国家投入较大的资金对田、水、路、林、村的全面改造，使整理的耕地达到优质高产良田的标准。因此经过土地整理的耕地需优先划入永久基本农田。

3. 建立永久基本农田保护补偿机制

制定永久基本农田的优先优惠政策，并整合国土资源、农业综合开发、财政、农业、水利等部门的惠农资金，建立永久基本农田补偿金制度。对耕地保育的组织、村庄、单位和个人进行经济补偿和生态补偿。耕地具有生态涵养功能，对耕地破坏行为突出生态恢复责任。建立永久基本农田生态补偿制度，提高农民保护动力。围绕谁来补偿，补偿给谁，补偿多少，怎么补偿四个问题，完善落实耕地保护补偿到位的制度。形成农民主导的土地整理利益分配结构，明确整理主体，优先满足农民和农民集体的需求。积极推进中央和地方各类涉农资金的整合，按照“谁保护、谁受益”的原则，弥补因粮食种植和永久基本农田保护造成的收入损失，提高农民的收入预期，调动农民种粮意愿和对优质耕地保护的积极性。

4. 建立永久基本农田保护监管体系

拟定颁布永久基本农田保护条例，积极建立多部门联动的共同责任机制。同时建立信息系统，备案永久基本农田基础信息；建立公开查询系统，向社会公开保护区坐标位置和保护政策；设立统一规范的界桩和保护标志；公开网络举报系统和举报电话。土地执法部门和土地督察机构要“守土有责”，对借发展农业设施为名违法违规用地的，要严肃查处，重典问责，确保“三个不得、三个禁止”规定切实落到实处，即不得改变土地用途，禁止擅自用于其他非农建设；不得超标准用地，禁止擅自扩大用地规模；不得改变农业设施性质，禁止擅自将农业设施用于其他经营。

5. 尊重农民诉求、优化财政支持政策

规范实施耕地占补平衡制度，对占补平衡及跨省域调剂进一步放开，探索建立全国性补充耕地指标交易平台，规范流程，特别是保持耕地的进出平衡和对土地自然属性的尊从。应畅通意见搜集渠道，及时了解农民诉求，找准财政金融制度激励与约束的着力点，提高补贴和支持的精准性、有效性。可以借鉴护林员制度，建立护田员制度。针对实践中反映的“农田水利建设落后”问题，进一步加大财政投入力度，以实现增加农民就业和改善农业生产条件的双重目标。

二、构建严格的黑土地保护法律制度

“黑土”是指地表植被经过长期腐蚀形成腐殖质后演化而成的土壤，也是世界上最肥沃的土壤，有机质含量是黄土的10倍，非常适合植物生长。黑土的形成是一个漫长的过程，一厘米厚的腐殖质需要经历数百年的时间才能形成，平均厚度在一米左右的黑土层，则需要经历数万年腐殖质的积累。黑土的重要性在于，其腐殖质中有机质含量较高，含有大量植物生长所必需的氮、磷、钾、镁等矿物质元素，且土壤保水性好，因而有利于植物吸收和农作物的生长。

所谓黑土地，是指拥有黑色或者暗黑色腐殖质表土层，性状好、肥力高的优质耕地。《黑土地保护法》是一部专门保护黑土地的重要法律，针对保护黑土地的特点构建了特别的法律制度和措施。《黑土地保护法》中第二条中所称的黑土地，是指黑龙江省、吉林省、辽宁省、内蒙古自治区（以下简称四省区）的相关区域范围内具有黑色或者暗黑色腐殖质表土层，性状好、肥力高的耕地。黑土地是珍贵的土壤资源，黑土耕地是重要的农业资源和生产要素，是粮食生产的“命根子”，耕地中的“大熊猫”，黑土地是世界上少有的优质土地资源。保护好黑土地，重点是处理好黑土耕地保护和利用的关系。

（一）黑土地保护的立法背景

2015年，为了拯救这块宝贵的黑土地，水利部松辽委曾主持编制了《黑土区1999—2050年水土保持生态环境建设规划》《松花江流域中上游水土保持生态环境建设项目建议书》和《辽河流域中上游水土保持生态环境建设项目建议书》，并由四省区政府联合上报国务院，引起了国务院有关部门的高度重视。黑土地立法文件见表7-1。

表 7-1 黑土地立法文件

印发时间	文件标题
2017 年	《东北黑土地保护规划纲要（2017—2030 年）》
2020 年	《东北黑土地保护性耕作行动计划（2020—2025 年）》
2021 年	《国家黑土地保护工程实施方案（2021—2025 年）》
2022 年	《中华人民共和国黑土地保护法》

在制定《黑龙江省耕地质量条例》初稿的过程中，专家、学者等首次提出要保护“耕地质量”。明确规定：经批准的建设项目占用耕地时，建设单位应当剥离耕作层土壤，按照国土资源行政部门指定的地点存放，用于新开垦耕地、劣质耕地或者其他耕地的土壤改良。

建设项目施工时，应当避免损坏周边耕地的耕作层；若有无法避免的破坏，建设单位应当进行修复或者依法赔偿。

2022 年 1 月 4 日，《中共中央、国务院关于做好 2022 年全面推进乡村振兴重点工作的意见》中提出：全面完成高标准农田建设阶段性任务。深入推进国家黑土地保护工程。实施黑土地保护性耕作 8000 万亩。

2022 年 3 月 8 日，全国人大常委会工作报告介绍，2021 年加快生态文明领域立法，经过深入调研论证，拟订黑土地保护法草案并进行初次审议，用法律手段保护黑土地这一“耕地中的大熊猫”。报告还显示，2022 年将制定黑土地保护法。

2022 年 6 月 24 日，第十三届全国人民代表大会常务委员会第三十五次会议通过《黑土地保护法》，自 2022 年 8 月 1 日起正式施行。作为一部专门保护黑土地的“小快灵”、区域性法律，《黑土地保护法》贯彻落实习近平总书记有关重要指示精神和党中央决策部署，针对黑土地的特点构建了特别的制度措施，长远保障国家的粮食安全和生态安全。

（二）黑土地的开垦与利用

1. 黑土地利用范围

黑土地分布在我国东北部。《黑土地保护法》明确本法保护的是黑土地所在的四省区内的黑土耕地。科学合理划定黑土地保护范围，要求综合考虑黑土地开发历史等因素，按照最有利于保护和最有利于修复的原则，在国家层面统筹确定黑土地保护范围，并特别强调，历史上属黑土地的，除确无法修复的外，原则上都应列入黑土地保护范围进行修恢复。

世界有四大黑土区，占陆地面积不到 7%，仅存在于北半球的寒温带地区。

（1）俄罗斯西南部乌克兰大平原。

位于第聂伯河畔的乌克兰大平原，黑土地面积约为 190 万平方千米，素有“欧洲粮仓”之美称。第聂伯河是欧洲的第三大河，源出俄罗斯瓦尔代丘陵南麓，流经白俄罗斯东部及乌克兰中部，注入黑海第聂伯湾。长 2200 千米，流域面积达 50.4 万平方千米。乌克兰大平原的黑土地分布在森林草原地带和草原地带。森林草原地带总面积为 2020 万公顷，占乌克兰国土总面积的 34%，占全国已耕地面积的 37% 以上。其中，黑灰色森林土壤占该地带的 21%、典型的黑土占 51%。草原地带总面积为 2300 万公顷，占国土总面积的 38%。这一地带基本为黑土，其中处于北方气候条件下的一般黑土占该地带耕地面积的 64%，处于南方气候条件下的黑土占 23%。

（2）美国中北部密西西比河流域。

美国是世界上主要的粮食出口大国之一，耕地主要分布在国土中部的中央大平原，这里的黑土地面积约为 120 万平方千米，是世界第二大黑土分布区。密西西比河平原是美国面包篮，囊括了大部分玉米带和小麦带，这一地区总面积达 153.6 万平方千米，人口只有约 550 万，大约每平方千米不到 5 人，农场规模巨大，是典型的“商品谷物农业”分布区，农作物产量大。

（3）中国东北松辽流域、三江平原。

我国是世界上第三大黑土地分布区，黑土地主要分布在我国的东北平原地区，总面积达 103 万平方千米，以弯月状分布在黑龙江省和吉林省的黑土地是我国最肥沃的土地。我国东北地区曾经分布着大面积的沼泽湿地，枯枝落叶进入沼泽形成肥沃的有机质，后来沼泽中的水被排干，就露出了肥沃的黑土，其厚度达 30~60 厘米，最厚的可达 100~130 厘米。曾经的“北大荒”变成了“北大仓”，目前东北地区是我国最大的粮食生产基地。

（4）阿根廷潘帕斯草原。

潘帕斯草原被誉为阿根廷的“粮仓”和“肉仓”，气候温和，农牧业发达。这里是阿根廷农牧业的主要生产地，也是南美的粮仓，黑土地约有 76 万平方千米。阿根廷是世界农牧产品出口大国，粮食出口排世界第四位，肉类出口继澳大利亚后居世界第二位。潘帕斯草原现大部分已开垦成农田和牧场，盛产小麦、玉米、饲料、蔬菜、水果、肉类、皮革等，这里发展的大牧场规模大，不少经营单位经营的草场面积在 5000 公顷以上，已成为世界大牧场经营的杰出代表。

在四大黑土区中，我国东北的黑土区开垦最晚，但肩负的责任最重，供养人口最多。

2. 黑土地的开垦历史与现状

全球人口快速增长推动了国际粮食需求持续高涨，与此同时，全球变暖也加速了黑土地的超速开垦。传统农业土壤耕作是通过人力或机具搅动、切割、研磨、压碎、打浆、翻转和压实土壤，实现晒垡土壤、平整苗床、除草除虫、还田秸秆、施用化肥、调控温度水分等农事目标，以满足作物生长的需要。但土壤机械耕作不可避免地破坏土壤结构，破坏土壤动物和微生物生境，降低土壤抗蚀性、生物多样性和生态服务功能，增加土壤有机质矿化速度以及温室气体和可溶性氮排放，增加犁底层的厚度和硬度，阻碍土壤剖面水分循环和根系下扎，最终导致土壤基础地力下降。同时，土壤机械耕作消耗大量化石能源，增加农业成本。

全球黑土开发利用进程加速，在不同时期和不同地区产生了不同程度的土壤退化。19 世纪二三十年代，过度开垦利用导致美国和俄罗斯的黑土地区出现大规模沙尘暴和旱灾并引起饥荒。南美阿根廷潘帕斯草原是目前保护最好的黑土区，不过近些年潘帕斯草原的很多地区都被开垦成耕地，成为阿根廷大豆的主产区。已有报道表明，南美潘帕斯草原的黑土也开始退化并呈加剧趋势。

自 20 世纪中期以来，美国和俄罗斯在总结大规模开垦经验与教训的同时，通过推广保护性耕作技术、建设农田防护林、采用粮豆轮作和粮草轮作休耕，减轻了土壤利用强度，基本控制了黑土退化。以美国为例，在 20 世纪 30 年代提出保护性耕作概念，现在保护性耕作技术已经成为美国的主流技术，玉米大豆种植地区覆盖率最高达 72%。全世界保护性耕作面积占总耕地面积的 10%左右。保护性耕作就是播种时，前茬秸秆留田量大于 30%或秸秆留田量每亩至少 100 公斤，耕作时采用免耕和条耕，结合地表残茬覆盖。免耕是指机械种植并配合地表覆盖，对表土很少甚至没有干扰；条耕是指在播种区域进行局部土壤耕作，减少田块内耕作面积的比例。保护性耕作结合轮作，可以防止土壤侵蚀、泥沙和养分流失；改善土壤结构和减少土壤压实，增加水分入渗和保水性；增加农田生物多样性，提高土壤有机质和土壤健康状况。

我国黑土大规模开垦始于 20 世纪初期，盛于 20 世纪 50 年代。在我国黑土地大规模开垦盛行的年代，耕作技术以人畜力垄翻为主，产量不断提高的同时土壤有机质快速下降。60 年代末出现了机械平翻，耕作深度增加，初期粮豆产量增产 20%~30%，但多年深翻后出现粮食减产，这引发了人们关于土壤基础地力消耗问题的思考。70 年代末，出现了间隔深松替代深翻耕，耕层结构虚实并存，实部贮水扎根，虚处透水通气，该技术有一定增产效果，但更显著的作用在于减少动力消耗和成本，提高经济效益。80 年代开始，出现以耙茬代翻耕、翻耙与原垄轮换免耕代替连年翻耕。90 年代，出现了宽窄行留茬、秸秆全量覆盖垄侧、平作免耕播种，以及玉米大豆轮作等保护性耕作措施。21 世纪以来，国家开展了黑土地少耕免耕实践和侵蚀沟专项治理行动，但是目前普遍采用春季复式整地机具进行翻耕、旋耕、破碎、起垄、播种，加剧土壤风蚀。此外，由于缺少秸秆覆盖，在冻融水和暴雨冲刷下也容易形成坡地水土流失；严重时甚至在坡地形成侵蚀沟，导致坡面景观破碎并限制农机田间作业。

总体来说，我国黑土地开垦时间短、强度大，且缺乏配套的基础设施建设，导致生态涵养地缺失，防风林不健全，坡耕地、机耕道和排水系统不完善；种植制度单一，农田景观结构和生态系统多样性、稳定性低。此外，长期种植过程中高强度的机械耕作，不仅直接导致土壤因压实而耕层变浅、犁底层变厚变硬，而且间接导致土壤有机质矿化、有机质的数与量同时下降，增加温室气体排放，进而使得土壤结构和土体构型退化，土壤易涝易旱。黑土地广阔的漫川漫岗地形以及高纬度寒温带气候特征，使得春耕时风蚀加重，侵蚀沟加速发育。高寒地区作物品种过度利用积温，导致农机作业条件差、作业时间紧，加剧了土壤结构退化，促进了风蚀、水蚀和压实。大豆种植面积压缩，有机肥源不足，秸秆还田不充分，养地措施不断弱化，最终导致粮食产量中土壤的贡献率下降、化肥农药的贡献率增加，出现所谓的土壤基础地力下降的现象。黑土区化肥农药施用量增加和不科学使用，加剧了土壤酸化、水体富营养化和生物多样性损失，导致该区域逐步陷入生产成本增加而报酬递减的恶性循环。因此，近半个世纪来，掠夺式经营使得我国黑土地出现了“变少”“变薄”“变瘦”“变硬”的现象，导致土壤基础地力下降，生产成本增加，农民边际收益降低，碳排放和环境污染压力增加。

3. 黑土地利用存在的问题

东北黑土区耕地面积约 2. 78 亿亩，粮食产量占全国的 1/4，调出量占全国的 1/3，是最大的商品粮基地。虽然一年只能种一季，但肥沃的黑土地改变了延续千年的粮食生产流通格局。其开垦使得北方在粮食格局中的地位稳定超过南方，全国从南粮北运变为北粮南运。对黑土地的开垦和利用彻底改变了黑土形成的自然条件。从土壤学上看，黑土在温带草原或草甸植被下才能发育，其中有丰富的来自微生物对植物残体降解或再合成的腐殖质。形成 1 厘米黑土层，需要 400 年左右的时间。

（1）黑土地变盐碱地，土壤养分流失。

2015 年的监测结果显示：土壤次生盐渍化加重，黑龙江省水土流失耕地面积达 460 万公顷，占全省耕地的 1/3。目前，全省耕层厚度为 19.7 厘米，与 1982 年的第二次土壤普查时的 28.8 厘米相比下降了 9.1 厘米。

同时，全省土壤养分变化大，比例失衡，土壤有机质含量降低迅速。定点监测数据显示，目前全省耕地土壤有机质平均含量为 2.68%，而“二普”时含量为 4.32%。其中，耕层土壤全氮含量平均为 1.84 克/千克，而“二普”时为 2.15 克/千克。同时，耕层有效钾含量也急速下降，土壤贫钾问题日益突出。

（2）高强度利用使黑土地退化严重。

在数十年的高强度利用甚至过度利用之下，黑土的优质特性出现不同程度的退化。《东北黑土地白皮书（2020）》指出，近 60 年来，我国黑土区黑土耕作层有机质含量下降了 1/3，部分地区下降了 50%，黑土层平均减少了 20 多厘米。可见，过度利用和不合理利用给黑土地带来了严重的退化或破坏。研究表明，浅翻或深翻是黑土地退化的主要原因之一。过去讲深耕细作，但耕翻之后，地表裸露且近地表过度疏松，漫长的冬季过后，消融后恰好又是东北地区大风较多的时候，风蚀严重，随后生长季节遇到大雨，东北平原为漫岗平原，水蚀也十分严重，这就导致黑土流失变薄，退化速度很快。

公开数据显示，我国东北典型黑土区水土流失面积达 4.47 万平方千米，约占典型黑土区总面积的 26.3%。目前，东北黑土地黑土层的厚度已经减少了 30%~50%，一些地区土壤的黑土层不足 20 厘米，同时黑土层还以每年 1~2 毫米的速度减少。与黄土不同，黄土流失只是把土层流薄了，但还能长庄稼；而黑土一旦流失光了，将寸草不生。这不仅会造成严重的生态环境问题，还会带来更多民生问题。

据调查，黑土区平均每年流失 0.3~1.0 厘米厚的黑土表层，土壤有机质每年以 1/1000 的速度递减，东北典型黑土区有水土流失的面积达 4.47 万平方千米，约占典型黑土区总面积的 26.3%。由于多年严重水土流失，有的地方甚至已露出黄土母质，基本丧失了生产能力。据测算，东北地区现有的部分黑土地再经过 40~50 年的流失，黑土层将全部流失。

（3）盗挖、滥挖黑土耕地。

曾经某段时期打开各大网购平台，搜索黑土就能看到很多的售卖信息，据调查，东北地区的黑龙江省有超过9万平方米黑土地被非法盗挖。被盗挖的黑土在电商平台公开出售，卖价达到每斤0.5~1元。

盗采、化肥农药管控不利、耕作方式和耕地经营方式不科学、表土剥离和堆放技术不成熟等都是造成我国黑土地流失的重要原因。

加强监督执法，对于非农建设违法违规占用黑土耕地，盗挖、滥挖黑土耕地的，严肃查处、消除违法状态，对责任人依法追责问责，涉嫌构成犯罪的，依法移送司法机关追究刑事责任。

4. 黑土地保护的意义

黑土土层深厚、有机质含量高，是全球土壤肥力最高和固碳能力最大的土壤类型。黑土面积约占全球陆地面积的7%，但粮食产出却占全球产量的20%，因此黑土也是地球上极为珍贵的自然资源。我国东北黑土区面积约109万平方千米，位列全球第三，仅次于俄罗斯西南乌克兰第聂伯河大平原（约190万平方千米）和美国中北部密西西比河流域（约120万平方千米），大于南美阿根廷潘帕斯草原（约76万平方千米）。在世界范围内，我国东北黑土区的开垦历史最短，利用强度最大。多年来由于缺乏配套的基础设施建设以及受不合理耕作方式和种植制度单一等因素的影响，东北部分地区粮食增产正面临着土壤风蚀和沟蚀加剧、土壤有机质下降、土壤压实、投入报酬递减等严峻挑战。

耕地保护的本质是保护耕地生产能力，也就是保护耕地的耕作层，耕作层保护好了，耕地的产能就还在。只要耕地的生产能力不降低，耕地上种植作物类型的改变只是种植方式的改变，并不能改变其具有耕作层的最本质特征，黑土地的保护也主要是以保护耕作层为主。因此，应以保护生产能力为导向制定黑土地用途管制规则。这就需要以是否破坏耕作层为界定，目前来看，实践当中还缺乏对耕作层破坏的统一认定技术标准、认定机制和认定程序。

党中央、国务院高度重视东北黑土保护和农业可持续发展。2020年，习近平总书记在视察东北时强调，要“采取有效措施，切实把黑土地这个‘耕地中的大熊猫’保护好、利用好，使之永远造福人民”。现代土壤耕作技术发展过程就是尽量减少土壤机械耕作的负面效应，在实现各种农事和增产目标的同时实现土壤资源的可持续利用。为了保护黑土高有机质的自然禀赋，维持和提高黑土基础地力，防控黑土进一步退化，必须坚持“保护优先、用养结合”的原则。国家黑土地保护工程在保护中利用，在利用中保护，稳步提升黑土质量，是守住“中国粮，中国碗”底线的重要保障，对实现乡村振兴和应对全球气候变化均具有重要意义。

（三）黑土地法律保护内容

1. 国家建立健全黑土地调查和监测制度

县级以上人民政府自然资源主管部门会同有关部门开展土地调查时，同步开展黑土地类型、分布、数量、质量、保护和利用状况等情况的调查，建立黑土地档案。

国务院、农业农村部等主管部门会同四省区人民政府建立健全黑土地质量监测网络，加强对黑土地土壤性状、黑土层厚度、水蚀、风蚀等情况的常态化监测，建立黑土地质量动态变化数据库，并做好信息共享工作。

2. 以规划引领黑土地保护

县级以上人民政府应当将黑土地保护工作纳入国民经济和社会发展规划。国土空间规划应当充分考虑保护黑土地及其周边生态环境，合理布局各类用途土地，以利于黑土地水蚀、风蚀等的预防和治理。

县级以上人民政府农业农村主管部门会同有关部门以调查和监测为基础、体现整体集中连片治理，编制黑土地保护规划，明确保护范围、目标任务、技术模式、保障措施等，遏制黑土地退化趋势，提升黑土地质量，改善黑土地生态环境。县级黑土地保护规划应当与国土空间规划相衔接，落实到黑土地具体地块，并向社会公布。

3. 多方并举的黑土地综合保护措施

（1）以科技保护为主、多主体共同参与的措施。国家采取措施加强黑土地保护的科技支撑能力建设，将黑土地保护、治理、修复和利用的科技创新作为重点支持领域；鼓励高等学校、科研机构和农业技术推广机构等协同开展科技攻关。县级以上人民政府应当鼓励和支持水土保持、防风固沙、土壤改良、地力培肥、生态保护等科学研究和科研成果推广应用。

有关耕地质量监测保护和农业技术推广的机构应当对农业生产经营者保护黑土地进行技术培训、提供指导服务。国家鼓励企业、高等学校、职业学校、科研机构、科学技术社会团体、农民专业合作社、农业社会化服务组织、农业科技人员等开展黑土地保护相关技术服务。国家支持开展黑土地保护国际合作与交流。

（2）县级以上人民政府应当采取以下措施加强黑土地农田基础设施建设：一是加强农田水利工程建设，完善水田、旱地灌排体系；二是加强田块整治，修复沟毁耕地，合理划分适宜耕作田块；三是加强坡耕地、侵蚀沟水土保持工程建设；四是合理规划修建机耕路、生产路；五是建设农田防护林网；六是采取其他黑土地保护措施。

（3）县级以上人民政府应当推广科学的耕作制度，采取以下措施提高黑土地质量：一是因地制宜实行轮作等用地养地相结合的种植制度，按照国家有关规定推广适度休耕；二是因地制宜推广免（少）耕、深松等保护性耕作技术，推广适宜的农业机械；三是因地制宜推广秸秆覆盖、粉碎深（翻）埋、过腹转化等还田方式；四是组织实施测土配方施肥，科学减少化肥施用量，鼓励增施有机肥料，推广土壤生物改良等技术；五是推广生物技术或者生物制剂防治病虫害等绿色防控技术，科学减少化学农药、除草剂使用量，合理使用农用薄膜等农业生产资料和其他黑土地质量提升措施。

（4）国家鼓励采取综合性措施，预防和治理水土流失，防止黑土地土壤侵蚀、土地沙化和盐渍化，改善和修复农田生态环境。县级以上人民政府应当开展侵蚀沟治理，实施沟头沟坡沟底加固防护，因地制宜组织在侵蚀沟的沟坡和沟岸、黑土地周边河流两岸、湖泊和水库周边等区域营造植物保护带或者采取其他措施，防止侵蚀沟变宽变深变长。县级以上人民政府应当按照因害设防、合理管护、科学布局的原则，制定农田防护林建设计划，组织沿农田道路、沟渠等种植农田防护林，防止违背自然规律造林绿化。农田防护林只能进行抚育、更新性质的采伐，确保防护林功能不减退。县级以上人民政府应当组织开展防沙治沙，加强黑土地周边的沙漠和沙化土地治理，防止黑土地沙化。

4. 黑土地保护的典型案例

案例 1：黑土地保护“龙江模式”

黑龙江省探索形成以秸秆翻埋还田和覆盖免耕等模式为主的黑土地保护“龙江模式”，具体包含四项内容。

一是秸秆翻埋还田黑土层培育模式。是将秸秆粉碎后，通过深翻还田，打破犁底层，补充土壤有机质，加深肥沃耕作层，适合没有风蚀影响的低洼平地。笔者从黑龙江省农业环境与耕地保护站了解到，黑龙江省通过在海伦、桦川等 4 个县（市）示范这种模式，6 年平均玉米增产约 10.2%，大豆增产约 12.3%，土壤有机质含量提高 3.2 克/千克，黑土层保护深度在 30~35 厘米，达到东北黑土地保护规划纲要要求。

二是以秸秆碎混还田和增施有机肥为核心的培育模式。采用秸秆和有机肥混合翻混、松耙碎混的核心技术，通过玉米大豆轮作，配套免耕覆盖等技术，达到了肥沃耕层构建的效果。专家介绍，这种模式适合黑龙江省第四、第五积温带约 4000 万亩耕地。近 6 年的示范结果显示，大豆增产 11.3%以上，玉米增产 10.5%以上，有机质提高 2.4 克/千克，肥沃耕层达到了 30 厘米以上。

三是“四免一松”保护性耕作模式。针对松嫩平原西部风沙、干旱、盐碱等问题，采用秸秆覆盖免耕配合深松的保护性耕作技术，将秸秆粉碎后，通过 4 年免耕、1 年深松，实现秸秆还田。齐齐哈尔市龙江县通过实施该模式，仅 2 年时间，试验田的土壤有机质含量就提高了 5%，速效氮、速效磷和速效钾均提高了 10.5%以上，玉米增产 10.8%。

四是坡耕控蚀增肥模式。在坡耕地上通过等高横向种植、修筑等高地埂、种植生物篱等措施防治水土流失，通过秸秆和有机肥还田培肥土壤。环小兴安岭地区坡耕地约 1200 万亩，近 3 年试验结果显示，作物增产约 13.8%，蓄水能力提高 30.1%，保水能力提高 20.9%，速效养分增加 15%，径流量减少 95.4%。

案例 2：黑土地保护的“梨树模式”

“梨树模式”是以“玉米秸秆覆盖免耕、秸秆覆盖条耕”为主要内容的保护性耕作技术模式，为推进黑土地保护利用提供了“梨树方案”。

梨树县位于东北黑土地南部薄层黑土区，耕层土壤有机质含量已由开垦前的 4%~6%下降到 1.5%~3%；在北部黑土区，耕层土壤有机质含量已由开垦初期的 8%~10%下降到 3%~5%。更为严重的是，南部薄层黑土区和平原周边侵蚀较重的黑土区，已有 3%左右的耕地土壤腐殖质层完全消失，出现“破皮黄”。

“梨树模式”分“四步走”：第一步，开展基础研究，找出导致黑土退化的关键障碍因素。增加土壤有机物料的投入是解决黑土退化的关键，也是唯一途径。黑土被开垦为农田以后，由于重利用、轻养护，对土壤的有机物料投入减少，而作物产量增加对土壤有机质及养分的消耗增多，导致土壤物理、化学、生物结构变差。同时，在追求作物高产过程中，盲目增大化肥用量来弥补土壤养分不足，也导致化肥利用率降低、土壤酸化和板结、生物多样性降低，进一步加剧了土壤退化，形成了恶性循环。

第二步，针对黑土退化的障碍因素，研发相应的关键技术。研究分析，可投入黑土地的有机物料主要有有机肥和作物秸秆。有机肥数量有限，且增加成本，可行性较低；秸秆是唯一可大量投入黑土地的有机物料。但是，秸秆覆盖会导致春季地表温度回升慢、地温低，推迟春季播种时间；秸秆腐化较慢，容易造成播种深度不匀、出苗不整齐。中国科学院东北地理与农业生态研究所研究团队长期定位监测，开发了秸秆覆盖条带耕作技术、秸秆覆盖苗带轮替休耕技术，研制了免耕精量播种机械。

第三步，将遏制黑土退化的关键技术与相关的农业生产技术有机结合，构建在农业生产中操作性强的技术模式。以秸秆覆盖条带耕作技术、秸秆覆盖苗带轮替休耕技术、免耕精量播种机械为核心技术，集成平衡施肥、病虫草害综合防治等技术，构建了秸秆覆盖还田保护性耕作模式、玉米连作秸秆覆盖还田苗带轮替休耕模式。模式的应用使冬春季土壤风蚀减少90%，土壤容重降低25%，降雨在土壤中的渗透速率提高44%，春季播种期耕层土壤含水量增加63. 7%，土壤有机质含量提高1. 1个百分点，作物增产6%~10%。

第四步，将技术模式进行田间试验示范，通过对农民开展技术培训，使技术模式在农业生产中得到实际应用。“梨树模式”的相关技术模式已作为国家黑土地保护试点工程的重要推广技术，分别在吉林省和黑龙江省示范应用。

5. 黑土地的生态保护

县级以上人民政府应当加强黑土地生态保护和黑土地周边林地、草原、湿地的保护修复，推动荒山荒坡治理，提升自然生态系统涵养水源、保持水土、防风固沙、维护生物多样性等生态功能，维持有利于黑土地保护的自然生态环境。

县级人民政府应当依据黑土地调查和监测数据，并结合土壤类型和质量等级、气候特点、环境状况等实际情况，对本行政区域内的黑土地进行科学分区，制定并组织实施黑土地质量提升计划，因地制宜合理采取保护、治理、修复和利用的精细化措施。

6. 黑土地的经营和管理

国有农场应当对其经营管理范围内的黑土地加强保护，充分发挥示范作用，并依法接受监督检查。农村集体经济组织、村民委员会和村民小组应当依法发包农村土地，监督承包方依照承包合同约定的用途合理利用和保护黑土地，制止承包方损害黑土地等行为。农村集体经济组织、农业企业、农民专业合作社、农户等应当珍惜和合理利用黑土地，加强农田基础设施建设，因地制宜应用保护性耕作等技术，积极采取提升黑土地质量和改善农田生态环境的养护措施，依法保护黑土地。农业投入品生产者、经营者和使用者应当依法对农药、肥料、农用薄膜等农业投入品的包装物、废弃物进行回收以及资源化利用或者无害化处理，不得随意丢弃，防止黑土地污染。县级人民政府应当采取措施，支持农药、肥料、农用薄膜等农业投入品包装物、废弃物的回收以及资源化利用或者无害化处理。从事畜禽养殖的单位和个人，应当科学开展畜禽粪污无害化处理和资源化利用，以畜禽粪污就地就近还田利用为重点，促进黑土地绿色种养循环农业发展。县级以上人民政府应当支持开展畜禽粪污无害化处理和资源化利用。

国家建立健全黑土地保护财政投入保障制度。县级以上人民政府应当将黑土地保护资金纳入本级预算。国家加大对黑土地保护措施奖补资金的倾斜力度，建立长期稳定的奖励补助机制。县级以上地方人民政府应当将黑土地保护作为土地使用权出让收入用于农业农村投入的重点领域，并加大投入力度。

国家组织开展高标准农田、农田水利、水土保持、防沙治沙、农田防护林、土地复垦等建设活动，在项目资金安排上积极支持黑土地保护需要。县级人民政府可以按照国家有关规定统筹使用涉农资金用于黑土地保护，提高财政资金使用效益。

国家实行用养结合、保护效果导向的激励政策，对采取黑土地保护和治理修复措施的农业生产经营者按照国家有关规定给予奖励补助。国家鼓励粮食主销区通过资金支持、与四省区建立稳定粮食购销关系等经济合作方式参与黑土地保护，建立健全黑土地跨区域投入保护机制。国家按照政策支持、社会参与、市场化运作的原则，鼓励社会资本投入黑土地保护活动，并保护投资者的合法权益。国家支持农民专业合作社、企业等以多种方式与农户建立利益联结机制和社会化服务机制，发展适度规模经营，推动农产品品质提升、品牌打造和标准化生产，提高黑土地产出效益。

7. 黑土地上的禁止行为

（1）严谨盗挖和买卖黑土。任何组织和个人不得破坏黑土地资源和生态环境。禁止盗挖、滥挖和非法买卖黑土。国务院自然资源主管部门会同农业农村、公安、交通运输、市场监督管理等部门建立健全保护黑土地资源监督管理制度，提高对盗挖、滥挖、非法买卖黑土和其他破坏黑土地资源、生态环境行为的综合治理能力。

（2）建设项目不得占用黑土地，确需占用的，应当依法严格审批，并补充数量和质量相当的耕地。建设项目占用黑土地的，应当按照规定的标准对耕作层的土壤进行剥离。剥离的黑土应当就近用于新开垦耕地和劣质耕地改良、被污染耕地的治理、高标准农田建设、土地复垦等。建设项目主体应当制定剥离黑土的再利用方案，报自然资源主管部门备案。具体办法由四省区人民政府分别制定。

（四）保护黑土地的科技需求

1. 保护黑土地的系统性科技投入

《东北黑土地保护规划纲要（2017—2030年）》明确了黑土地的保护范围为东北典型黑土区内2.78亿亩的耕地，到2030年要实施黑土耕地保护的面积达2.5亿亩。《东北黑土地保护性耕作行动计划（2020—2025年）》明确到2025年实施以少免耕秸秆还田为主要内容的保护性耕作面积达1.4亿亩。《国家黑土地保护工程实施方案（2021—2025年）》明确了2021—2025年将通过土壤侵蚀防治、农田基础设施建设、肥沃耕作层培育等措施实现黑土耕地保护利用的面积达1亿亩，其中包括建成标准化示范面积1800万亩和高标准农田5000万亩。到“十四五”末黑土地保护区耕地质量明显提升，有效遏制黑土耕地“变薄、变瘦、变硬”的退化趋势，防治水土流失，基本构建形成持续推进黑土地保护利用的长效机制。

由于长期缺乏系统性科技投入，黑土地保护科技成果积累较少。加之黑土地区纬度高、气候冷凉，属于典型的生态脆弱带，地形、土壤类型和种植方式复杂多样，按计划5~10年内如此大范围实施黑土地保护工程亟须强有力的科技创新和科技推广应用体系创新。因此，“十四五”期间国家将加大科技攻关投入力度，以黑土地保护、粮食安全和农民增收为核心任务，建成黑土耕地质量空天地一体化智能监测网络，摸清底数；突破黑土地“保、育、用”互作与协同重大基础理论；攻克黑土退化阻控、地力培育和作物持续丰产高效等关键核心技术，建立黑土地保护与利用集成技术体系，实现土壤保护、地力提升、永续利用；建成国际领先水平的黑土地研究中心、绿色智能的现代农业科技展示区、用养协同的规模化粮食生产基地，巩固黑土地国家粮食安全“压舱石”的地位。

通过黑土地保护工程民主督察野外调研，我们看到了黑土保护科技攻关的稳步推进。与此同时，我们认为在如此短的时间、如此大面积地实施黑土地保护工程，科技支撑方面还存在以下几个问题。

一是缺少区域性学术和数据交流平台。对黑土地质量底数和边界认识不清，对保护与利用、用地与养地的关系，特别是对土地利用强度改变方向、环境承载力和安全保护边界等认识不全面；对现行、现试技术的破坏性、修复性、保护性、保育性缺乏共识。

二是缺少科技攻关目标顶层设计。对修复性、保护性和降低利用强度的技术重视程度不够；对田间秸秆管理、有机肥使用、土壤耕作和轮作技术创新比较重视，对短生育期作物育种、区块化粮豆轮作、定产定肥精准管理、农田景观结构改造、机耕道和管排水系统等基础设施建设等技术创新考虑较少。

三是缺少多点联网比较研究。对创新技术的区域差异及其适应期长短差异的认识不深刻；创新技术的推广条件、适宜范围以及与土地集约化发展方向结合度考虑不充分。虽然保护性耕作具有防止土地退化的巨大潜力，在土壤质地较轻和干旱严重的东北西部和南部松辽平原取得一定的效果，但在东北地区推广应用面积仍然较小。

四是缺少核查和监督相结合的设计。由黑土地高强度掠夺式利用转变为保护性可持续利用需要几年的适应过程，单独以实施目标作为考核手段，可能出现以偏概全、操之过急或弄虚作假的现象。黑土保护工程实施过程的核查和监督，则可以考虑田间农机作业过程和区域内农事相关的大数据收集和应用。

2. 保护黑土地的科技支撑建议

就黑土地保护科技支撑的有效解决途径，特提出如下建议。

一是建立国家级黑土保护和利用领导小组、专家委员会和交流平台。凝聚保护利用黑土的共识，强化黑土保护和利用科技攻关顶层设计。协调中国农业科学院、中国科学院、中国农业大学以及地方院校和科研机构间的竞合关系，分区落实科技攻关和支撑任务。建立黑土保护技术、健康产品认证和推荐制度、保护工程实施过程和绩效核查相结合制度，以及科技特派员制度，强化科技创新的组织化和科技支撑的效率。

二是在国家科技黑土地保护和利用攻关计划和中国科学院前瞻性项目“黑土粮仓”实施的基础上，提出县域性黑土地保护利用的空间规划。提供保护和利用的优先序列，以及可推广的技术名录及技术规程。通过高标准农田建设、科技示范区和示范县建设，结合保护性耕作等目标奖励机制的实施，提高农民积极性，结合土地流转，加速推进技术实施进程，提升实施效果。

三是加强法律法规建设，促进黑土保护利用技术创新以及规模化推广应用。改进粮豆统计口径，推进区域或区块化“红绿灯”制式的用养结合的粮豆轮作耕作制度建设，促进更大规模的用地养地结合的土地利用模式；优化配置农机和农资投入，配套保护性耕作技术体系，实现秋季作业，避免春季作业；推进农业固碳减排和面源污染防控。

2022 年 8 月，自然资源部办公厅发布《关于进一步加强黑土耕地保护的通知》（自然资办函〔2022〕1531 号），要求内蒙古自治区、辽宁省、吉林省、黑龙江省等四省（区）自然资源厅围绕开展黑土耕地调查、强化国土空间规划对黑土耕地的特殊管控、从严控制建设项目占用黑土耕地、严格落实占补平衡、加强监督执法、严格落实保护责任等六个方面，切实加强黑土耕地保护，严格耕地用途管制。

一是组织开展黑土耕地调查。四省（区）自然资源主管部门要会同有关部门，利用年度国土变更调查现状耕地数据与全国土壤普查七类黑土地土壤类型数据逐图斑套核，进一步明确黑土区内黑土耕地类型、分布、数量、质量、保护和利用状况等，建立黑土耕地档案，准确掌握黑土耕地保护家底。

二是强化国土空间规划对黑土耕地的特殊管控。四省（区）各级自然资源主管部门在国土空间规划编制和“三区三线”划定工作中，应当将黑土耕地全部带位置纳入耕地保护红线任务，黑土层深厚、土壤性状良好的黑土耕地应当优先划为永久基本农田，逐地块上图入库，严格实行特殊保护。同时，综合考虑黑土区耕地保护需要、未来人口变化趋势等因素，以资源环境承载能力为基础，分类划定城镇开发边界，从严约束城乡建设无序蔓延对黑土耕地的侵蚀。

三是从严控制建设项目占用黑土耕地。建设项目不得占用黑土耕地，确实难以避让的，在可行性研究阶段，必须对占用的必要性和合理性等情况进行严格论证，纳入耕地踏勘论证报告。申请农用地转用时，应说明落实“占黑土补黑土”、耕作层土壤剥离再利用的有关情况，按规定制定耕作层土壤剥离再利用方案，做到应剥离尽剥离，剥离后妥善储存，及时合理再利用。

四是严格落实黑土耕地占补平衡。确需占用黑土耕地的，实行“占黑土补黑土”，原则上在本县域落实补充耕地，县域内确实无法补充的，在省域内其他黑土区落实。四省（区）要加快制定、完善建设占用黑土耕地耕作层土壤剥离再利用管理办法。在黑土区实施补充耕地项目，应充分利用建设占用剥离的黑土耕地耕作层土壤，原则上补充耕地土壤类型应为七类黑土地土壤。位于四省（区）黑土区的 83 个县级自然资源主管部门要按地块统计监测占用与补充黑土耕地情况，每年年底经省级汇总向部委报告上一年度黑土耕地耕作层土壤剥离及占补平衡落实情况，动态更新黑土耕地档案。

五是加强黑土耕地保护监督执法。四省（区）要切实加强黑土耕地用途管制监督，对于违法违规将黑土耕地转为其他农用地和农业设施建设用地的，一经发现及时纠正整改；对于非农建设违法违规占用黑土耕地，盗挖、滥挖黑土耕地的，严肃查处、消除违法状态，并对相关责任人依法追责问责，涉嫌构成犯罪的，依法移送司法机关追究刑事责任。

六是严格落实黑土耕地保护责任。四省（区）要高度重视黑土耕地保护，各级地方自然资源主管部门要在党委、政府领导下，完善政策措施，健全工作机制，抓好工作落实；加强部门协同，与农业农村、发展改革、财政、生态环境等部门密切合作，形成工作合力。黑土耕地保护任务应纳入耕地保护责任目标，实行严格考核，党政同责。

参考文献

[1] 孔祥斌，党昱譞．永久基本农田制度演变的内在逻辑与思考［J］．中国土地，2022（5）：12-15.

[2] 郑新奇，杨树佳，象伟宁，王爱萍．基于农用地分等的基本农田保护空间规划方法研究［J］．农业工程学报，2007（1）：66-71+292.

[3] 桑玲玲，王艳松，章远钰．加强耕保监测监管体系建设的思考［J］．中国土地，2020（4）：39-41.

[4] 孙佑海．为黑土地保护提供有力法律保障——《黑土地保护法》解读［J］．环境保护，2022，50（16）：39-44.

[5] 郧文聚，张蕾娜，程锋．基本农田保护 20 年［J］．中国土地，2009（11）：51-53.

[6] 臧俊梅，王万茂，李边疆．我国基本农田保护制度的政策评价与完善研究［J］．中国人口·资源与环境，2007（2）：105-110.

[7] 臧俊梅，王万茂，李边疆．我国基本农田保护政策演变的制度经济学分析［J］．经济体制改革，2006（6）：84-88.

第八章

大食物观下的耕地用途管制制度

一、从粮食安全到食物安全的转型

粮食作为基本必需品，是保障人类可持续发展最重要的物质基础，在支撑社会经济发展中具有不可替代的基础性地位[1]。近年来，粮食安全议题是多个联合国框架文件和国际科学研究计划的重点关注内容。继联合国千年发展目标（Millennium Development Goals）提出“至2015年使饥饿人口占总人口的比例减半”后，《2030年可持续发展议程》进一步将“消除饥饿、实现食品安全和营养改善，促进农业可持续发展”作为联合国可持续发展目标（SDGs）之一。2016年5月召开的第二届联合国环境大会就食物浪费、保护生物多样性、土地退化和荒漠化防治等达成的多个决议也与粮食安全紧密相关[2]。

（一）“粮食安全”的定义

国际国内对粮食安全概念的理解实质上是随着国际政治、经济、社会和人文环境的发展变化而不断加深的，20世纪70—90年代，联合国粮食与农业组织（Food and Agriculture Organization of the United Nations，FAO）先后对“粮食安全”做过三次定义，分别是1974年的“任何人在任何时候都能得到为了生存和健康所需要的足够食品”，1983年的“任何人在任何时候既能买得到又能买得起他们所需要的基本食品”[3]，以及1996年的定义“让所有人在任何时候都能在物质上和经济上获得充足的、安全的和有营养的食物，来满足其积极和健康生活的膳食需要及食物喜好”[4]。从上述三个定义可以看出，早期的粮食安全定义仅限于供给层面，主要强调国家和全球的粮食供给。但研究发现，由于粮食没有得到合理分配，或者在获取食物上存在物质、经济或社会文化方面的种种障碍，导致国家或全球一级充足的粮食供给本身并不能保证家庭一级的粮食安全[5]。这使得1983年的定义将重点转向家庭和个人获取食物的问题，将对粮食安全的政策关切逐步扩展到对收入、支出、市场和价格因素的考虑[6]。

联合国和国际科学联盟对粮食安全问题的高度关注不仅是因为粮食安全在促进全球可持续性中发挥着基础支撑作用，更是因为可持续发展目标（SDGs）与现实状况之间的巨大差距。由于2008年数次粮价上涨引发的粮食危机和2011年“非洲之角”严重干旱等事件的影响，2015年，在联合国粮食与农业组织（FAO）监测的129个国家中有57个未能实现长期饥饿人口比例减半的千年发展目标。2016年全球长期食物不足人口数为8.15亿，较2015年增加0.38亿人；尽管发育迟缓发生率由2005年的29.5%降至2016年的22.9%，但出现发育迟缓症状的5岁以下儿童仍高达1.55亿；2016年全球共有5200万5岁以下儿童受消瘦困扰，而同时有4100万的5岁以下儿童超重。长期食物不足人口数在经过长时间减少后的近期反弹可能意味着粮食安全趋势出现逆转，全球粮食安全形势并不乐观[1]。

目前，国际上最权威且最广泛使用的粮食安全概念是所有人在任何时候都能通过物质、社会和经济手段获得充足、安全和有营养的食物，满足膳食需要和食物偏好，过上积极和健康的生活。据此概念分析，粮食安全的内涵包括四个维度：一是供应，即在数量和质量上供应满足个人膳食需要的食物；二是获取，即人人都有经济能力和物质条件获得充足食物；三是利用，即有充足的膳食、清洁的水、卫生设施和医疗保健，以达到满足所有生理需求的营养健康状态；四是稳定，即有能力在出现经济、健康、冲突、气候等方面突发性冲击或季节性粮食不安全等周期性事件的情况下确保粮食安全。2019年和2020年联合国粮食安全与营养高级别专家组（High Level Panel of Experts on Food Security and Nutrition，HLPE）提出，粮食安全的内涵还应包括能动性和可持续性[7,8]。其中，能动性指所有人自行决定吃什么食物、生产什么粮食、如何在粮食系统中生产、加工和销售粮食等问题，以及参与形成粮食系统政策和治理进程[9]；可持续性是基于粮食系统正面临来自资源环境和社会经济的多项挑战，要求粮食系统以不损害为子孙后代带来粮食安全的环境、经济和社会基础的方式确保当前粮食安全的长期能力[10,11]。

（二）我国粮食安全现状

1. 国内粮食生产能力显著增强，但增速放缓

我国依靠自身力量端牢自己的饭碗，实现了由“吃不饱”到“吃得饱”，

并且向“吃得好”的历史性转变。粮食产量不断迈上新台阶。2004 年以来，我国粮食产量呈现连增连丰的供给充足局面。2003 年全国粮食总产量为 43070 万吨，2007 年突破 5 万吨达到 50414 万吨，2013 年突破 6 万吨达到 63048 万吨。2020 年，我国粮食总产量近 6.7 亿吨，连续 6 年超过 6.5 亿吨，平均每亩粮食产量达 382 公斤，人均粮食产量达 474 公斤，高于世界平均水平。实施藏粮于地、藏粮于技战略取得新进展。截至 2020 年底，全国累计完成 8 亿亩高标准农田建设任务；农田有效灌溉面积超过 10 亿亩；农田灌溉水有效利用系数达到 0.56，一半农田实现了“旱能灌、涝能排”。农业科技进步贡献率超过 60%。农业机械化水平大幅提升。全国农作物耕种收综合机械化率超过 71%，小麦生产基本实现全程机械化，玉米、水稻耕种收综合机械化率分别超过 90%、85%。粮食产量迅速增加，解决了国人吃不饱的问题。然而，根据国家统计局数据，粮食产量增速放缓、增长乏力的现象明显。

与此同时，我国人民生活水平不断提高，营养供给能力显著增强，国民营养健康状况明显改善。膳食品种丰富多样，农村农业部数据显示，2019 年，油料、猪牛羊肉、水产品、牛奶、蔬菜和水果的人均产量分别为 25.0 公斤、38.7 公斤、46.4 公斤、22.9 公斤、515.9 公斤和 196 公斤。居民人均直接消费口粮减少，动物性食品、木本食物及蔬菜、瓜果等非粮食食物消费增加，食物更加多样，饮食更加健康。营养水平不断改善，据国家卫生健康委监测数据显示，我国居民平均每标准人日能量摄入量达 2172 千卡。城乡居民膳食能量得到充足供给，蛋白质、脂肪、碳水化合物三大营养素供能充足，碳水化合物供能比下降，脂肪供能比上升，优质蛋白质摄入增加。膳食品种丰富多样和营养水平不断改善的情景对耕地的产能和功能都提出更高的要求，要求耕地在产能提高的同时，系统功能更加多元，能满足多尺度、多层次、多目标的耕地需求。

2. 食物供应体系不断健全，但对外依存度不断增加

农业农村市场化水平持续提升，在流通体系建设、市场主体培育、农业品牌创建、市场调控机制完善等方面均取得了令人瞩目的成就。农产品市场体系基本实现全覆盖；2020 年全国农产品网络零售额达 5750 亿元。多元化市场主体不断发展壮大，农业生产涌现多种形式的新型生产经营主体，如专业大户、家庭农场、农民合作社、农业龙头企业等；农产品流通主体则由众多农产品生产加工企业、经销商、经纪人和中介机构等组成。多元化市场主体催生了多种多样的农产品流通模式，包括“农户+收购商+批发商+零售终端”

“农户+合作社+龙头企业”“订单农业”“农超对接”和“农社对接”等。食品加工规模企业数目有较大增长，产品结构不断优化，精深加工产品比例上升。2020 年，我国食品制造业营业收入达 1.96 万亿元。

根据国家统计局数据，1980—2004 年，我国粮食进口量长期不足 3000 万吨，进口量与国内产量的比值最高点（2003 年）为 5.30%，最低点（1998 年）为 1.38%。2005—2020 年粮食进口量持续攀升，2008 年突破 4000 万吨，2009 年突破 5000 万吨，2010 年突破 6000 万吨，2012 年突破 8000 万吨，2014 年突破 10000 万吨，2015 年突破 12000 万吨，2017 年突破 13000 万吨，2020 年达到 14262.1 万吨，进口量与国内产量的比值从最低点（2006 年）6.40%增加到最高点（2020 年）21.3%。相较之下，我国粮食对外依存度不断增加，自给保障程度降低，严重背离“中国人的饭碗必须牢牢地端在自己手中”的原则。加之近年来，国际贸易局势变化多端、不确定事件突发导致粮食进口波动，国际市场的粮食贸易受到外交博弈的直接影响，大豆作为我国对外依存度最高的粮食作物，成了国际外交博弈制衡的重要方式。2017 年 8 月，美国贸易代表办公室对我国发起“301”调查，次年 3 月提出对华征税建议。之后我国加大了对巴西的大豆进口，并允许从俄罗斯、阿根廷等国进口大豆，以丰富供给渠道，摆脱对美国大豆的绝对依赖。有学者研究表明，在中美贸易摩擦的影响下，我国大豆进口贸易格局发生了剧烈变化，主要供应方由原来美国、巴西主导，演变为巴西、美国、阿根廷三足鼎立。特别是 2020 年全球新冠肺炎疫情突发，贸易形势严峻，全球粮食价格应声上涨，使得我国粮食安全形势异常严峻，耕地保护责任更加突出。

3. 可持续发展能力不断提升

我国秉持“绿水青山就是金山银山”的理念，坚持走可持续发展道路，不断加大农业资源环境保护与生态建设支持力度，农业可持续发展取得了积极进展。耕地保护取得成效，全面推进耕地数量、质量、生态“三位一体”保护，实施全国土地利用总体规划，严守 18 亿亩耕地红线。全面落实永久基本农田特殊保护制度。资源利用效率稳步提高。大力普及管灌、喷灌、微灌等节水灌溉技术，加大水肥一体化等农艺节水推广力度，大面积推广科学施肥、节水灌溉、绿色防控等技术。2020 年，农田灌溉水有效利用系数超过了 0.56，水稻、小麦、玉米三大粮食作物的化肥、农药利用率分别达到 40.2%、40.6%，农膜回收利用率超过 80%，秸秆和畜禽粪污综合利用率分别达到 87%、76%，绿色生产正成为现代农业的主旋律。生态保护力度不断加大，国家先后启动实施水土保持、退耕还林还草、退牧还草、防沙治沙、石漠化治理、休渔禁渔、草原生态保护补助奖励、东北黑土地保护性耕作等一批重大工程和补助政策，并开展耕地轮作休耕制度试点，加强农田、森林、草原、海洋、河湖生态系统的保护与建设，强化外来物种入侵预防控制，全国农业生态恶化趋势初步得到遏制、局部地区出现好转。2020 年，全国森林覆盖率达到 23.04%，目前，全国草原综合植被覆盖度达 56.1%。

4. 居民健康营养状况明显改善

我国人民生活水平不断提高，营养供给能力显著增强，国民营养健康状况明显改善。膳食品种丰富多样，居民人均直接消费口粮减少，动物性食品、木本食物及蔬菜、瓜果等非粮食食物消费增加，食物更加多样，饮食更加健康。营养水平不断改善。2022 年 9 月，国家卫健委专家表示，国民营养计划实施以来，我国居民营养健康状况明显改善，城乡差异逐步缩小，儿童青少年整体贫血率也得到了很大改善，整体水平已低于 10%，生长迟缓低到 5%以下水平，有的地区尤其是城市地区只有 2%。

当下，需要我们进一步推动营养健康新的行动，包括怎么样进一步调整膳食结构，从单纯依赖动物性食物供能这样的趋势，转换成动物性食物和植物性食物平衡，食物能够多样化。要做到食物供能平衡，必须推动粮食生产的目标由过去的单纯追求产量逐步向以营养为导向的高产、优质、高效、生态、安全转变。立足大资源观，面向整个国土资源，全方位、多途径开发食物资源，满足日益多元化的食物消费需求。围绕保数量、保多样、保质量，深入推进农业供给侧结构性改革，扎实推动品种培优、品质提升、品牌打造和标准化生产，着力增加优质绿色和特色农产品供给，推进粮经饲统筹、优化农林牧渔结构协调。

（三）食物安全的内涵

在我国，随着社会经济的发展，居民生活水平不断提高，膳食结构发生重大变化，粮食安全观念也发生了重要变化，粮食安全问题的时代特征决定了粮食安全内涵的动态变化，我国的粮食安全观在居民消费升级过程中得到不断拓展和延伸，经历了从关注粮食数量供给的充足性到兼顾质量和营养的多元性演变过程。营养安全意味着食物的多样化和农产品品质的提升，是平衡多品种之间的生产结构，合理进行粮经饲结构布局以满足多样化、高质量需求的过程。新的粮食安全观不仅要保障口粮等初级农产品的供给，还要基于消费需求的变化满足蔬菜、水果以及各类畜产品等重要副产品的有效供给。

要基于居民食物消费需求的变化树立和落实大食物观，构建多元化食物供给体系，更好满足人民美好生活的需要。

近年来，食物系统（Food Systems）的概念在学者和政策制定者中越来越受到重视[10,12]。食物系统涵盖农业（包括畜牧业）、林业、渔业和食品工业的食物生产、收获、加工、分配、消费和处置环节所有的参与者，以及与他们相互关联的增值活动，及这些所嵌入的更广泛的经济、社会和自然环境。食物系统安全对于实现粮食安全、改善营养、确保所有人都能获取健康膳食至关重要[13]。2020年，食物系统面临包括气候变化、自然资源退化、生物多样性减少、疫病频发等各种风险叠加[14]，导致全球饥饿人数和占比都在上升，30亿成年人和儿童由于经济负担过重无法获取健康膳食[15]。

随着国际局势的变化，由粮食安全向食物安全转型的议题也成为多个联合国框架文件和国际科学研究计划的重点关注内容。如2019年粮食和土地利用联盟发布《更好的增长：粮食和土地利用的十大关键转型》报告，2020年全球农业及粮食体系促进营养专家组发布《未来粮食体系：人民、地球与繁荣》报告，都强调了食物系统安全的必要性和推进食物系统转型的关键策略。国际食物政策研究所（IFPRI）2020年、2021年连续两年的年度报告都以食物系统转型为主题[16,17]。联合国粮农组织（FAO）在《2022—2031年战略框架》中提出“着力推动转型，建设更高效、更包容、更有韧性且更可持续的农业粮食体系，实现更好生产、更好营养、更好环境、更好生活，不让任何人掉队”的战略，并认为食物系统转型要从策略转向行动[15]。

食物系统安全也是联合国17项可持续发展目标中的核心议程，2021年9月23日，首次联合国食物系统峰会（UN Food Systems Summit）在纽约召开，聚焦可持续和公平的全球食物系统安全，旨在实现四个目标：①制定重大行动和可衡量的进展方案，以推进《2030年可持续发展议程》；②提高认识，促进公众讨论如何改革食物系统以有利于实现可持续发展目标；③制定原则，以指导各国政府和其他利益攸关方利用其粮食系统支持可持续发展目标；④建立后续行动和审查制度，以确保峰会的成果继续推动新的行动和进展。峰会设立了联合国食物系统峰会科学小组，并组提出五个行动轨道（Action Tracks）：①确保所有人都能获得安全而有营养的食物；②转向可持续消费模式；③促进对自然有积极影响的生产；④促进公平生计；⑤培养抵抗脆弱性、冲击和压力的韧性[18]，以更好地探索食物系统可持续发展路径[11]。为实现这五个行动轨道目标，各国要加强科学与政策的对接[19]，以更好地探索食物系统可持续发展路径[20]。

2020年11月21日，习近平总书记在出席二十国集团领导人会议上指出，我国高度重视粮食安全挑战，始终把解决人民吃饭问题作为治国安邦的首要任务。我国坚持立足国内保障粮食基本自给的方针，确立了“以我为主、立足国内、确保产能、适度进口、科技支撑”的国家粮食安全战略，并始终坚持以人民为中心的发展思想，以满足人民对美好生活的向往为奋斗目标，坚持农业农村优先发展，全面实施脱贫攻坚和乡村振兴，促进全体人民共同富裕。重视农业的可持续发展，坚定不移地贯彻创新、协调、绿色、开放、共享的新发展理念，持续推动粮食与农业系统转型升级，构建更加健康、更加公平、更可持续的粮食系统。2022年全国两会期间，习近平总书记在谈到粮食安全问题时强调，要树立“大食物观”，从更好地满足人民美好生活的需要出发，掌握人民群众食物结构变化趋势，在确保粮食供给的同时，保障肉类、蔬菜、水果、水产品等各类食物有效供给，缺了哪样也不行。可以看出，“大食物观”已经成为新时期居民食物消费升级的新趋向。

在学术界，越来越多的学者提出营养导向型食物安全战略[21]、营养导向型农业[22,23]，以及从强调“粮食安全”概念要全面向“食物安全”转变[24]。国内决策者也逐渐意识到要树立起“大食物观”[25]和“食物供给安全”的概念[26]。但在政策实践中，政府对食物系统的认识多从农业全产业链角度来理解。例如，国家统计局在2020年出台《农业及相关产业统计分类（2020）》，这一统计分类把农业及相关产业定义为农林牧渔业生产、加工、制造、流通、服务等环节形成的全部经济活动[15]。2022年，在联合国粮农组织发布的《世界粮食安全和营养状况》报告中，已将食物安全视为综合概念，即“所有人在任何时候都能通过物质、社会及经济渠道获得充足、安全和富有营养的食物，满足其积极、健康生活的膳食需求和膳食偏好”。最新的表述视角又为食物安全加上了综合性权利安全的维度，把食物安全的内涵进一步提升到食物主权理论，即“人民和主权国家应当拥有自主决定自身农业发展及食物政策的权利”。

大食物观理念作为新时代粮食安全向食物安全战略转型的要求，有效回应了居民食物消费营养化、来源多样化、品类多元化的需求，但也对耕地用途管制提出了新的更高要求。传统的粮食安全观念下，耕地的保护目的是维持“数量平衡”和“质量稳定”，对应的耕地用途管制就是实施最严格的耕地数量、质量管控；而大食物观理念下，如何构建宽严适度、刚性和弹性适中的耕地数量、质量、生态“三位一体”的管控制度，是政府、学术界都应该深刻反思的时间和理论相融合的问题。因此，深刻认识和准确把握大食物观的实践要求，对新时代保障食物安全，更好地满足人民群众日益多元化的食物消费需求，具有重要意义。

二、大食物观下耕地空间用途扩展

我国一直将发展粮食生产放在现代农业建设的首位，高度重视粮食生产能力建设。实施“藏粮于地、藏粮于技”战略，保护耕地面积，提升耕地质量，建立耕地数量、质量、生态“三位一体”保护体系。同时，实施最严格的耕地用途管制制度，在这种保护态势下，全面维护和提高耕地生态系统的生产、生态和生活功能，保障粮食安全和绿色可持续发展。我国通过实施最严格的耕地保护制度，不仅守住了18亿亩红线的耕地数量，而且守护了15.5亿亩永久基本农田。用不到世界9%的耕地养活了世界近20%的人口，我国的耕地保护制度和政策显著地支撑了国家的粮食安全。但伴随着我国人口持续增长，在居民食物消费需求呈现多样化、多层次、高增长趋势的大背景下，耕地用途管制必然会面对大资源观和大农业观下食物安全转型的更大挑战。

（一）从占补平衡到进出平衡的耕地用途管制的拓展

“进出平衡”制度与传统的“占补平衡”制度都是耕地用途管制制度的重要内容，都是为严格保护耕地、保障粮食安全而设立的。1998年修订的《土地管理法》确立了以“占补平衡”为核心的土地用途管制制度，其重点是针对当时建设大量占用农地导致我国耕地面积急剧减少、“口粮田”受到严重威胁的现状，对农用地转为建设用地进行严格管控。这项制度实行20多年来，成效明显，不仅有效减少了盲目占用耕地或乱占滥用耕地搞建设的现象，而且在总量上保证了耕地的“补大于占”，为推动实现我国耕地的总量平衡发挥了积极重要的作用。

2021年，基于我国耕地保护面临的新形势、新问题和新要求，国家采取更严厉的耕地“进出平衡”制度。耕地“进出平衡”是指对一般耕地转为林地、草地、园地等其他农用地及农业设施建设用地的区域，按照年度耕地“进一出一”“先进后出”的方式，通过统筹开展林地、草地、园地等其他农用地及农业设施建设用地整治，补足同等数量、质量的可以长期稳定利用的耕地，以实现区域范围内可以长期稳定利用的耕地不再减少。重点对耕地尤其是永久基本农田转为其他农用地或农业设施建设用地等“非粮化”行为实行严格管控。

但是，新时期面对食物多样性、食物营养等发展需求，永久性基本农田以外的耕地在满足农用的条件下，应该有适当的种植弹性，以满足食品多样性的需求。数据统计显示，2020 年 2 月，我国食品土畜进出口商会水果分会发布报告，公布了 2019 年我国水果的进出口贸易情况，我国水果进口继续保持稳定增长，进口总量达 682.9 万吨，进口总额达 95 亿美元，分别同比增长 24%和 25%；出口方面，出口总量达 360.9 万吨，出口总额达 55.0 亿美元，分别同比增长 4%和 14%，进出口仍有较大的差别，泰国、智利、菲律宾、越南、新西兰、澳大利亚、秘鲁、厄瓜多尔、南非、美国等产出的热带水果需求旺盛，这说明我国的耕地管控制度应该因地制适度扩展，弹性管控。在南方低纬度地区应大力发展经济作物，尤其是果油茶类“非粮食物”。在北方粮食主产区，对划定为永久基本农田保护区的，应严格实行“长牙齿”的耕地管控制度，对一般耕地也要扩展多样化“食物”种植，而对于破坏耕作层如种草皮类的耕地非粮化现象，要实行最严格的耕地管控制度。

（二）从耕地资源向整个国土空间扩展的用途管制

由于长期历史文化传统形成的饮食文化以及过分偏好粮食数量目标的管理观念深刻地影响着土地利用的政策法规体系。我国实行多年的最严格的耕地保护制度仅聚焦“谷物”生产空间，以保障国家的粮食安全战略为目标，实施了最严格的耕地占补平衡制度、最严格的永久基本农田保护制度，有效地保护了耕地系统的数量管控和质量管控。在大食物观背景下，对食物安全的认知多停留在生产足够多的粮食以提高可用性和维持稳定性，忽略了食物多样性、食物营养等发展需求，致使供给侧结构性调整滞后的问题更为突出。体现在农用地保护管理中，即耕地保护与耕地“非粮化”矛盾日益突出。为满足现阶段食物安全背景下的新要求，亟须农用地保护管理理念的转变，即由耕地资源向整个国土空间扩展。

国土空间用途管制来源于土地用途管制制度，土地用途管制是对土地利用主体行为的一种限制制度，是以促进土地资源优化配置，促进社会、经济、生态环境的融合协调发展为基本目标，根本目的是保证粮食安全。在大食物观下，国家愈加重视食物安全和多样化问题，过去的土地用途管制对象狭小，不能准确反映各类用途的管制细则。在大食物观背景下，土地用途管制逐渐扩大到能给人类提供更丰富食物的林地、草地、水域、海域等国土空间和自然生态空间。从国土空间用途管制的角度看，空间是一种实体性的存在，是一种由点、线、面不同形态的自然要素和人文要素在空间中的位置、分布形式和相互关系所构成的复杂结构，物质性是其本质属性，包括陆地和海洋、动物和植物、水温和地质、气候和地形、岩石和土壤、建筑物和构筑物等。国土空间用途管制以涉及国家生态安全、粮食安全和食物安全的资源保护为重点，以不同类型国土空间转换控制与许可的全链条管理为抓手，以当今先进技术综合监管体系为保障的总体架构。从单一地类保护向空间统筹转型、从地类管制向空间管控转型、从以指标传导为主向指标与分区相结合转型、从底线约束向底线约束与激励引导并重转型，进而构建面向全过程、多样化的管制规则体系，推进国家由粮食安全向食物安全的“大食物观”目标导向，实现所有国土空间全要素统一管控的制度体系。

国土空间用途管制要立足多目标统筹管理和系统治理的要求，统筹考虑各类要素的功能及保护需求，实现国土空间用途管制范围、要素和类型全覆盖。一是管制范围拓展为全域国土空间，特别是加强了对“大农业”空间的用途管制。二是管制对象拓展为全要素，对山水林田湖草等要素进行统一管制，解决以往用途管制职责分散、系统性不强等问题。三是管制内容拓展为国土空间的用途类型、利用方式、使用强度、利用效率、环境影响等多个维度。四是统一用途管制的重点是“规则统一”，具体执行和实施仍需按部门职权进行分工协作[27]。在大食物观背景下，粮食安全的底线思维向广度延伸，更加关注“大食物安全”，这就意味着需要更多高产稳产的耕地资源来平衡居民多种营养需求。因此，要求立足传统耕地资源向整个国土空间资源拓展多源食物供给，这是由大食物观背景下居民食物需求多样化决定的。当前，我国居民食物消费呈现“粮肉菜果”多元消费特征。对此，必须响应市场需求变化，推动食物由耕地单一供给向多元供给转变，立足于区域空间资源禀赋来统筹多种国土空间资源，从而全方位、多途径开发食物资源。

（三）基于耕作层的耕地管制内涵的扩展

耕地保护的核心应是保护耕地的耕作层，这也是耕地用途管制的根本内涵。耕地用途管制应围绕保护耕作层建立相应的管制规则。从土壤分类的角度看，耕作层是指受耕作、施肥、灌溉影响最强烈的土壤层，厚度一般约 20 厘米。耕作层易受生产活动和地表生物、气候条件的影响，一般疏松多孔，干湿交替频繁，温度变化大，通透性良好，物质转化快，含有效态养分多。根系主要集中分布于这一层中，一般约占全部根系总量的 60%以上。

从耕地的生产能力来看，耕地转换为园地、林地和坑塘水面等其他农用地，并不意味着丧失了其农产品的生产功能。从土地利用角度看，耕地与“三调”中标注为即可恢复属性的园地、林地和坑塘水面等其他农用地互换用途是可以做到的，也就是说，农业结构调整具有可逆性。从农作角度看，园地土壤也有耕作管理措施，也应该属于耕作土壤。从土壤肥力角度看，园地因为肥料投入多，还可能提高土壤肥力，提高土地质量或生产力。

耕地保护的本质是保护耕地生产能力，也就是保护耕地的耕作层，耕作层保护好了，耕地的产能就还在。只要耕地的生产能力不降低，耕地上种植作物类型的改变，只是种植方式的改变，并不能改变其具有耕作层的最本质特征。因此，应以保护生产能力为导向制定耕地用途管制规则。这就需要对是否破坏耕作层做界定，目前来看，实践当中还缺乏对耕作层破坏的统一认定技术标准、认定机制和认定程序。从农民角度来看，耕地用途管制的要求应体现在出台耕地上禁止种植农作物及利用方式的负面清单，这样更有利于指导广大农民从事农业生产。

（四）以生态保护为导向的耕地空间用途管制的扩展

1. 以生态系统整体性为出发点，探索耕地生态保护的路径

以习近平总书记“山水林田湖草是一个生命共同体”为发展理念，从维护生态系统整体性的角度出发，管制范畴从过去的“点、线”分散系统转向“条块”整合系统和“空间融合一体”系统。党的十八届三中全会《中共中央关于全面深化改革若干重大问题的决定》明确了健全自然资源资产产权制度和用途管制制度，对水流、森林、山岭、草原、荒地、滩涂等自然生态空间进行统一确权登记，形成归属清晰、权责明确、监管有效的自然资源资产产权制度。建立空间规划体系，划定生产、生活、生态空间开发管制界限，落实用途管制。健全能源、水、土地节约集约利用制度。2013 年 12 月，在中央城镇化工作会议上习近平总书记指出要推进规划体制改革，探索“三规合一/多规合一”，形成一个县（市）一本规划、一张蓝图。2014 年《国家新型城镇化规划》首次明确提出“多规合一”的概念，国家发展改革委颁布《关于开展市县“多规合一”试点工作的通知》（发改规划［2014］1971 号），提出在全国 28 个市县开展“多规合一”试点。2015 年 9 月，国务院出台《生态文明改革总体方案》，首次明确提出要整合目前各部门分头编制的各类空间规划，统一编制国土空间规划。2016 年，多部委联合印发了《关于推进山水林田湖生态保护修复工作的通知》，提出以“山水林田湖草是一个生命共同体”理念为指导，充分集成整合资金政策，对山上山下、地上地下、陆地海洋以及流域上下游进行整体保护，系统修复、综合治理，真正改变治山、治水、护田各自为政的要素管理格局。

2. 探索“山水林田湖草”全要素综合管制

统筹“山水林田湖草”各类自然资源要素。自然资源具有稀缺性、资产性、多用性，由此决定了自然资源既在生态保护中发挥源头和核心作用，也在经济社会发展中承载基础保障功能，必须统筹协调、集聚开发、综合利用[28]。建议将“山水林田湖草”视为生命共同体统筹考虑、综合管理，形成统一的自然资源分类及认定标准，避免在分类管理体制下，同一自然资源有不同的类型认同问题[29]。按照生态系统的整体性、系统性及其内在规律，综合考虑自然生态各要素、山上山下、地上地下、陆地海洋及流域上下游的关系，进行整体保护、系统修复、综合治理。统筹人与田、水与山、土和树的关系，增强生态系统循环能力，有效维护自然界的生态平衡。

依托国土空间全域综合整治与低效用地力提升技术体系，促进耕地质量提升。2017 年原国土资源部发布《自然生态空间用途管制办法（试行）》，强化自然生态空间保护。在统一自然生态空间的基础上，国家进一步从顶层设计协调城镇空间、农业空间和生态空间的关系。2018 年 3 月，《深化党和国家机构改革方案》中提出组建自然资源部，统一行使所有国土空间用途管制和生态保护修复职责，对自然资源开发利用和保护进行监管，建立空间规划体系并监督实施。党的十九大报告也进一步明确了对全部国土空间实现用途管制。2018 年 12 月，中共中央、国务院出台《统一规划体系更好发挥国家发展规划战略导向作用的意见》，提出“国家级空间规划以空间治理和空间结构优化为主要内容，是实施国土空间用途管制和生态保护修复的重要依据”。2019 年 5 月《关于建立国土空间规划体系并监督实施的若干意见》提出建立国土空间规划体系并监督实施，将主体功能区规划、土地利用规划、城乡规划等空间规划融合为统一的国土空间规划，实现“多规合一”，强化国土空间规划随各专项规划的指导约束作用。要以国土空间规划体系为基础，以国土空间用途管制为手段，凸显国土空间用途管制的核心枢纽地位，实现国土空间治理体系与治理能力的现代化。

三、大食物观下对耕地用途管制的要求

作为新时代粮食安全战略的进一步延伸，大食物观理念有效回应了居民食物消费营养化、来源多样化、品类多元化的需求，但也对耕地用途管制提出了新的更高要求。因此，在大食物观背景下，耕地用途管制要通过合理拓展耕地管控内涵、优化调控机制和发挥科技优势来满足居民食物消费升级的

新趋势，进而对耕地用途管制也提出新要求。

（一）在永久基本农田保护区内坚持刚性管制，确保粮食安全

长期以来，耕地用途管制相关内容主要以土地用途管制制度中对耕地转为建设用地情形的制度安排为主，且已较为完善。近年来，面对土地利用过程中耕地与其他农用地转换频发的现象，建立更完善的耕地用途管制制度逐渐引起重视，耕地用途管制逐渐得到强化，成为我国实行最严格的耕地保护制度的重要内容之一。《全国土地利用总体规划纲要（2006—2020年）调整方案》提出18.65亿亩耕地保护目标和15.46亿亩永久基本农田保护目标，这是耕地保护不可逾越的一道红线，是保障我国粮食安全的一条底线。《全国高标准农田建设规划（2021—2030年）》提出，到2030年，我国要建成12亿亩高标准农田，以此稳定保障1.2万亿斤以上粮食产能。根据《国务院关于建立粮食生产功能区和重要农产品生产保护区的指导意见》（国发〔2017〕24号）文件精神，全国需划定10.58亿亩布局合理、设施完善、产能提升、管护到位、生产现代化的“粮食生产功能区和农产品生产保护区”，其中，划定水稻、小麦、玉米等粮食生产功能区9亿亩，划定大豆、棉花、油菜籽等重要农产品生产保护区2.38亿亩（与粮食生产功能区重叠8000万亩）。

2020年11月国务院办公厅印发的《关于防止耕地“非粮化”稳定粮食生产的意见》（国办发〔2020〕44号）规定，严禁违规占用永久基本农田种树挖塘；禁止占用永久基本农田从事林果业以及挖塘养鱼、非法取土等破坏耕作层的行为，禁止闲置、荒芜永久基本农田；利用永久基本农田发展稻渔、稻虾、稻蟹等综合立体种养，应当以不破坏永久基本农田为前提，沟坑占比要符合稻渔综合种养技术规范通则标准；推动制定和完善相关法律法规，明确对占用永久基本农田从事林果业、挖塘养鱼等的处罚措施。2021年9月1日，新修订的《土地管理法实施条例》正式施行，将上述要求上升到行政法规层面，并做出了具体规定，其中第五十一条规定：非法占用永久基本农田发展林果业或者挖塘养鱼的，由县级以上人民政府自然资源主管部门责令限期改正；逾期不改正的，按占用面积处耕地开垦费2倍以上5倍以下的罚款；破坏种植条件的，依照《土地管理法》第七十五条的规定处罚，即由县级以上人民政府自然资源主管部门、农业农村主管部门等按照职责责令限期改正或者治理，可以并处罚款，构成犯罪的，依法追究刑事责任。并强调了粮食生产在耕地利用中的基础地位，不能单纯以经济效益决定耕地用途，必须将有限的耕地资源优先用于粮食生产，防止耕地非粮化；永久基本农田是依法

划定的优质耕地，要重点用于发展粮食生产，特别是保障稻谷、小麦、玉米三大谷物的种植面积，这些规定都是对耕地用途管制的重要体现。

2021年自然资源部等发布的《关于严格耕地用途管制有关问题的通知》对耕地用途提出了更为清晰明确的管理规定和实施措施，包括永久基本农田和一般耕地与其他农用地的转换、永久基本农田占用与补划、耕地占补平衡、耕地违规占用等不同耕地利用情形，是对耕地用途管制制度规则的进一步完善。2021年，各地层层压实粮食生产责任，落实最严格的耕地保护制度，坚决遏制耕地“非农化”、防止“非粮化”，进一步加大对粮食生产扶持力度，支持复垦撂荒地，开发冬闲田，提高农民种粮积极性。2021年，全国粮食播种面积达11760万公顷，比上年增加86万公顷，增长0.7%，连续两年实现增长。其中，玉米、小麦播种面积增加，稻谷略有减少，小麦播种面积达2360万公顷，比上年增加18.86万公顷，增长0.8%，扭转了面积连续4年下滑的势头。稻谷播种面积达2993万公顷，比上年减少15.4万公顷，下降0.5%。全国谷物播种面积达1.002亿公顷，比上年增加221万公顷，增长2.3%，全国玉米播种面积达4333万公顷，比上年增加206万公顷，增长5.0%。据国家统计局公布的全国粮食生产数据显示，2021年全国粮食总产量达6828.5万吨，其中，稻谷产量达2128.5万吨，比上年增加10万吨，增长0.5%；小麦产量达1369.5万吨，比上年增加27万吨，增长2.0%；玉米产量达2725.5万吨，比上年增加164万吨，增长4.6%。2022年《耕地保护法（草案）》征求意见稿中的第四章耕地转为其他农用地管制，对耕地“进出平衡”制度的实施、要求、考核等环节进行了具体规定，拟从法律层面为耕地用途管制提供依据和保障。总之，耕地用途管制已成为我国耕地保护制度体系中的重要组成部分，在耕地保护和食物安全保障中扮演着越发重要的角色。

自然资源部、农业农村部、国家林业和草原局在《关于严格耕地用途管制有关问题的通知》[30]中再次强调，严格落实永久基本农田特殊保护制度。各地要结合遥感监测和国土变更调查，全面掌握本区域内永久基本农田利用状况。对于永久基本农田种植粮食作物的，继续保持不变；按照《土地管理法》第三十三条明确的永久基本农田划定范围，种植棉、油、糖、蔬菜等非粮食作物的，可以维持不变，也可以结合国家和地方种粮补贴有关政策引导向种植粮食作物调整。种植粮食作物的情形包括在耕地上每年至少种植一季粮食作物和符合国土调查的耕地认定标准，采取粮食与非粮食作物间作、轮作、套种的土地利用方式。

（二）因地制宜实施弹性管制，确保充足的食物资源结构

当前的耕地用途管制制度并没有充分考虑粮食安全观的演变特点和趋势，与大食物观理念下的食物安全并不完全相容。2021年自然资源部、农业农村部、国家林业和草原局《关于严格耕地用途管制有关问题的通知》[30]明确规定了永久基本农田以外的一般耕地，在严格执行新修订的《土地管理法》和《土地管理法实施条例》的相关规定外。可以在“一般耕地主要用于粮食和棉、油、糖、蔬菜等农产品及饲草饲料生产；在不破坏耕地耕作层且不造成耕地地类改变的前提下，可以适度种植其他农作物”。当然，这种可以适度种植其他农作物的前提是“五个不得”和“两个确需”，即不得在一般耕地上挖湖造景、种植草皮。不得在国家批准的生态退耕规划和计划外擅自扩大退耕还林还草还湿还湖规模，经批准实施的，应当在“三调”底图和年度国土变更调查结果上，明确实施位置，带位置下达退耕任务。不得违规超标准在铁路、公路等用地红线外，以及河渠两侧、水库周边占用一般耕地种树建设绿化带。未经批准不得占用一般耕地实施国土绿化。经批准实施的，应当在“三调”底图和年度国土变更调查结果上明确实施位置。未经批准，工商企业等社会资本不得将通过流转获得土地经营权的一般耕地转为林地、园地等其他农用地。确需在耕地上建设农田防护林的，应当符合农田防护林建设相关标准。建成后，达到国土调查分类标准并变更为林地的，应当从耕地面积中扣除。严格控制新增农村道路、畜禽养殖设施、水产养殖设施和破坏耕作层的种植业设施等农业设施建设用地使用一般耕地，确需使用的，应经批准并符合相关标准。

坚持大农业观与大食物观，面向整个国土资源，全方位、多途径开发食物资源，满足日益多元化的食物消费需求。围绕保数量、保多样、保质量，深入推进农业供给侧结构性改革，扎实推动品种培优、品质提升、品牌打造和标准化生产，着力增加优质绿色和特色农产品供给，促进农业高质高效、乡村宜居宜业、农民富裕富足。

（三）正视粮食安全转型的历史与现实，尊重农户经营权

仓廪实，天下安。从古至今粮食安全始终被置于治国理政的重要地位。随着社会经济发展阶段的演变，我国的粮食安全观也在不断发展变化。新中国成立之初，粮食的稳定供应是国计民生的头等大事，因此保证粮食的数量安全成为该阶段的主要目标。随着城镇化的推进和收入水平的提高，居民对饮食的追求也开始发生变化，不仅“吃得饱”，也要“吃得好”“吃的精”

“吃得健康”。虽然数量安全仍然是保障粮食安全的重点和基础，但供给质量的重要性越发凸显。尤其是近年来，随着城乡居民对食物多样化和营养均衡的需求进一步增长，以保障口粮和谷物自给为核心的传统粮食安全观逐渐演进为更为多元的大食物观，在保证粮食作物供给的基础上，还强调蔬菜、水果、肉蛋奶等重要农产品的供给。

基于我国的土地管理制度的基本特征，当下的耕地用途管制还必须慎重考虑历史与现实的冲突问题。在土地权利方面，在农地“三权分置”背景下，耕地的承包者和实际经营者可能存在差异，耕地种植何种农产品的最终决策权往往归经营者掌握，这种错位也是耕地用途管制的实施和补偿等环节需重点考量和协调之处。在管理时序方面，由于农户种植作物在先、开展耕地用途管制措施在后，当已种植作物和现实管理需要存在矛盾时，清退过程将面临一定困难。同时，农户的生产行为存在惯性和路径依赖，已维持多年的作物种植行为不愿轻易改变，对耕地用途管制制度的实施形成一定阻力。此外，部分地区在耕地用途管制中也存在背离实际的问题，如粮食生产功能区的划定上报权在乡镇，而部分乡镇将其划定在坡度较大、灌溉保证率低、耕作不便利、远离居民点的山区耕地，有些耕地甚至已连续撂荒多年，通过复耕等方式再次种植粮食作物，种植成本高、经济效益低[31]。

树立大食物安全观，推动粮食生产的目标由过去的单纯追求产量逐步向以营养为导向的高产、优质、高效、生态、安全转变。优化农业结构。推进粮经饲统筹、农林牧渔协调。建设优势农产品产业带和特色农产品优势区，大力增加绿色优质农产品供给。大力发展现代畜牧业，以市场需求为导向，优化产业结构，稳定生猪生产；大力发展家禽养殖，加快发展牛羊等草食畜牧业，积极发展蜜蜂、马、驴、鸽等特色畜牧业。大力发展现代草牧业，积极推进粮改饲，增加优质饲草料供给。大力发展水产生态健康养殖，优化养殖品种结构，积极发展鱼、虾、蟹、贝、藻、参等特色优质品种养殖。大力发展适销对路的名特优品种、高附加值品种、低消耗低排放品种。积极发展设施农业，因地制宜发展林果业。

耕地用途管制的根本目的是保粮食、保食物，粮食稳产增产是我国农业生产的重要目标；与此同时，提升耕地利用经济效益，保障农业生产的增收是农业经营主体的根本诉求。近年来，随着粮食生产比较收益的走低，增产与增收的协调问题越发凸显。耕地“非粮化”整治是稳定粮食生产的重要举措，但面对农业生产资料价格、农村劳动力成本和耕地流转租金等的持续上涨，种植粮食作物的经济效益低下成为农户增收面临的现实阻碍，而经济效益较高的水果、花卉等经济作物生产则由于“非粮化”整治难以开展，且部分特色农产品往往具有较高的附加值，却被列入整治对象，也大大影响了农户的收入。随着乡村振兴战略和促进农村第一、第二、第三产业融合发展政策的实施，种养结合、文旅融合等新型经营模式成为农业经营者增加收益的重要来源，但现有耕地用途管制对“非粮化”“非农化”的严格限制无疑增加了其发展难度，耕地“非粮化”整治带来的粮食增产在一定程度上是以牺牲农业农民增收为代价的[31]。

（四）提升食物供应能力和食物生产质量的新应对

继续夯实粮食生产能力基础，保障粮、棉、油、糖、肉、奶等重要农产品供给安全。推进食物供给与人群营养需求协调发展，加快推进营养型优质食用农产品生产，针对不同人群的健康需求，着力发展保健食品、营养强化食品、双蛋白食物等新型营养健康食品。制定食物营养发展纲要，推进国民营养计划，全面普及膳食营养知识，发布适合不同人群特点的膳食指南，引导居民形成科学的膳食习惯。

坚持最严格的耕地保护制度，强化耕地数量保护和质量提升，严守18亿亩耕地红线，制止耕地“非农化”、严格管控耕地“非粮化”。加强农田水利基础设施建设，抓好小型水利工程改造提升和大中型灌区续建配套建设。扎实推进高标准农田建设，提高农田旱涝保收水平，不断提高耕地质量，实施国家黑土地保护工程，加强南方酸化和北方盐碱化等退化耕地治理。提高蔬菜大棚和养殖设施建设标准，增强抗灾减灾能力。完善农业科技创新体系，推动产学研用深度融合，破除体制机制障碍，释放创新活力。强化农业科研基础条件建设。加强防灾减灾体系建设，运用现代信息技术，健全动物防疫和农作物病虫害防治体系，做好旱涝趋势监测预报服务和影响评估。不断完善救灾救济体系，加强地质灾害预警预报和次生灾害处理。

（五）耕地用途管制的多部门协同执行

耕地用途管制本质上是使用公权力对私权进行约束以满足最大公共利益。地方政府和农业经营主体双方目标的不一致，使政策的规定与实际的执行存在一定落差。从政府部门来看，耕地用途管制是一项系统性和综合性工作，耕地利用实情复杂多样、用途管制工作任务繁重，且涉及多个层级政府和多个职能部门，在政策执行过程中容易产生效率低下、部门之间权责冲突、监管和执法不力等现象。从农业经营主体这一耕地直接利用者来看，不仅配合耕地用途管制的积极性和意愿较低，而且极易产生不满情绪和抵触行为。一是由于耕地用途管制具有强约束性，限制了其在农业生产决策中的自由选择权，且因利用性质不同而需要承担的成本差异，也带来了管制政策实施的公平性问题；二是由于执行中的不合理措施，部分地区经济作物在未成熟时被强制清退，给农业经营主体带来较大经济损失，引发不满；三是当前的整治补偿对经营者仍难以形成有效激励，各地的补偿标准也存在较大差异，导致农业经营主体的参与积极性降低[31]。

四、大食物观下耕地用途管制新挑战

面向大食物观下居民食物消费营养化、食物供给多源化和食物生产设施化的新趋势，亟须进一步明确耕地用途管制的新问题，从而更好地服务于新时期国家粮食安全战略要求和满足居民食物消费结构升级需要。然而，我国目前的耕地保护制度刚性有余、弹性不足，还不能适应大食物观理念下的食物安全的多样性、均衡性、可持续性的需求，更难以实现食物数量安全、质量安全、营养安全、生态安全的多维统一协调。因此，面对粮食安全向食物安全转型的新需求，我国的耕地管控制度也应适时而变，因时因地应对挑战。

（一）耕地红线管控的新挑战

《全国土地利用总体规划纲要（2006—2020 年）调整方案》提出 18.65 亿亩耕地保护目标和 15.46 亿亩永久基本农田保护目标，这是耕地保护不可逾越的一条红线，是保障我国粮食安全的底线。大食物观下粮食安全底线思维向广度延伸，更加关注“大食物安全”，这就意味着需要更多高产稳产的耕地资源来平衡居民多种营养需求。第三次全国国土调查结果显示，我国耕地资源总量虽然仍满足 18 亿亩耕地红线要求，但 10 年间共流失耕地 1.13 亿亩。可见，多年的开发利用导致我国耕地后备资源几近枯竭，实现耕地“占补平衡”的难度不断增大。

大食物观下粮食安全底线思维向深度拓展，同时兼顾口粮安全、谷物安全和饲料粮安全，尤其要关注畜禽产品需求增长所导致的饲料粮需求激增问题。传统耕地红线管控重点在于保障主粮安全，通过对红线内耕地“非粮化”管控，要最大程度保障我国粮食安全，尤其是口粮安全。但从大食物观视角看，这种以口粮安全为核心的耕地管控思维与饲料粮缺口扩大的现实需求不相适配，未来应由保障口粮安全向兼顾口粮和畜禽饲料转变，更好地保障新时期粮食安全。

国土“三调”结果显示，2019 年底，我国耕地面积达 19.18 亿亩，人均耕地面积达 1.36 亩。同时，我国耕地资源空间分布不均衡，总体质量不高。通过土地卫片执法、耕地保护督察等发现，违法违规占用耕地问题依然时有发生。自然资源部耕地保护监督司有关负责人表示，“牢牢守住耕地红线是保障国家粮食安全的根本所在，必须采取‘长牙齿’的硬措施加强耕地保护”。

2018 年以来，全国共立案查处土地违法案件 29.07 万宗，移送纪检监察机关给予党纪政务处分的有 14047 人。自然资源部直接或联合立案查处土地违法案件 6 起，挂牌督办 19 起，公开通报 222 起。

严守耕地红线多措并举，《土地管理法》《土地管理法实施条例》修改完成并颁布实施，严格控制耕地转为非农建设用地和林地、园地等其他农用地及农业设施建设用地。严管控切实落实非农建设占用耕地“占补平衡”，明确占一补一、占优补优、占水田补水田，并新设立了耕地“进出平衡”制度，明确要求对耕地转为林地、园地等其他农用地及农业设施建设用地的，必须在年度内补足同等数量、质量且可以长期稳定利用的耕地。自然资源部耕保司有关负责人表示，“耕地恢复必须有计划、有目标、有节奏地推进，坚决防止简单化、一刀切”。

加快推动耕地保护法等立法进程，耕地保护党政同责、耕地年度“进出平衡”、耕地“非农化”“非粮化”禁止性规定等要求和政策措施将上升为法律规定，建立更加科学、简明、可操作的整体性制度体系。与此同时，要严格耕地用途管制，落实好“两个平衡”。严控耕地转为非农建设用地，紧盯补充耕地真实性，完善新增耕地质量验收办法，严格落实耕地占补平衡；严控耕地转为其他农用地及农业设施建设用地，稳妥实施耕地“进出平衡”，确保可以长期稳定利用的耕地不再减少。

在土地利用方式上，决不能再以过度消耗土地资源为代价，要坚定不移转变资源利用方式，推进节约集约用地，优化土地利用结构，提高土地利用效率。

“促进土地节约集约利用，需要建立健全相应的激励约束机制。”自然资源部自然资源开发利用司有关负责人表示，“近年来，我们既严控新增，又盘活存量，通过建立倒逼机制，完善激励措施”。实施“增存挂钩”，推动存量建设用地盘活利用。改革土地计划管理方式，在依据规划严格控制总量和空间布局的前提下，坚持土地要素跟着项目走，深化新增计划安排与存量土地盘活相挂钩机制，推动地方下大力气盘活存量。

（二）耕地利用管控的新挑战

第一，当前耕地利用调控政策主要以激励粮食增产为主，固化了“食物主要来源于耕地”的传统农业思维模式。耕地“进出平衡”等政策未能充分考虑食物供给多源化要求下耕地转用的合理需求，统筹好耕、园、林、河、湖、草、海等多种国土资源的开发利用，虽然较好地服务了国家粮食安全战略，但缺乏弹性调控机制来响应市场需求并满足居民食物消费多样化的迫切需要。第二，以粮食生产战略安全为核心的耕地利用过度突出了耕地单一利用，使耕地利用偏离了资源环境承载力。优质耕地资源在利用过程中常出现地力损耗、生态脆弱等症状，局部区域还存在严重的地下水超采、土壤重金属、土壤酸化、次生盐渍化、水土侵蚀等问题，亟须在耕地管控过程中构建弹性调控机制来协调耕地利用过程中的退耕休耕问题，从而更好地匹配资源环境承载力。

“非粮化”与“非食物化”之间尺度的把握是耕地用途管制中的重点关注问题。“非粮化”整治是耕地用途管制的重要手段之一，对稳定粮食生产、保障粮食安全具有一定成效。然而，部分地方政府在政策执行过程中往往从严处理，甚至采取“一刀切”的做法，如将没有种植水稻、小麦和玉米三类谷物作物的耕地都简单地认定为“非粮化”而进行整治，南方部分地区在实践中甚至将“非水稻”等同于“非粮化”。此类简单粗暴的整治做法体现了部分地方政府对“非粮化”与“非食物化”之间边界的认知不清晰，已经超出“非粮化”整治的合理范围，偏离了“非粮化”整治的本来目的。同时，这类整治行为也容易导致农业生产的单一化，不利于当地的农业产业发展和耕地的可持续利用。调研中发现，一些地区在耕地“非粮化”整治中将原本种植蔬菜、水果、茶叶等的土地均列为整治对象，但由于土地利用资源禀赋条件的限制，这些地区的粮食生产并不具有比较优势，部分被限制种植的作物本属于该地区的特色农产品，“无差别化”整治对当地特色农业产业的发展造成不利影响[31]。

2019 年自然资源部、农业农村部《关于加强和改进永久基本农田保护工作的通知》（自然资规〔2019〕1 号）中强调，严格规范永久基本农田上农业生产活动。按照“尊重历史、因地制宜、农民受益、社会稳定、生态改善”的原则，在确保谷物基本自给和口粮绝对安全、确保粮食种植规模基本稳定、确保耕地耕作层不破坏的前提下，对永久基本农田上农业生产活动有序规范引导，在永久基本农田数据库、国土调查中标注实际利用情况和管理信息，强化动态监督管理。永久基本农田不得种植杨树、桉树、构树等林木，不得种植草坪、草皮等用于绿化装饰的植物，不得种植其他破坏耕作层的植物。

（三）完善耕地分级管控体系，应对现代农业管理新挑战

随着农业现代化的不断进步和完善，设施农业已经成为农业农村新的增长点，然而，我国却长期忽视以设施农业为代表的新型食物生产资源。我国食物资源开发多依赖于以耕地为核心的传统食物生产资源，这种生产方式的确很好地满足了传统农作物和畜禽资源的开发需求，但也导致在耕地管控过程中过分突出耕地资源而忽视其他生产资源，尤其是对以设施农业为代表的新型食物生产资源重视不足，从而无法充分发挥现代科技的生产优势，难以满足大食物观下面向生物资源开发食物的现实需要。据统计，2021 年，在我国设施农业（含设施园艺、设施养殖、设施水产三个领域）中，设施蔬菜播种面积达 400 万公顷（6000 万亩），占蔬菜播种面积的 17%。产量近 3 亿吨，占蔬菜总产量的 38%，产值达 9800 亿元，占农业总产值的 17.9%。就业人员达 7000 万人，创人均增收 993 元。设施果树达 6.7 万公顷（100 万亩，不含草莓）。当前耕地用途管制方案对如何建设、管控和利用以设施农业为代表的新型食物生产资源尚不明晰。以往耕地用途管制多围绕耕地和其他农用地的建设利用来开展工作，对设施农业等新型资源的讨论主要集中于如何最小化其对耕地资源的影响，多以限制和约束手段为主。目前看来，这与大食物观背景下所倡导的多途径开发食物资源的要求不符，迫切需要完善相应的政策措施来推进新型生产资源的开发、建设和利用。

在大食物观理念下，完善耕地分级管控体系，以应对现代农业管理带来的新挑战。第一，创建“永久基本粮田”“饲料田轮作”“营养田拓展”为核心的永久基本农田保护新格局。一是设立 10 亿亩永久基本粮田，在东北、黄淮海和长江中下游平原等 14 个省份建立永久基本粮田保护核心区，构筑口粮绝对安全的生命线。二是建立以 9 亿亩耕地为核心的饲料用粮轮作辅助保障线，引导区域实施大豆、玉米、苜蓿饲料与饲草的种植，满足饲料粮生产需求，建立基本饲料粮保护区。三是疏导耕地“果园等食物化”生产，鼓励果园等“食物化”生产占用坡度大的耕地，建立起 3 亿亩水果保障基地，建立基本果园保护区。同时，适度开发我国西北地区的优质戈壁资源，建立西部戈壁设施用地示范区，打造营养安全的支撑线，形成基本水果蔬菜“营养田拓展”区。

五、面向大食物观下耕地用途管制制度完善的建议

（一）树立“藏粮于地”理念，因地制宜地管制耕地

在食物多元供给目标下，耕地资源乃至整个国土资源的利用也应在合理范围内趋向多元，遵循“宜粮则粮、宜经则经、宜牧则牧、宜林则林”的原则。在耕地利用策略上，坚持“量质并重”，强化耕地保护与质量建设，既要坚决守住 18 亿亩耕地数量不能减少的红线，也要确保耕地质量不能下降的底线，两手都要硬。要着力研究形成解决耕地“退化、沙化、酸化、盐渍化、污染化、干旱化”等突出问题的系统化技术解决方案。到 2035 年，要着力规划建设高标准、高质量、高产量“三高”粮田工程，创建近 2 亿亩的“吨粮田”，集中改良 3 亿亩中产田，夯实持续增产基本盘[32]。

在耕地用途管控上，通过直接生产粮食和蔬果等农产品、生产饲料间接保障肉蛋奶供给或转为其他农用地产出农产品等多种途径为社会提供食物，耕地内部利用结构及其与其他农业用地之间的用途转换均影响着食物多元供给。在保障粮食生产的基础上，在不损坏耕地质量的情况下坚持“用养结合”，因地制宜、因时制宜，稳步实行耕地休耕轮作制度和保护性耕作制度等，确保宝贵耕地永续利用。应适当允许耕地用于种植主粮以外的其他作物，树立食物安全背景下的“非食物化”管控理念，因地制宜地进行用途管控。同时，耕地用作何种用途以及不同用途的耕地如何管理等需要科学合理的标准为依据，应建立不同自然禀赋条件下耕地空间用途管制标准。以耕地资源禀赋条件为基础，通过综合评价耕地资源质量状况及不同作物的种植适宜性，制定针对不同农作物种植要求的耕地利用标准，建立不同耕地用途分区类型的划分规则，并根据地区产业发展特征和食物生产取向的差异进行适宜性调整。

借鉴专家学者们的最新研究成果，科学划定耕地管控区域，如孔祥斌团队提出的由严格管制到弹性调控的四个分区，即建立基于高标准农田、永久基本农田、耕地红线和红线外耕地以及后备资源有序调控路径，实现耕地保护刚性控制与弹性调控的战略实施。根据数量、空间、利用方式的差别化管理特征将现状耕地及潜力耕地划分为四级，从Ⅰ级到Ⅳ级逐渐形成数量、空间、利用方式均严格管制到完全弹性调控的阶梯管理方式，形成Ⅰ级核心管制区——高标准农田、Ⅱ级管制调控区——高标准农田外的永久基本农田、Ⅲ级管制调控区——永久基本农田外的现状耕地、Ⅳ级储备调控区——潜力

耕地的四级分区布局。其中Ⅰ级核心管制区要保证数量不减少，已建成及在建中的10亿亩高标准农田是应对各种不确定性冲击、保障中国粮食安全最为坚固的防线，要施以最严格的刚性管制手段来稳定高标准农田的空间布局，在利用中严禁“非粮化”，确保优质耕地“良田粮用”，作为耕地生产能力存量中持续稳定且高效输出的部分。Ⅱ级管制调控区要保证耕地数量不减少，围绕10亿亩高标准农田之外的永久基本农田进行数量刚性管制，科学统筹永久基本农田的退出与补偿，施以较为刚性的手段稳定其永久基本农田的整体空间布局，在利用中严禁“非食物化”，对其“非粮化”行为展开弹性调控，保障非粮耕地的恢复力，形成随时可进入粮食生产和生产能力较高的状态。Ⅲ级管制调控区要保证耕地保有量不减少，坚持守好18亿亩耕地红线这一粮食安全的生命线，将其落实到各地区的耕地保有量任务中进行刚性管制，并且持续优化耕地占补平衡制度，持续推进耕地还林、还草工作，形成稳定且高效的土地安全利用模式。在利用中严禁违规“非农化”，但可在建立全流程监管机制的基础上适当拓宽农民农业种植正面清单。Ⅳ级储备调控区的数量、空间无限制，盐碱地等连片未利用地、园地、废弃工矿等均可作为潜力耕地进行储备，助力国土空间缓冲力的构造。同时利用方式可调整，经评估进入Ⅳ级储备调控区的土地仍可保持当前用途，发挥其原本的生态、社会和经济效益。若有需求，则按照从易到难的顺序应急复垦。

针对不同耕地用途区需要制定差异化的耕地用途管制措施，明确耕地利用活动的管制规则、行为界限以及奖惩标准，建立耕地利用活动的正、负面清单，增强耕地用途管制的科学性[31]。

（二）树立“大食物观”理念，实施地尽其利的耕地用途管制措施

拓展食物资源供给新途径。食物供给的最终目标就是不断满足人民对美好生活、美味佳肴和健康长寿的各种需要。目前我国已经全面进入了小康社会，随着人均收入水平和消费水平不断提高，我国总体上进入了更加多样、更加营养、更加安全的新阶段，传统的以主要粮食供给为主导的食物供给体系已经难以满足人民生命健康的迫切需要。要全面贯彻落实大食物观，全方位、多途径开发多元化食物资源，才能实现各类多元化食物供求平衡，更好地满足人民群众吃得更加健康的食物消费需求。在坚持生态优先战略的前提下，从科技创新、政策创新、产业创新等多方面发力，因地制宜，统筹推进，逐步构建形成向森林要食物、向江河湖海要食物、向设施农业要食物、向微生物要食物的多途径、多元化食物安全供给保障体系[33]。

2020年中共中央、国务院发布的《关于构建更加完善的要素市场化配置体制机制的意见》中指出，深化要素市场化配置改革，促进要素自主有序流动，提高要素配置效率，进一步激发全社会创造力和市场活力，推动经济发展质量变革、效率变革、动力变革。同时强调要充分发挥市场配置资源的决定性作用，推动要素配置依据市场规则、市场价格、市场竞争实现效益最大化和效率最优化。耕地作为一种重要的生产要素，地尽其利是落实国家政策的应有之义。长期依靠行政手段，强制实施耕地用途管制，成本高昂，不可持续；短期依靠运动式的“非粮化”整治，更是容易增加激化矛盾的风险。因此，耕地用途管制需更多采用经济手段，统筹考虑政策实施和农业经营主体收益间的关系，高度重视农业经营主体的关切。一方面，对从事种植业尤其是粮食种植的经营主体适当加大补贴力度，降低成本、提高收益，激发农业经营主体的生产积极性和配合用途管制的意愿；同时，完善农业金融服务、保险、信贷等政策工具，构建更加完善的农业生产要素市场化配置体制机制，为农业经营主体提供多方面经济支持和保障。另一方面，针对不同区域在耕地利用和用途管制实施中的差异性，探索建立差别化的补偿机制以及区域间的横向补偿规则，提升耕地保护的区域公平性。此外，在允许农业经营主体适当从事非主粮作物生产的基础上，积极推动其进行产业变革创新，拓宽农业经营主体收益来源[31]。

（三）树立“藏粮于技”理念，建立地尽其用的耕地用途管制体系

耕地用途管制的主要目标之一是促进地尽其用。地尽其用的有效实施，离不开完善的耕地用途管制体系。针对我国粮食生产面积大、分布广、种植制度多样的国情，坚持良种良法良机良制“四良”结合，构建集机械化、精准化、绿色化、标准化为一体的现代粮食生产系统。着力创新生态绿色、丰产高效种植制度，开发精简化、标准化、智慧化种植管理技术体系。着力完善构建农作物重大病虫害绿色防控技术，力争挽回每年一亿吨以上的病虫害粮食损失[33]。着力构建低碳智能化粮食生产装备及应用技术体系，全方位提升粮食产业现代化水平。

在管制目标上，耕地用途管制不仅是为了保障粮食生产，更要充分考虑不同类型食物消费结构，力求实现种类丰富、营养均衡的多元食物供给。在居民食物消费结构逐步发生转变的情况下，满足日益丰富多样的食物消费需求是当前农业生产的要务，也是耕地用途管制的重要目标。在管制内容上，耕地用途管制不仅包括耕地与建设用地和园地、林地等其他农业用地之间的

转换，也包含耕地内部利用结构的配置管理，粮食与油料、蔬菜等作物的种植也需合理配置。在管制方法上，需根据不同区域耕地资源禀赋状况和社会经济发展特点，科学划定农业生产功能区、重要农产品生产保护区等管控区，引导在不同特点的耕地上开展不同类型的农业生产活动，保障不同类型的食物供给；同时从风险评估、成本收益、实施难点等方面，探究耕地用途管制的适应性管理办法，对实践中可能出现的问题事先设计应对方案。

在管制机制上，应搭建完善的耕地利用监测平台和监督机制。充分考虑事前、事中、事后不同阶段需求，基于土壤检测、卫星遥感、人工智能等数据和科技手段，对耕地的用途、布局和质量等建立数字化监管措施；同时，从用途监管、行业监管、违法查处等方面制定精准化的监管实施办法；整合多方力量，健全社会监督和反馈机制；长期来看，还需着力于耕地用途管制法治化建设，从治理能力现代化建设的视角，优化立法和执法层面的框架设计以及农业经营主体的权益保障机制，保障耕地用途管制的有效实施[31]。

（四）树立大食物观，推进经济作物、特色产业高质量发展

2022 年 11 月 23 日，农业农村部召开全国经济作物高质量发展暨种植业“三品一标”提升行动推进视频会议，强调要深入学习贯彻党的二十大精神，牢固树立大食物观，坚持问题导向和系统观念，深入分析当前农村新形势新要求，找准着力点、主攻点，加快推进农村经济作物、特色产业高质量发展，以实际行动助力全面推进乡村振兴。会议指出，加快推进经济作物高质量发展是贯彻大食物观、适应人民群众食物结构变化趋势、促进农民增收致富的需要，也是当前破解耕地等资源约束、统筹粮食经济发展、提升经济作物产业质量效益和竞争力的有效途径。各地要从全局和战略高度，进一步增强责任感紧迫感，抓住机遇、加大力度，加快促进产业转型升级、提质增效。

会议强调，对标高质量发展要求，我国经济作物生产还存在不少问题短板。要坚持问题导向，完整、准确、全面贯彻新发展理念，坚持大食物观，统筹协调发展，统筹保数量、保多样、保质量，以构建经济作物高质量发展的产业体系、生产体系和经营体系为目标，强化市场导向和创新驱动，推行适区适种、绿色标准化机械化生产，发展适度规模经营和社会化服务，着力提高全要素生产率，走规模适度、结构合理、特色鲜明、模式先进、环境友好的高质量发展之路。要加强领导、强化协作，上下联动、多措并举，扎实推进经济作物产业高质量发展。一是强化顶层设计带动。坚持适区适种、有序发展，避免盲目引种、无序扩种。坚持不与粮争地的原则，严禁在永久基

本农田、高标准农田上种果栽茶。二是集聚资源力量驱动。统筹用好产业融合发展、主体培育、质量安全等支持政策，灵活用好金融服务，积极引导社会投入，形成多元投入格局。三是明确主攻方向推动。以种植业“三品一标”提升行动为重点，加快高品质棉花、双高甘蔗、特色果菜等品种选育，推进老果茶园改造，推行化肥农药减量化绿色生产方式，打造一批示范样板。四是加强产业融合拉动。示范推广“按图索菜”“按图索果”等订单生产模式，加快推进“互联网+”经营模式，打造一批知名品牌，因地制宜发展休闲采摘等新产业新业态，实现产业兴、百姓富、生态美的统一。

参考文献

[1] 马恩朴，蔡建明，林静，等. 2000—2014 年全球粮食安全格局的时空演化及影响因素［J］. 地理学报，2020，75（2）：332-347.

[2] 刘月，赵文武，张骁. 助推 2030 可持续发展议程环境目标落实——第二届联合国环境大会会议简述［J］. 生态学报，2016，36（12）：3843-3846.

[3] 罗孝玲，张妤，杨怀东. 我国粮食安全的界定与评估［J］. 山东农业大学学报（社会科学版），2006（3）：14-18.

[4] 吴文斌，唐华俊，杨鹏，等. 基于空间模型的全球粮食安全评价［J］. 地理学报，2010，65（8）：907-918.

[5] Stephens E C，Jones A D，Parsons D. Agricultural systems research and global food security in the 21st century：An overview and roadmap for future opportunities［J］. Agricultural Systems，2018（163）：1-6.

[6] Maxwell S，Smith M. Household food security：A conceptual review［J］. Household Food Security：Concepts，Indicators，Measurements，1992（1）：1-72.

[7] Agroecological H. Other innovative approaches for sustainable agriculture and food systems that enhance food security and nutrition［J］. High Level Panel of Experts on Food Security and Nutrition of the Committee on World Food Security：Rome，Italy，2019.

[8] HLPE. Food security and nutrition：Building a global narrative towards 2030［J］. High Lev. Panel Expert，2020：112.

[9] Clapp J. Concentration and crises：Exploring the deep roots of vulnerability in the global industrial food system［J］. The Journal of Peasant Studies，2022：1-25.

[10] Béné C，Oosterveer P，Lamotte L，et al. When food systems meet sustainability-Current narratives and implications for actions［J］. World Development，2019（113）：116-130.

[11] 李先德，孙致陆，赵玉菡. 全球粮食安全及其治理：发展进程、现实挑战和转型策略［J］. 中国农村经济，2022（6）：2-22.

[12] Fan S, Teng P, Chew P, et al. Food system resilience and COVID-19-Lessons from the Asian experience [J]. Global Food Security, 2021 (28): 100501.

[13] FAO. World food and agriculture—statistical yearbook 2020 [J]. World Food and Agriculture-Statistical Yearbook, 2020.

[14] Fanet H, Tournissac M, Leclerc M, et al. Tetrahydrobiopterin improves recognition memory in the triple-transgenic mouse model of Alzheimer's disease, without altering amyloid-β and tau pathologies [J]. Journal of Alzheimer's Disease, 2021, 79 (2): 709-727.

[15] 樊胜根，龙文进，冯晓龙，等. 联合国食物系统峰会的中国方案 [J]. 农业经济问题，2022 (3): 4-16.

[16] International F P R I. 2020 global food policy report: Building inclusive food systems [Z]. International Food Policy Research Institute (IFPRI) Washington, DC, USA, 2020.

[17] IFPRI. 2021 global food policy report: Transforming food systems after COVID-19 [Z]. International Food Policy Research Institute Washington, DC, 2021.

[18] von Braun J, Afsana K, Fresco L, et al. Food systems-definition, concept and application for the UN food systems summit [J]. Sci. Innov, 2021 (27).

[19] Singh B K, Arnold T, Biermayr-Jenzano P, et al. Enhancing science-policy interfaces for food systems transformation [J]. Nature Food, 2021, 2 (11): 838-842.

[20] Gaupp F, Ruggeri Laderchi C, Lotze-Campen H, et al. Food system development pathways for healthy, nature-positive and inclusive food systems [J]. Nature Food, 2021, 2 (12): 928-934.

[21] 陈志钢，毕洁颖，聂凤英，等. 营养导向型的中国食物安全新愿景及政策建议 [J]. 中国农业科学，2019，52 (18): 3097-3107.

[22] 卢士军，黄家章，吴鸣，等. 营养导向型农业的概念、发展与启示 [J]. 中国农业科学，2019，52 (18): 3083-3088.

[23] 孙君茂，卢士军，江晓波，等. 营养导向型农业国内外政策规划与启示 [J]. 中国农业科学，2019，52 (18): 3089-3096.

[24] 黄季焜，任之光，解伟. 加强农业发展政策研究 助力乡村振兴战略实施——“现代农业发展的政策研究”重点项目群结题综述 [J]. 中国科学基金，2021，35 (2): 265-270.

[25] 刘奇. 树立大食物安全观 保障国家粮食安全 [J]. 乡村振兴，2021 (3): 32-35.

[26] 陈锡文. 切实保障国家食物供给安全 [J]. 农业经济问题，2021 (6): 4-7.

[27] 钟明洋，陈平，石义. 国土空间用途管制制度体系的完善 [J]. 中国土地，2020 (5): 13-16.

[28] 董祚继. 统筹自然资源资产管理和自然生态监管体制改革 [J]. 中国土地，2017 (12): 8-11.

［29］黄贤金．美丽中国与国土空间用途管制［J］．中国地质大学学报（社会科学版），2018，18（6）：1-7.

［30］中华人民共和国自然资源部．自然资源部、农业农村部、国家林业和草原局关于严格耕地用途管制有关问题的通知［EB/OL］．［2021-12-24］．http：//gi.mnr.gov.cn/202112/t20211224_2715748.html.

［31］孟菲，谭永忠，陈航，等．中国耕地“非粮化”的时空格局演变及其影响因素［J］．中国土地科学，2022，36（1）：97-106.

［32］高旺盛．新阶段农业结构调整若干战略问题讨论［J］．民主与科学，2021（6）：15-17.

［33］高旺盛，陈源泉，王小龙，等．中国种植业碳中和技术路径探讨与对策建议［J］．农业现代化研究，2022（6）：1-7.